AF565149

B
V
72

Jerzy Konikowski / Uwe Bekemann

unter Mitarbeit von Karsten Müller

Schachweltmeisterschaft 2021

Jan Nepomnjaschtschi

gegen

Magnus Carlsen

Joachim Beyer Verlag

Wir möchten uns sehr herzlich bei Amruta Mokal (ChessBase India), Geogius Souleidis, Rosemarie J. Pfortner und Harry Schaak für die Überlassung der Bilder bedanken.

ISBN 978-3-95920-153-7

1. Auflage 2022

Ein Imprint des Schachverlag Ullrich, Zur Wallfahrtskirche 5, 97483 Eltmann

Herausgeber: Robert Ullrich

Bildnachweis:

Amruta Mokal ChessBase India: S. 11, 13 (2), 99, 102, 110 (R), 104, 123 (2), 155 (2)

Rosemarie J. Pfortner: S. 8, 167

Souleidis, Geogius: 36, 110 (L)

Harry Schaak: S. 110 (R)

Inhaltsverzeichnis

Vorwort

Wenn eine Weltmeisterschaft im Schach ausgetragen wird, steigt das Interesse der Medien am königlichen Spiel immens. So war es auch beim WM-Kampf 2021 zwischen Weltmeister Magnus Carlsen aus Norwegen und seinem Herausforderer Jan Nepomnjaschtschi aus Russland.

Im Vorfeld war Carlsen die Favoritenrolle zugewiesen worden. Allerdings traute man Jan Nepomnjaschtschi durchaus zu, trotz seiner deutlich niedrigeren Elo-Zahl einen Außenseitersieg davontragen zu können, denn gegen den Weltmeister hatte er bisher immer eine gute Figur abgegeben und unter herkömmlichen Bedenkzeitbedingungen sogar eine positive Bilanz im direkten Vergleich gegen ihn. Dass der Titelkampf bereits nach 11 der angesetzten Partien und mit einem Vorsprung von 4 Punkten für den Weltmeister enden würde, hatte kaum jemand erwartet.

Die Kontrahenten lieferten sich teilweise hochklassiges Schach, in anderen Partien ging es friedvoll und weniger spannend zu. Zum allgemeinen Erstaunen unterliefen dem Herausforderer auch mehrere deutliche Fehler im Spiel, die auf dem Niveau von Weltmeisterschaften ungewöhnlich sind und auch den Eindruck vermittelten, dass sich der Herausforderer nicht in der besten Verfassung befand.

Immerhin wurde die 6. Partie zu einem schachhistorischen Ereignis, als Carlsen seine phänomenale Endspielkunst unter Beweis stellte und seinen Gegner in 136 Zügen schlug. Diese Begegnung löste die 1978 gespielte 5. Partie zwischen Anatoli Karpow und Viktor Kortschnoi, die über 124 Züge miteinander rangen, als bisher längste WM-Partie ab.

Wir laden dazu ein, alle WM-Partien am heimischen Brett zu verfolgen, den Spirit der Weltmeisterschaft aufzunehmen und sich vom Spiel der beiden Kontrahenten unterhalten zu lassen. Unsere Analysen und Kommentare sollen dabei helfen, möglichst keine Facetten des Kampfes zu übersehen und auch verborgene Möglichkeiten sichtbar zu machen. Damit unser Buch einen Beitrag dazu leisten kann, die eigene Spielstärke zu fördern, haben wir u.a. Hinweise zur Eröffnungstheorie und zur Endspielführung eingearbeitet.

Der Wettkampf selbst ist natürlich das Kernkapitel unseres Buches. Wir haben uns aber die Mühe gemacht, ein umfassenderes Bild von beiden Spielern zu zeichnen. So werfen wir ein Schlaglicht auf ihren jeweiligen Werdegang, auf in der Vergangenheit gespielte Partien, auf spielerische Glanzleistungen und mehr. Selbst Aufgabenstellungen zum Lösen durch die Leserinnen und Leser haben wir aufgenommen.

Ein Buch wie dieses ist ohne Unterstützung und Hilfe anderer nicht denkbar. Ganz besonders bedanken wir uns bei GM Karsten Müller für seine großartige Mitarbeit! Weiterhin bedanken wir uns sehr herzlich bei GM Mihail Marin und dem Präsidenten des Deutschen Schachbundes, Ullrich Krause, die uns für ein Interview zur Verfügung gestanden haben.

Wir danken der Künstlerin Rosemarie J. Pfortner für ihre Zustimmung, ihre Porträtzeichnung von den beiden WM-Helden im Buch abzubilden. Und natürlich bedanken wir uns ebenfalls herzlich beim Verleger Robert Ullrich, bei Thomas Beyer für das Erstellen des Drucksatzes sowie bei Lothar Nikolaiczuk für das gelungene Lektorat.

Jerzy Konikowski & Uwe Bekemann, im Dezember 2021

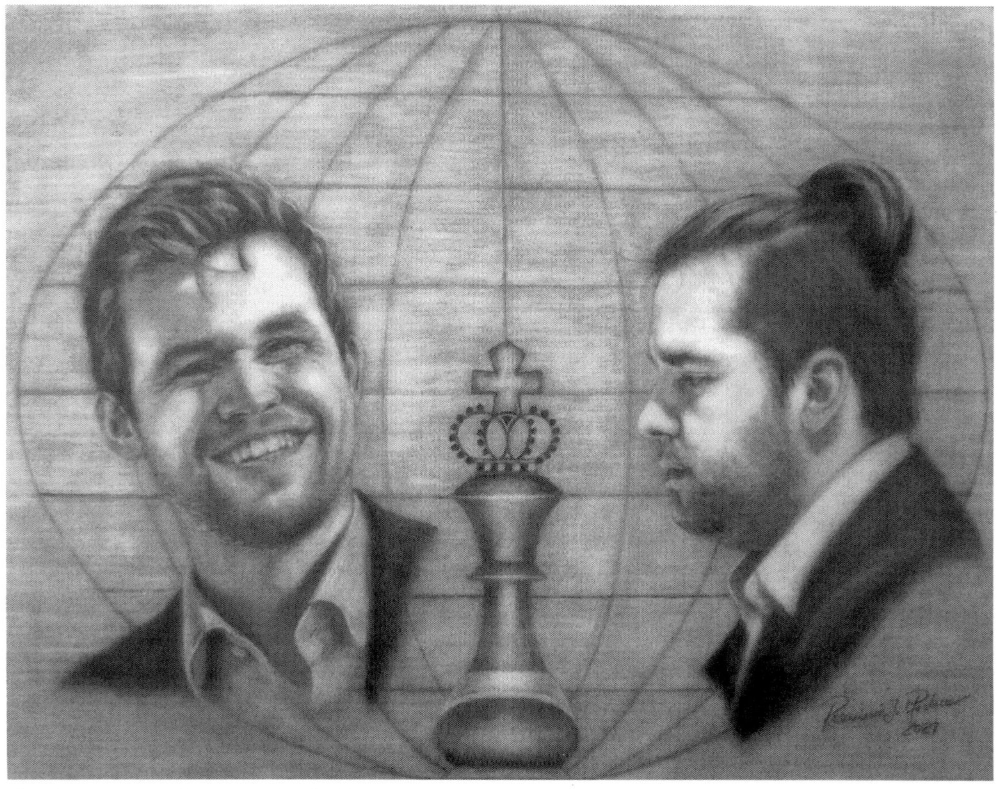

Zeichnung von Rosemarie J. Pfortner

Einleitung

Weltmeisterschaften im Schach werden offiziell seit 1886 ausgetragen. Bis zum Match 2021 war es zu insgesamt 48 Titelkämpfen gekommen. Im 49. Duell trafen nun der Weltmeister Magnus Carlsen und sein Herausforderer Jan Nepomnjaschtschi aus Russland aufeinander. Die Austragungsstätte war das Exhibition Centre in Dubai.

Ursprünglich sollte der WM-Kampf ab dem 20. Dezember 2020 im Rahmen der Expo 2020 in Dubai stattfinden. Wegen der COVID-19-Pandemie war jedoch eine Verschiebung notwendig geworden.

Als Veranstaltungszeitraum waren die Tage vom 24. November bis zum 16. Dezember 2021 geplant worden. Carlsen verteidigte seinen Titel jedoch vorzeitig mit einem vierten Sieg sechs Tage vor Ablauf dieses Zeitraums, so dass die Weltmeisterschaft am 10. Dezember 2021 endete.

Der erste offizielle Weltmeister war Wilhelm Steinitz, der sich gegen Johannes Zukertort durchsetzen konnte. Auch zuvor schon wurden Spieler als die Weltbesten angesehen, was aber eher als Übereinkunft in der Schachwelt bezeichnet werden kann.

Mit dem Match Steinitz gegen Zukertort begann die Geschichte der sogenannten Privatweltmeisterschaften. Diese Bezeichnung rührt daher, dass der Weltmeistertitel wie Eigentum des jeweiligen Titelträgers behandelt wurde. Dieser konnte relativ frei über die Anerkennung von Herausforderungen und die Bestimmung der Modalitäten für einen Titelkampf entscheiden. Der Herausforderer musste sich zumeist nicht nur auf dem Brett als würdig erweisen, sondern auch genügend finanzielle Mittel vor allem auch für den Preisfond einbringen können.

Steinitz verlor den Titel im Jahre 1894 nach zuvor drei erfolgreichen Verteidigungen gegen Emanuel Lasker, der für 27 Jahre an der Weltspitze verbleiben sollte. Auch wenn in diese Zeit der 1. Weltkrieg fiel, kann die Dauer seiner Regentschaft nur als imposant bezeichnet werden. Bis heute ist keinem Nachfolger eine auch nur annähernd so lange Besetzung des Throns gelungen.

1948 war das Jahr, in dem erstmals die Weltmeisterschaft unter dem Dach des Weltschachbundes FIDE stattfand. Den Sieg sicherte sich Michail Botwinnik in einem Titelturnier, das nach dem Tod des amtierenden Weltmeisters Alexander Aljechin ein Duell zwischen zwei Kontrahenten ersetzen musste. Diese Meisterschaft läutete die sogenannte sowjetische Ära ein, während der ausschließlich Spieler der früheren Sowjetunion Weltmeister wurden. Sie hielt bis 1972 an, als der Amerikaner Robert („Bobby“) Fischer dem Weltmeister Boris Spasski den Titel entreißen konnte. Dieses Duell wurde auch zu einem politischen Spektakel, indem der Westen die bis dahin herrschende Dominanz der sozialistischen Welt des Ostens im Schach beenden konnte.

1993 verlor die FIDE ihre Herrschaft über die Weltmeisterschaften im Einzel, als Garri Kasparow im Konflikt mit dem Weltschachbund seinen 1985 gegen Anatoli Karpow errungenen Titel unter dem Dach des neu gegründeten Verbandes Professional Chess

Association (PCA) gegen Nigel Short verteidigte. Sie trug in Konkurrenz dann sechs sogenannte FIDE-Weltmeisterschaften aus, denen aber eine allgemeine Anerkennung versagt geblieben ist.

2006 gelang es, ein Wiedervereinigungsmatch zu organisieren, in dem Wladimir Kramnik auf den FIDE-Weltmeister Wesselin Topalow traf und gewann. Über Kramnik und dann Viswanathan („Vishy") Anand kam der Titel 2013 dann endlich zum aktuellen Titelverteidiger Magnus Carlsen.

Die gezählten 48 bisherigen Weltmeisterschaften brachten 16 Titelträger hervor. Diese konnten sich dann oft genug den Angriffen ihrer Herausforderer erfolgreich erwehren, so dass die Liste der Weltmeister in den 135 Jahren der Titelkämpfe übersichtlich geblieben ist.

Die nachfolgende Liste gibt Auskunft über die bisherigen Weltmeister und deren „Regentschaft".

Nr	Name	Land	Weltmeister
1.	Wilhelm Steinitz	Österreich-Ungarn/USA	1886–1894
2.	Emanuel Lasker	Deutschland	1894–1921
3.	José Raúl Capablanca	Kuba	1921–1927
4.	Alexander Aljechin	Russland/Frankreich	1927–1935 1937–1946
5.	Max Euwe	Niederlande	1935–1937
6.	Michail Botwinnik	UdSSR	1948–1957 1958–1960 1961–1963
7.	Wassili Smyslow	UdSSR	1957–1958
8.	Michail Tal	UdSSR	1960–1961
9.	Tigran Petrosjan	UdSSR	1963–1969
10.	Boris Spasski	UdSSR	1969–1972
11.	Bobby Fischer	USA	1972–1975
12.	Anatoli Karpow	UdSSR/Russland	1975–1985
13.	Garri Kasparow	UdSSR/Russland	1985–2000
14.	Wladimir Kramnik	Russland	2000–2007
15.	Viswanathan Anand	Indien	2007–2013
16.	Magnus Carlsen	Norwegen	2013–

Wie die vorstehende Aufstellung zeigt, ist es in der Geschichte der Weltmeisterschaften bisher nur zwei Spielern gelungen, sich den Titel nach dessen Verlust zurückzuholen.

Frauen konnten sich den allgemeinen Weltmeistertitel bislang noch nicht erkämpfen.

Magnus Carlsen ging 2021 als Nummer 1 der Weltrangliste und mit einer Elo-Zahl von 2856 als Favorit in das Match. Nepomnjaschtschi nahm die Position 5 ein. Für ihn stand mit 2782 eine um etliche Punkte niedrigere Zahl zu Buche. Dennoch trauten ihm nicht wenige Kenner die Übernahme der Schachkrone zu, denn immerhin war er der einzige Großmeister in der Weltspitze, der bis dahin eine positive Bilanz gegen Carlsen im klassischen Schach aufwies. Für den Fall, dass die angesetzten 14 Normalpartien zu keiner Entscheidung führen würden, wäre der Sieger in Partien unter verkürzter Bedenkzeit ermittelt worden. Auch unter diesen Bedingungen wurde Nepomnjaschtschi in mancher Veröffentlichung eine Chance gegen den Weltmeister zugetraut.

Nepomnjaschtschi durfte aus sportpolitischen Gründen nicht unter der Fahne seines Heimatlandes Russland antreten, weil diese nach dem Urteil der Welt-Anti-Doping-Agentur Wada nicht gezeigt werden durfte. Er spielte deshalb unter dem Logo des Russischen Schachverbandes.

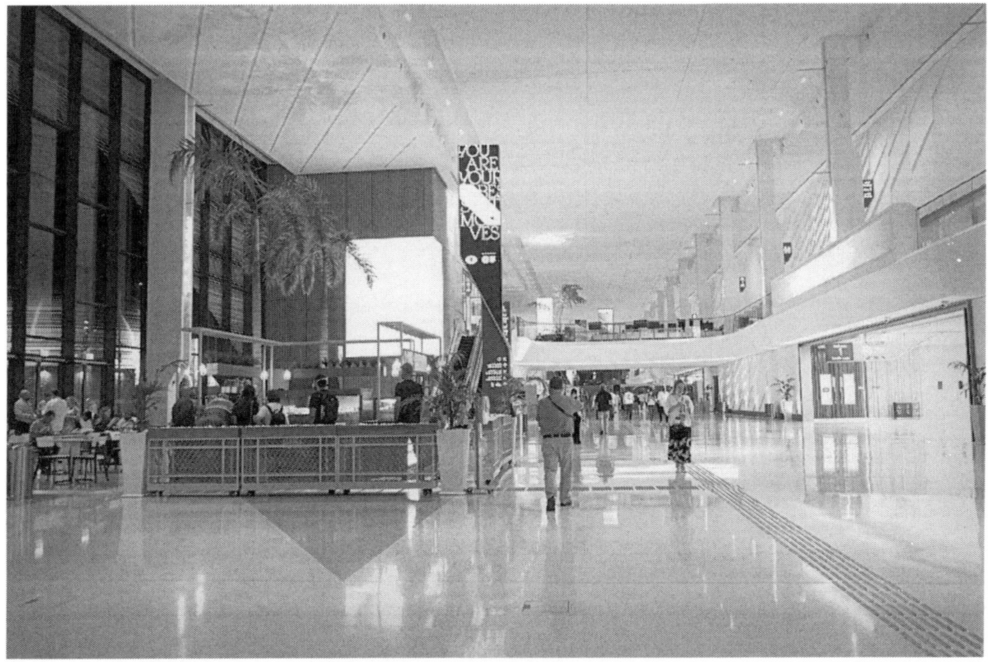

Eingangsbereich zur Wettkampfarena

Zeichenerklärung

!	ein sehr guter Zug
!!	ein ausgezeichneter Zug
?	ein schwacher Zug
??	ein grober Fehler
!?	ein beachtenswerter Zug
?!	ein Zug von zweifelhaftem Wert
+ −	Weiß hat entscheidenden Vorteil
− +	Schwarz hat entscheidenden Vorteil
±	Weiß steht besser
∓	Schwarz steht besser
⩲	Weiß steht etwas besser
⩱	Schwarz steht etwas besser
=	ausgeglichen
∞	unklar, mit beiderseitigen Chancen
=∞	mit Kompensation für den materiellen Nachteil
↑	mit Initiative
→	mit Angriff
⇄	mit Gegenspiel
Δ	mit der Idee
⌓	besser ist
x	schlägt
+	Schach
#	matt

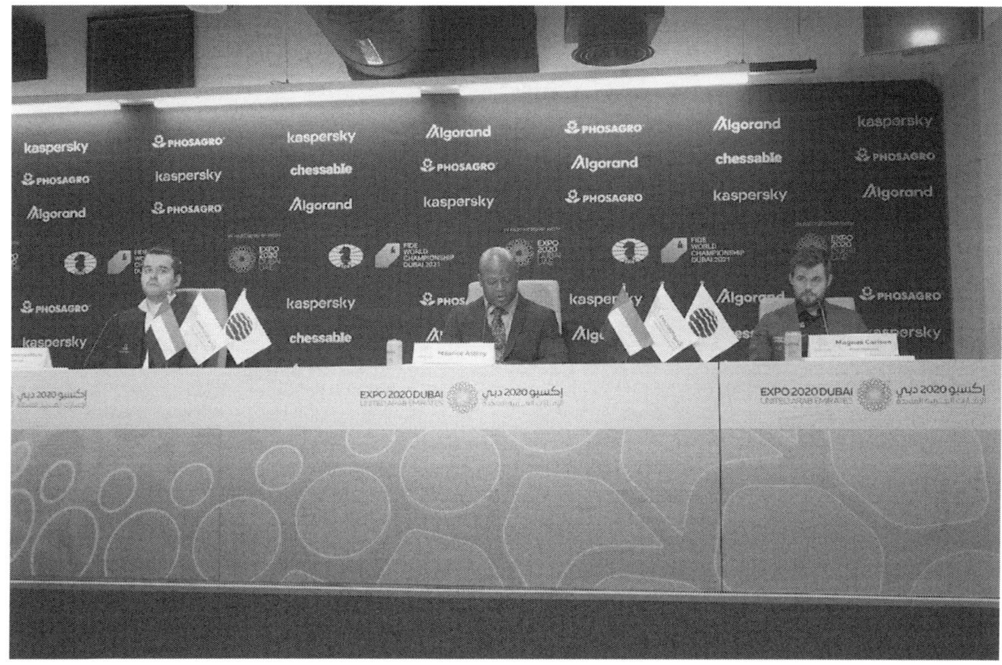

Pressekonferenz

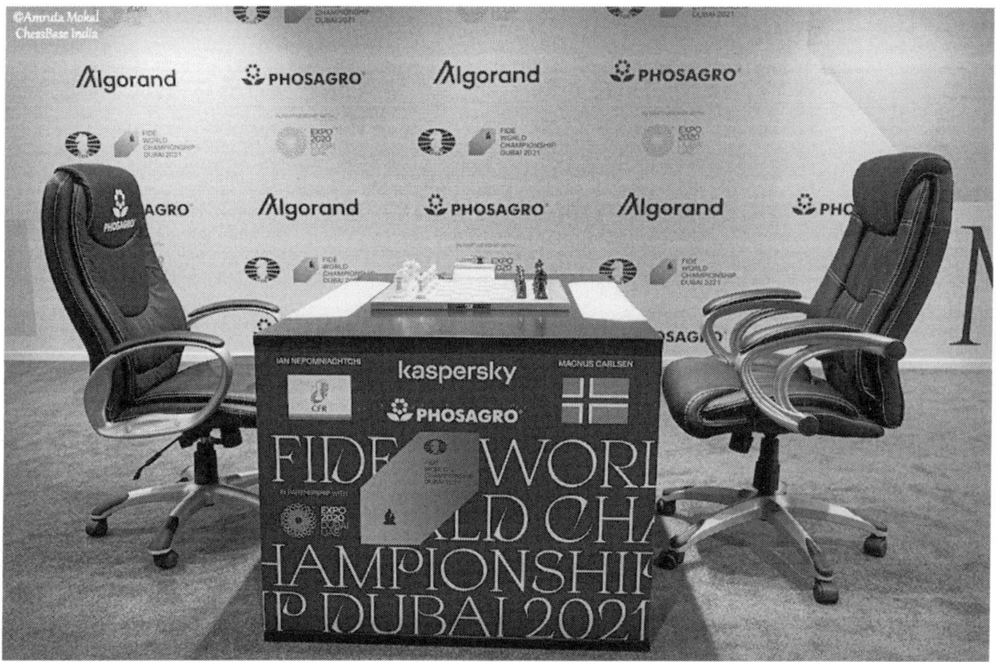

Spieltisch mit Brett und Stühlen

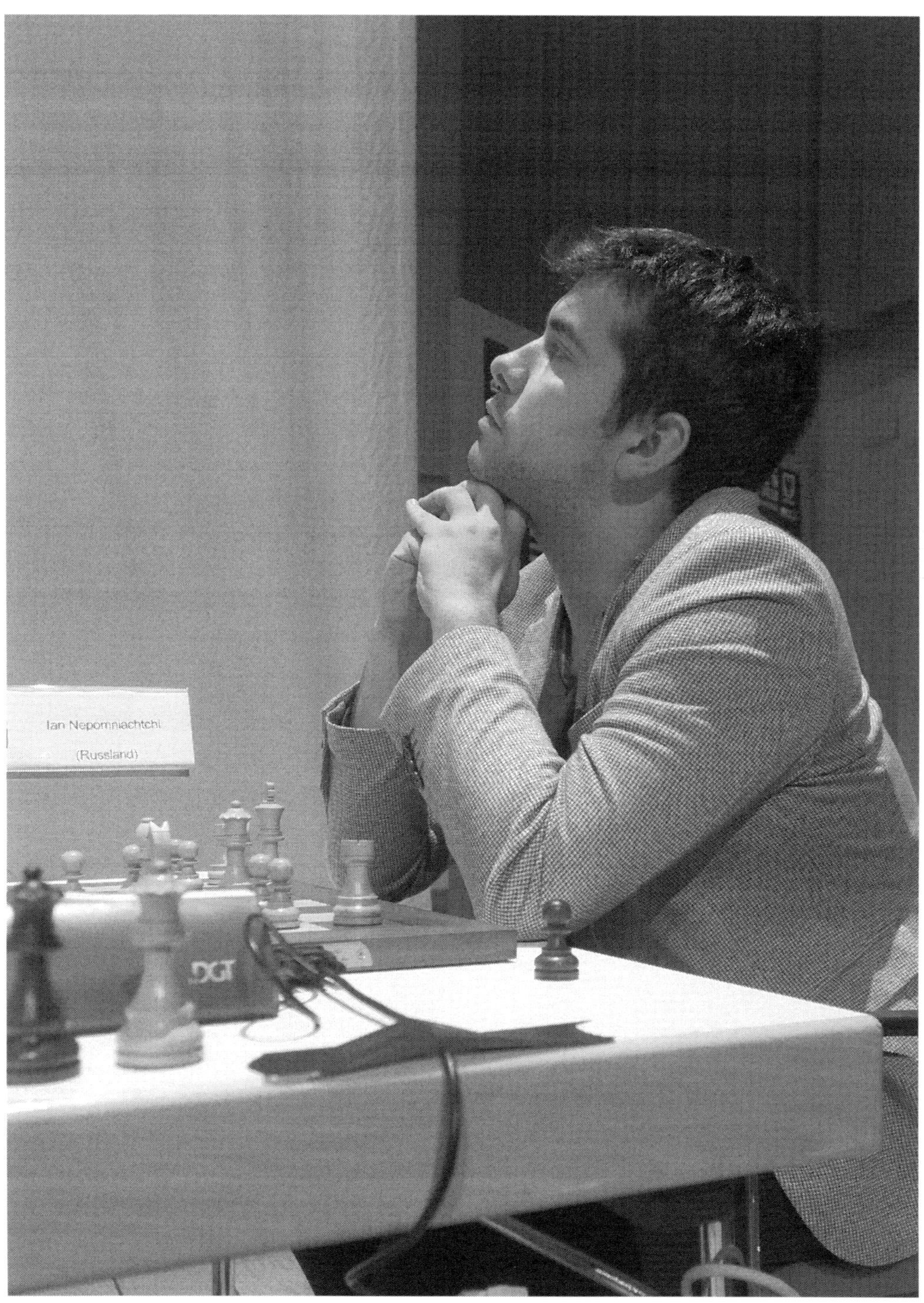

Jan Nepomnjaschtschi

Kapitel 1

Die Kontrahenten im Kurz-Porträt

Der Herausforderer

Jan Nepomnjaschtschi

Jan Alexandrowitsch Nepomnjaschtschi, wegen seines nicht ganz so einfach auszusprechenden und zu merkenden Nachnamens oft mit dem Spitznamen „Nepo“ bezeichnet, wurde am 14. Juli 1990 geboren. Sein Geburtsort ist Brjansk, eine Stadt mit heute rund 415.000 Einwohnern rund 380 km südwestlich von Moskau.

Das Recht auf die Herausforderung des Weltmeisters Magnus Carlsen errang er durch seinen Sieg im Kandidatenturnier 2020, das aufgrund der Corona-Pandemie unterbrochen und erst im Frühjahr 2021 beendet werden konnte. Die Qualifikation für das Kandidatenturnier gelang ihm über den FIDE Grand Prix 2019.

Nepomnjaschtschi erlernte das Schachspiel bereits im Alter von 4 Jahren. Wie vielen jungen Talenten im schachbegeisterten Russland half ihm die Förderung im Land bei der schnellen Entwicklung seiner Fähigkeiten am Brett. Diese drückte sich auch in zahlreichen Turniererfolgen aus, deren Zusammenstellung eine Karriere fast wie aus dem Bilderbuch bestätigt. Zu seinen größten internationalen Erfolgen zählten die Jugendeuropameistertitel U10 und gleich zweimal in der Kategorie U12 sowie die Titel des Jugendweltmeisters U12 und U16.

Im Jahr 2004 verlieh ihm die FIDE den Titel Internationaler Meister, in 2007 den Großmeistertitel.

Auch als Mannschaftsspieler kam Nepomnjaschtschi zu großen Erfolgen. So wurde er mit Russland Mannschafts-Weltmeister 2013 und Mannschafts-Europameister 2015.

Nach seinem Sieg im Kandidatenturnier 2020 (2021) erreichte er Platz 4 in der Weltrangliste mit einer die Spielstärke bemessenden Elo-Zahl von 2792.

Sein Rating-Rückstand gegenüber dem Weltmeister mit mehr als 50 Punkten weist Nepomnjaschtschi die Rolle des Außenseiters zu. Magnus Carlsen weiß aber, dass er seinen WM-Gegner nicht unterschätzen darf. Immerhin wird ihm seine negative Bilanz gegen „Nepo“ in Duellen mit klassischer Bedenkzeitregelung eine Warnung sein. Zudem ist Nepomnjaschtschi wie der Weltmeister auch im Blitz- und im Schnellschach ein sehr starker Spieler. In einem eng geführten WM-Kampf kann gerade auch diese Fähigkeit über den Ausgang entscheiden.

So wird sich Carlsen darauf einstellen müssen, dass der für sein aggressives Spiel bekannte Herausforderer seinen Erfolg im Angriffsstil suchen und ihn permanent vor schwierige Entscheidungen zu stellen versuchen wird.

Bei der Schacholympiade 2018 in der georgischen Hafenstadt Batumi spielte Jan Nepomnjaschtschi am zweiten Brett der russischen Mannschaft und war maßgeblich am Gewinn der Bronzemedaille beteiligt. In dieser interessanten Partie besiegte er die französische Schachlegende Etienne Bacrot.

Partie Nr. 1
Nepomnjaschtschi – Bacrot

Réti-Eröffnung [A06]

Batumi 2018

1.♘f3 d5 2.e3

Mit diesem Zug verzichtet Weiß auf das sonst übliche Fianchetto des Läufers auf g2.

2...♘f6 3.c4

Mit diesem typischen Vorgehen in dieser Eröffnung nimmt Weiß den Kampf um das Zentrum auf.

3...e6 4.♘c3 ♗e7 5.b3

In dieser Variante entwickelt Weiß seinen Läufer auf die lange Diagonale a1–h8.

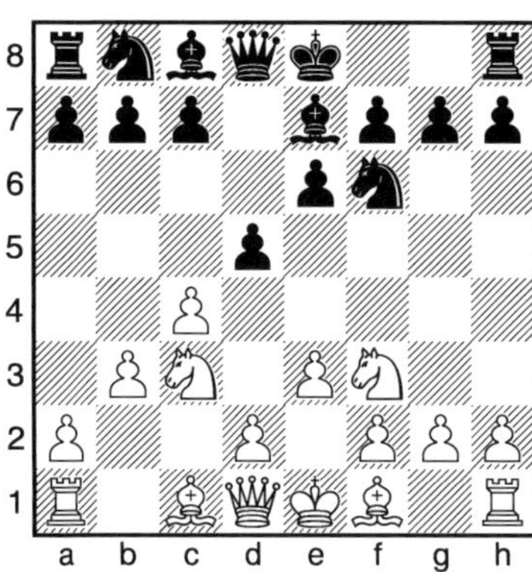

5...0-0

In der Partie Nepomnjaschtschi – Nakamura, St. Petersburg 2018, setzte Schwarz dem Herausforderer 5...c5 vor. 6.cxd5 ♘xd5

(Im Anschluss an 6...exd5 konnte sich Schwarz in Nepomnjaschtschi – Nyzhnyk, chess.com INT 2020, den Stellungsausgleich sichern. Weiter ging es mit 7.d4 ♘c6 8.♗b2 0-0 9.♗e2 ♗g4 10.dxc5 ♗xc5 11.0-0 ♖e8 12.♖c1 ♗f8 13.h3 ♗h5 14.♘b5 ♘e4 15.♘fd4 ♗xe2 16.♕xe2 ♕b6 17.♖fd1 a6 18.♘c3 ♘xd4 19.♖xd4 ♕xd4 20.exd4 ♘xc3 21.♕xe8 ♖xe8 22.♗xc3 ♖e2 23.a4 f6 24.♔f1 ♖a2= usw.)

In der sich anschließenden Variante 7.♗b2 ♘xc3 8.♗xc3 0-0 9.h4 ♗f6 10.♕c2 ♗xc3 11.dxc3 ♘c6 12.♗d3 f5 13.0-0-0 ♕a5 14.e4 b5 15.exf5 exf5 16.♖he1 ♖b8 17.♘e5 ♘xe5 18.♖xe5 ♕c7 19.♕e2 a6 20.♗c2 c4 21.♔b2 ♕c6 22.f4 ♖b6 23.b4 ♕f6 24.g3 ♖e6 25.♖dd5 ♖fe8 26.♖xe6 ♖xe6 27.♕d2 ♖e8 28.a4 kam Weiß zu besseren Aussichten.

6.♗b2

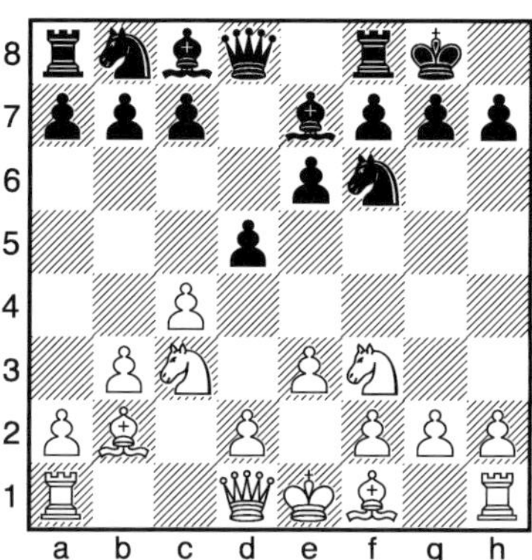

6...c5

Mit diesem kräftigen Vorstoß strebt Schwarz einen Vorteil im Zentrum an. Er kann allerdings auch verzögert gespielt werden bzw. ausbleiben. Insbesondere sind die folgenden Alternativen anzutreffen:

I. 6...dxc4 7.♗xc4 c5 In Nepomnjaschtschi – Yu Yangyi, St. Petersburg 2018, konnte Schwarz mehr aus der Situation machen. Es folgte 8.h4 a6 9.♕b1 b5 10.♗e2 ♗b7 11.♘g5 ♘bd7 12.♗f3 ♗xf3 13.♘xf3 ♖c8 14.♘e2 c4 15.0-0 ♘c5 16.bxc4 bxc4 17.♗d4 ♘fe4 18.h5 h6 19.♕c2 ♘d3 20.♕a4 ♕d5∓.

II. 6...b6 7.cxd5 ♘xd5

(7...exd5 8.d4 ♗b7 9.♗d3 c5 10.0-0 ♘bd7∞)

8.♘xd5

(8.h4 ♗a6 9.♗e2 c5 10.♕b1 ♘b4 11.♗xa6 ♘8xa6 12.♔e2 f5 13.a3 ♘c6 14.g4 fxg4 15.♘g5 ♖xf2+ 16.♔xf2 ♕xd2+ 17.♔g1 ♗xg5 18.♖h2 ♕xe3+ 19.♔h1 ♗f4 20.♘e4 ♕f3+ 21.♖g2 ♕h3+ 22.♔g1 ♗e3+ 23.♘f2 g3−+, Nepomnjaschtschi – Kramnik, chess.com INT 2020)

8...exd5 9.♕c2 c5 10.a3 ♘c6 11.♗b5 ♗b7 12.0-0 ♖c8 13.♖ac1 a6 14.♗e2 d4 15.♕b1 ♕d7 16.♖fe1 g6 17.♗a1 ♖fd8=, Carlsen – Karjakin, Stavanger 2018

III. 6...c6 7.♕c2 b6 8.g4 ♘xg4 9.♖g1 ♘f6 10.0-0-0 c5 11.d4 cxd4 12.♖xd4 ♘c6 13.♖h4 g6 14.♘g5 ♘b4 15.♕b1 dxc4 16.♗xc4 ♕e8 17.♘ce4 ♘bd5 18.♗xd5 exd5 19.♘xf6+ ♗xf6 20.♗xf6 ♕c6+ 21.♕c2 ♕xf6 22.♕b2 ♕xb2+ 23.♔xb2 h5 24.♘f3 ♗g4 25.♘e5 ♖fe8 26.♘xg4 hxg4 27.♖hxg4 ♔g7=

Das Turmendspiel führen die Kontrahenten mit ausgeglichenen Chancen. In Nepomnjaschtschi – Leko, chess24.com INT 2020, fand Weiß die besseren Rezepte und entschied das Duell letztendlich für sich.

7.cxd5

Weiß führt die Klärung im Zentrum herbei. Auch möglich ist 7.d4 und dann beispielsweise 7...cxd4 8.exd4 ♘c6 usw.

7...♘xd5

Wenn Schwarz eine andere Bauernstruktur vorzieht, kann er auch mit 7...exd5 zurückschlagen. Daraus kann sich die Fortsetzung 8.d4 b6 9.♗e2 ♘e4 10.0-0 ♘xc3 11.♗xc3 ♗e6 12.dxc5 bxc5 ergeben, die zu schwarzen hängenden Bauern führt. In Nepomnjaschtschi – Idani, Astana 2019, konnte Schwarz nach den sich anschließenden Zügen 13.♕c2 ♘d7 14.♖fd1 ♗f6 15.♖ac1 ♖b8 16.♘e1 ♖c8 17.♗a6 ♖b8 18.♗e2 ♖c8 19.♕b2 ♕b6 20.♘f3 ♖fd8 21.h3 h6 22.♗d3 a5 23.♗b1 ♗xc3 24.♖xc3 ♘f6 25.♖dc1 a4 ⇄ zufrieden sein.

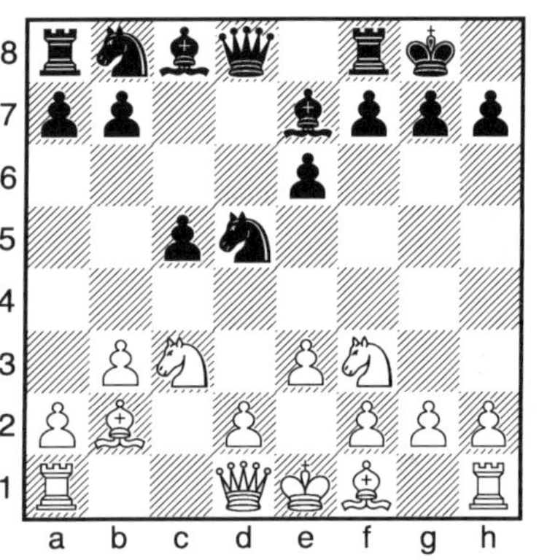

8.h4

Diese Idee ist in der Praxis noch nicht allzu verbreitet. Bekannt sind auch die Fortsetzungen 8.♕b1, 8.♘xd5 und 8.♕c2. Werfen wir einen kurzen und beispielhaften Blick auf die daraus jeweils resultierenden Möglichkeiten:

I. 8.♕b1 ♘c6 9.♗d3

(Die scharfe Fortsetzung 9.h4 behandeln wir in der mit 9...♘c6 eingeleiteten Nebenvariante zu 9...h6 in der Hauptvariante. Dabei machen wir es uns zunutze, dass wir der Hauptvariante nach 8.h4 noch etwas weiter folgen können.)

9...h6 10.0-0 b6 11.♖d1 ♗b7 12.♘xd5 exd5 13.♗h7+ ♔h8 14.d4 ♗f6 15.♗f5 ♕e7

–+

16.dxc5 bxc5 17.♕c2 ♗xb2 18.♕xb2 ♖fd8 19.♖ac1 d4 20.exd4 ♘xd4 21.♘xd4 ♖xd4 22.♖xd4 cxd4 23.♕d2 (23.♕xd4?? ♕g5 –+) 23...♖d8 24.♖e1 ♕f6=, Artemiew – Carlsen, chess24.com INT 2021

II. 8.♘xd5 exd5 9.d4 ♕a5+ 10.♕d2 ♕xd2+ 11.♔xd2 ♘c6 12.dxc5 ♗xc5 13.♗b5 ♗b4+ 14.♔e2 ♗e6 15.♖ac1 ♖ac8 16.♖hd1 ♗e7 17.h3 a6 18.♗d3 ♘b4 19.♗b1 ♖xc1 20.♖xc1 ♖c8 21.♖d1 ♘c6 mit etwa gleicher Stellung, Carlsen – Giri, Wijk aan Zee 2018.

III. 8.♕c2 ♘c6 9.h4 h6 10.g4 ♘xc3 11.dxc3 e5 12.g5 h5 13.♗c4 ♗e6 14.♗xe6 fxe6 15.♘d2 ♕e8 16.♖f1 b5 17.♕e4 a5 18.a4 bxa4 19.bxa4 ♕d7 20.♔e2 ♖ad8 21.♖ad1 ♕b7 22.♗a3 ♖d5 23.c4 ♕a6 24.♔e1 ♖d7 25.♕g6 ♘b4 26.♗xb4 cxb4 27.♕xh5 ♖fd8 28.♕g4 ♖d3 29.♔e2 b3 mit einem komplizierten Spiel. Die Partie endete später mit einem Remis, Carlsen – Ganguly, Doha 2016.

8...b6 9.♕b1

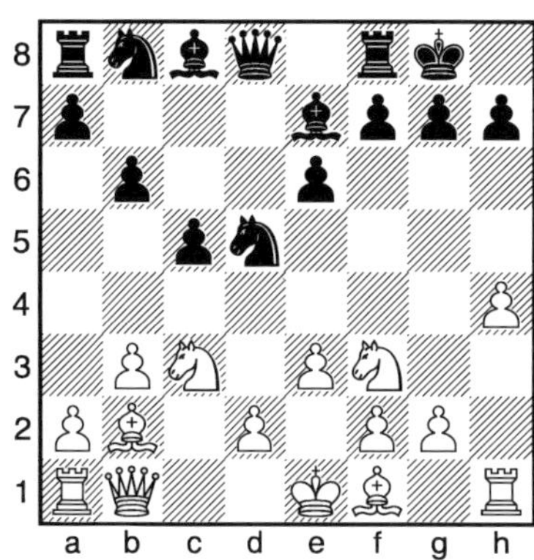

9...h6

Nach 9...♘c6 bietet sich 10.♗b5 als Auftakt zu weißen Angriffsbemühungen an.

(10.♗c4 f5 11.g4 ♘a5 12.♗e2 ♗b7 13.♖g1 f4 ⇄, Gareev – Tabatabaei, chess.com INT 2020) 10...♕c7 11.h5 h6 12.♖h3 ♗d7 (12...♘f6!?) 13.♖g3 Mit 13...♘f6! kann Schwarz die Stellung nun erfolgreich verteidigen.

(In So – Caruana, Bukarest 2019, erlaubte sich Schwarz den furchtbaren Fehlgriff 13...f6?? und kam mit 14.♖xg7+! ♔xg7 15.♕g6+ ♔h8 16.♕xh6+ ♔g8 17.♕g6+ ♔h8 18.♗d3 1–0 unter die Räder.)

14.♘e4 ♘e8 Schwarz behält weiter alles unter Kontrolle.

10.g4

Der Bauer auf h6 eröffnet Weiß die Möglichkeit zu einem Bauernsturm am Königsflügel. In einem Fall wie diesem muss er allerdings auf die Situation im Zentrum aufpassen. Sollte Schwarz das Spiel hier öffnen können, käme der weiße König in Gefahr.

10...♗b7 11.♖h3 ♘d7 12.g5

Weiß attackiert konsequent. Es ist wichtig, den Druck gegen die gegnerische Stellung aufrechtzuerhalten.

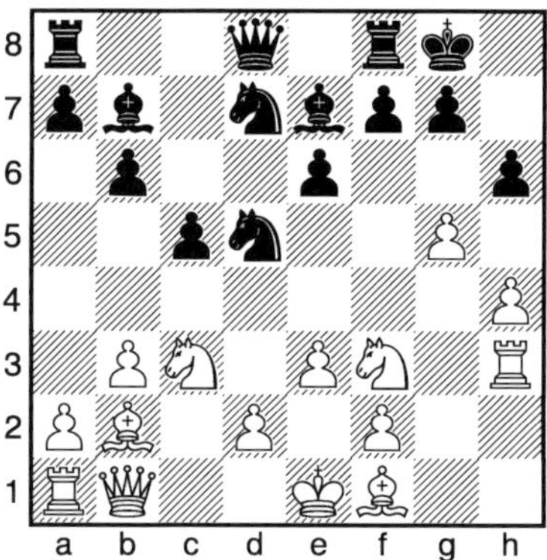

12...h5

Schwarz ist praktisch gezwungen, die Stellung so geschlossen wie möglich halten.

Nach 12...hxg5 wäre die Öffnung der h-Linie für Schwarz nun tödlich, was die folgenden Analysen bestätigen. 13.hxg5 f5

(13...g6 14.♘xd5+−) 14.gxf6 ♘7xf6 15.♗d3 ♘xc3 (15...♖e8 16.♗h7+ ♔f8 17.♕g6+−) 16.♗h7+ ♔h8 17.♗f5+ ♔g8 18.♗xe6+ ♖f7 19.♕g6 ♕e8 20.♘g5+−.

13.♗d3

Die sinnvolle Entscheidung, den Läufer so ins Spiel zu bringen, war nicht alternativlos. Auch der Zeitpunkt für dieses Vorgehen war von Weiß kritisch zu überlegen.

Zu überlegen war auch 13.g6 mit der plausiblen Folge 13...f5 14.♕d1 ♘7f6∞, worauf Schwarz die Position zumindest erst mal noch weiter hält.

13...♘b4 14.♗h7+! ♔h8 15.♗e4 ♘d5

Das Schlagen mit 15...♗xe4 beantwortet Weiß mit 16.♘xe4 und droht daraufhin mit ♘e4–g3 usw.

16.♘e2

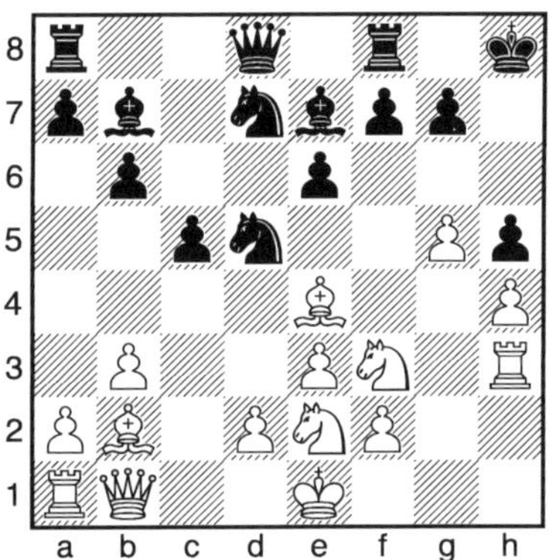

16...f5?

Es ist verständlich, dass Schwarz sich vom gegnerischen Druck entlasten und sich aus der engen Stellung befreien möchte. Es überwiegen allerdings die Nachteile dieses Zuges, wobei die deutliche Schwächung des Königsflügels besonders ins Gewicht fällt.

Zu empfehlen war 16...♗d6!, um nach 17.♘g3 mit 17...♗xg3 den Springer zu beseitigen. Schwarz hätte noch eine begründete Hoffnung gehabt, das Spiel halten zu können. Nun aber ist die Niederlage so gut wie besiegelt.

17.gxf6 ♘7xf6

Nach 17...gxf6 18.♘g5 wäre die Lage von Schwarz auch nicht besser gewesen.

18.♘g5 ♘xe4 19.♕xe4 ♗xg5 20.hxg5 ♘f4

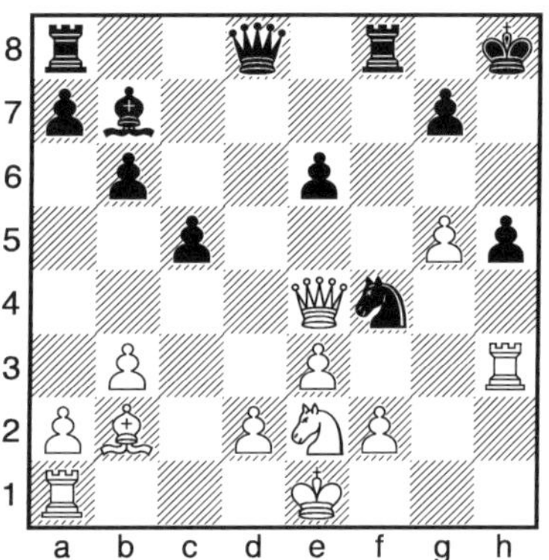

21.♕xb7!

Weiß nimmt den einfach und schnell zum Sieg führenden Weg. Gewonnen hätte auch 21.♗xg7+, unabhängig von der gegnerischen Antwort.

– 21...♔g8 22.♕xb7 ♘d3+ 23.♔f1 ♖xf2+ 24.♔g1 ♖f7 25.♕c6 usw.

– 21...♔xg7 22.♕e5+ ♔g8 23.♘xf4 ♕e7 24.♖xh5

21...♘d3+ 22.♔f1!

Mit dem Fehler 22.♔d1? hätte Weiß sich noch alles verderben können. Nach 22...♘xb2+ 23.♔c2 ♕d3+ 24.♔xb2 ♕xd2+ rettet sich Schwarz ins Dauerschach.

22...♘xb2 23.♖xh5+ ♔g8 24.g6 und Schwarz kapitulierte wegen 24...♖f6 25.♕h1+−.

Im folgenden Duell kommt die „Russische Verteidigung“ auf das Brett. Sie verdankt ihren Namen den russischen Schachmeistern Alexander Petrow (1794–1867) und Carl Friedrich Jänisch (1813–1872), die sich um ihre Erforschung und Verbreitung verdient gemacht haben. Die Verteidigung wurde von jeher als solide angesehen und daher von vielen Anhängern des königlichen Spiels praktisch eingesetzt. Auch heute noch findet sie die Anerkennung von Spielern aller Kategorien. Bekannte Großmeister, einschließlich Weltmeister wie Karpow, Kramnik, Anand, Carlsen usw., greifen auf sie zurück. Die folgende Partie wurde in der 5. Runde des Kandidatenturniers 2020 gespielt.

Partie Nr. 2

Nepomnjaschtschi – Wang

Russische Verteidigung [C42]

Jekaterinburg 2020

1.e4 e5 2.♘f3 ♘f6

Damit ist die Ausgangsstellung der „Russischen Verteidigung“ entstanden. In unserem Buch „Eröffnungen, Offene Spiele – lesen-verstehen-spielen“, Joachim Beyer Verlag, 2. Auflage 2020, haben wir u.a. auch dieses Eröffnungssystem in seinen wesentlichen Zügen vorgestellt.

3.♘xe5 d6 4.♘f3 ♘xe4

(siehe nächstes Diagramm)

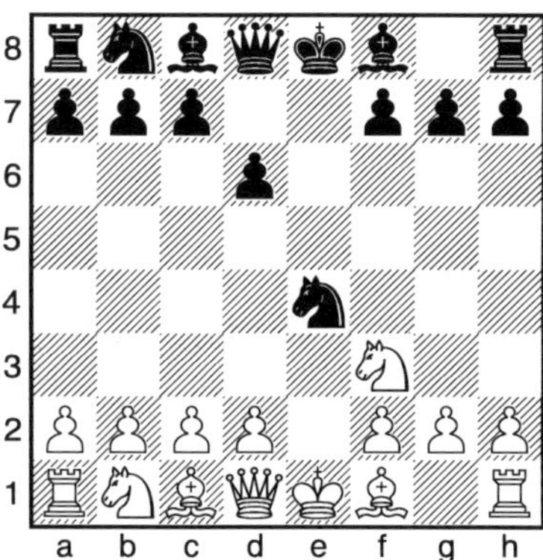

5.d4

In der modernen Turnierpraxis ist ein Plan mit der langen Rochade nach den einleitenden Zügen 5.♘c3 ♘xc3 6.dxc3 ♗e7 populär. Diese Idee hat auch das Interesse des WM-Herausforderers gefunden. Entsprechend hat Nepomnjaschtschi damit verbundene Varianten in sein Eröffnungsrepertoire aufgenommen. Die folgenden Beispiele skizzieren einige Erfahrungen, die er mit dem praktischen Einsatz gemacht hat.

A) 7.♗f4

A1) 7...0-0 8.♕d2

(Es geht auch 8.♗d3 mit der kurzen Rochade.)

8...♘d7 9.0-0-0 ♘c5 10.♔b1 ♖e8 11.♗e3 ♘e4 12.♕c1 ♗f6 13.♘d4 ♗g5 14.♗b5 ♗xe3 15.♕xe3 ♗d7 16.♗xd7 ♕xd7 17.♖he1 ♘c5 18.♕g3 ♖xe1 19.♖xe1 ♖e8 ½–½, Nepomnjaschtschi – Andrejkin, Kirishi 2004

A2) 7...♘c6 8.♕d2 ♗e6

(8...♗g4 9.♗e2 ♕d7 10.0-0-0 0-0-0 11.h3 ♗e6 12.♖he1 a6 13.♘g5 ♗xg5 14.♗xg5 f6 15.♗e3 ♖he8 16.b3 ♖e7 17.♔b2 ♕e8 18.c4 b6 19.♕c3 a5 20.a3 ♘e5 21.♖d4 c5 22.♖d2 ♖a7 23.f4 ♘c6 24.♗f3 ♖e7 25.♗f2 ♔c7 26.♗xc6 ♔xc6 27.♖de2 ♖dd7 28.♕e3 g6 29.♗h4 ♕f7 30.♕f3+ ♔c7 31.g4 1–0, Nepomnjaschtschi – Netzer, Heraklion 2004)

9.0-0-0 ♕d7 10.h4 h6 11.♗b5 a6 12.♗a4 b5 13.♗b3 ♗xb3 14.axb3 ♕f5 15.♖h3 (15.♖he1!?) 15...0-0-0 16.♗e3 ♗f6 17.♘d4 ♗xd4 18.♗xd4 (18.cxd4 d5 19.♖g3 ♖hg8 20.♕c3 ♔b7=) 18...f6 19.♖g3 ♖d7 20.♖e1

♕h5=, Nepomnjaschtschi – Wolokitin, Aix les Bains 2011

B) 7.♗e3

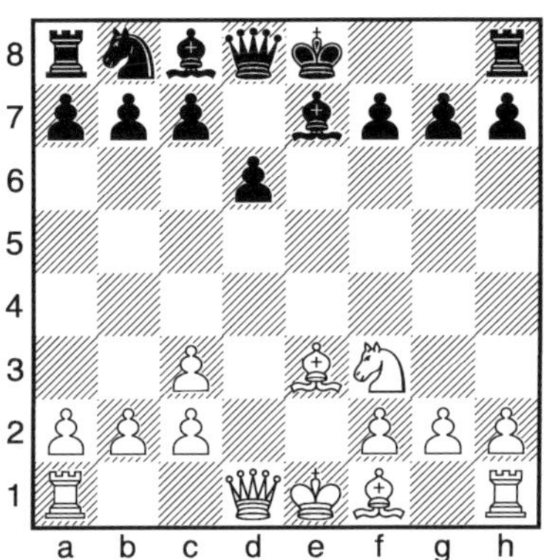

B1) 7...0-0 8.♕d2 ♘d7 9.0-0-0 ♘f6 10.♗d3 c5

(10...d5 11.♖he1 ♗g4 12.♗g5 ♘e4 13.♗xe4 dxe4 14.♗xe7 ♕xe7 15.♕f4 f5 16.h3 ♗h5 17.♖d4 ♕f7 18.♘e5 ♕xa2 19.♕g5 ♗f7 20.♘d7 h6 21.♕g3 ♖fc8∞, Nepomnjaschtschi – Wei Yi, Abidjan CIV 2019)

11.♖he1 ♗e6 12.♔b1 ♕a5 13.c4 ♕xd2 14.♗xd2 h6 15.b3 ♖ad8=, Nepomnjaschtschi-Duda, Paris 2019

B2) 7...♘d7 8.♕e2 0-0 9.0-0-0 ♗f6 10.g4 ♖e8 11.g5 ♗e5 12.♕c4 ♘b6 13.♕h4 ♗f5 14.♗g2 ♕d7 15.♘xe5 ♖xe5 16.b3 ♖ae8 17.♖he1 c6 18.♕b4 ♘d5 19.♗xd5 cxd5 20.♖d4 b6 21.♖ed1 ♖e4 22.a4 ♕c6 23.♔b2 ♖c8 24.♖xe4 ♗xe4 25.♗d4 ♕d7 26.♖e1 ♗g6 27.♖e2 ♕g4 28.♖d2 ♕xg5 29.♗e3 ♕e5 30.♗f4 ♕e6 31.♗xd6 h6=, Nepomnjaschtschi – Gelfand, Netanya 2009

B3) 7...♘c6 8.♕d2 ♗e6 9.0-0-0 ♕d7 10.♘g5 ♗f5 11.h3 h6 12.♘f3 0-0 13.♖g1 ♖fe8 14.♗e2 ♗e4 15.♔b1 ♖ad8 16.g4 d5 17.h4 ♘a5 18.b3 c5 19.g5 h5 20.g6 f6∞, Nepomnjaschtschi – Mamedyarov, Bilbao 2014

5...d5 6.♗d3 ♗f5 7.0-0 ♗e7 8.♖e1 0-0 9.♘bd2 ♘d6 10.♘f1 ♗xd3 11.♕xd3 c6 12.♗f4 ♘a6

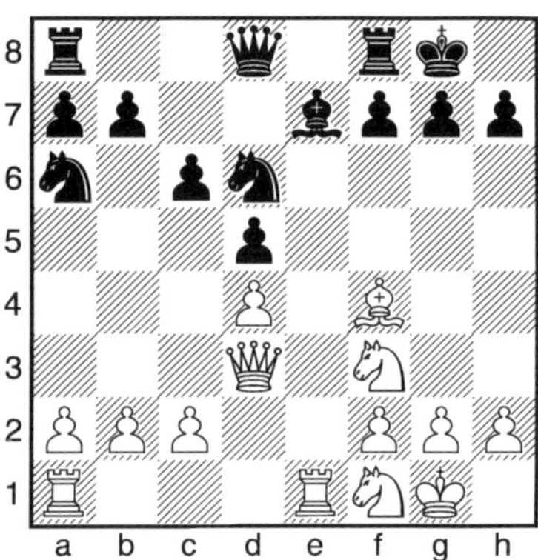

13.h4!?

Dies ist ein Versuch zur Wiederbelebung dieser Variante. Mit anderen Möglichkeiten hat Weiß bisher weniger gute Erfahrungen gemacht.

13...♘c7 14.♘g5 ♗xg5

Zu beachten ist 14...g6!?, womit die Idee einer Postierung des Läufers auf g7 eingeleitet wird. 15.♘e3 ♕d7 (15...♗f6 16.c3 ♗g7 17.h5 ♕d7∞) 16.h5 ♘ce8 17.♘f3 ♘g7 18.♘e5 ♕d8 19.♗h6 ♗g5 20.♘3g4 gxh5 21.♗xg7 ♔xg7 22.♘h2 f6 23.♘ef3 ♘e4 24.♖e2 ♔h8 25.♖ae1 ♗f4 26.♘f1 f5 27.c4 ♖g8 28.cxd5 cxd5 29.♘e3 ♕d7 30.♘e5 ♕g7 31.f3 ♘g3 32.♖c2 ♗xe5 33.dxe5 ♕xe5 34.♕xd5 ♖ae8 35.♕xe5+ ♖xe5

Die Stellung ist ausgeglichen, die Partie So – Duda, chess24.com INT 2021, endete später mit einer Teilung des Punktes.

15.♗xg5 f6 16.♗f4 ♕d7 17.♘g3 ♖ae8 18.♗xd6 ♕xd6 19.♘f5 ♕d7 20.♕h3

Es droht ♘f5–h6+ mit Eroberung der Dame.

20...♔h8 21.h5 ♖xe1+ 22.♖xe1 ♖e8 23.♖xe8+ ♘xe8

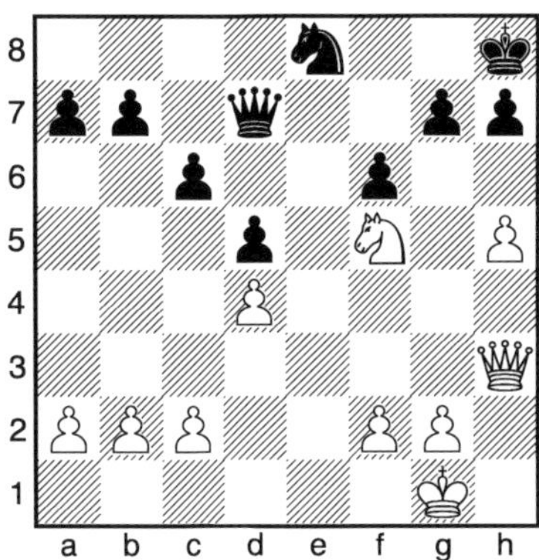

Nach dem Abtausch der Türme hat Weiß mehr Freiheit auf dem rechten Flügel und im Anschluss an den Vorstoß seines g-Bauern einen einfachen Spielplan.

24.g4! a6 25.b3

Weiß wappnet sich, um im richtigen Moment c2–c4 spielen zu können.

25...♕e6 26.♘e3 ♘d6 27.h6 g6 28.c4 dxc4 29.bxc4 ♔g8 30.♕h2 ♔f7

Optisch mag die Stellung als ausgeglichen erscheinen, doch der tiefer angelegte Blick macht den weißen Vorteil offenbar. Die Möglichkeit zu c4–c5 und ♕h2–b8 verspricht ihm ein Plus an Aktivität.

31.c5! ♘b5 32.♕b8

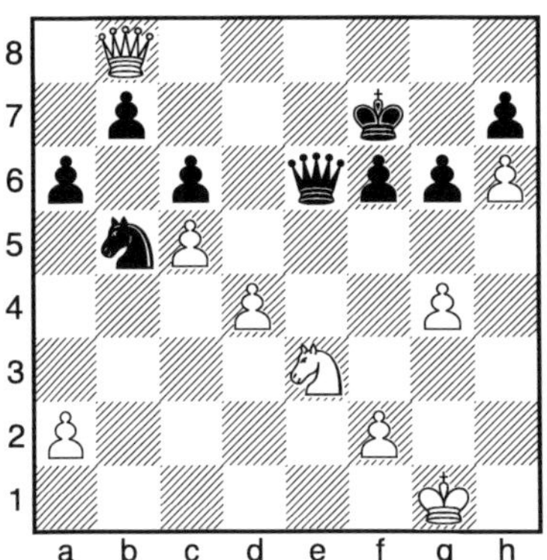

32...♕d7?

In dieser dynamischen Situation der Partie greift Schwarz daneben.

Um sich zu retten war 32...♘xd4! notwendig; z.B. 33.♕xb7+

(33.♕h8 ♔e7 34.♕xh7+ ♕f7 35.♕h8 ♕f8 36.♕h7+ ♕f7=)

33...♕e7 34.♕xa6 ♕e4 35.♕a7+ ♔e8 36.♕xh7 ♘e2+ 37.♔f1 ♘g3+! 38.fxg3 ♕f3+ mit Dauerschach.

33.♕h8!

Mit diesem Zug führt Nepomnjaschtschi kaltblütig quasi schon die Entscheidung herbei.

33...♔e6 34.f4 ♘xd4 35.♕g8+ ♕f7 36.♕c8+ ♕d7 37.♕g8+ ♕f7 38.♕d8!

So langsam gehen die Lichter aus. Schwarz kann dem Verlust seines Springers nicht entgehen.

38...♕d7

38...♘b5 verhindert zwar das Matt auf d6, aber nach 39.a4 lebt es als Drohung wieder auf, so dass der Springer nicht fliehen darf und verloren geht.

39.f5+! gxf5 40.gxf5+ ♘xf5 41.♕xd7+ ♔xd7 42.♘xf5

Das materielle Kräfteverhältnis entscheidet zugunsten von Weiß.

42...♔e6 43.♘e3

Schwarz gab sich geschlagen.

Partie Nr. 3

Nepomnjaschtschi – Ding

Schottische Partie [C45]

Legends of Chess Prelim

chess24.com INT 2020

1.e4 e5 2.♘f3 ♘c6 3.d4 exd4 4.♘xd4

Die Schottische Partie ist ein fester Bestandteil des Eröffnungsrepertoires Nepomnjaschtschis.

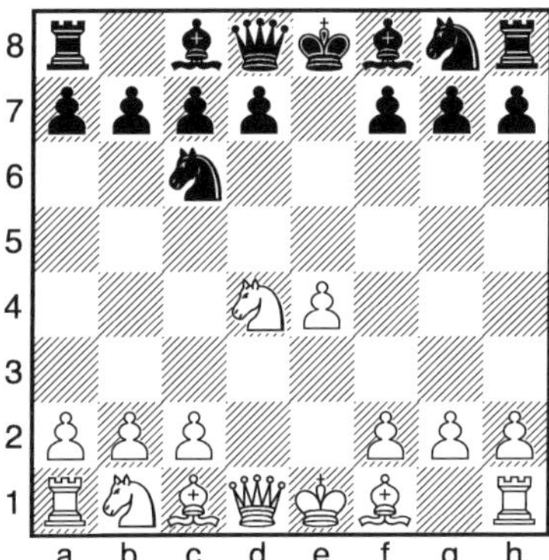

4...♘f6

Mit diesem Springerzug hält Schwarz die Partie in der Hauptvariante. In ihrer Praxis sind die beiden WM-Gegner nicht selten mit alternativen Entwicklungszügen konfrontiert worden. Anhand ausgewählter Beispiele schauen wir uns an, welche Wege sie daraufhin ansteuern. Einen allgemeinen Überblick über „Schottisch" gibt unser Buch „Eröffnungen, Offene Spiele – lesen-verstehen-spielen", Joachim Beyer Verlag, 2. Auflage 2020.

I. 4...♗c5 5.♘xc6

(5.♘b3 ♗b6 6.♘c3 ♘f6 7.♗g5 0-0 8.♕e2 ♘d4 9.♕d2 ♘xb3 10.axb3 ♖e8 11.0-0-0 h6 12.h4 c6 13.♗xf6 ♕xf6 14.f3 d5 15.♔b1 ♗e6 16.exd5 ♗xd5 17.♘xd5 cxd5 18.♗b5 ♖ed8∞, Carlsen – Nakamura, chess24.com INT 2020)

A) 5...♕f6 6.♕f3 dxc6 7.♘c3 ♗e6 8.♗e3

(8.♕g3 ♗d6 9.f4 ♕g6 10.♕f2 f5 11.♗d3 ♘f6 12.e5 ♘g4 13.♕g3 ♗c5 14.♖f1 0-0-0∞, Nepomnjaschtschi – Caruana, chess.com INT 2020)

8...♗b4 9.0-0-0 ♕xf3 10.gxf3 ♘e7 11.h4 ♗xc3 12.bxc3 ♖d8 13.♖xd8+ ♔xd8 14.h5 f5 15.c4 ♖f8 16.♖g1 ♖f7 17.a4 a6 18.a5 g6 19.♖g5 ♖f6 20.hxg6 ♖xg6 21.c5 ♔e8 22.♗d3 ♖xg5 23.♗xg5 h5 24.♔d2 ♔f8 25.♔e3 ♔f7 26.♗xe7 ♔xe7 27.e5 h4 28.f4 ♔d7 29.f3 b6 30.axb6 cxb6 31.♗xa6! b5 32.♔f2 ♔c7 33.♔g2 ♔b8 34.♔h3 ♔a7 35.♔xh4 ♔xa6 36.♔g5 ♔b7 37.♔f6 ♗d5 38.c3 ♔c7 39.♔xf5 ♔d7 40.♔f6 ♗xf3 41.e6+ ♔e8 42.♔e5 ♗g4 43.f5 ♗h3 44.f6 ♗g4 45.♔d6 ♗h3 46.e7 ♔f7 47.♔xc6 1–0, Carlsen – Nakamura, chess24.com INT 2020

B) 5...bxc6 6.♘c3 ♕f6 7.♕f3 d6 8.♗e3 ♗b6 9.♘a4 ♕xf3 10.gxf3 ♗xe3 11.fxe3 f5 12.♖g1 g6 13.exf5 ♗xf5 14.e4 ♗e6 15.0-0-0 ♘f6 16.♖g5 0-0 17.e5 dxe5 18.♖xe5 ♗d5 19.♖e3 ♘h5 20.♘c3 ♗xf3 21.♗c4+ ♔g7 22.♖d7+ ♔h6 23.♖xc7 ♖f4 24.b3 ♘f6 25.♘e2 ♗xe2 26.♖xe2 ♖h4 27.♖xc6 ♘g4 28.♖e4 ♖f8 29.h3 1–0, Nepomnjaschtschi – Artemiev, chess.com INT 2021

II. 4...♕f6 5.♗e3 ♕g6

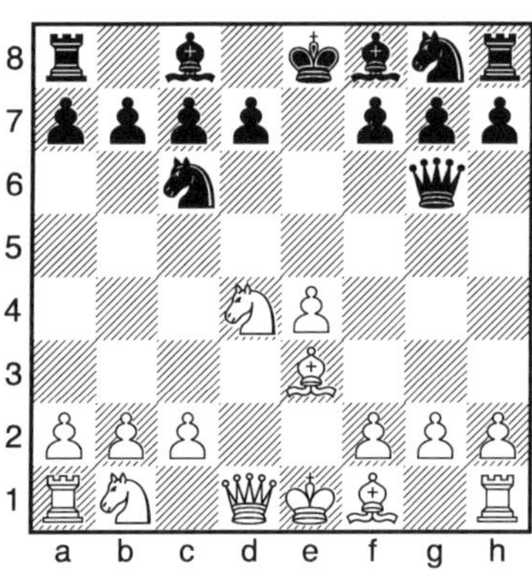

A) 6.♘c3 ♗b4 7.♕d3 ♘f6 8.f3 d5 (8...0-0 9.0-0-0 d6∞) 9.0-0-0 dxe4 (9...0-0!?) 10.♘xe4 ♘xe4? (⌓10...0-0) 11.♘xc6! ♗d6 12.♘e5 ♕f5 13.♘c4 ♘f6 14.♕xd6! cxd6 15.♘xd6+ ♔e7 16.♘xf5+ ♗xf5 17.♗c5+ ♔e8 18.♗b5+ ♘d7 19.♖he1+ ♔d8 20.♗xd7 1–0, Carlsen – Firouzja, lichess.org INT 2021

B) 6.f3 ♘f6 7.c4 ♗b4+ 8.♘c3 0-0 9.♕d2 ♘e5 10.a3 ♗xc3 11.♕xc3 d6 12.0-0-0 ♗d7 13.h4 h5 14.♗e2 ♖fe8 15.♖hg1 c5 16.♘c2 ♗c6 17.♗g5 ♖ad8 18.♘e3 ♖d7 19.♖d2 ♘h7 20.♗f4 ♕f6 21.g3 ♘f8 22.♖gd1 ♘e6 23.♗xe5 dxe5 24.♖xd7 ♘d4 25.♖7xd4 cxd4 26.♕d2 dxe3 27.♕xe3±

Weiß ist im Besitz eines Mehrbauern. Die Partie Carlsen – Firouzja, lichess.org INT 2021, endete allerdings mit einem Remis.

5.♘xc6

So fügt Weiß seinem Gegner einen Doppelbauern zu. 5.♘c3 sollte Schwarz mit 5...♗b4 beantworten.

5...bxc6

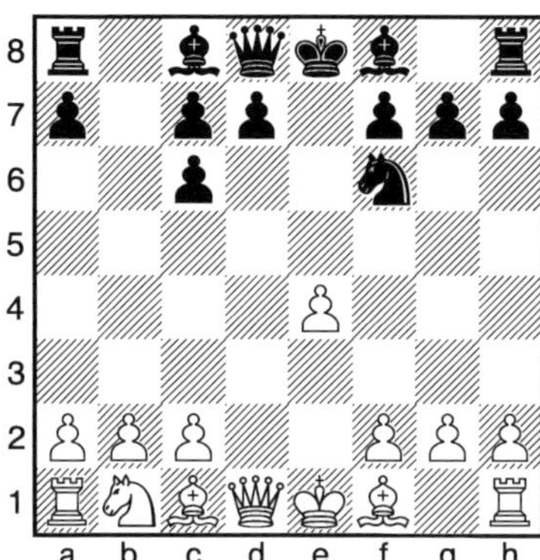

6.e5

Wenn Weiß seinen Bauern mit 6.♘c3 deckt, kann Schwarz gut mit 6...♗b4 mit der Idee 7.♗d3 d5 reagieren. Er muss dann insbesondere mit 8.exd5 und 8.♗d2 als Antworten rechnen.

A) 8.exd5

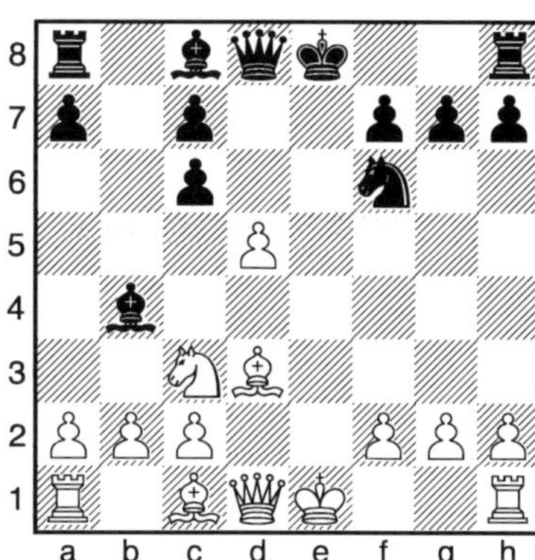

A1) 8...0-0 9.0-0 ♗g4 10.f3 ♗h5 11.♗g5 (11.dxc6 ♕d4+ 12.♔h1 ♗xc3 13.bxc3 ♕xc3 14.♗f4 ♕xc6 15.h3 ♗g6 16.♖e1 ♖ad8=, Carlsen – Nakamura, chess24.com INT 2020)

11...♕d6 12.♗xf6 ♕xf6 13.dxc6 ♗xc3 14.bxc3 ♕xc3 15.♗e4 ♗g6 16.♕d7 ♖ad8 17.♕xc7 ♕c5+ 18.♔h1 ♗xe4 19.fxe4 ♖c8 20.♕d7 ♕xc6 21.♕xa7 ♕xe4 22.♖fe1 ♕xc2 23.a4 ♕c5 24.♕xc5 ♖xc5 25.a5 ♖a8 26.a6 h5 27.♖eb1 ♔h7 28.♖b6 ♖a7 29.♔g1 ♖c2 30.h3 f6 31.♖a3 ♔g6 32.♔h2 h4 33.♖a1 ♖c4=, Nepomnjaschtschi – Caruana, Jekaterinburg 2021

A2) 8...cxd5 9.0-0 0-0 10.♗g5

(In einigen Partien hat Carlsen 10.h3 den Vorzug gegeben.)

10...♗e6

(10...c6 11.♕f3 h6 12.♗xf6 ♕xf6 13.♕xf6 gxf6 14.♘e2 ♖b8 15.b3 ♖e8 16.♘g3 ♖e5 17.h3 ♗d7 18.f4 ♖e3 19.♔h2 ♔f8=, Carlsen – Giri, chess24.com INT 2020)

11.♘b5 c5 12.a3 ♗a5 13.b4 ♗b6 14.bxc5 ♗xc5 15.c3 h6 16.♗h4 ♖c8 17.♘d4 ♗xd4 18.cxd4 g5 19.♗g3 ♘e4 20.♕a4 ♘xg3 21.hxg3 ♖c3 22.♕d1 ♕f6 23.♕d2 ♖fc8= mit einem hart umkämpften Ausgleich, Carlsen – Aronian, chess24.com INT 2021.

B) 8.♗d2 0-0 9.0-0 ♗xc3 10.♗xc3 dxe4 11.♗c4

(11.♗xf6 ♕xf6 12.♗xe4 ♕xb2 13.♗xc6 ♖b8 14.♖b1 ♕xb1 15.♕xb1 ♖xb1 16.♖xb1 ♖d8 17.♗f3 ♔f8=, So – Carlsen, Wijk aan Zee 2020)

11...♘d5 12.♕d4 ♘xc3 13.♕xc3 ♖e8 14.♗b3 ♕f6 15.♕xf6 gxf6 16.♖fe1 ♖e5 17.♖ad1 ♗f5 18.♖e3 ♖b8 19.f3 exf3 20.♖xf3 c5 21.♖df1 ♗e6 22.♗xe6 ♖xe6 23.b3 ♖d8 24.♖xf6 ♖xf6 25.♖xf6 ♖d2 26.♖a6 ♖xc2 27.♖xa7 c4 28.bxc4 ♖xc4 29.♔f2 ♖c2+ 30.♔f3 c5 mit einem ausgeglichenen Turmendspiel, Nepomnjaschtschi – Giri, chess24.com INT 2020.

6...♕e7 7.♕e2 ♘d5

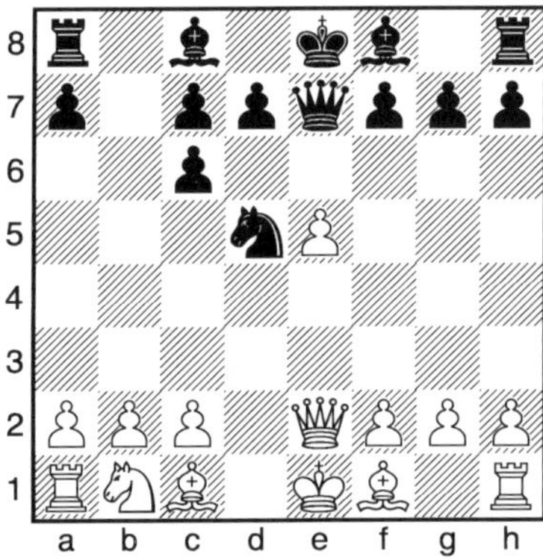

8.c4

Diese Fortsetzung wird in der Praxis am häufigsten gespielt.

Eine gute und ebenfalls aggressive Alternative ist 8.h4. Sowohl der Weltmeister als auch sein Herausforderer greifen gelegentlich darauf zurück. Ein paar Beispiele dazu:

A) 8...♗b7 9.c4 ♘b6 10.♘c3 0-0-0 11.♗g5 (11.♗f4!) 11...f6 12.exf6 ♕f7 13.fxg7 ♗xg7 14.♗xd8? (⌓14.0-0-0!) 14...♖e8 15.♗g5 ♖xe2+ 16.♗xe2 ♘xc4 17.0-0 c5 18.♗xc4 ♕xc4 19.♖fe1 ♗c6 20.♖e3 ♕g4 21.♖g3 ♕f5 22.♖e1 ♗e5 23.♖ge3 ♗d4 24.f3 ♕c2 25.♖1e2 ♕g6 26.♔h2 d6 27.♖e6 ♕f5 28.♖e7 ♗e5+ 29.♖2xe5 dxe5–+, Carlsen – Tang, lichess.org INT 2021

B) 8...a5 9.c4 ♗a6 10.♘d2

(10.♖h3 ♘b6 11.b3 ♕e6 12.♘c3 a4 13.♗b2 a3 14.♗c1 ♗b4 15.♗d2 0-0 16.0-0-0 ♖fe8 17.f4 d5 18.exd6 ♗xc3 19.♗xc3 ♕xe2 20.♗xe2 ♖xe2 21.dxc7 ♖ee8 22.♖hd3 ♘d5 23.cxd5 ♗xd3 24.♖xd3 cxd5 25.♖xd5 f6 26.♗a5 ♔f7 27.b4 ♔e6 28.♖d8 ♖c8 29.♔d2 g6 30.b5 ♖a8 31.♖xe8+ ♖xe8 32.b6 ♔d7 33.b7 1–0, Nepomnjaschtschi – Krzyzanowski, chess.com INT 2021)

10...♘b6 11.h5 ♕e6 12.h6 gxh6 13.b3 0-0-0 14.♗b2 ♗g7 15.0-0-0 ♖he8 16.f4 f6 17.♘e4 fxe5 18.♘c5 ♕f5 19.♘xa6 exf4 20.♕d3 ♗xb2+ 21.♔xb2 ♕e5+ 22.♕c3 ♔b7 23.♕xe5 ♖xe5 24.♖xh6 c5 25.♘xc5+ ♖xc5 26.♖xh7 ♖f8 27.♗e2 d6 28.♗f3+ ♔b8 29.♖e1 ♘c8 30.♖e6 ♖g5 31.♔c3 ♖fg8 32.♖f7 ♖e5 33.♖h6 a4 34.♖hh7 axb3 35.♖xc7 ♖e3+ 36.♔b2 ♖xf3 37.gxf3 bxa2 38.♔xa2 ♖g3 39.♖b7+ ♔a8 40.♖b3 ♖g2+ 41.♔a3 ♖c2 42.♖b4 ♖c3+ 43.♔b2 ♖xf3 44.♖h8 ♖f2+ 45.♔c3 1–0, Nepomnjaschtschi – Giri, chess24.com INT 2020

C) 8...d6 9.c4 ♘b6 10.exd6 cxd6 11.♘c3 ♗e6 12.b3 d5 13.cxd5 ♘xd5 14.♗b2 ♕b4 15.♕c4 ♕xc4 16.♗xc4 ♗b4 17.♗xd5 ♗xd5 18.0-0-0 ♗xc3 19.♗xc3 f6 20.♖d4 ♔f7=, Nepomnjaschtschi – Aronian, chess24.com INT 2020

8...♗a6

(siehe nächstes Diagramm)

9.h4

Oder 9.b3 mit der möglichen und etwas komplizierten Folge 9...g6 10.f4 d6 11.♕f2 ♘f6 12.♗e2 dxe5 usw. Das Duell Nepomnjaschtschi – Vitiugov, Moskau 2020, endete nach den weiteren Zügen 13.0-0 ♘e4 14.♕e1 ♕c5+ 15.♔h1 ♕d4 16.♗f3 ♕xa1

17.♕xe4 ♗b7 18.♕c2 ♗c5 19.♘c3 ♗b4 20.♘a4 0-0-0 21.♗e2 ♕d4 22.♖d1 ♕a1 23.♖f1 ♕d4 24.♖d1 ♕a1 25.♖f1 mit einem Remis.

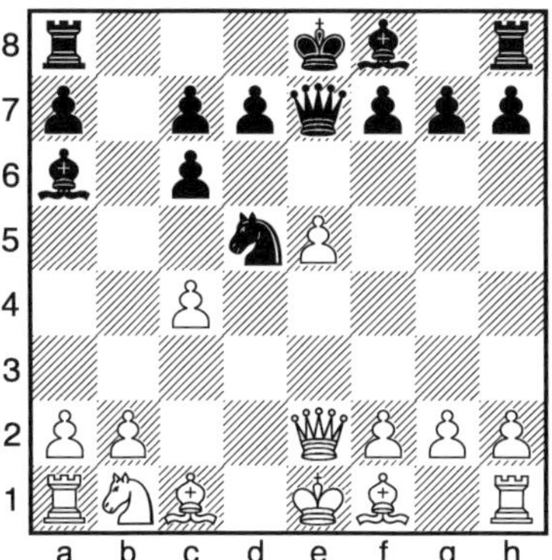

9...f6

Ein wichtiger Zug im schwarzen Aufbauspiel. Der ♙e5, der Schwarz den Raum nimmt, ist zu beseitigen.

10.♖h3

Nach 10.exf6 ♘xf6 11.♘c3 0-0-0 ist Schwarz besser entwickelt.

10...fxe5 11.♗g5 ♘f6 12.♖e3 d6 13.♕f3

Eine weitere und gut spielbare Idee ist 13.g3 mit der nachfolgenden Postierung des Läufers auf der langen Diagonale h1–a8.

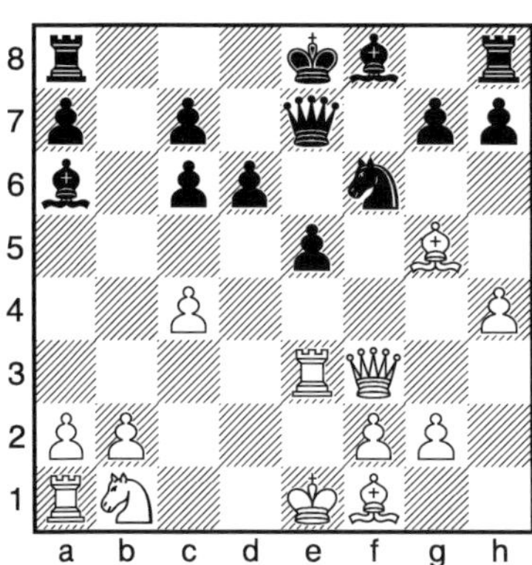

13...e4N

Bisher hierher haben beide Gegner eine bekannte Variante gespielt. Nun aber weicht Schwarz ab.

In der Partie Nepomnjaschtschi – Aronian, chess.com INT 2020, folgte 13...♕d7?, was sich als Fehler herausstellte, aber von Weiß nicht genutzt wurde. 14.♘c3? Damit verpasst Weiß die plötzlich gebotene Chance.

(⌓14.♗xf6! gxf6 15.♗d3 mit weißem Vorteil.)

14...♗e7 15.♗d3 0-0 16.♗f5 ♕e8 17.♗e6+ ♔h8 18.♕h3 ♗c8 19.0-0-0 ♗xe6 20.♕xe6 h6 21.f4 exf4 22.♖e2 ♗d8 23.♕f5 ♕d7 24.♕d3 ♘h7 25.♘e4 ♕f5 26.♖f1 hxg5 27.hxg5 ♗xg5 28.♖h1 ♗h6 29.♕c3 f3+ 30.♖xh6 fxe2 0–1

14.♕d1 d5 15.♘c3

Weiß mobilisiert mit dem Springer zunächst eine weitere Figur, bevor er auf d5 zuschlägt.

15...♗b7 16.cxd5 cxd5?

Nun bleibt der König im Zentrum. Zu überlegen war 16...0-0-0!?, worüber etwas mehr Königssicherheit zu erreichen war.

17.♗xf6 ♕xf6 18.♘xd5

18.♗b5+! war eine gute Alternative.

18...♗xd5

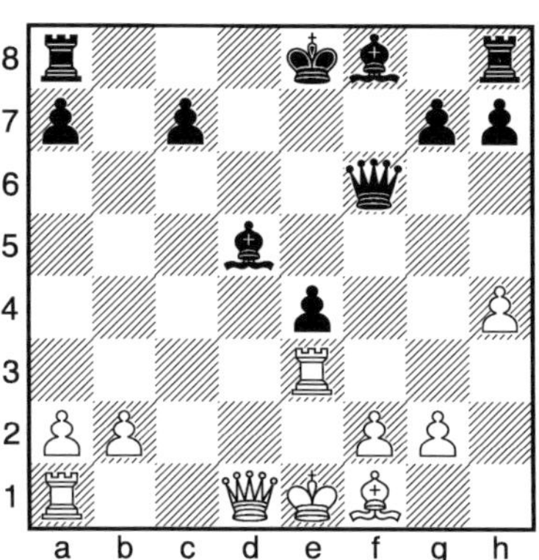

19.♗b5+!

19.♕xd5?? wäre wegen 19...♗b4+! eine Katastrophe.

19...♗c6

19...♔f7 20.♕xd5+ ♕e6 21.♗c4+− würde zu keiner Verbesserung der Situation für Schwarz führen.

20.♖xe4+ ♗e7 21.♕d5 ♖d8 22.♗xc6+ ♔f8 23.♕c4 ♗d6 24.♖d1

24.0-0-0!? wäre nicht nur möglich gewesen, sondern offensichtlich auch stärker.

24...g6 25.♖d3 ♔g7 26.♖f3 ♕xb2 27.♖f7+ ♔h6

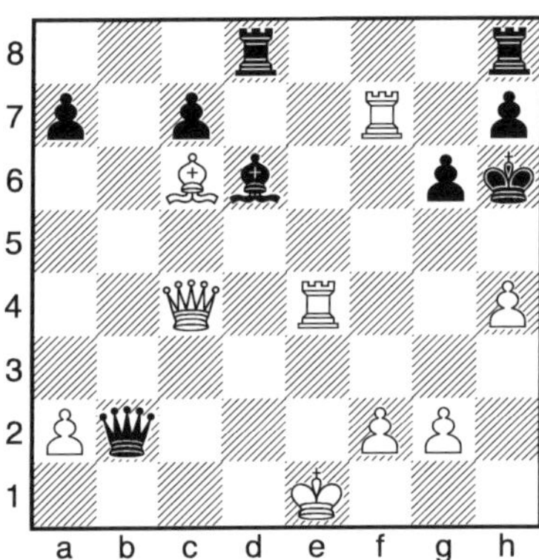

28.g4?!

Ein Fehler, der Weiß den Sieg hätte kosten können.

Er hätte zunächst auf die Sicherheit seines Königs achtgeben sollen. Mit 28.♔f1! hätte er diese erreicht. Im Anschluss hätte er seinen Angriff fortsetzen können.

28...♕b1+?

Schwarz revanchiert sich mit einem Fehler.

Die richtige Antwort war 28...♕a1+! mit der Folge 29.♔e2 ♗b4 und Schwarz gelingt die Rettung. Die Beispielvariante 30.g5+ ♔h5 31.♗d7 ♖xd7 32.♖xd7 ♕e1+ 33.♔f3 ♕h1+ führt ins Dauerschach.

29.♔e2 ♗b4

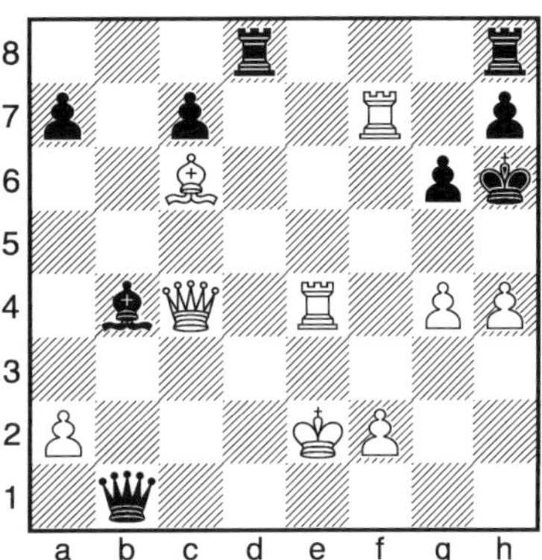

30.♖d4!

Jetzt wird deutlich, warum nur 28...♕a1+! richtig war. Stünde die Dame auf a1, wäre das Feld d4 gedeckt und der Turmzug 30.♖d4! wäre nicht möglich.

30...♖he8+

30...♕e1+ führt nicht zur Rettung, wie die folgenden Varianten belegen: 31.♔f3

– 31...♕h1+ 32.♔g3 ♕g1+ 33.♔h3 ♕f1+ 34.♗g2+−

– 31...♖xd4 32.♕xd4 ♕h1+ 33.♔g3 ♗d6+ 34.f4 ♕e1+ 35.♔h3 ♕f1+ 36.♗g2+−

31.♔f3

Aber nicht 31.♗xe8? wegen 31...♖xe8+ 32.♔f3 ♕h1+ 33.♔g3 ♕g1+ mit Dauerschach.

31...♕h1+ 32.♔g3 ♕g1+ 33.♔h3 ♖e3+ 34.fxe3 ♕xe3+ 35.♗f3

Schwarz gab auf.

In der Zeit vom 5. bis zum 16. Dezember 2020 fand in Moskau die 73. Russische Meisterschaft statt. Den Titel sicherte sich Nepomnjaschtschi mit 7,5 Punkten aus 11 Partien vor Karjakin mit 7 Punkten. Die folgende Partie war von einer großen Bedeutung für die Entscheidung über den Turniersieg. Nepomnjaschtschi probierte mit 15.♗f4!? eine neue Idee aus und hatte Erfolg damit.

Partie Nr. 4

Nepomnjaschtschi – Karjakin

Nimzowitsch-Indisch [E20]

Moskau 2020

1.d4 ♘f6 2.c4 e6 3.♘c3 ♗b4 4.f3

Damit will Weiß ein breites Bauernzentrum aufbauen, ggf. sogar auf Kosten einer Verzögerung seiner Figurenentwicklung.

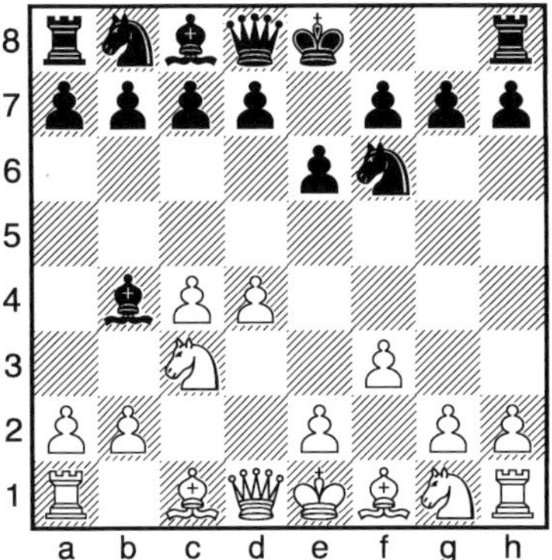

4...d5

Eine natürliche Antwort. So verhindert Schwarz das beabsichtigte e2–e4.

Eine Alternative ist 4...c5, womit man den WM-Herausforderer natürlich auch nicht überraschen kann, wie er in der Partie Nepomnjaschtschi – Tabatabaei, chess.com INT 2021, bestätigte.

5.d5 b5 6.e4 d6 7.♗d2 a6 8.dxe6 ♗xe6 9.cxb5 0-0 10.a3 ♗a5 11.♘ge2 axb5 12.♘f4 ♗c4 13.♗xc4 bxc4 14.0-0 ♘c6 15.♘ce2 ♖b8 16.♗c3 ♗xc3 17.bxc3 ♘e5 18.♕d2 ♖b6 19.♖fb1 ♕c7 20.♖xb6 ♕xb6 21.a4 ♖a8 22.h4 h6 23.♘g3 ♘d3 24.♘xd3 cxd3 25.♕xd3±

5.a3

Nun muss sich Schwarz entscheiden. Soll er schlagen oder seinen Läufer den Rückzug antreten lassen?

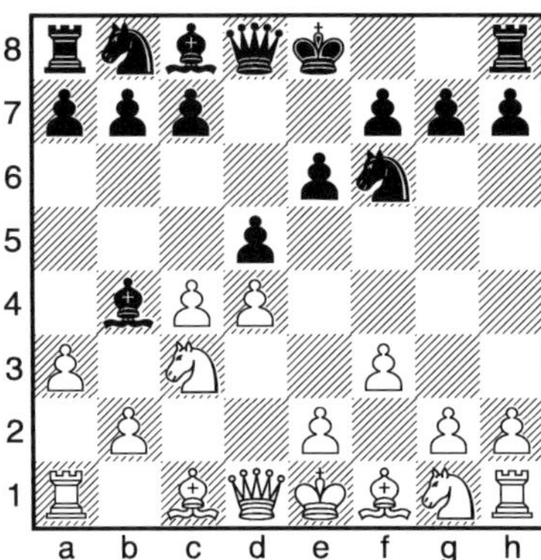

5...♗e7

Karjakin will seinen Läufer behalten und führt ihn lieber wieder weit ins eigene Lager zurück.

Zumeist will Schwarz im modernen Turnierschach keine Zeit verlieren und schlägt auf c3. Es kommt dann zu 5...♗xc3+ 6.bxc3 und nun 6...c5 7.cxd5. Zu dieser Ausgangsstellung gibt es einige Beispiele aus der Praxis der WM-Duellanten.

A) 7...exd5 8.e3 c4

(8...0-0 9.♗d3 b6 10.♘e2 ♗a6 11.0-0 ♖e8∞)

9.♘e2 ♘c6 10.g4 0-0 11.♗g2 ♘a5 12.0-0 ♘b3 13.♖a2 b5 14.♘g3 a5 15.g5 ♘e8 16.e4 ♘xc1 17.♕xc1 ♖a6 18.e5 ♘c7 19.f4 b4 20.axb4 axb4 21.♖xa6 ♘xa6 22.f5 b3 23.♕f4 ♘c7 24.f6 g6 25.♕h4 ♘e8 26.♕h6 b2 ⇄, Anand – Carlsen, Chennai 2013

B) 7...♘xd5 8.dxc5 ♕a5 9.e4 ♘f6 10.♗e3 0-0 11.a4

(11.♕b3 ♘a6 12.♘h3 ♘d7 13.♗xa6 ♕xa6 14.c4 ♘e5 15.♖c1 ♗d7 16.♕c3 f6 17.0-0 ♗a4 18.♘f4 ♖fd8 19.♗d4 ♘g6 20.♘xg6 hxg6 21.e5 f5 22.h4 ♖d7 23.♖f2 ♖ad8 24.♖d2 ♕c6 25.♔h2 ♕c7 26.♕e3 ♔f7 27.♔g3 ♖h8 ⇄, Carlsen – Morosewitsch, Moskau 2009)

11...♘fd7 12.♔f2 ♘xc5 13.♕d6 b6 14.♗b5 ♗a6 15.♘e2 ♗xb5 16.♗xc5 bxc5 17.♕xc5 ♘d7 18.axb5

(18.♕xb5 ♕c7 19.♖hd1 ♘e5 20.f4 ♘g4+ 21.♔f3 ♘f6 22.♕e5 ♕e7 23.♖d4 ♖ac8 24.♖b1 ♖fd8 25.♖xd8+ ♕xd8 26.♕d4 ♕c7 27.♖d1 h6 28.g4 ♖e8 29.♕d6 ♕c4 30.♕b4 ♕c8 31.♘g3 e5 32.f5 ♖d8 33.♖xd8+ ♕xd8∞, Caruana – Carlsen, chess24.com INT 2020)

18...♕d8 19.♕d6 ♕c8 20.♖a6 ♘b6 21.♖ha1 ♖d8 22.♕a3 ♘c4 23.♕b4 ♘e5 24.♔g1 h6 25.♘d4 ♘d3 26.♕a3 ♕c7 27.g3 ♕e5 28.♖xa7 ♖xa7 29.♕xa7 ♕g5 30.♘c6 ♖d7 31.♕b6 ♕d2 32.♖f1 ♕xc3 33.♕e3 ♕c2 ⇄, Nepomnjaschtschi – Radjabow, chess24.com INT 2020

6.e4 dxe4 7.fxe4

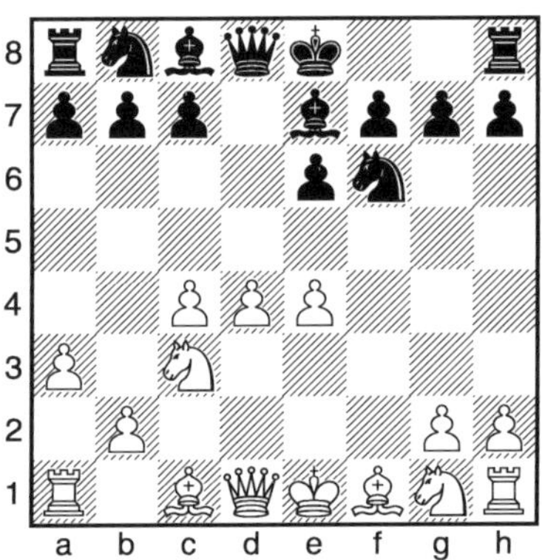

7...c5

Die Theorie empfiehlt hier 7...e5 mit der Blockade des Zentrums; z.B. 8.d5

(8.dxe5 ♕xd1+ 9.♔xd1 ♘g4=)

8...♗c5 9.♗g5 0-0

(Häufiger gespielt wird 9...h6, um die Situation des Läufers sofort zu klären.)

10.♘f3 ♗g4 11.h3 ♗xf3 12.♕xf3 ♘bd7 13.0-0-0 ♗d4 14.♘e2 c5 15.g4 a5 16.♔b1 ♖a6 17.♘g3 g6 18.h4 a4 19.♖h2 ♕a5 20.♗d2 ♕c7 21.g5 ♘e8 22.h5 ♖b6 23.♗c1 ♖b3 24.♕g4 ♘b6 25.♗e2 ♘d6 26.♖dh1 ♗xb2 27.♗xb2 ♘bxc4 28.♗xc4 ♘xc4 29.hxg6 ♕b6 30.g7 ♖d8 31.♕h4 ♖xb2+ 32.♔a1 ♖xh2 33.♖xh2 ♕g6 34.♘f5 ♖e8 35.♕g4 ♕b6 36.♕h3 ♕g6 37.d6 ♘xd6 38.♘xd6 ♖d8 39.♘c4 ♕xe4

Die Stellung ist kompliziert und schwer einzuschätzen. Letztendlich gelang es Schwarz, die Partie für sich zu entscheiden, Nakamura – Carlsen, Zürich 2014.

8.d5 exd5 9.exd5 0-0 10.♗e2 ♖e8 11.♘f3 ♗g4 12.0-0 ♘bd7

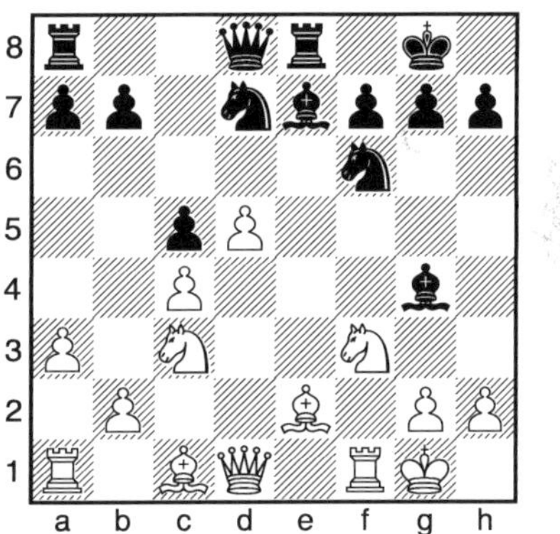

13.d6!?

Es gehört Mut dazu, einen Zug wie diesen zu spielen. Der Bauer kann stark oder auch schwach sein.

13...♗f8 14.h3

Oder 14.♘b5 ♖e6 15.♗f4 ♘h5 16.♗g5 ♘df6 mit unklarem Spiel.

14...♗h5

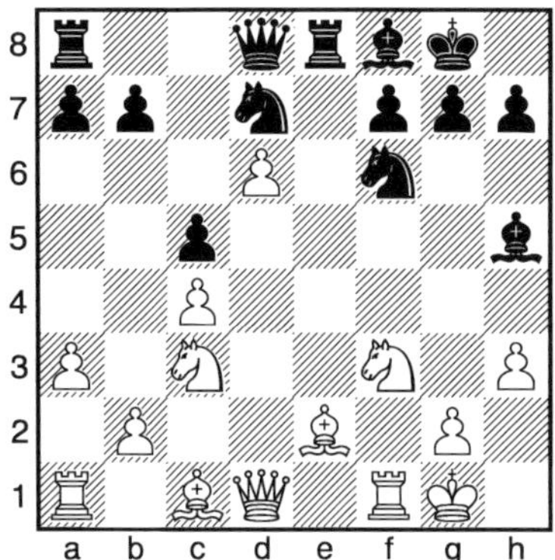

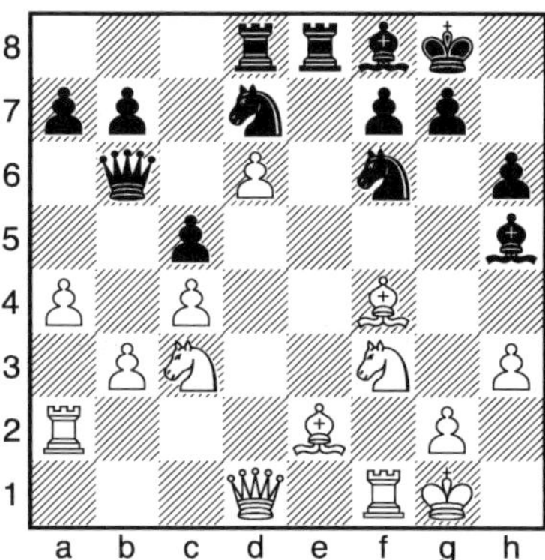

15.♗f4!?

Dies ist die neue Idee, die wir in den Vorbemerkungen zur Partie bereits angekündigt haben.

Bisher wurde regelmäßig 15.♘b5 gespielt, worauf die Fortsetzung mit 15...♕b6!? zu empfehlen ist.

(15...♖e6? 16.♗f4 a6 17.♘c7 ♖e4 18.♗h2 ♖c8 19.g4 ♗xg4 20.hxg4 ♘xg4 21.♗d3 ♘xh2 22.♗xe4 ♘xf1 23.♕xf1 ♗xd6 24.♘d5 g6 25.♕h3 ♔g7 26.♔h1 ♘e5 27.♘h4 h5 28.♖g1 ♗f8 29.♘f4 ♘g4 30.♘xh5+ gxh5 31.♗f5 ♗e7 32.♗xg4 hxg4 33.♕xg4+ ♗g5 34.♕h5 1–0, Caruana – Aleksejenko, Jekaterinburg, Kandidatenturnier 2020)

16.♘c7 ♗xd6 17.♘xa8 ♖xa8 18.♘h4 ♗g6 19.♘f5 (19.♘xg6 hxg6 20.♗f3∞) 19...♗xf5 20.♖xf5 ♖e8 21.♕c2 ♘e4 22.♗f4 g6 23.♗xd6 gxf5 24.♗f4 ♘e5 25.♖d1 ♘c6 26.♗h5 ♘d4 27.♕a4 ♖d8 28.♔h2 ♕xb2 29.♕xa7 ♕f2 30.♗c7 f4 31.♗xd8 ♕g3+ 32.♔g1 f3 33.♗xf3 ♘xf3+ 0–1, Vidit – Karjakin, chess.com INT 2020

15...♕b6 16.b3 ♖ad8 17.♖a2

Mit der Idee gespielt, den ♙d6 mit ♖a2–d2 zu unterstützen.

17...h6 18.a4

(siehe nächstes Diagramm)

18...♗xf3?

Um seinem Springer das Feld e5 zugänglich zu machen, gibt Schwarz seinen wichtigen Läufer auf. Er sollte damit noch warten.

Ratsam war 18...♕a5!?.

19.♗xf3 ♘e5 20.♘b5

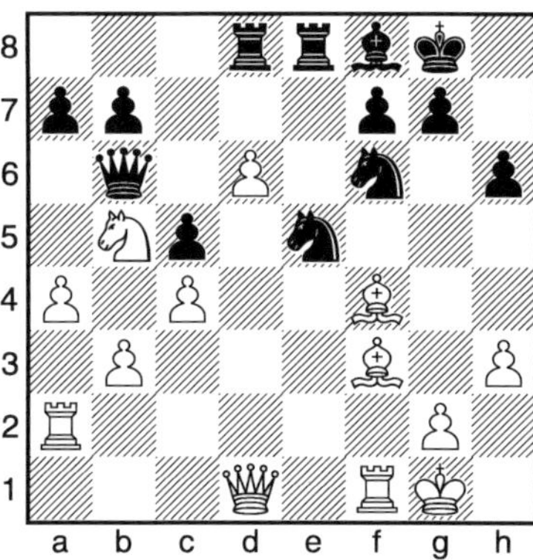

20...♗xd6?

Dieser Fehler führt praktisch zur Entscheidung über den Ausgang der Partie. Vermutlich hat Schwarz den nächsten Zug seines Gegners übersehen.

Notwendig war 20...♖d7!?; z.B. 21.a5 ♕d8 22.♗xe5 ♖xe5 23.a6 bxa6

(Aber nicht 23...♗xd6 24.♘xd6 ♖xd6 25.♕a1 ♖e3 26.axb7 mit einem klaren weißen Vorteil.)

24.♖xa6 ♕b8 25.♕a1 ♖e6 26.♗c6 ♖d8 27.♖xa7 ♗xd6 28.♖a8 ♗h2+ 29.♔h1 ♖xc6

30.♖xb8 ♗xb8 und Schwarz kann noch Gegenwehr leisten.

21.a5! ♕a6 22.♖d2

Nun verliert Schwarz Material.

22...♘xf3+ 23.♖xf3 ♘e4 24.♘xd6 ♘xd2 25.♕xd2 ♖e6

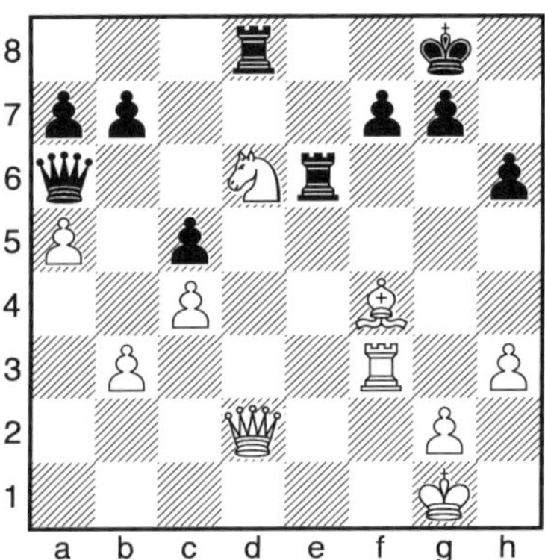

26.♖d3!

Damit hat Weiß seinen Springer verteidigt und seine Kräfte sind beinahe ideal zentral aufgestellt. Der Rest ist entsprechend einfach.

26...b6 27.♘f5 ♖xd3 28.♕xd3 ♕b7 29.♕d5 ♕xd5 30.cxd5 ♖e1+ 31.♔f2 ♖d1 32.♔e2

Schwarz gab auf.

Die folgende Partie wurde in der zehnten Runde des Kandidatenturniers gespielt und war für Nepomnjaschtschi sehr wichtig. Er führte das Feld mit einem vollen Punkt vor seinen Verfolgern an. Beobachter meinten nach dem Duell, dass Aleksejenko einfach einen schlechten Tag gehabt und seinem Gegner die Partie praktisch kampflos überlassen habe. Tatsächlich aber hat er die Eröffnungsphase schlecht gespielt, was Nepomnjaschtschi ausgenutzt hat.

Partie Nr. 5

Nepomnjaschtschi – Aleksejenko

Réti-Eröffnung [A13]

Jekaterinburg 2021

1.c4 ♘f6 2.g3

Mit diesem Zug leitet Weiß eine der Idee einer schnellen Entwicklung des Königsflügels folgende populäre Spielweise ein.

Beide Kontrahenten im Kampf um den WM-Thron haben auch 2.♘c3 im Repertoire.

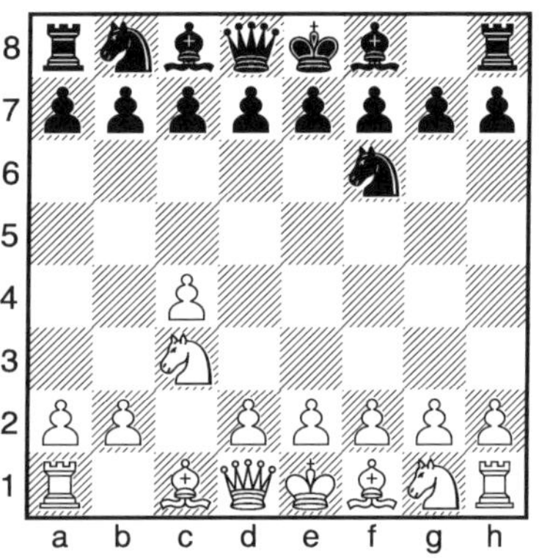

Ein paar Beispiele dazu:

A) 2...e6 3.e4 d5 4.cxd5

(4.e5 d4 5.exf6 dxc3 6.bxc3 ♕xf6 7.d4 e5 8.♘f3 ♘c6 9.♗d3 ♗e7 10.d5 ♘b8 11.♗g5 ♕d6 12.♗xe7 ♕xe7 13.0-0 0-0 14.♖e1 ♗g4 15.h3 ♗xf3 16.♕xf3 ♘d7 17.♕g3 ♖ae8∞, Carlsen – Firouzja, lichess.org INT 2021 18.♖ab1)

4...exd5 5.e5 d4 6.exf6 dxc3 7.♕e2+ ♗e6 8.dxc3 ♕xf6 9.♘f3 ♘d7 10.g3 ♗c5 11.♗g2 0-0 12.0-0 ♗d5 13.♖e1 c6 14.♗f4 h6 15.♖ad1 ♖fd8 16.♘e5 ♘xe5 17.♗xe5 ♕e6 18.♗xd5 ♖xd5 19.♖xd5 ♕xd5 20.c4 ♕e6=, Carlsen – Duda, chess24.com INT 2021

B) 2...e5 3.♘f3 ♘c6 4.e3 ♗b4 5.♘d5 e4 6.♘g1 0-0 7.♘h3 ♖e8 8.♘hf4 b6 9.♘xb4

♘xb4 10.b3 d5 11.♗b2 dxc4 12.♗xc4 ♗a6 13.♗xa6 ♘xa6 14.0-0 ♕e7 15.f3 ♖ad8 16.fxe4 ♘xe4 17.d3 ♘b4 18.♖f3 f6 19.♕e2 ♘g5 20.♖g3 ♘e6 21.♘h5 ♔h8 22.♖f1 ♖f8 23.d4 c5 mit etwa gleichen Chancen, Nepomnjaschtschi – So, chess24.com INT 2021.

2...e6

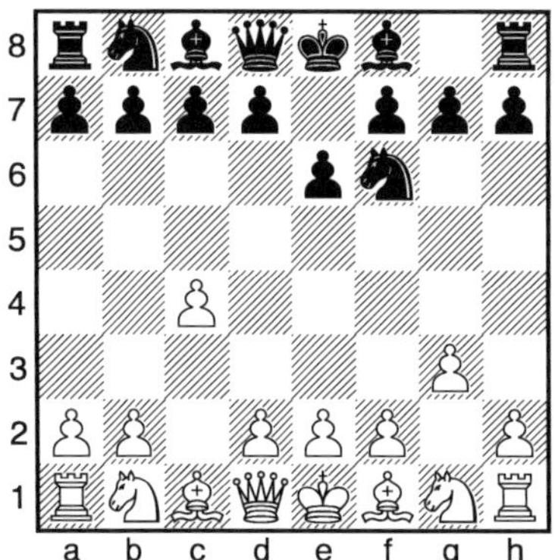

3.♗g2

Konsequent, aber nicht immer der von Nepomnjaschtschi bevorzugte Weg.

Er spielt auch gerne 3.♘f3, woraus sich nach 3...d5 4.d4 u.a. die folgenden Entwicklungen ergeben können.

A) 4...♗e7 5.♗g2 0-0 6.♘c3

(6.♕c2 c5 7.dxc5 ♕a5+ 8.♘bd2 ♕xc5 9.a3 b5 10.b4 ♕c7 11.c5 a5 12.♗b2 ♘c6 13.♘d4 ♘xd4 14.♗xd4 e5 15.♗b2 axb4 16.axb4 ♖xa1+ 17.♗xa1 d4 18.0-0 ♗e6 19.♕d3 ♘d5 20.♗xd5 ♗xd5∞, Nepomnjaschtschi – Giri, Kalkutta 2019)

6...♘bd7 7.b3 dxc4 8.bxc4 c5 9.0-0 cxd4 10.♘xd4 ♘e5 11.♖b1 ♘xc4 12.♗xb7 ♗xb7 13.♖xb7 ½–½, Nepomnjaschtschi – Aronian, Kalkutta 2019

B) 4...♗b4+ 5.♗d2 a5 6.♗g2 dxc4 7.0-0 0-0 8.♕c2 ♗xd2 9.♘bxd2 b5 10.a4 c6 11.e4 ♘a6 12.b3 ♘b4 13.♕c3 cxb3 14.♕xb3 ♗a6 15.♖fc1 bxa4 16.♖xa4 ♗b5 17.♖a3 e5 18.dxe5 ♘d3 19.♖c3 ♘xe5 20.♘xe5 ♕xd2 21.♘f3 ♕d7 22.♘e5 ♕d4 23.♘xc6 ♗xc6 24.♖xc6 ♖ab8 25.♕c4 ♖b1+ 26.♗f1 ♕d1∞, Nepomnjaschtschi – Carlsen, chess24.com INT 2020

3...d5 4.♘f3 dxc4

Schwarz gibt das Zentrum auf, was nachteilig sein kann. Allerdings gewinnt er dadurch Zeit, denn Weiß muss den Bauern zurückgewinnen. Diese Variante und auch andere analysieren wir in unserem Buch „Réti-Eröffnung – richtig gespielt“, Joachim Beyer Verlag 2016.

5.♕a4+ ♘bd7

Dies ist die beste Antwort.

6.♕xc4 a6

Schwarz will in einem günstigen Moment b7–b5 durchsetzen. Eine starke Alternative ist der sofortige Vorstoß 6...c5!.

7.♕c2 c5 8.♘c3

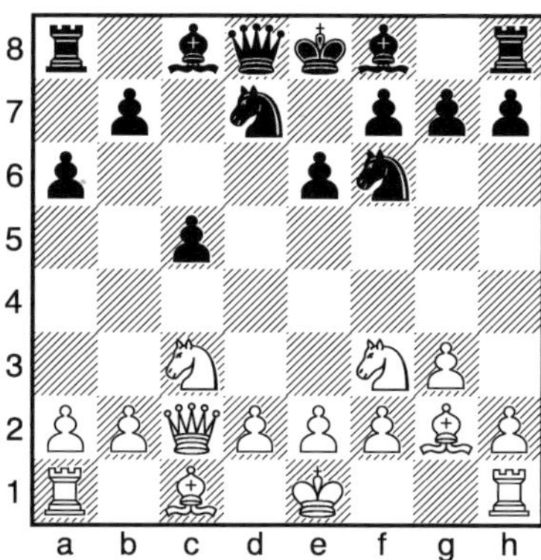

8...♗e7?!

Dieser schlichte Entwicklungszug ist mit sehr nachteiligen Konsequenzen für Schwarz verbunden. Seine Wahl zeigt, dass Aleksejenko nicht gut mit der Variante vertraut war.

Bekannter Weise sollte Schwarz hier 8...♕c7! spielen, verbunden mit dem Plan b7–b6 und ♗c8–b7, so dass der Läufer so schnell wie möglich ins Spiel kommt. Ein Beispiel aus Carlsens Praxis veranschaulicht, wie sich das Spiel im Anschluss entwickeln kann.

9.d4

(9.0-0 b6 10.d4 ♗b7 11.♗f4 ♗d6 12.♗xd6 ♕xd6=)

9...cxd4?

(Der 10. Weltmeister Boris Spasski zeigte, wie diese Variante besser zu behandeln ist. Er sicherte sich über 9...b5! in der sich anschließenden Zugfolge 10.♗f4 ♗d6 11.♗xd6 ♕xd6 12.dxc5 ♕xc5 13.♘d2 ♖b8 14.♖c1 ♗b7 15.♗xb7 ♖xb7 16.♘b3 ♕c6 17.♘e4 ♕xc2 18.♖xc2 0-0 19.♘xf6+ gxf6 20.0-0 ♘e5 21.♖d1 f5 22.♖d6 ♖a8 23.♘a5 ♖d7 24.♖xd7 ♘xd7 25.♖c7 ♘f6 26.♘c6 ♘d5 27.♖b7 ♖c8 28.♖b8 ♖xb8 29.♘xb8 a5 30.♘c6 a4 31.♔f1 ♔f8 32.♔e1 ♔e8 33.♔d2 ♔d7 34.♘e5+ ♔e7 den Ausgleich, Polugajewski – Spasski, Moskau 1973.)

10.♘xd4 ♗c5 11.♘b3 ♗d6 12.0-0 0-0 13.♖d1 ♗e5 14.♗e3 ♘d5 15.♗xd5 exd5 16.♖ac1 ♘f6 17.♘xd5 ♘xd5 18.♖xd5 ♕xc2 19.♖xc2 mit Vorteil und einem späteren Sieg für Weiß, Ding Liren – Carlsen, Saint Louis 2019.

9.0-0 0-0 10.d4

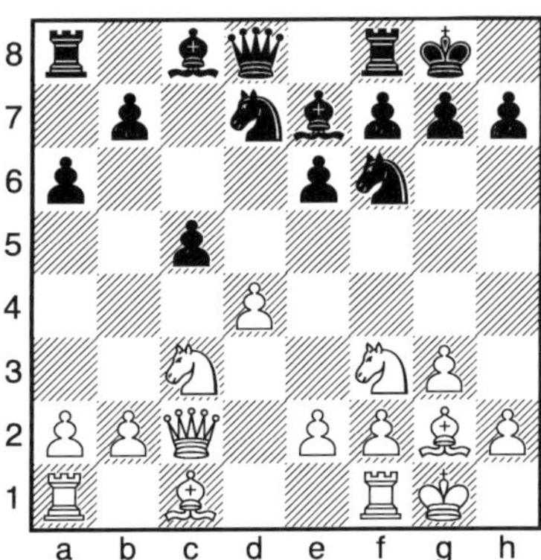

10...cxd4?

Schwarz hat kein glückliches Händchen in der Behandlung der Position. Es war immer noch Zeit für 10...b5!. Schwarz hätte sich damit zumindest im Spiel halten können.

A) 11.♗g5 ♗b7 12.dxc5 ♘xc5 13.♖fd1 ♕b6 14.♖ac1 ♖ac8 15.a3 ♖fd8=, Gil – Humeau, Ajaccio 2007

B) 11.♘e5 ♘xe5 12.dxe5 (12.♗xa8 cxd4 ⇄) 12...♘d5 13.♘xd5 exd5 14.♗e3 c4 15.♗d4 ♗e6∞

C) 11.♘g5 ♖a7 12.dxc5 ♗xc5 13.♘ge4 ♗b6 14.♗f4 ♗b7 15.♖fd1 ♕a8∞

D) 11.dxc5 ♗b7 12.b4 a5 13.♘xb5 ♗e4 14.♕b2 axb4 15.♘d6 ♘xc5 16.♘xe4 ♘fxe4 17.♕xb4 ♖b8 (□17...♖a4! 18.♕b1 ♕a5 ⇄) 18.♕c4 ♕a5 19.♘e5 ♖b4 20.♕c2 ♕a6 21.♗e3 ♗d6 22.♘d7 ♖c4 23.♘xc5 ♘xc5 24.♕d2 ♖a4 25.♕c3 ♖a3 26.♕c2 ♖c8 27.♖fc1 mit weißem Vorteil, Barros Rivadeneira – Vazquez, Guatape 2016.

11.♘xd4 ♕c7 12.♖d1 ♖d8 13.♗e3

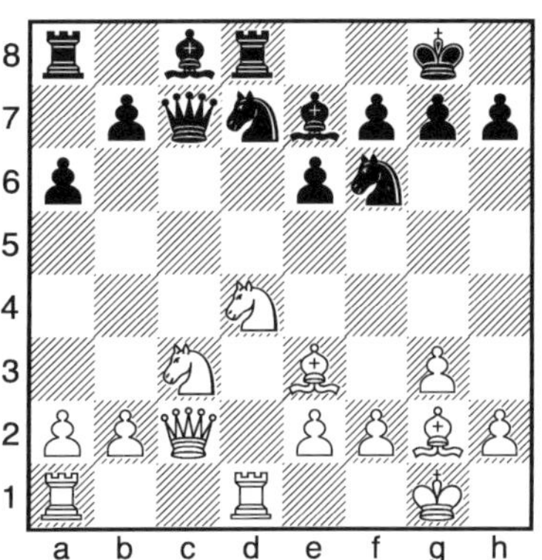

13...♘b6

Eine Empfehlung zugunsten einer Alternative lässt sich für Schwarz kaum aussprechen. Auf 13...♘g4 folgt 14.♘d5! mit der plausiblen Folge 14...♕xc2 15.♘xe7+ ♔f8 16.♘xc2 ♘xe3 17.♘xe3 ♔xe7

18.♖ac1 ♘e5 19.♖c7+ ♔e8 20.♗xb7 ♖xd1+ 21.♘xd1 ♗xb7 22.♖xb7 ♖c8 23.♘c3 und Weiß behält einen Mehrbauern.

14.♖ac1 e5

Während der Partie beschäftigte sich Nepomnjaschtschi mit dem Zug 14...♘g4, auf den er mit 15.♕b3! zu antworten plante; z.B. mit der möglichen Folge 15...♘xe3 16.fxe3 und der Drohung ♘c3–d5!.

15.♘f5

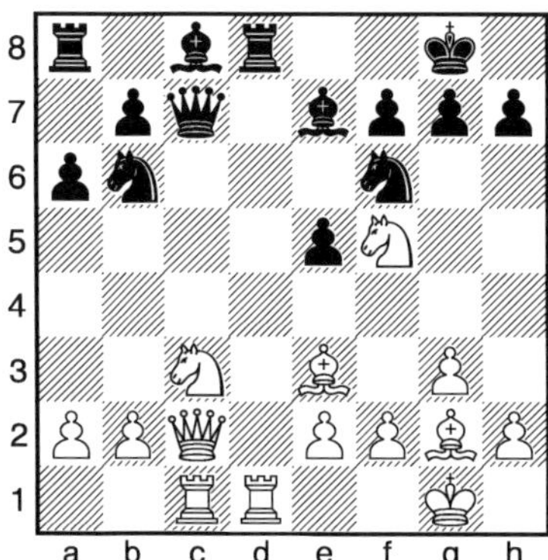

15...♗xf5

15...♗f8 wäre nicht besser, was die folgenden Analysen bestätigen: 16.♘xg7!

A) 16...♗xg7 17.♘e4

– 17...♖xd1+ 18.♕xd1 ♕e7 19.♗xb6

– 17...♕xc2 18.♖xd8+ ♗f8 19.♖xc2+–

B) 16...♔xg7 17.♕b3 ♘c4 18.♖xd8 ♕xd8 19.♕xc4

In beiden Fällen verfügt Weiß über einen Mehrbauern in einer jeweils auch insgesamt besseren Lage.

16.♕xf5 ♘c4 17.♗g5 ♖xd1+ 18.♘xd1 ♖d8 19.♗xf6 ♗xf6 20.♗e4!

Aber nicht 20.b3? wegen 20...♘e3!–+.

20...♕a5 21.♘c3 ♔f8 22.♘d5! b5

22...♖xd5 23.♗xd5 ♕xd5 24.♕c8+ ♔e7 25.♕xc4+–

23.♕xh7 ♖xd5

Es gibt es nichts Besseres.

24.♗xd5 ♕d2 25.♖xc4! bxc4

25...♕d1+ 26.♔g2 ♕xd5+ 27.♖e4 g6 28.f3+–

26.e4 ♕xb2 27.♕h8+ ♔e7 28.♕c8!

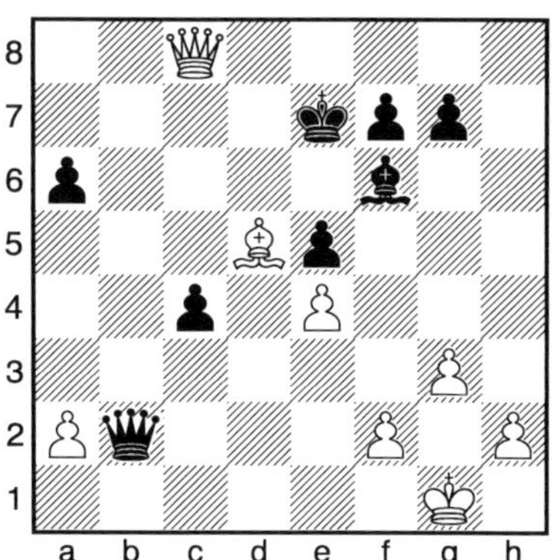

28...♕b6

Schwarz blieb keine andere Wahl. Nach 28...c3 kommt Weiß zum Mattangriff: 29.♕c7+ ♔e8 30.♗c6+ ♔f8 31.♕c8+ ♔e7 32.♕d7+ ♔f8 33.♕e8#.

29.♕xc4 ♕b5 30.♕c7+ ♕d7 31.♕c5+ und Schwarz kapitulierte wegen 31...♕d6 32.♕a7+ ♕d7 33.♕xa6, denn mit zwei Mehrbauern hat Weiß den Sieg praktisch in der Tasche.

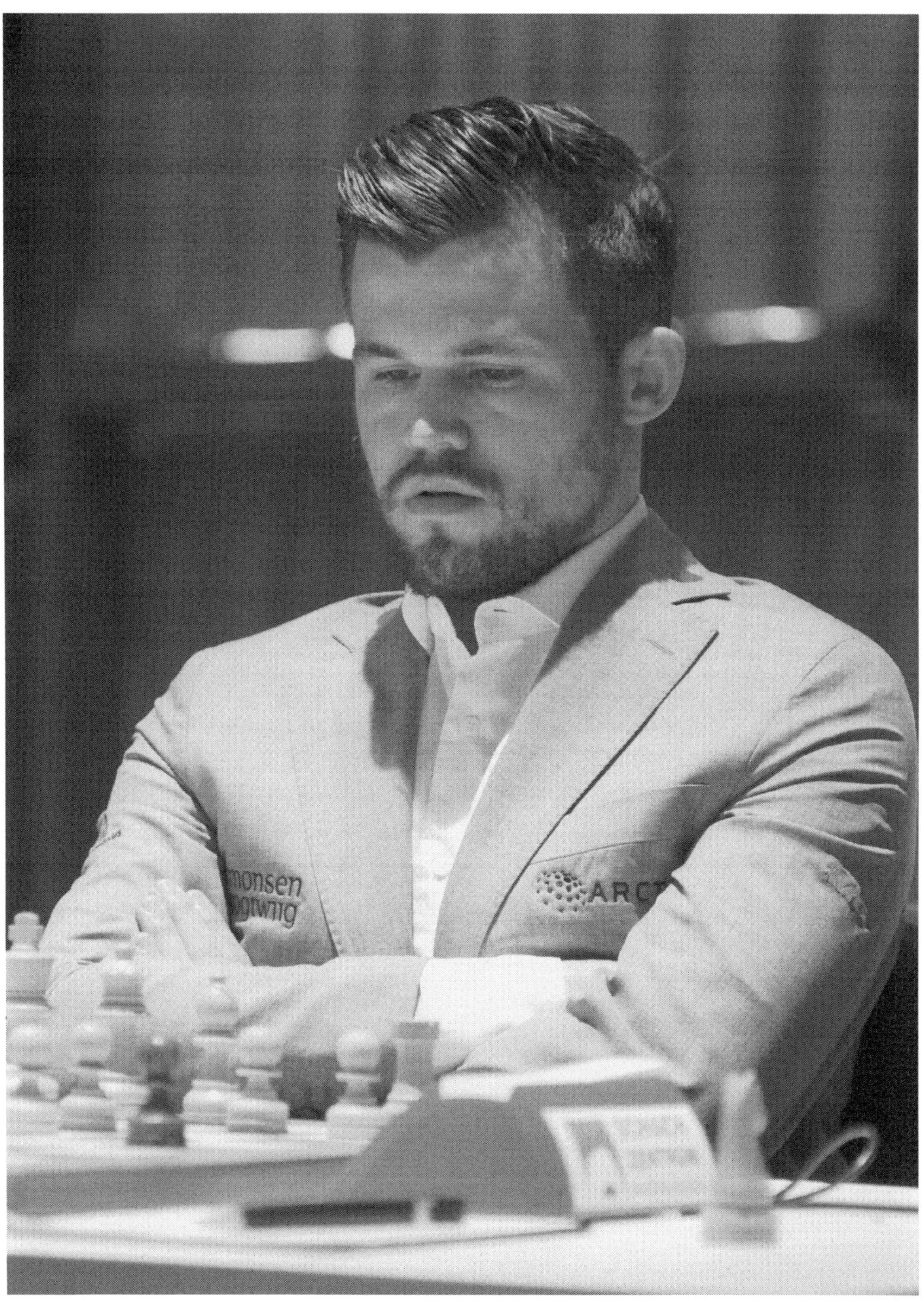

Magnus Carlsen

Der Titelverteidiger

Magnus Carlsen

Magnus Carlsen ist norwegischer Staatsbürger. Er errang den Weltmeistertitel im November 2013, indem er seinen Vorgänger Viswanathan Anand in dessen Heimat Indien bezwang. Zu diesem Zeitpunkt war er noch 22 Jahre alt, stand jedoch unmittelbar vor seinem 23. Geburtstag am 30.11.2013.

Er ist der 16. Weltmeister in der Geschichte, wenn man die sogenannten FIDE-Weltmeisterschaften 1993 bis 2005 und deren Sieger nicht einbezieht.

Als Titelverteidiger setzte er sich in den WM-Duellen 2014 gegen Anand, 2016 gegen Sergei Karjakin und 2018 gegen Fabiano Caruana durch.

Carlsen erlernte das Schachspiel im Alter von fünf Jahren von seinem Vater. Dieser gab später sogar seine berufliche Tätigkeit auf, um seinen Sohn in dessen Karriere zu unterstützen.

Carlsens Talent wurde frühzeitig erkannt und gefördert. Neben seinem Vater nahm später sein Landsmann Simen Agdestein als Trainer eine besondere Rolle ein, der vormals selbst als starker Großmeister erfolgreich am Turniergeschehen teilgenommen hatte. Von 2009 bis Anfang 2010 profitierte Carlsen in seiner Entwicklung von der Arbeit Garri Kasparows als Trainer, der von vielen Anhängern des Schachspiels als bester Spieler aller Zeiten angesehen wird.

Seine bisher höchste Elo-Zahl erreichte Magnus Carlsen im Mai 2014 mit 2882 Punkten, die um 31 Punkte höher lag als die beste Zahl Garri Kasparows.

Magnus Carlsen ist ein „spielender“ Weltmeister. Die Liste seiner Turniersiege, teilweise in den bedeutendsten Veranstaltungen der Welt, sowie der weiteren ausgezeichneten Platzierungen würde den Umfang einer kurzen Vorstellung sprengen. Schon die Konzentration auf Kämpfe um die Weltmeisterschaft in verschiedenen Sparten des Turnierschachs bestätigt aber seine klare Vormachtstellung im Spitzenschach und zudem seine Vielseitigkeit. So ist er mehrfacher und aktueller Titelträger auch im Schnellschach und im Blitzschach (mit Titelgewinnen zuletzt jeweils im Jahr 2019). Im Fischer-Random Schach, auch Chess960 genannt, ist er aktuell Vize-Weltmeister.

Carlsens großer Einfluss auf das Weltschach beschränkt sich aber nicht nur auf seine Rolle als Spieler. Vielmehr stößt er auch Entwicklungen an oder trägt dazu bei, dass diese Fahrt aufnehmen. Dies wird auch an der „Magnus Carlsen Chess Tour“ deutlich, die er in Folge der COVID-19-Pandemie initiiert hat. In den Vorbemerkungen zur Partie Nr. 10 gehen wir hierauf etwas genauer ein.

Nun aber wollen wir uns dem Spieler Magnus Carlsen widmen.

Vom 22. bis zum 24. November 2019 fand in Kalkutta ein Rapid-Turnier unter Beteiligung von 10 starken Großmeistern statt. Sieger wurde Carlsen mit 15 Punkten vor Nakamura mit 11 Punkten und Giri mit 9. Das Duell Carlsen-Anand war scharf. Beide Gegner kennen sich sehr gut, denn sie haben bereits viele Spiele bestritten, darunter auch zwei Kämpfe um die Weltmeisterschaft. In dieser Partie spielte Anand nicht optimal und sein Nachfolger als Weltmeister behielt die Oberhand.

Partie Nr. 6
Carlsen – Anand

Damengambit [D38]

Tata Steel India 2019

1.d4 ♘f6 2.c4 e6 3.♘c3 ♗b4 4.♘f3 d5

Unter Zugumstellung ist eine Stellung aus der Ragosin-Verteidigung im Damengambit entstanden. Carlsen hat mit beiden Farben viel Erfahrung mit dieser Eröffnung gesammelt.

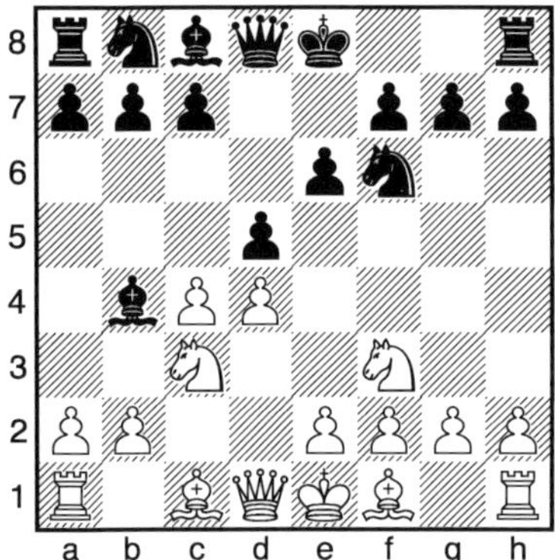

5.cxd5

So klärt Weiß die Lage im Zentrum. Alternativen sind 5.♗g5 und 5.♕a4+. Welche Richtungen das Duell dann einschlagen kann, zeigen Beispiele aus der Praxis des Weltmeisters.

I. 5.♗g5

A) 5...dxc4 6.e4 c5 7.♗xc4 cxd4 8.♘xd4 ♕a5 9.♗xf6 ♗xc3+ 10.bxc3 ♕xc3+ 11.♔f1 ♕xc4+ 12.♔g1 ♗d7 13.♖c1 ♕b4 14.♗xg7 ♖g8 15.♗f6 ♖g6 16.a3 ♕d6 (16...♕xa3?? 17.♘b5+–) 17.e5 ♕d5 18.f3 ♘c6 19.♘xc6 ♕xd1+ 20.♖xd1 ♗xc6 21.♔f2 ♗d5 22.♖c1 ♔d7 23.♖hd1 ♖c8 24.♖xc8 ♔xc8 25.♖d4 ♖h6 26.♖h4 ♖xh4 27.♗xh4 b5 28.♔e3 ♔c7 29.♔d4 ♔c6 30.♗d8 ♗c4 31.♗a5 ♗f1 32.g3 ♗e2 33.f4 ♗g4 34.♗d8 h5 35.♗a5 ♗f5 36.♗d8 a6 37.♗a5 ♗g4 38.♗d8 ♗f5 39.♗a5 ♗g4 40.♗d8 ♗f5 ½–½, Radjabow – Carlsen, chess24.com INT 2021

B) 5...♘bd7 6.cxd5 exd5 7.♕c2

(7.e3 c5 8.♗d3 ♕a5 9.♕c2 c4 10.♗f5 0-0 11.0-0 ♖e8∞)

7...c5 8.dxc5 h6 9.♗d2 0-0 10.e3 ♗xc5 11.♖c1 ♕e7 12.♗e2 a6 13.♕d3 ♘b6 14.0-0 ♗g4 15.♘d4 ♗d7 16.♗f3 ♖fe8 17.b3 ♗a3 18.♖c2 ♖ac8 19.♘ce2 ♖xc2 20.♕xc2 ♗e6 21.♗c1 ♖c8 22.♗xa3 ♕xa3 23.♕d2 ♗g4 24.♗xg4 ♘xg4 25.♘f5 und wegen des isolierten ♙d5 stand Weiß besser, Carlsen – Iwantschuk, Medias 2011.

C) 5...h6 6.♗xf6

(Schwarz ist natürlich nicht zum Abtausch gezwungen. Mit 6.♗h4 geht er einer Vereinfachung aus dem Weg.)

6...♕xf6 7.♕a4+ ♘c6 8.e3 0-0 9.♖c1 ♕g6 10.h4 ♖d8 11.h5 ♕f6 12.♖h4 e5 13.cxd5 ♖xd5 14.dxe5 ♗xc3+ 15.♖xc3 ♘xe5 16.♕e8+ ♔h7 17.♖f4 ♕d6 18.♗e2 f5 19.♘d4±, Radjabow – Carlsen, chess24.com INT 2021

II. 5.♕a4+ ♘c6

(siehe nächstes Diagramm)

A) 6.e3 0-0 7.♕c2 ♖e8 8.♗d2 ♗f8 9.a3

(9.♗e2 dxc4 10.♗xc4 ♘b4 11.♕b1 b6 12.0-0 ♗b7 13.♖d1 ♕c8 14.a3 ♘bd5 15.♗d3 c5 16.dxc5 ♕xc5 17.♘xd5 ♕xd5 18.♗c3 ♕h5 19.♗xf6 ♗xf3 20.gxf3 gxf6 21.f4 f5 22.♗f1 ♗g7 23.♗g2 ♖ac8=, Carlsen – Ding Liren, Chess24.com INT 2020)

9...e5 10.dxe5 ♘xe5 11.cxd5 ♘xf3+ 12.gxf3 ♘xd5 13.h4 ♘xc3 14.♗xc3 ♕d5 15.♗e2 ♗f5 16.♕a4 ♗d7 17.♖d1 ♕xf3 18.♗xf3 ♗xa4 19.♗xb7 ♗xd1 20.♗xa8 ♗g4

21.♗c6 ♖d8=, Carlsen – Anand, chess24.com INT 2020

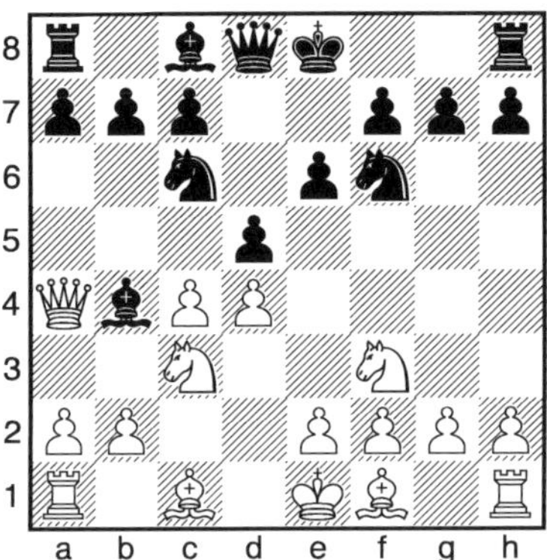

B) 6.a3 ♗xc3+

(6...♗e7 ist ebenfalls problemlos möglich.)

7.bxc3 0-0 8.♗g5 h6 9.♗h4 ♗d7 10.♕c2 ♘a5 11.g4 g5 12.♗g3 ♘e4 13.h4 ♘xg3 14.fxg3 gxh4 15.♖xh4 ♔g7 16.g5 ♖h8 17.♘e5 ♘xc4 18.gxh6+ ♔f8 19.♘xc4 ♕g5 20.♔f2 dxc4 21.♕c1 ♕f6+ 22.♕f4 ♔e7 23.♕xf6+ ♔xf6 24.♗g2 ♖ab8 25.♖h5 ♔g6 26.♖ah1 f5 27.g4 ♖h7 28.g5 ♗c6 29.♗f3 ♗xf3 30.♔xf3 ♖d8 31.♔f4 ♖d5 32.♖5h3 c5 33.♖e3 ♖d6 34.dxc5 ♖a6 35.♖d1= 1–0, Carlsen – So, chess24.com INT 2020

5...exd5

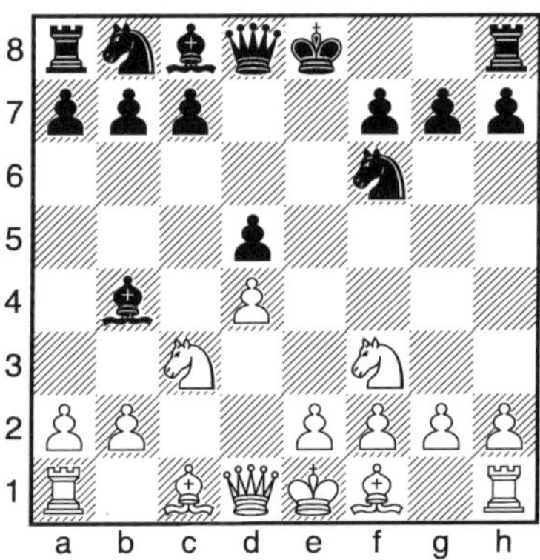

6.♗g5

Der Läufer versucht Nutzen aus dem Umstand zu ziehen, dass sein schwarzer Kollege auf b4 steht, und fesselt den Springer.

Carlsen spielt auch 6.♗f4 mit beispielsweise den folgenden Konsequenzen:

A) 6...c6 7.e3 ♗f5 8.♕b3

(8.♗d3 ♗xd3 9.♕xd3 0-0 10.0-0 ♖e8=)

8...♕b6 9.♘h4 ♗g6 10.♘xg6 hxg6 11.h3 ♘bd7 12.♗d3 c5 13.a3 ♗a5 14.♕xb6 ♗xb6 15.dxc5 ♘xc5 16.0-0-0 0-0-0 17.♔b1 ♘e6 18.♗e5 ♗c7 19.♗xc7 ♔xc7 20.♗c2 g5 21.♗b3 ♔c6 22.♖c1±, Carlsen – Aronian, chess24.com INT 2020

B) 6...0-0 7.e3 c5 8.dxc5 ♕a5 9.♘d2 ♘c6 10.♘b3 ♗xc3+ 11.bxc3 ♕xc3+ 12.♕d2 ♕xd2+ 13.♔xd2 ♘e4+ 14.♔e1 g5 15.♗c7 ♗e6 16.f3 ♖ac8 17.♗g3 ♘xg3 18.hxg3 ♔g7 19.♗d3 h6 20.♔d2 ♘e5=, Carlsen – Aronian, chess24.com INT 2021

6...h6 7.♗h4

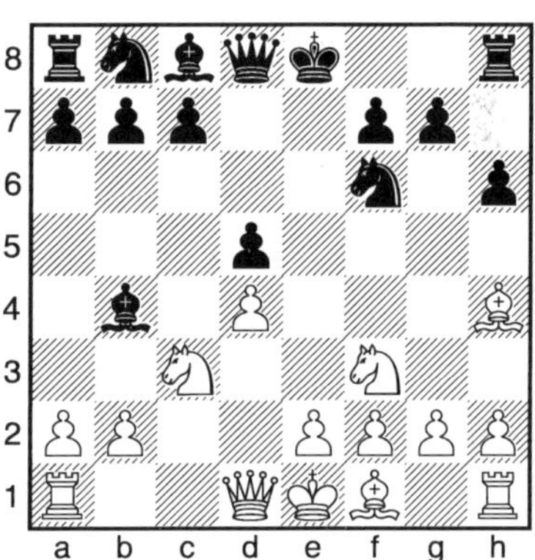

7...0-0

Schwarz spielt nach dem Prinzip „safety first“.

Effektiv ist auch ein mit 7...g5 eingeleiteter Plan. Das folgende Beispiel veranschaulicht, wie der Kampf sich im Anschluss entwickeln kann.

8.♗g3 ♘e4 9.♘d2 ♘xc3 10.bxc3 ♗xc3 11.♖c1 ♗b2

(11...♗a5? 12.e3 c6 13.h4! mit weißer Initiative.)

12.♖xc7 (12.♗xc7!?) 12...♘a6 13.♖c2 ♗xd4 14.e3 ♗g7 15.h4 ♘b4 16.♖c7 0-0 17.hxg5 ♕xg5 18.♗d6 ♘c6 19.♗xf8 ♔xf8 20.♕f3 ♗e6 21.♖xb7 ♖c8 22.♕f4 ♕xf4 23.exf4 ♘d4 24.♘b3 ♘xb3 25.axb3 ♖c2 26.♔d1 ♖xf2 27.♗e2 ♖xf4 28.♖xa7 ♖d4+ 29.♔c1 ♖b4 30.♗h5 ♗d4 31.♖a4 ♗e3+ 32.♔b2 ♖b6 33.♗e2 ♗d7 34.♖a5 ♗e6 35.♖h5 ♔g7 36.♖axd5 ♗xd5 37.♖xd5 ♗f4=, Carlsen – Aronian, Norwegen 2014

8.e3 ♗f5

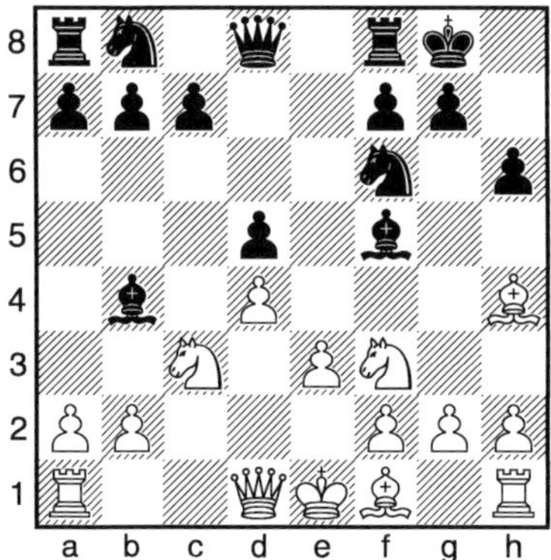

9.♘d2

Carlsens Gegner müssen immer damit rechnen, dass er mit einer Eröffnungsüberraschung aufwartet. Dabei scheut er auch nicht vor Zügen zurück, die grundsätzlich nicht die erste Wahl sind oder auch etwas seltsam wie der Partiezug hier anmuten. Übliche Züge sind 9.♗d3 und 9.♕b3.

I. 9.♗d3 ♗xd3 10.♕xd3 ♘bd7 11.♕b5 ♗xc3+ 12.bxc3 ♘b6 13.♘d2 ♕d7 14.♕xd7 ♘fxd7 15.a4 a5 16.♔e2 ♖fe8 17.♖hb1 ♖e6 18.♗g3 c5 19.♖b5 c4 20.♗c7 ♖c6 21.♗xb6 ♘xb6 22.g4 ♔f8 23.h4 ♔e8 24.e4 ♖d8 25.e5 f6 26.f4 mit weißem Vorteil, Carlsen – Aronian, chess24.com INT 2021.

II. 9.♕b3 ♗xc3+ 10.♕xc3 g5

(10...♘bd7 11.♗e2 c6 12.♘d2 ♘e4 13.♘xe4 ♕xh4 14.♘d6 ♗g4 15.g3 ♕f6 16.♗xg4 ♕xd6 17.♕a3 ♕c7 18.♖c1 ♘f6 19.♗f3 a5=, Mamedjarow – Carlsen, Porto Carras 2018)

11.♗g3 ♘e4 12.♕a3 ♘c6 13.♗b5 ♘e7 14.♘d2 c6 15.♗d3 ♘xd2 16.♔xd2 ♗xd3 17.♕xd3 ♕a5+ 18.♔e2 f5 19.♗d6 ♖ae8 mit etwa gleichen Chancen. Der Weltmeister spielte dann aber riskant weiter und überzog sein Stellungspotenzial, so dass er am Ende unterlag, Carlsen – Firouzja, chess24.com INT 2020.

9...g5 10.♗g3 c5 11.a3 ♗xc3 12.bxc3 c4 13.h4!

Die Lage am Damenflügel hat sich stabilisiert und Weiß kann seine Angriffsbemühungen ohne große Bedenken auf den Königsflügel verlegen.

13...g4 14.h5 ♘bd7 15.♗f4 ♕a5 16.♕c1

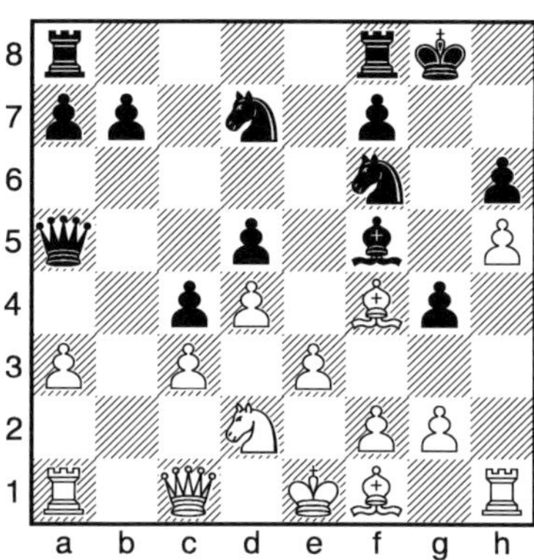

16...♘b6

Zu beachten waren auch die beiden Züge 16...♔g7!? und 16...♔h7!?.

Aber Anand entscheidet sich für eine scharfe Lösung: Er opfert nicht nur den ♙h6, sondern gleich auch noch die Qualität.

17.♗xh6 ♘a4 18.♗xf8 ♖xf8 19.f3 ♖e8?

Gegen e3–e4 gerichtet. Jedoch findet der weiße König ein sicheres Plätzchen auf f2.

Deshalb kam 19...g3!? sehr in Betracht.

20.♔f2! b5 21.e4 dxe4 22.♘xc4?

Der Zug sieht gut aus und ist auch nicht schlecht. Das Fragezeichen zeigt vielmehr an, dass es eine bessere Möglichkeit gab.

Stärker war nämlich 22.♘xe4! mit der möglichen Folge 22...♘xe4+ (22...♗xe4 23.♕g5+ ♔f8 24.♕xf6+–) 23.fxe4 ♗xe4 24.♖h4 mit starkem Angriff.

22...bxc4 23.♕g5+

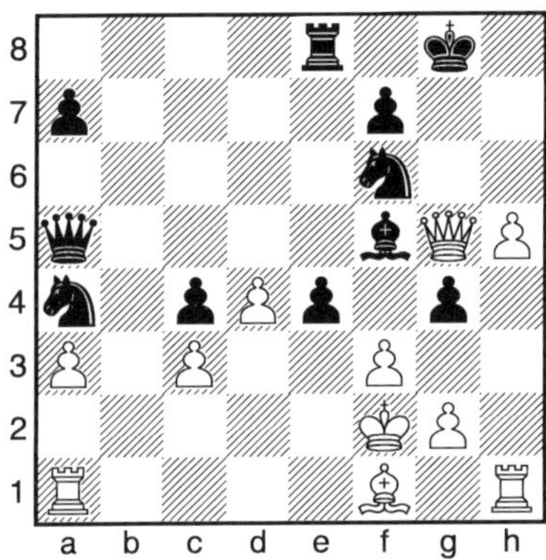

23...♔h7?

Damit besiegelt Schwarz sein Schicksal.

Mit 23...♔f8! hätte er sich die Möglichkeit zum zähen Widerstand noch weiter erhalten; z.B. 24.♕xf6 e3+ 25.♔g1 ♖e6 26.♕h8+ ♔e7 usw.

24.♕xf6 e3+ 25.♔g1 ♗e6 26.d5

Stark war 26.fxg4! ♕xc3 27.g5+–.

26...♕xd5 27.♖e1 ♕d2 28.♖e2 ♕c1 29.♕d4 gxf3 30.♕xe3 ♕xc3 31.gxf3 ♖g8+ 32.♔f2 ♕g7 33.♕e4+ ♔h6 34.♕f4+ ♔h7 35.♕e5 ♕h6 36.♖g1 ♖c8 37.♕e4+ ♔h8 38.♕d4+ ♔h7 39.♖xe6!

Schwarz gab auf wegen 39...fxe6 (39...♕xe6 40.♕g7#) 40.♕d7+ mit Gewinn.

Ende 2020 fand im norwegischen Stavanger ein doppelrundiges Turnier mit 6 Spielern statt. Am Ende gewann Carlsen vor dem zu diesem Zeitpunkt 17–jährigen Wahl-Franzosen Alireza Firouzja. Die folgende Partie wurde in der 6. Runde gespielt und war für den Weltmeister von großer Bedeutung. Das erste Ringen in der 5. Runde endete mit einem unerwarteten Sieg für den starken polnischen Spieler Duda. Im Rückkampf war Carlsen erfolgreich. Er beendete das Spiel nach einer gut gespielten Partie mit einer spektakulären Kombination.

Partie Nr. 7
Carlsen – Duda
Damengambit [D10]

Stavanger 2020

1.d4 d5 2.c4 c6

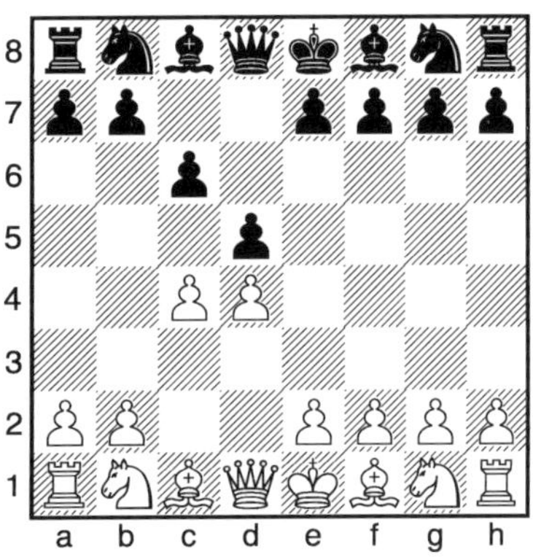

3.e3

Dieser einfache Bauernzug gibt Weiß die Möglichkeit, der umfangreichen Eröffnungstheorie zur Slawischen Verteidigung auszuweichen.

Normalerweise spielt Carlsen an dieser Stelle 3.♘f3. Anders als im Spiel gegen Duda, in dem der Springer erst vergleichbar spät und dann über e2 entwickelt wird, führt der Weltmeister ihn sonst einer üblichen Entwicklung entsprechend frühzeitig ins Feld. Sehen wir uns dazu einige Beispiele aus seiner Praxis an: 3...♘f6 4.e3

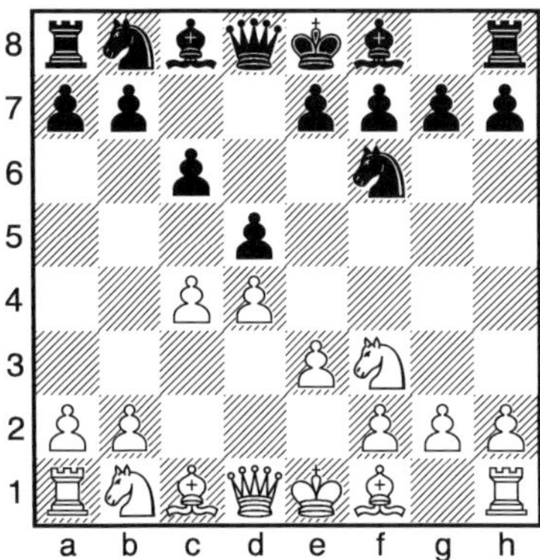

A) 4...♗f5 5.♘c3 e6 6.♘h4 ♗g6

(6...♗e4 7.f3 ♗g6 8.♗d2 ♗e7 9.♘xg6 hxg6 10.♕b3 ♕c7 11.0-0-0 dxc4 12.♗xc4 b5 13.♗e2 a6 14.♘e4 ♘xe4 15.fxe4 c5 16.♔b1 ♘c6 17.e5 cxd4 18.♗f3 ♖c8 19.♖c1 ♕d7 20.♕c2 ♘a7 21.♕xc8+ ♘xc8 22.♗c6 ♘b6 23.♗xd7+ ♔xd7 24.exd4+−, Carlsen – Vachier-Lagrave, chess24.com INT 2020)

7.♘xg6 hxg6 8.♗d2 ♘bd7 9.♕c2 ♗d6 10.0-0-0 ♕e7 11.♔b1 dxc4 12.♗xc4 0-0-0 13.f4 ♔b8 14.e4 ♘b6 15.♗e2 ♗b4 16.a3 ♗a5 17.♗e1 ♖d7 18.e5 ♘h5 19.♖f1 ♗xc3 20.♗xc3

Weiß hat sich ein Plus an Raum für seine weiteren Aktionen verschafft und die Partie schließlich gewonnen, Carlsen-Artemiew, chess.com INT 2020.

B) 4...e6 5.♗d3 ♘bd7 6.b3 b6 7.0-0 ♗b7 8.♗b2 ♗d6 9.♘bd2 0-0 10.♕e2 ♕e7 11.♘e5 ♖ad8 12.♖ad1 c5 13.f4 cxd4 14.exd4 g6 15.a4 ♘h5 16.cxd5 ♗xd5 17.♘dc4 ♘df6 18.♘xd6 ♕xd6 19.♘c4 ♕b8 20.♕e5 ♕a8 21.♖d2 ♗e4 22.♗xe4 ♕xe4 23.♗a3 ♖d5 24.♕xe4 ♘xe4 25.♖e2 ♖xd4 26.♗xf8 ♔xf8 27.♖e3 mit weißem Vorteil, Carlsen – Duda, chess24.com INT 2020.

C) 4...g6 5.♘c3 ♗g7 6.♗e2 0-0 7.0-0 e6

(7...♗g4 8.cxd5 cxd5 9.♕b3 b6 10.♗d2 ♘e4 11.♗e1 ♘c6 12.h3 ♗f5 13.♗b5 ♖c8 14.♕xd5 ♘d6 15.♗e2 ♘a5 16.♘e5 ♖xc3 17.♗xc3 ♗e4 18.♘xf7 ♕c7 19.♘h6+ ♔h8 20.♕g5+−, Carlsen-Artemiew, chess.com INT 2020)

8.♕c2 ♘bd7 9.♖d1 ♖e8 10.b3 b6 11.cxd5 exd5 12.♗a3 ♗b7 13.♖ac1 ♖c8 14.♗f1 c5 15.♕b1 ♘e4 16.♗b2 ♕e7 mit beiderseitigen Chancen, Carlsen – Artemiew, chess.com INT 2020.

3...♘f6 4.♘c3 e6 5.b3

So vermeidet Weiß den Übergang zum scharfen und komplizierten Meraner-System. Der Name dieses Systems geht darauf zurück, dass es 1924 in Meran von Akiba Rubinstein gegen Ernst Grünfeld eingeführt worden ist. Es wird durch den Aufbau 5.♘f3 ♘bd7 6.♗d3 dxc4 7.♗xc4 b5 8.♗d3 a6 mit der Idee c6–c5 usw. charakterisiert.

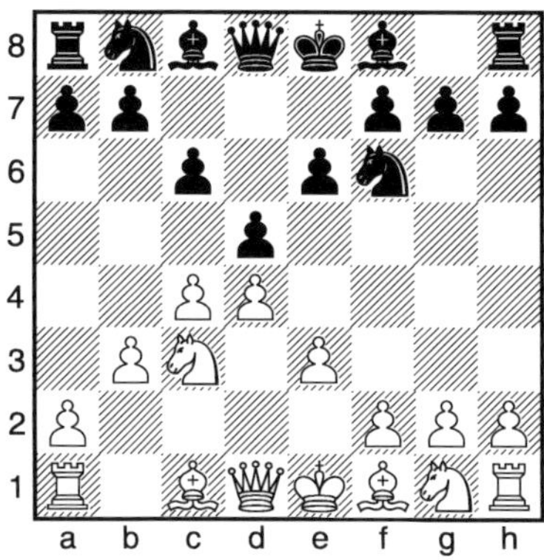

5...b6

Schwarz will ebenfalls seinen Läufer auf die lange Diagonale entwickeln.

In der Partie Carlsen – Dubow, chess24.com INT 2021, entschied sich Schwarz zugunsten von 5...c5 und bekam über die Variante 6.♗b2 cxd4 7.exd4 ♘c6 8.♘f3 ♗b4 9.♗d3 ♘e4 10.♕c1 ♘xc3 11.♗xc3 ♕a5 12.♔d2 dxc4 13.bxc4 0-0 14.a3 ♗xc3+ 15.♕xc3 ♕c7 16.♖hd1 ♕f4+ 17.♔e1 e5 18.dxe5 ♗g4 19.♗e2 ♗xf3 20.♗xf3 ♘xe5 gute Gegenchancen.

Er kann seine Kräfte auch über den Weg 5...♘bd7 6.♗b2 ♗d6 7.♗d3 0-0 mobilisieren. In Vorbereitung ist der Hebel e6–e5.

6.♗b2 ♗b7 7.♗d3 ♘bd7 8.♘ge2

8.♘f3 ist der alternative Standardzug.

8...♗d6

Es geht auch 8...♗e7 mit dem natürlichen Fortgang 9.0-0 0-0 10.♘g3 c5 und guten Aussichten für Schwarz.

9.0-0 0-0 10.♘g3 c5

Mit diesem typischen Vorgehen sichert sich Schwarz ein ausgeglichenes Spiel.

11.cxd5

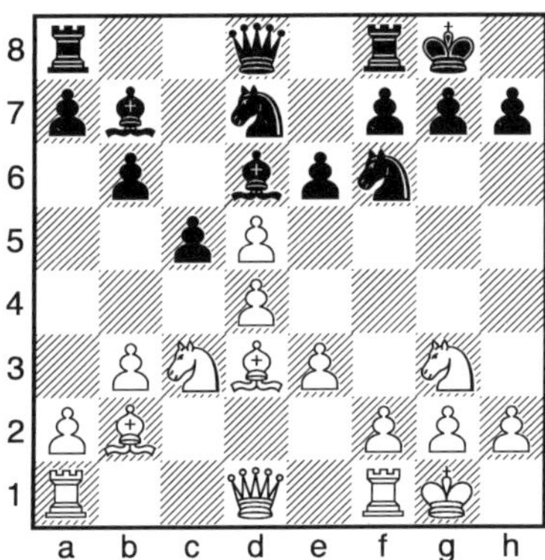

11...cxd4

Die Variante 11...exd5 12.dxc5 bxc5 führt zur Struktur mit „Hängenden Bauern“, die nicht jedem zusagt. Duda wendete sich deshalb einem anderen Aufbauplan zu.

12.♘ce4! ♗xg3

Die Partie Petrosjan – Drygalow, chess.com INT 2020, hatte einen kurzen Verlauf: 12...♘xe4 13.♘xe4 ♘c5 14.♘xc5 bxc5 15.exd4 cxd4 16.♕h5 g6 17.♕h6 e5 18.f4 ♖e8? (Richtig war 18...♗xd5!.) 19.fxe5 ♗xe5 20.♖xf7! ♔xf7 21.♕xh7+ ♔f6 22.♖f1+ ♗f4 23.♗xd4+ 1–0.

13.♘xg3 dxe3 14.dxe6 exf2+ 15.♖xf2 fxe6 16.♕e2

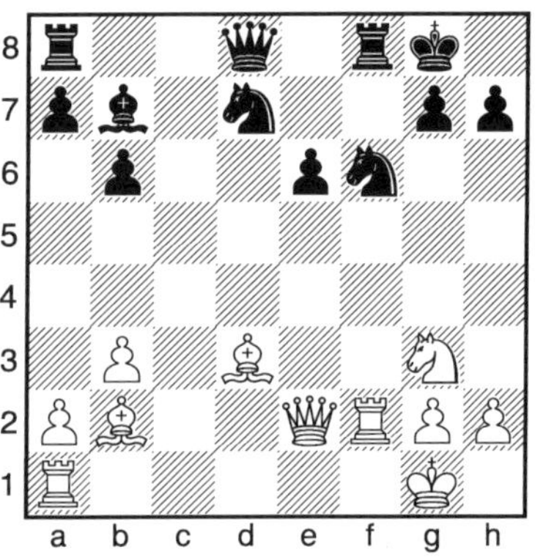

16...♘c5!

Mit 16...♖f7? kann Schwarz die Stellungsprobleme nicht lösen. Die Partie Pashikjan – Matlakow, Gjakova 2016, veranschaulicht recht gut, welchen schweren Stand er in der Folge dieses Fehlgriffs hat.

17.♕xe6 ♗d5 18.♕f5 ♕e7 19.♕g5 h6 20.♕h4 ♘e8 21.♕xe7 ♖xe7 22.♘f5 ♖f7 23.♖e1 ♘c5 24.♗c2 ♔f8 25.♘e7 ♖xf2 26.♘g6+ ♔g8 27.♔xf2 ♗f7 28.♖e7 ♖d8 29.♔e3 a5 30.♖a7 ♘f6 31.♘e7+ ♔f8 32.♘g6+ ♔g8 33.♘e7+ ♔f8 34.♘f5 ♖e8+ 35.♔d2 ♖d8+ 36.♔c1 ♘e8 37.♗a3 ♘f6 38.♖b7 ♔g8 39.♖xb6 ♘d3+ 40.♔b1 ♘e1 41.♘xh6+ gxh6 42.♖xf6 ♖d2 43.♗g6 ♗d5 44.♖d6 ♘xg2 45.♔c1 1–0

17.♗c2 ♗a6 18.♕e1

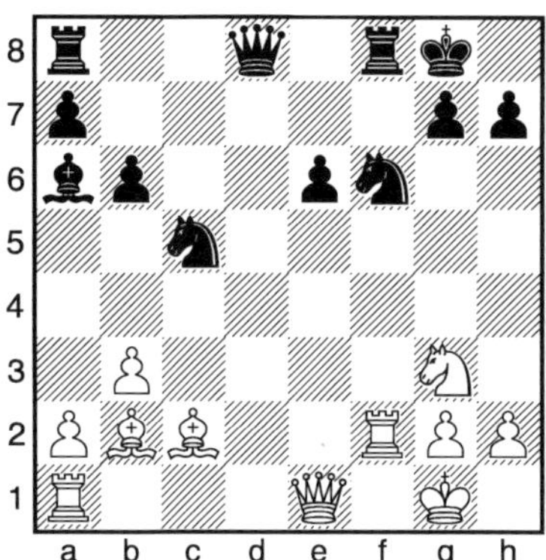

18...♕e8?

Dudas erster Fehler. Die Analysen nach der Partie zeigten, dass Schwarz besser 18...♘d5! gespielt hätte; z.B. mit der Folge 19.♖xf8+ ♕xf8 20.b4 ♘d3 21.♕xe6+ ♕f7 22.♕xf7+ ♔xf7 23.♖f1+ ♔e6=.

19.♖d1 ♖c8

Oder 19...♖d8 20.♖xd8 ♕xd8 21.b4 ♘d3 22.♕xe6+ ♔h8 23.♖d2 ♕c8 24.♕xc8 ♖xc8 25.♖xd3 ♖xc2

(25...♗xd3 26.♗xd3 ♖d8 27.♗f1 ♖d2 28.♗e5 ♖xa2 29.b5±)

26.♖d8+ ♘g8 27.♗d4 mit einem klaren Endspielvorteil.

20.b4 ♘b7

20...♘cd7 war nicht besser; z.B. 21.♗a4 ♘d5 22.♖xf8+ ♔xf8 23.♘e4 ♕e7 24.♕g3 ♘7f6 25.♘xf6 gxf6 26.b5 ♗b7 27.♗a3+−.

21.♘e4 ♘d5 22.♖xf8+ ♕xf8 23.♗b1 ♕xb4?

Damit ermöglicht Schwarz seinem Gegner eine Schlusskombination, die seine Chancen abrupt auf den Stand von 0 bringt, das Herz von Schachästheten aber höher schlagen lässt.

Nach 23...h6, womit der Drohung ♘e4–g5! begegnet wird, und dann 24.♘f2 ♕f7 25.♘g4 hätte Weiß eine starke Initiative, aber der Kampf würde noch dauern. Nun aber kommt ein Schlag...

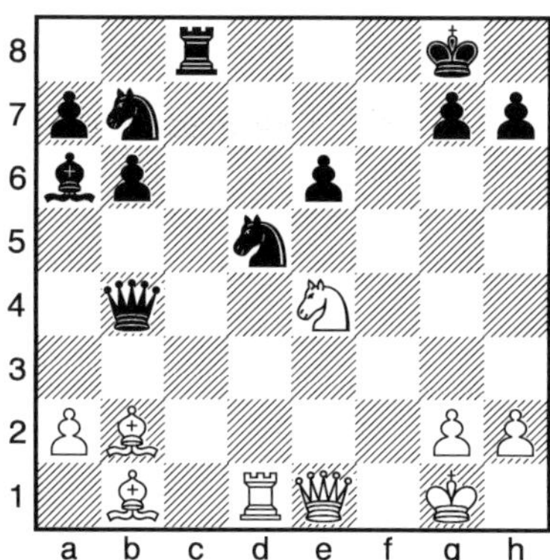

24.♘f6+!

Diese Wendung hatte Duda übersehen.

24...♔h8 25.♕xe6 ♖a8 26.♕xd5 und Schwarz kapitulierte wegen 26...♕xb2 27.♕e4 g6 28.♕e7 nebst Matt!

Im Kapitel 2 gehen wir ausführlich auf fünf Duelle ein, die beide WM-Teilnehmer früher gegeneinander geführt haben. Zum Einsatz kam dabei auch die im folgenden Spiel gewählte Variante der Spanischen Partie. Dieses Beispiel aus der Praxis des Weltmeisters ergänzt seinen Beitrag zur Entwicklung dieser Variante. Die Partie wurde in der 8. Runde des Turniers in Stavanger gespielt. Sein Gegner Aryan Tari ist ein Landsmann des Weltmeisters.

Partie Nr. 8
Carlsen – Tari
Spanische Partie [C84]
Stavanger 2020

1.e4 e5 2.♘f3 ♘c6 3.♗b5 a6 4.♗a4 ♘f6 5.0-0 ♗e7

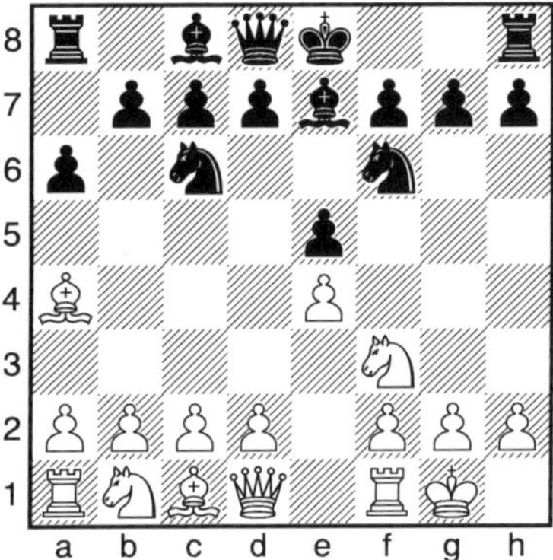

6.d3

Weiß kann seinen zentralen Bauern auch mit dem Turm verteidigen. So wird in der Praxis auch tatsächlich am häufigsten gespielt. Entsprechend darf in diesem Vorgehen die Hauptvariante gesehen werden. Auch mit dieser Variante hat Carlsen mit beiden Farben viel Erfahrung gesammelt. Die folgenden Fragmente geben einen ungefähren Überblick über sowohl die Wege des Weltmeisters als auch die beiderseitigen Möglichkeiten allgemein.

6.♖e1 b5 7.♗b3

A) 7...d6 8.c3 0-0 9.h3 ♘b8 10.d4 ♘bd7 11.♘bd2 ♗b7 12.♗c2 ♖e8 13.♘f1 ♗f8 14.♘g3 g6 15.♗g5

(15.a3 ♗g7 16.b3 d5 17.dxe5 ♘xe4 18.♘xe4 dxe4 19.♗g5 ♕c8 20.♗xe4 ♗xe4 21.♖xe4 ♘xe5 22.♘xe5 ♖xe5 23.♖xe5 ♗xe5=, Maghsoodloo – Carlsen, chess.com INT 2020)

15...h6 16.♗d2 exd4 17.cxd4 c5 18.d5 ♗g7 19.♗f4 ♕e7 20.a4 ♘b6 21.b3 bxa4 22.bxa4 a5 23.♖b1 ♘fd7 24.♕c1 ♔h7 25.h4 mit weißem Vorteil, Carlsen – Amin, Abidjan 2019.

B) 7...0-0 8.c3

(8.h3 ♗b7 9.d3 d6 10.a3 ♘b8 11.♘bd2 ♘bd7 12.♘f1 ♖e8 13.♘g5 d5 14.exd5 ♗xd5 15.♗xd5 ♘xd5 16.♕h5 ♗xg5 17.♗xg5 f6 18.♗d2 ♕e7=, Nakamura – Carlsen, chess24.com INT 2020)

8...♘a5

(8...d5 9.exd5 ♘xd5 10.♘xe5 ♘xe5 11.♖xe5 c6 12.d3 ♗d6 13.♖e1 ♗f5 14.♕f3 ♕h4 15.g3 ♕h3 16.♗e3 ♗xd3 17.♗xd5 cxd5 18.♕xd5 ♖ad8 19.♕g2 ♕c8 20.♘d2 ♗f5 21.♗d4 ♖fe8 22.f3 ♗f8 23.a3 ♖e6 24.♖xe6 ♕xe6 25.♕f2 ♖e8 26.♘f1 h5∞, Carlsen – Ding Liren, Kalkutta 2019)

9.♗c2 d5 10.d4 dxe4 11.♘xe5 ♗b7 12.♘d2 c5 13.♘xe4 ♘xe4 14.♗xe4 ♗xe4 15.♖xe4 ♕d5 16.♕e1 ♖fe8 17.♘f3 ♔f8 18.♗f4 ♗f6 19.♖xe8+ ♖xe8 20.♕b1 ♔g8 21.dxc5 ♘c4 22.♕c2 ♕xc5 23.♖d1

Weiß ist ein Mehrbauer verblieben, Vachier-Lagrave – Carlsen, chess24.com INT 2021. Diesen Vorteil aber konnte er nicht entscheidend verwerten, so dass die Partie schließlich mit einem Remis endete.

6...b5

Schwarz kann sich auch mit 6...d6 verteidigen. Weitergehen kann es dann beispielsweise wie folgt: 7.c3 0-0 8.♘bd2 ♖e8 9.♖e1 ♗f8 10.d4 b5 11.♗c2 exd4 12.cxd4 ♗g4 13.♘f1 g6 14.♘g3 ♗g7 15.♗e3 ♘d7 16.♖c1 ♗xf3 17.gxf3 ♕f6 18.♗b3 ♘xd4 19.♗xd4 ♕xd4 20.♖xc7 ♖a7 21.♖xa7 ♕xa7 22.♕xd6 ♗xb2=, Nepomnjaschtschi – Carlsen, chess24.com INT 2020.

7.♗b3 d6

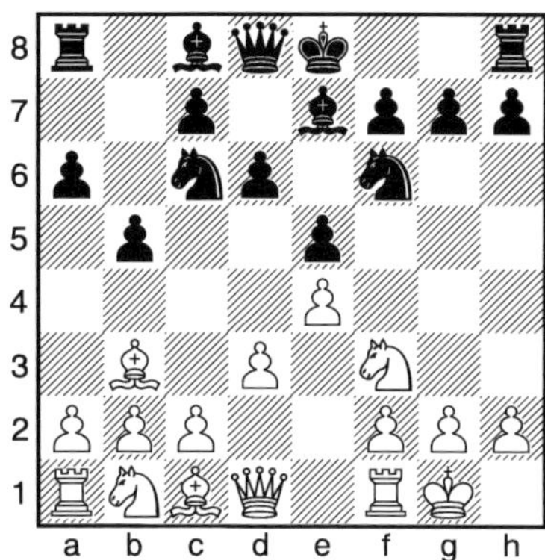

8.a4

Mit diesem typischen Schlag kämpft Weiß um einen Raumvorteil am Damenflügel. Zu den wichtigsten Alternativen zählen 8.a3, 8.c3 und 8.♗d2. Auf diese gehen wir deshalb etwas weiter ein, wobei wir uns auf deren Behandlung jeweils durch die beiden WM-Teilnehmer konzentrieren.

I. 8.a3 0-0

(8...♘a5 9.♗a2 c5 10.♘c3 ♗e6 11.♘h4 0-0 12.♘f5 ♗xf5 13.exf5 d5 14.♕f3 c4 15.♗g5 e4 16.dxe4 dxe4 17.♕h3 ♕c7 18.♖ae1 ♖fe8∞, Nepomnjaschtschi – Carlsen, chess24.com INT 2020)

9.♘c3

A) 9...♘b8 10.♗d2 ♘bd7 11.a4 ♖b8 12.axb5 axb5 13.♘e2 ♘c5 14.♗a2 b4

(14...♗e6 15.♘g3 ♖e8 16.♗e3 ♗xa2 17.♖xa2 ♘e6 18.h3 ♕d7 19.♕d2 ♖a8 20.♖fa1 ♖xa2 21.♖xa2 ♕c6 22.b3 ♖a8∞ Vachier-Lagrave – Carlsen, chess.com INT 2020)

15.♗c4 c6 16.♗e3 d5 17.♘xe5 dxc4 18.♘xc6 ♕c7 19.♘xb8 ♕xb8 20.♗xc5 ♗xc5 21.d4 ♖d8 22.f3 ♗d6 23.g3 h5 24.c3 h4 25.♔g2 ♘h5 26.♖a5 g6 27.♕e1 bxc3 28.bxc3 ♕b2 mit schwarzer Initiative, Vachier-Lagrave – Carlsen, chess.com INT 2020.

B) 9...♖b8 10.♘d5 ♘xd5 11.♗xd5 ♗d7 12.b4 ♗f6 13.♗e3 ♘e7 14.♗b3 ♘g6 15.c3 a5 16.bxa5 ♖a8 17.a4 bxa4 18.♗xa4 ♖xa5 19.♗xd7 ♖xa1 20.♕xa1 ♕xd7 21.♖b1 ♕c6 22.♘d2 ♖a8 23.♕b2 ♘f8 24.d4 exd4 25.cxd4 h6 26.♕b3 ♕a4 27.♕xa4 ♖xa4 mit Ausgleich, Nepomnjaschtschi – Carlsen, chess24.com INT 2021.

II. 8.c3

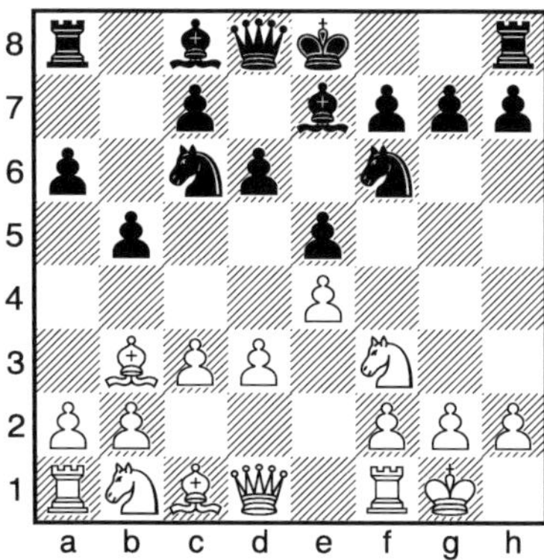

A) 8...♘a5 9.♗c2 c5 10.d4

(10.♖e1 0-0 11.♘bd2 ♘c6 12.♘f1 ♖e8 13.♘g3 ♗f8 14.h3 g6 15.d4 ♗g7∞)

10...cxd4 11.cxd4 0-0 12.h3 ♖e8 13.d5 ♗d7 14.♘c3 ♕b8 15.♗d3 ♖c8 16.♘e2 ♘b7 17.g4 ♘c5 18.♘g3 ♘xd3 19.♕xd3 b4 20.♖e1 ♕b5 21.♕d1 ♖c7 22.♗e3 ♖ac8 ⇄, Carlsen – Ding Liren, Saint Louis 2019

B) 8...0-0 9.♖e1 ♘a5 10.♗c2 c5 11.d4 ♘d7 12.dxc5 dxc5 13.♘bd2 ♗b7 14.b3 ♕c7 15.♘f1 ♖fd8 16.♕e2 ♘b6 17.♘e3 g6 18.h4 ♘c6 19.h5 b4 20.c4 ♘d4 21.♘xd4 exd4 22.♘d5 ♘xd5 23.exd5 ♗f6 24.♗d3 ♕d7 25.♕f3 ♗g7 26.♗g5 ♖e8 27.♕f4 ♗f8 28.♗f6 ♖xe1+ 29.♖xe1 ♖e8 30.♖xe8 ♕xe8 31.♔f1 ♗c8 32.♗e5 ♕d8 33.♗f6 ♕d6 34.♕g5 h6 35.♕h4 ♗g7 36.♗e7 ♕e5 37.hxg6 ♗f5 38.gxf7+ ♔xf7 39.♕h5+ ♔xe7 40.♕xf5 ♕xf5 41.♗xf5, Carlsen – Swidler, chess24.com INT 2020

Das Endspiel ist von den ungleichfarbigen Läufern geprägt, die hauptverantwortlich dafür waren, dass die Partie später mit einem Remis endete.

III. 8.♗d2

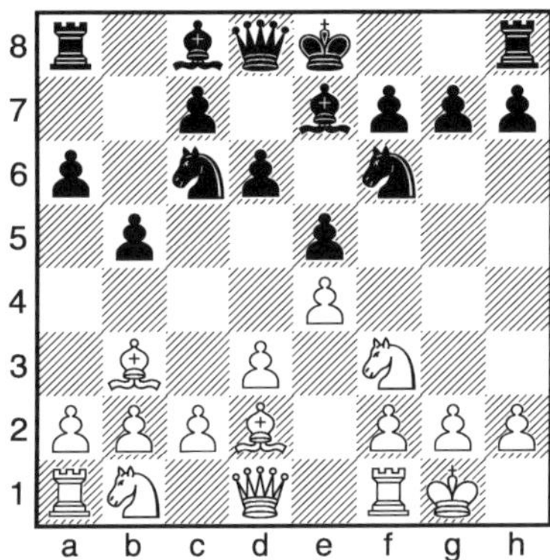

A) 8...♗g4!? 9.h3 (9.c3 ♘a5 10.♗c2 c5=) 9...♗xf3 10.♕xf3 ♘d4 11.♕d1 0-0=

B) 8...0-0 9.h3 h6 (9...a5 10.a4 b4∞) 10.♖e1 ♖e8 11.a3 ♗f8 12.♘c3 ♖b8 13.♗a2 ♘e7 14.♘h4 g5 15.♘f3 ♘g6 16.♘h2 c6 17.♘e2 d5 18.♘g3 dxe4 19.dxe4 ♖b7 20.♕f3 ♘f4 21.♖ad1 ♖d7 22.♗e3 ♖xd1 23.♖xd1 ♕e7 24.♘g4 ♘xg4 25.hxg4 ♖d8 26.♖e1 c5 27.♘f5 ♕c7 28.g3 ♘e6? (□28...♗e6) 29.♕h1 f6 30.♗d5 1–0, Carlsen – Witiugow, Wijk aan Zee 2020

8...♗d7 9.c3 ♘a5

In der Partie Caruana – Carlsen, Paris 2017, bevorzugte Carlsen 9...0-0 mit der Folge 10.♗c2 b4 11.♖e1 ♖e8 12.a5 ♖b8 13.♘bd2 ♗f8 14.♗b3 bxc3 15.bxc3 h6 16.h3 ♗e6 17.♗a4 ♗d7 18.♘c4 ♘e7 19.♗c2 ♘g6 20.d4 exd4 21.cxd4 d5 22.exd5 ♖xe1+ 23.♕xe1 ♘xd5 24.♗xg6 fxg6 25.♘ce5 ♗e8 26.♗a3 ♗d6 und etwa gleichen Chancen.

10.♗a2 c5 11.♗g5 0-0 12.♘bd2 ♖b8 13.axb5 axb5 14.♖e1

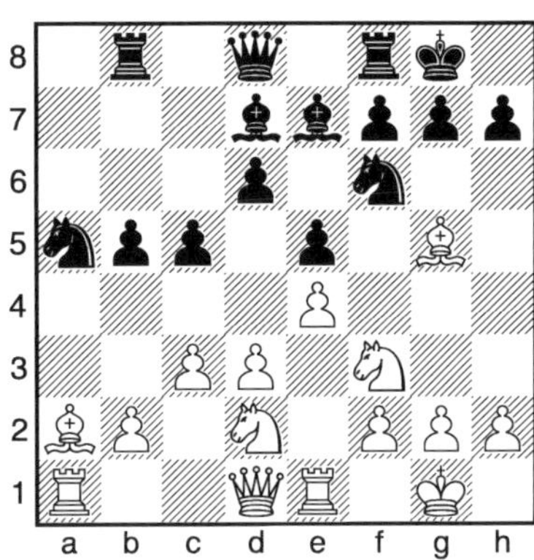

14...b4?

Damit begeht Schwarz einen positionellen Fehler, weil er ohne Zwang das Feld c4 abgibt.

Carlsen hat nach der Partie den Entwicklungszug 14...♕c7!? empfohlen.

15.♘c4 ♘xc4 16.♗xc4 bxc3 17.bxc3 ♕c7 18.♕c2

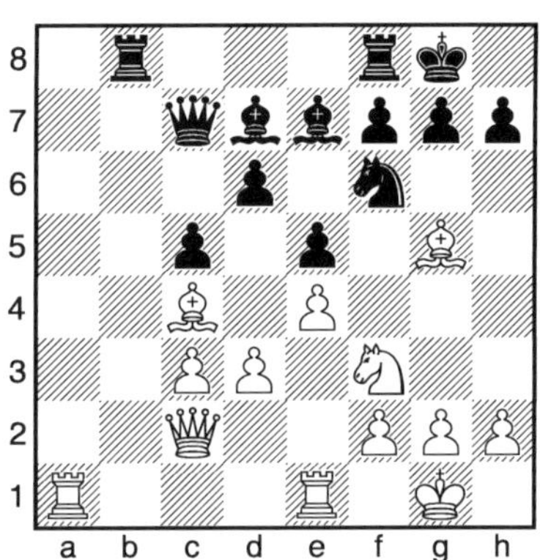

18...♗b5?

Ein weiterer positioneller Fehler. Nach dem Abtausch des Läufers bekommt Weiß das Feld c4 für seinen Springer.

□18...♗c6, womit Schwarz seinen Läufer behalten hätte.

19.♗xb5 ♖xb5 20.♗xf6! ♗xf6 21.♘d2

Die Würfel sind gefallen: Der Springer bekommt das Feld c4 und Schwarz muss sich mit seinem wenig aktiven Läufer arrangieren. Im Anschluss demonstriert der Weltmeister seine Stärke in der Verwertung eines positionellen Vorteils.

21...♕c6 22.♕a4 ♖fb8 23.♘c4 ♗e7 24.g3 ♕c8 25.♕d1 g6 26.♔g2 ♗f8 27.♕f3 ♖b3 28.♖ec1 ♕e6 29.♖a7 ♖8b7 30.♖xb7 ♖xb7 31.♖a1

Weiß hat a-Linie erobert und muss nun nur noch seinen Springer nach d5 bringen, um einen klaren Vorteil zu zementieren.

31...h5 32.♖a8 ♔g7 33.♘e3

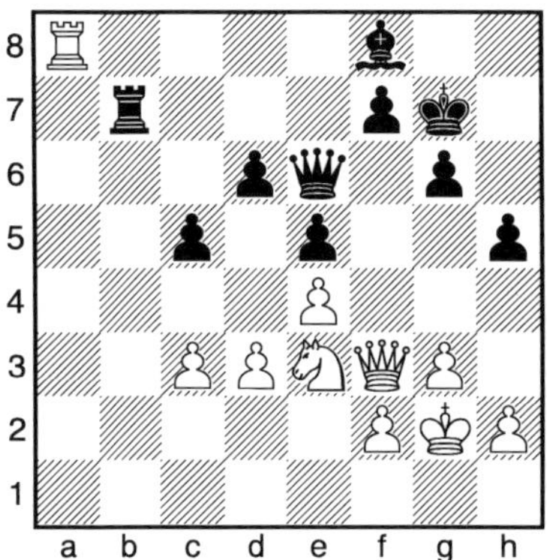

33...♖c7?

Es liegt auf der Hand, dass Schwarz auf Abtausch des gegnerischen Turms spielen muss, um so die weiße Initiative zu schwächen. Dies aber ist nicht der richtige Auftaktzug. Nun kann der Weltmeister seinen Plan relativ ungehindert in die Tat umsetzen.

⌓33...♕d7! mit der Idee ♖b7–a7!

34.♘d5 ♖c8 35.♖a7

Weiß behält somit seinen aktiven Turm. Dieser und die Dominanz des Springers sichern ihm einen klaren Vorteil.

35...♖b8 36.h3 ♖d8 37.g4 hxg4 38.hxg4 ♖d7 39.♖a8 f6 40.g5!

Ein starker und logischer Zug, um die Stellung des schwarzen Königs zu schwächen.

40...f5 41.♕h3 ♖f7

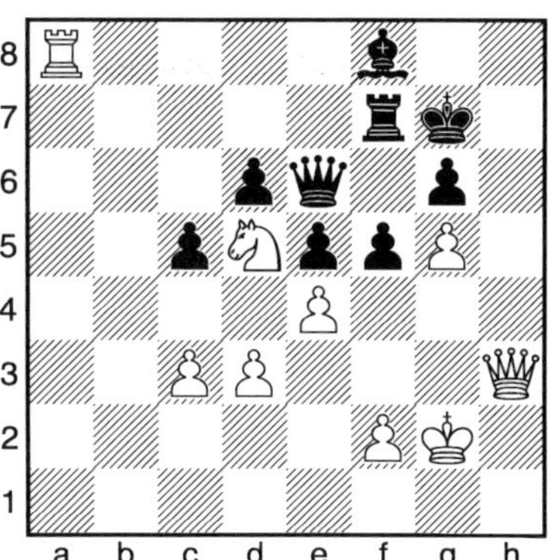

42.♖e8!

Ein effektiver Abschluss eines interessanten Plans!

42...♕xe8 43.♕h6+ ♔g8 44.♕xg6+ ♔h8 45.♘f6

Schwarz gab sich geschlagen.

COVID–19 hat die Welt auf den Kopf gestellt. Davon blieben auch die Schachveranstaltungen nicht verschont. Das Superturnier Tata Steel Chess fand in der Zeit 16. bis 31. Januar 2021 unter strikten Vorsichtsmaßnamen statt. Die Spieler mussten zehn Tage in Quarantäne und während des Turniers gab es mehrere Tests. Alle Nebenveranstaltungen fielen aus. Zuschauer waren nicht zugelassen. Weitere Beschränkungen ergaben sich aus einer nächtlichen Ausgangssperre. Nach 21 Uhr war der Aufenthalt im Freien nicht erlaubt. Wenn die Partien länger dauerten, musste eine Sondergenehmigung für die Spieler eingeholt werden, damit sie problemlos vom Spielsaal in ihr Hotel „Het Hoge Duin“ zurückkehren konnten. Trotz all dieser Schwierigkeiten fühlten sich die Spieler und ihre Sekundanten dem Vernehmen nach völlig wohl. Die folgende Partie wurde in der ersten Runde des Turniers gespielt und stand im Mittelpunkt. Der Weltmeister prüfte im Risikostil die Fähigkeiten des Jungstars Alireza Firouzja, der unter der Flagge der FIDE spielte.

Partie Nr. 9

Carlsen – Firouzja

Damengambit [D53]

Wijk aan Zee 2021

1.d4 ♘f6 2.c4 e6 3.♘f3 d5 4.♘c3 ♘bd7

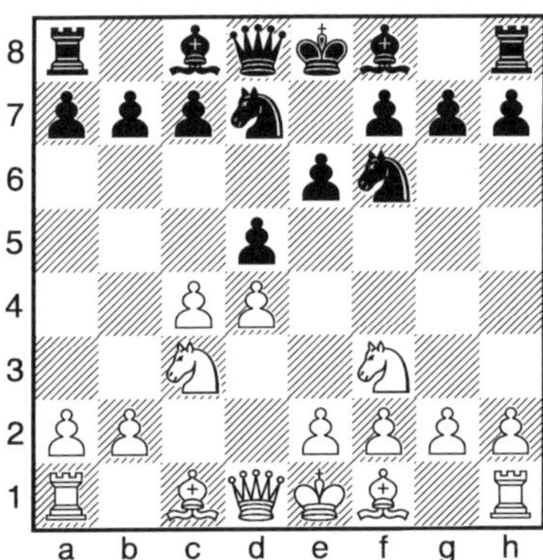

5.♗g5

Magnus Carlsen ist ein universeller Spieler. In dieser Stellung spielt er auch 5.cxd5 mit der möglichen Folge 5...exd5 6.♗g5 c6 7.♕c2 ♗e7.

(Im Duell Carlsen – Kusubow, Douglas 2019, setzte ihm sein Gegner 7...h6 vor, worauf es mit 8.♗h4 g5 9.♗g3 ♘h5 10.0-0-0 ♘xg3 11.hxg3 ♘b6 12.e4 ♗e6 13.♗d3 ♕f6 14.e5 ♕g7 15.♘h2 g4 16.♘e2 0-0-0 17.♘f4 ♕g5 18.♔b1 h5∞ weiterging.)

8.e3 0-0 9.♗d3 ♖e8 10.♗f4 ♘f8 11.h3 ♘g6 12.♗h2 ♗d6 13.♗xd6 ♕xd6 14.0-0-0 b5 15.♔b1 a5 16.g4 a4 17.g5 ♘d7 18.h4 ♘b6 19.h5 ♘f8 20.♘e5 mit besseren Aussichten für Weiß, Carlsen – Mamedjarow, Moskau 2019.

5...h6 6.♗h4 ♗e7 7.cxd5 ♘xd5

Eine ganz andere Entwicklung nimmt das Spiel nach 7...exd5, worauf Weiß mit guten Aussichten schlicht mit 8.e3 usw. fortsetzen kann.

8.♗xe7 ♕xe7 9.e4 ♘xc3 10.bxc3 0-0 11.♗d3 c5 12.0-0 cxd4 13.cxd4 b6 14.a4 ♗b7 15.a5 bxa5 16.♖xa5 ♘f6 17.♖e1 ♖fd8 18.♕a1 ♕c7

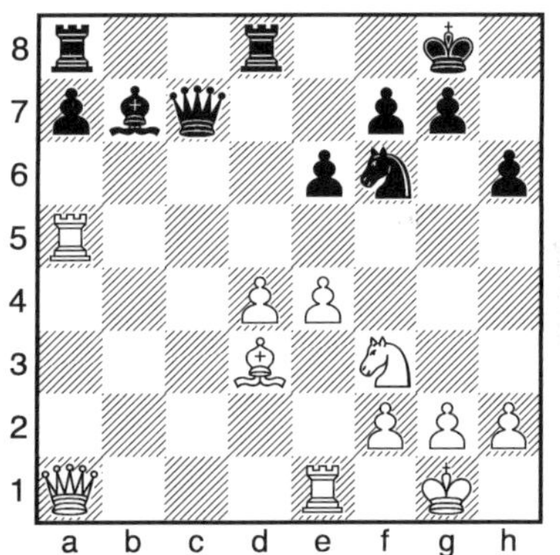

19.h3

Weiß hält zu Recht die Spannung des Kampfes aufrecht.

Im Falle von 19.♖xa7 ♖xa7 20.♕xa7 ♖a8 21.♕c5 ♕xc5 22.dxc5 ♖c8 23.♖c1 ♘d7 bekäme Schwarz den Bauern wieder, verbunden mit einem ausgeglichenen Endspiel.

19...a6 20.♖c5 ♕f4 21.♖e5 ♘d7 22.♖a5 ♘f6

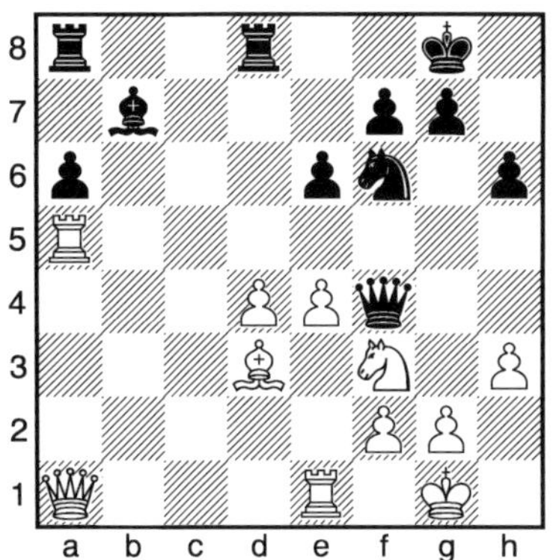

23.d5!?

Ein mutiges Bauernopfer, um das Spiel dynamischer zu machen.

23...exd5 24.e5 ♘e4 25.♕d4 ♖dc8 26.♖aa1 a5

Ein Konterspiel auf dem Damenflügel.

27.♖ab1 ♗c6

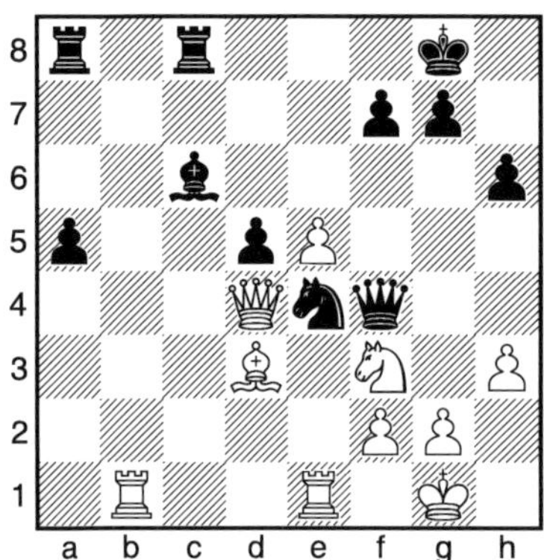

28.e6!?

Die Konsequenz des Zuges 23.d5!?. Carlsen opfert den zweiten Bauern und platziert seinen Springer ideal im Zentrum.

In der Variante nach 28.♖b6 ♗d7 29.♕xd5 ♘c5 würde es Weiß schwerfallen, um einen Vorteil zu kämpfen.

28...fxe6 29.♘e5 ♕f6

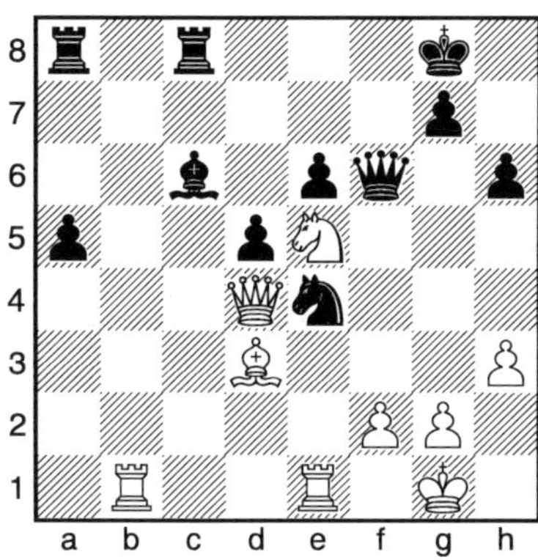

30.f3!?

Mit dieser risikoreichen Entscheidung geht der Weltmeister der Variante 30.♗xe4 dxe4 31.♘xc6 ♖xc6 32.♕xe4 aus dem Weg. Diese würde ein Schwerfigurenendspiel entstehen lassen, in dem Weiß mit einem Minderbauern um ein Unentschieden kämpfen müsste.

30...♘g5

Schwarz verpasst die Chance 30...♘g3!, worauf das Spiel wie folgt fortgesetzt werden könnte: 31.♕b6 ♗e8 32.♘g4 ♕f7 33.♖xe6 ♖ab8 34.♗g6 ♕d7 35.♖xe8+ ♕xe8! (35...♖xe8?? 36.♕xb8+−) 36.♗xe8 ♖xb6 37.♖xb6 ♖xe8 mit schwarzem Endspielvorteil.

31.♖b6 ♗e8 32.♕e3

Entfesselt den Springer und plant ♘e5–g4!. Auf 32.f4 sollte Schwarz mit 32...♘f7! reagieren, denn nach 32...♘e4 33.f5! hätte Weiß eine Initiative.

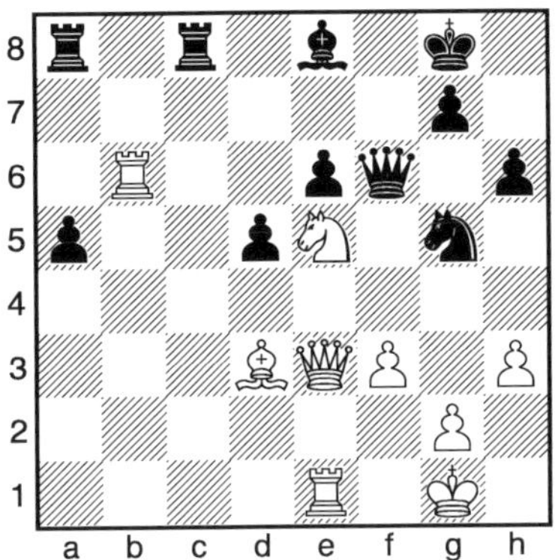

32...a4?

Nach der Partie wurden die zwei starken Fortsetzungen 32...♕e7!? und 32...♕d8!? vorgeschlagen. In beiden Fällen erlangt Schwarz gute Chancen auf einen Vorteil. Der Partiezug wurde als Tempoverlust beurteilt.

33.♘g4 ♕d8 34.♖xe6!

Nun hat Weiß die Chance anzugreifen und der Gegner muss sich genau verteidigen.

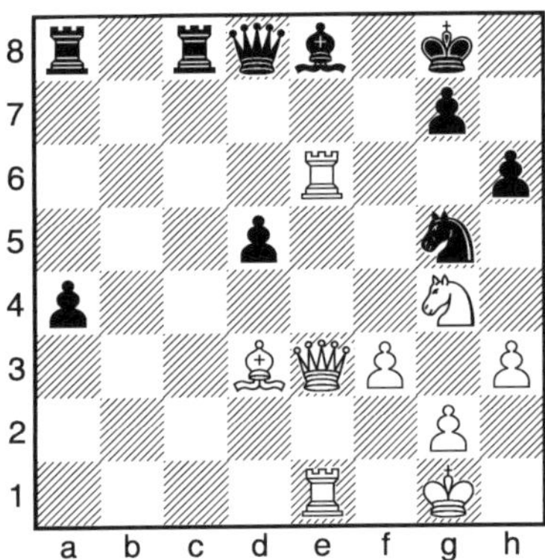

34...♘xe6

Ein scharfes Spiel konnte nach 34...a3 entstehen: 35.♖xh6

(35.f4 ♘xe6 36.♕xe6+ ♔h8 37.♘xh6 ♗h5 38.♖e5 ♕h4 39.♘f7+ ♗xf7 40.♕xf7 a2 41.♖h5+ ♕xh5 42.♕xh5+ ♔g8 43.♕xd5+ ♔f8=)

35...gxh6 36.♘xh6+ ♔f8!

(Aber nicht 36...♔g7?? 37.♘f5+ ♔g8 38.♕d4 ♘xf3+ 39.gxf3 ♕g5+ 40.♔f2 ♖a4 41.♕xd5+ ♗f7 42.♕e5 mit entscheidendem Angriff.)

37.♕d4 ♘xf3+! 38.gxf3 ♕g5+ 39.♘g4 ♕g7 40.♕xd5 a2 41.♗c4 ♖c6

(41...a1♕?? 42.♕d6+ ♕e7 43.♕xe7#)

42.♗xa2 ♕a7+ 43.♔h1 ♕xa2 44.♖xe8+ mit Dauerschach.

35.♕xe6+

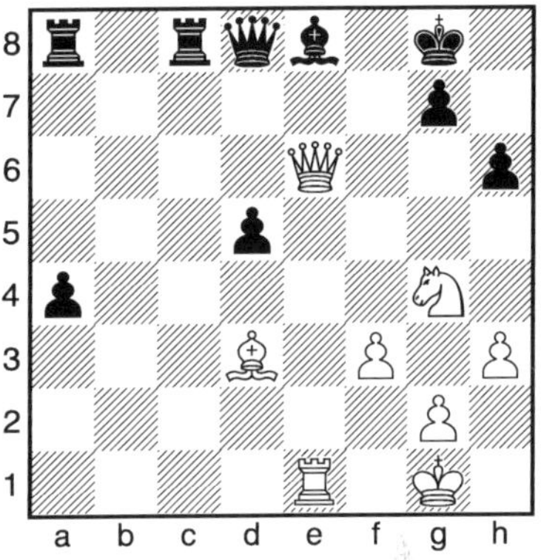

35...♗f7??

Ein katastrophaler Fehler in hoher Zeitnot. Firouzja hatte in diesem Moment nur noch 17 Sekunden auf der Uhr.

Die Rettung für Schwarz war nur mit 35...♔h8! möglich. Nach 36.♘xh6 ♗h5! ist die Stellung weiter ausgeglichen.

36.♘xh6+! gxh6 37.♕xh6 ♕c7 38.♕h7+ ♔f8 39.♕h8+ ♗g8 40.♕h6+ und Schwarz gab die Partie wegen 40...♕g7 41.♕d6+ ♕e7 42.♕xe7# auf.

Die Covid–19-Pandemie hat zu einer sprunghaften Entwicklung des Online-Schachs geführt. Nachdem der Weltmeister Magnus Carlsen als Reaktion darauf, dass der reguläre Turnierbetrieb zum Erliegen gekommen war, die „Magnus Carlsen Chess Tour“ ins Leben gerufen und diese sowohl bei den Spielern als auch bei den Schachanhängern großen Anklang gefunden hatte, wurde daraus eine Turnierserie aus Online-Schnellschachturnieren entwickelt, die von November 2020 bis September 2021 ausgetragen werden sollten. Die Übertragung der Partien erfolgte über das Internet, vor allem und kostenlos über das Portal chess24.com. Ein nennenswerter Preisgeldfond machte eine Teilnahme für die Spitzenspieler zusätzlich interessant.

Für die Rapid-Partien wurde die Bedenkzeit je Spieler auf 15 Minuten mit einem Inkrement von 10 Sekunden für jeden Zug ab Beginn der Partie festgelegt.

Partie Nr. 10
So – Carlsen

Zweispringerspiel im Nachzug [C58]

Opera Euro Rapid KO 2021

1.e4 e5 2.♘f3 ♘c6 3.♗c4

Mit diesem aktiven Zug greift Weiß den ♙f7 an, so dass Schwarz nun permanent aufpassen muss, dass sein Gegner keinen gefährlichen Königsangriff entwickeln kann.

3...♘f6

Carlsen entscheidet sich für das Zweispringerspiel im Nachzug. In unserem Buch „Eröffnungen, Offene Spiele – lesen-verstehen-spielen“, Joachim Beyer Verlag, 2. Auflage 2020, haben wir uns u.a. diesem System gewidmet. Mit seiner Entscheidung ignoriert Schwarz die Drohung ♘f3–g5, um seinen Springer als Teil einer schnellen Entwicklung des Königsflügels früh ins Feld zu bekommen.

3...♗c5 würde zur Italienischen Partie führen. Dieses haben wir detailliert in unserem Buch „Italienische Partie ... richtig gespielt“, Joachim Beyer Verlag, 1. Auflage 2013, behandelt.

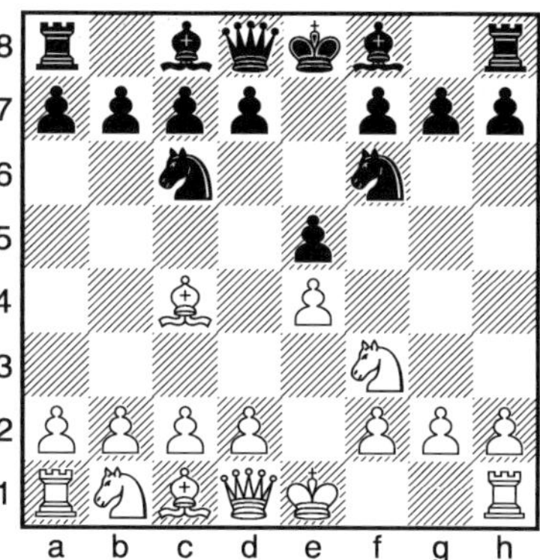

4.♘g5

Dieser Springerausfall führt zu einem zweischneidigen Spiel. Weiß gewinnt zwar Material, aber der Gegner bekommt dafür die bessere Entwicklung und ein gutes Gegenspiel.

Einen ganz anderen und vor allem ruhigeren Charakter entwickelt das Spiel nach 4.d3.

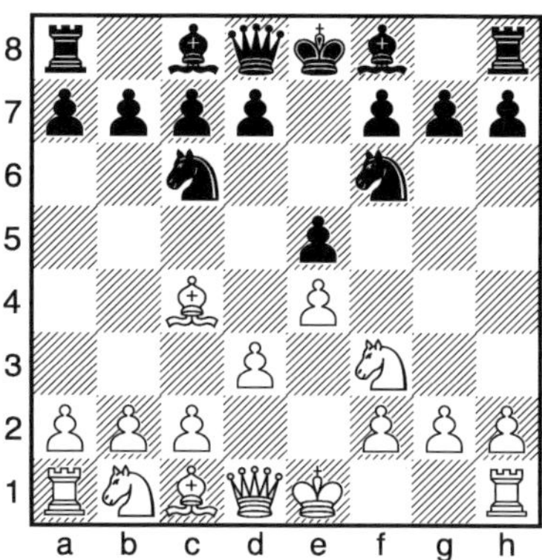

Der Weltmeister hat auch diese Fortsetzung im Repertoire und einige Male mit

Schwarz dagegen spielen müssen. Die folgenden Beispiele aus seiner Praxis geben einen einfachen Überblick über die beiderseitigen Möglichkeiten sowie auch aktuelle Trends.

A) 4...h6 5.♘c3 ♗b4 6.0-0 ♗xc3 7.bxc3 0-0 8.♗b3 d6

(8...d5 9.exd5 ♘xd5 10.h3 ♘xc3 11.♕e1 ♘d4 12.♘xe5 ♘ce2+ 13.♔h1 ♗xh3 14.gxh3 ♘xb3 15.♕xe2 ♕d5+ 16.♔h2 ♘xa1 17.♗b2 ♖ae8 18.♖g1 f6 19.♕g4 g5∞, Carlsen – Dubow, Opera Euro Rapid KO 2021)

9.♘d2 d5 10.exd5 ♘xd5 11.♘e4 ♘a5 12.♗xd5 ♕xd5 13.♗xh6 f5 14.c4 ♕c6 15.♗d2 fxe4 16.♗xa5 ♕g6 17.♕e2 ♖f4 18.♗d2 ♗g4 19.f3 ♗xf3 20.♕f2 ♖g4 21.g3 ♖f8 22.♖ae1 ♖f6 23.dxe4 ♕h5 24.♖e3 ♗xe4 25.♕e2 ♖xg3+! 0–1, Carlsen – Dubow, Opera Euro Rapid KO 2021

B) 4...♗e7 5.0-0 d6 6.c3 0-0 7.♖e1 h6 8.♘bd2 ♗e6 9.♗xe6 fxe6 10.♘f1 a5 11.♘g3 a4 12.♗d2 d5 13.b4 axb3 14.axb3 ♖xa1 15.♕xa1 d4 16.♕b1 dxc3 17.♗xc3 ♗c5 18.b4 ♗b6 19.b5 ♘d4 20.♗xd4 ♗xd4 21.♕b3 ♕d7 22.♘f5 ♘g4 23.♘5xd4 exd4 24.e5 h5 25.♕c4 ♖xf3 26.gxf3 ♘h6 27.♖c1 mit weißem Gewinn, Carlsen – Dubow, Opera Euro Rapid KO 2021.

C) 4...♗c5 5.c3 0-0 6.0-0

(– 6.♘bd2 d5 7.♗b5 dxe4 8.dxe4 a5 9.0-0 ♕e7 10.h3 ♖d8 11.♕c2 ♘b8 12.♖d1 ♘bd7 13.♗f1 b6 14.♘c4 ♗b7=, Maghsoodloo – Carlsen, chess.com INT 2020

– 6.♗b3 a5 7.♘bd2 d6 8.♘f1 ♗e6 9.h3 ♗xb3 10.axb3 d5 11.♕e2 dxe4 12.dxe4 ♕d7 13.g4 ♕e6 14.♗g5 ♘e8 15.♘1d2 ♘d6 16.0-0 h5 ⇄, Mamedov – Carlsen, lichess.org INT 2020)

6...d6 7.♖e1 a5 8.♗g5

(8.♘bd2 ♗a7 9.♘f1 ♗e6 10.♗b5 ♘e7 11.♘g3 ♘g6 12.h3 c6 13.♗a4 d5 14.exd5 ♘xd5 15.d4 exd4 16.♘xd4 ♕c7=, Duda – Carlsen, Wijk aan Zee 2021)

8...h6 9.♗h4 g5 10.♗g3 ♗b6 11.♘a3 ♘h7 12.♘c2 h5 13.h3 h4 14.♗h2 g4 15.hxg4 ♗xg4 16.d4 exd4 17.♘cxd4 ♘xd4 18.cxd4 ♘g5 19.♕d3 ♘xf3+ 20.gxf3 ♗h5 mit etwa gleichen Chancen, Carlsen – So, Opera Euro Rapid KO 2021.

4...d5

Dies ist die bekannt beste Reaktion. Schwarz verteidigt sich nicht nur gegen den Einschlag auf f7, sondern gewinnt auch Zeit für die Mobilisierung seiner Kräfte.

5.exd5

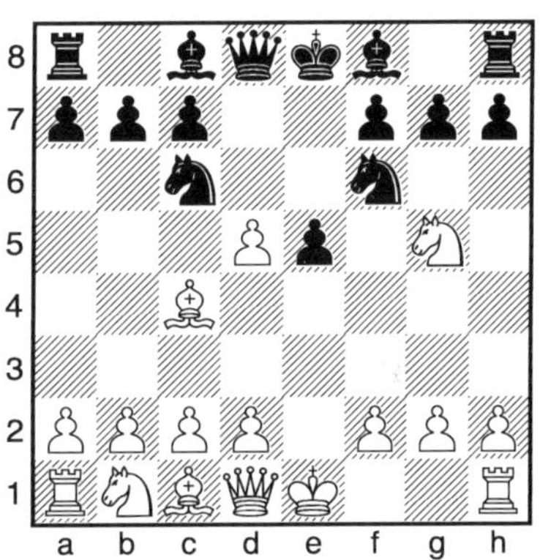

5...♘a5

Carlsen hält sich an die Empfehlung der Theorie. Für die schnelle Entwicklung lohnt sich das Opfer eines Bauern.

Im Falle von 5...♘xd5 muss Schwarz mit dem Springeropfer 6.♘xf7!? rechnen; z.B. 6...♔xf7 7.♕f3+ ♔e6 8.♘c3 mit chancenreichem Spiel für Weiß.

6.♗b5+ c6 7.dxc6 bxc6 8.♗d3

8.♗e2 ist populärer und wird als Hauptvariante angesehen. Mit dem Partiezug kann sich Weiß das Feld e4 für seinen Springer sichern.

8...♘d5 9.♘f3

Oder 9.♘e4 f5 10.♘ec3 ♘f4 11.♗f1 c5 12.d3 ♘g6 13.♘d2 ♗b7 mit etwa gleichen Aussichten.

9...♗d6

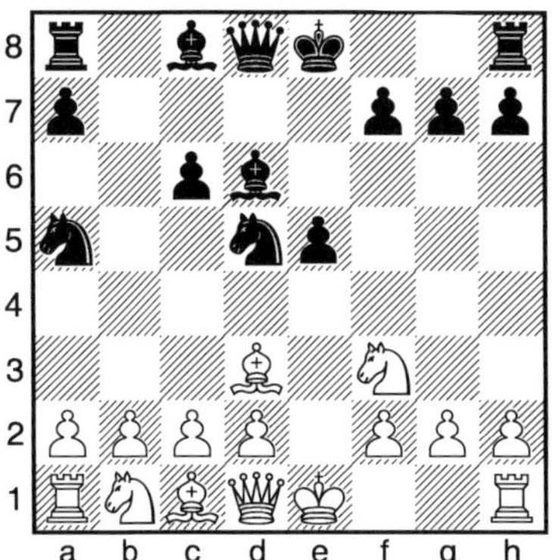

10.0-0

In dieser Variante hat der Weltmeister auch reichlich Erfahrung mit den schwarzen Steinen gesammelt. Interessant ist das folgende Beispiel: 10.♘c3 0-0 (10...f5!?∞) 11.♗e2 ♘f4 12.0-0 ♗g4 13.d3 ♘xe2+ 14.♕xe2 f5 15.h3 ♗h5 16.g4!? fxg4 17.♘g5 ♕d7 18.♘ce4 (18.♘ge4 ♖f3!∓) 18...♗e7 19.♘g3 ♗g6 20.♕xg4 ♕xg4 21.hxg4 c5 22.♘5e4 ♘c6 23.♗e3 ♘d4 24.♖ac1 ♖ac8 25.♔g2 c4 26.♗xd4 exd4 27.f3 ♖c6 28.b3 ♗a3 29.♖ce1

(Nach 29.dxc4!? ♗xc1 30.♖xc1 hätte Weiß gute Gewinnchancen gehabt.)

29...cxd3 30.cxd3 a5 31.♖f2 ♗c1 32.♘d2 ♗xd3 33.♘c4 ♗f4 34.♘e5 ♖c3 35.♘xd3 ♖xd3 36.♘f5 g6 37.♖e4 ♗g5 38.♘e7+

(38.♘xd4 ♗e3 39.♘e6 ♗xf2 40.♘xf8 ♖d2 41.♘e6 ♖xa2=)

38...♔h8 39.♘c6 ♗e3 40.♖e2 ♖d1 41.♘xa5 ♖g1+ 42.♔h2 ♖c1 43.♔g2 ♖g1+ 44.♔h2 ♖c1 45.♔g2 ½–½, Van Foreest – Carlsen, Wijk aan Zee 2020.

10...0-0 11.♖e1

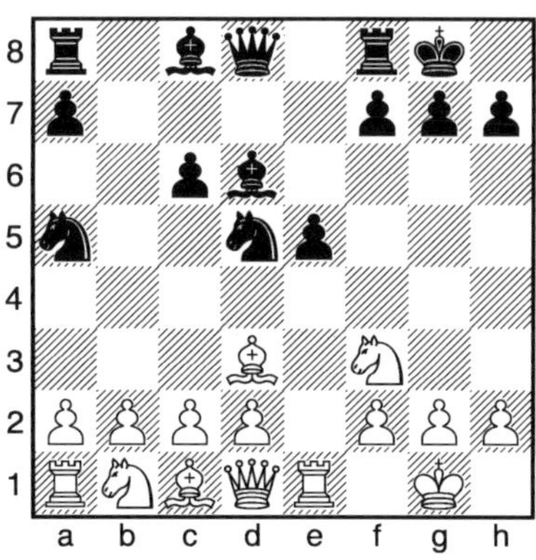

11...f5!?

Es war möglich, den Bauern mit 11...♖e8 zu verteidigen. Es ist aber typisch für Carlsens Spiel, dass er sich stattdessen für eine energische Aktion auf dem Königsflügel mit einem Bauernopfer auf e5 entscheidet.

12.♘xe5 ♕f6 13.♘f3 g5!

Es gibt keine andere Wahl. Schwarz muss entschlossen handeln, sonst ist der materielle Vorteil von Weiß entscheidend. Der Amerikaner hat Probleme mit seinem unentwickelten Damenflügel. Demgegenüber ist gerade seine ausgezeichnete Entwicklung die große Stärke von Schwarz.

14.c4

Nach 14.c3 g4 15.♘d4 ♕h6 16.g3 f4 hätte Schwarz einen starken Angriff. Deshalb will Weiß Material hergeben, um die Initiative des Gegners zu schwächen.

14...♘f4 15.♗f1 g4 16.d4 gxf3 17.♕xf3 ♘e6

Für die Figur hat Weiß drei Bauern, aber er ist weiterhin schlecht entwickelt.

18.♕c3 ♘b7 19.c5 ♗c7 20.b4

(siehe nächstes Diagramm)

20...a5!

20...♕xd4? wäre schwach wegen 21.♕xd4 ♘xd4 22.♗c4+ ♗e6 (22...♔h8 23.♗b2+−) 23.♗xe6+ ♘xe6 24.♖xe6 mit weißem Vorteil.

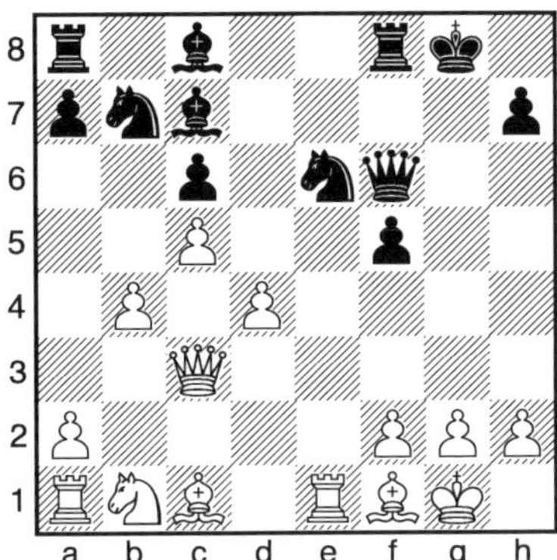

21.b5 ♕xd4?

Dieser Fehler hätte Carlsen die Partie kosten können. Angebracht war 21...cxb5 mit der möglichen Folge 22.♗xb5 a4 23.♗c4 ♘a5 24.♗d5 ♖b8 und einem scharfen Spiel.

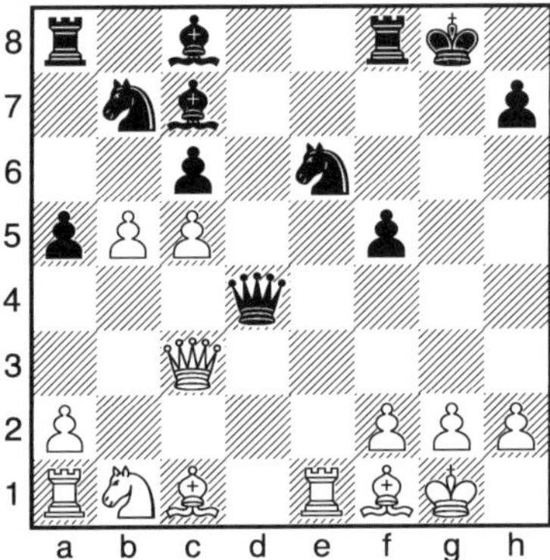

22.♕xd4?

Weiß hat den Fehler des Weltmeisters nicht erkannt und lässt ihn deshalb ungenutzt.

Nach der richtigen Reaktion 22.♗c4! und dann 22...♕xc3 23.♘xc3 ♘bxc5 24.♗a3 hätte Schwarz vor gravierenden Problemen gestanden.

22...♘xd4 23.♗c4+ ♗e6! 24.♗xe6+ ♘xe6 25.♖xe6

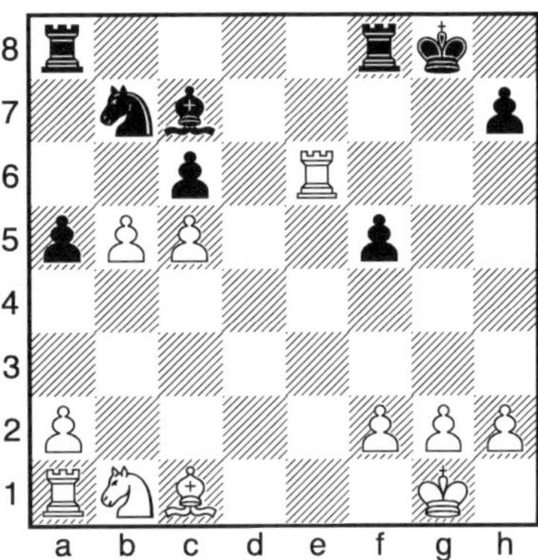

25...♘xc5!

Plötzlich wird der bisher passive Springer bemerkenswert aktiv.

26.♖e2

Auf 26.♖xc6 käme natürlich 26...♗e5!.

26...♖fe8 27.♘c3 cxb5 28.♗e3 ♗e5! 29.♗xc5 ♗xc3 30.♖xe8+ ♖xe8 31.♖b1 b4

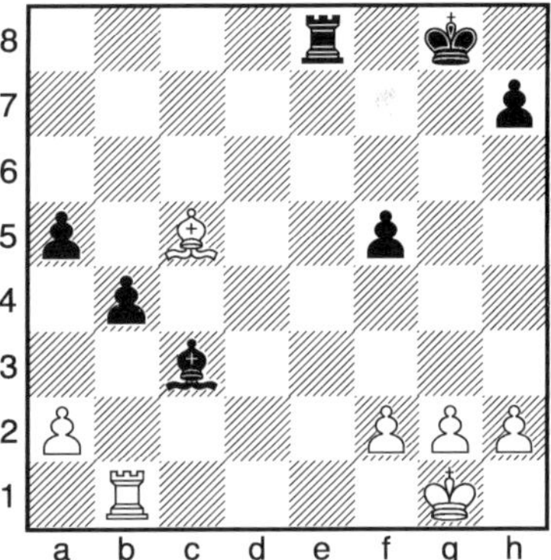

Schwarz steht besser. Seine Bauernmehrheit am Damenflügel stellt eine große Kraft dar. Carlsen droht hier einen Freibauern zu bilden. Weiß hingegen hat eine Mehrheit auf der anderen Seite, ist aber praktisch nicht in der Lage, diese nach vorne zu bringen.

32.♔f1 ♖e5 33.♗e3 a4

Es droht 34...b3! und nach 35.axb3 a3 erreicht der Bauer das Feld a1.

34.♖c1 a3 35.g3 ♖b5 36.♖c2 b3! 37.axb3 ♖xb3 38.♔g2

38.♔e2 scheitert an 38...♖b2!.

38...♔f7!

Der König muss aktiviert werden.

39.♗d2 ♗e5 40.♗f4 ♗xf4

Stark war auch 40...♖b2!?.

41.gxf4 ♖b7

Das Endspiel ist gewonnen für Schwarz. Natürlich bringt Carlsen seinen Turm hinter den Freibauern.

42.♖a2 ♖a7 43.♔g3 ♖a4 44.♔h4 ♔g6 45.♔g3 ♔f6 46.h3 h5 47.♔h4 ♔g6 48.♔g3 ♔g7 49.♔f3

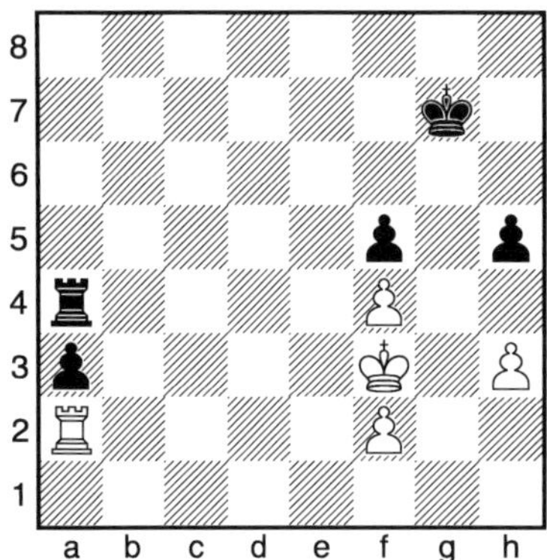

49...h4!

Der Weltmeister ist in seinem Element! Er schließt den Königsflügel und sein König kann nun in aller Ruhe Richtung Damenflügel laufen, um dann aber doch auf der rechten Seite in die weiße Stellung einzubrechen.

50.♔e2 ♔f6 51.♔d1 ♔e6 52.♔c1 ♔d5 53.♔b1 ♔e4 54.♖d2 ♔f3 55.♔a2 ♔g2

Weiß gab auf.

Kapitel 2

Die bisherigen Duelle der beiden Kontrahenten

Wie wir bereits im Kapitel 1 erwähnt haben, ist Nepomnjaschtschi der weltweit einzige Spieler, der in Partien mit klassischer Bedenkzeitregelung eine positive Bilanz gegen den Weltmeister aufweist. Dies konnte ein Zeichen sein, dass der WM-Kampf zu einem interessanten Spektakel werden würde. In diesem Kapitel veröffentlichen wir die drei Siege des Russen über Carlsen, die seine Fähigkeiten unterstreichen.

Die erste Partie wurde beim traditionellen Tata-Steel A-Turnier in den Niederlanden (Wijk aan Zee) 2011 ausgetragen. Magnus Carlsen war Dritter mit 8 Punkten aus 13 Spielen. Jan Nepomnjaschtschi belegte den 9. Platz, konnte aber eben den zukünftigen Weltmeister im direkten Duell besiegen.

Partie Nr. 11

Carlsen – Nepomnjaschtschi

Sizilianische Verteidigung [B92]

Wijk aan Zee 2011

1.e4 c5 2.♘f3 d6 3.d4 cxd4 4.♘xd4 ♘f6 5.♘c3 a6

Das Najdorf-System ist immer noch die populärste Waffe im Arsenal von Schwarz. Mit dem Partiezug bereitet Schwarz auf der Basis von b7–b5 ein Konterspiel am Damenflügel vor.

6.♗e2

Dieser Zug gilt als zu ruhig, wenn Weiß einen Eröffnungsvorteil erreichen will. Diese Einschätzung aber ist zu negativ. Weiß hat viele aktive Möglichkeiten, um den gegnerischen König anzugreifen. Die Hauptvariante führt über den Zug 6.♗g5. In den Partien Nr. 12 und 14 haben wir eine energische Fortsetzung 6.♖g1 vorgestellt.

6...e5

Schwarz kann natürlich auch 6...e6 spielen. Diese Entwicklung hat auch ihren Platz im Eröffnungsrepertoire beider Kontrahenten.

7.♘b3 ♗e7

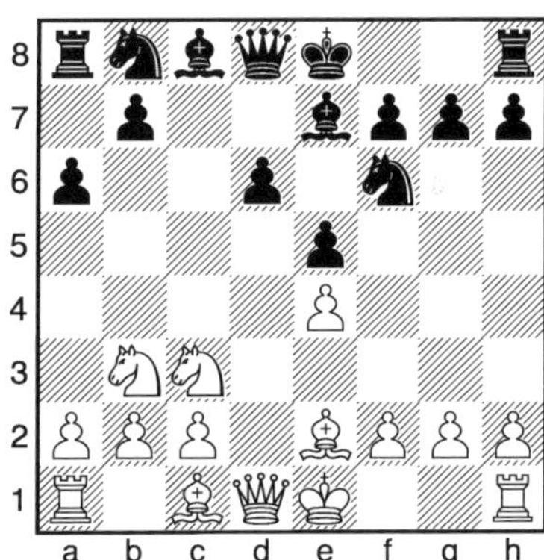

8.0-0

Damit will Weiß zunächst seinen König sichern und sich erst im Anschluss auf einen konkreten Plan festlegen. Relativ selten werden die folgenden Alternativen gespielt:

I. 8.♗g5 0-0

(8...♗e6 9.♗xf6 ♗xf6 10.♗g4 0-0 11.0-0 ♗e7 12.♗xe6 fxe6 13.♕g4 ♖f6 14.♖ad1 ♘d7 15.♘e2 ♕b6 16.♘ec1 ♕c6 17.♕e2 a5 18.♘d3 b5 19.♘d2 ♗d8 20.c3 ♗b6 21.g3 ♖af8 22.♔g2 ♖6f7 23.a3 ♘f6 24.f4 exf4 25.♘xf4 ♖e8 26.♘h5 ♗d8∞, Kramnik – Carlsen, chess24.com INT 2020)

9.♗xf6 ♗xf6 10.♕d3 ♗e6 11.0-0-0 ♗e7 12.♘d5 ♗xd5 13.♕xd5 ♕c7 14.♕c4 ♕b6 15.♖hf1 ♘d7 16.♘d2 ♖fc8 17.♕b3 ♕c7 18.♔b1 b5 19.♗g4 ♘c5 20.♕d5 ♖cb8∞, Carlsen – Bjerre, chess24.com INT 2021

II. 8.♗e3 ♗e6 9.♕d3 ♘bd7 10.♘d5 0-0 11.0-0 ♗xd5 12.exd5 ♘e8

(12...♖c8 13.c4 ♘e8 14.♕d2 b6 15.♖ac1 a5 16.♘a1 g6 17.b4 ♘g7 18.bxa5 bxa5 19.♗d3 ♘c5 20.♗c2 a4 21.♖b1 e4 22.♗xc5 ♖xc5 23.♗xa4 ♖xc4∞, Carlsen – Grischuk, Saint Louis 2015)

13.a4 ♗g5 14.a5 ♗xe3 15.♕xe3 ♘ef6 16.c4 ♖b8 17.♖fb1 ♕c7 18.♘d2 b6 19.♘b3 ♘c5 20.axb6 ♖xb6 21.♘xc5 dxc5 22.b4 ♖fb8 23.♖d1 ♖xb4 24.♖xa6 ♖b3 25.♕g5 h6 26.♕f5 ♕c8 27.♕xc8+ ♖xc8 28.♖c6 ♖bb8 29.♗d3 e4 30.♗c2 ♖xc6 31.dxc6 ♖c8 32.♗a4 ♔f8 33.♗b5 ♔e7 und die Partie endete später friedlich mit einem Remis, Carlsen – Vachier-Lagrave, Karlsruhe 2017.

8...0-0

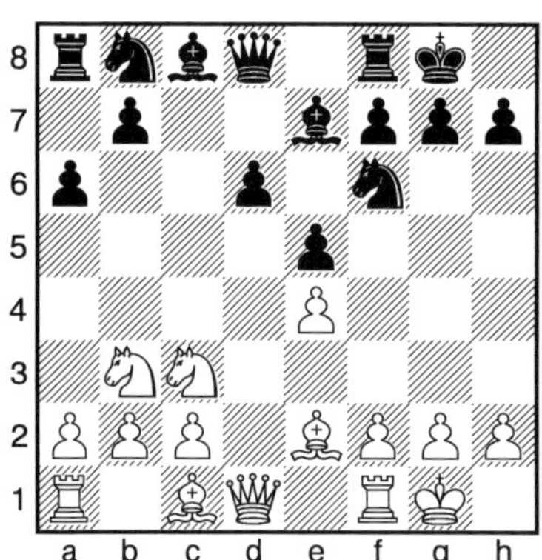

9.♔h1

Die Theorie empfiehlt hier 9.♗e3. Dieser Zug leitet die „Karpow-Idee“ ein, mit der Weiß die Absicht verbindet, seine Kräfte nach dem Schema ♕d1–d2, a2–a4–a5 aufzustellen. Das Hauptziel besteht darin, den Punkt d5 in einem günstigen Moment mit dem Springer zu besetzen.

9...♘c6

In der Praxis ist auch das folgende Vorgehen anzutreffen: 9...b6 10.♗e3 ♗b7 11.f3 ♘bd7 (11...b5 12.a4 b4 13.♘d5 ♘xd5 14.exd5 ♘d7∞) 12.a4 ♖c8 mit beiderseitigen Möglichkeiten.

10.f4 b5 11.♗e3 ♗b7 12.a4

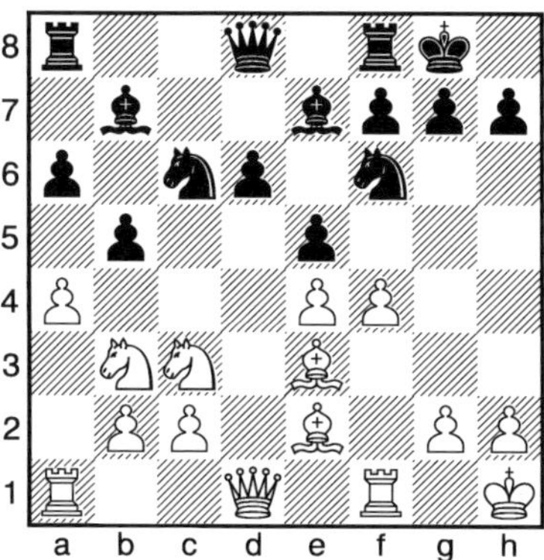

12...exf4

Dies ist die Empfehlung der Theorie. So bekommt Schwarz das Feld e5 für seinen Springer.

12...♘b4 ist schwach. Ein Beispiel dazu aus der Praxis des Weltmeisters: 13.♕d2 d5 14.fxe5 ♘xe4 15.♘xe4 dxe4 16.♘d4 ♘d5 17.♘f5 ♕c7 18.♗d4 e3 19.♕e1 (19.♗xe3!) 19...♗c5 20.♗xc5 ♕xc5 21.♗d3 ♗c8 22.♘d6 ♕d4 23.axb5 ♗e6 24.bxa6 ♕xe5 25.♕h4 f5 26.♘c4 ♕f6 27.♕h3 f4 28.♕xh7+ ♔f7 29.♕e4 ♔g8 30.♖a5 mit weißem Gewinn, Carlsen – Dominguez Perez, Nizza 2010.

13.♖xf4 ♘e5 14.♕d4 ♘c6 15.♕d2 ♘e5 16.♕d4 ♘c6 17.♕d2 ♘e5 18.axb5

Weiß verzichtet darauf, weitere Züge zu wiederholen, und entscheidet sich, auf

Sieg zu spielen. Möglicherweise stand dieser Entschluss in Verbindung mit Carlsens höherem Ranking (FIDE Elo 2814 im Vergleich zu Nepomnjaschtschis Wertungszahl von 2733).

18...axb5

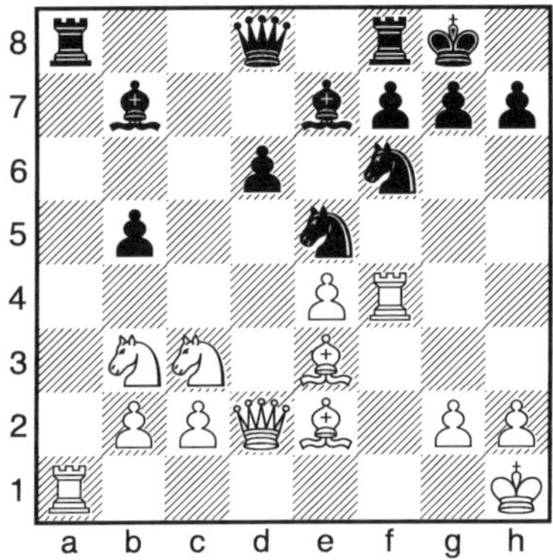

19.♖e1?

Eine Ungenauigkeit, die es Schwarz ermöglicht, die Initiative zu ergreifen.

19.♖d1! war angebracht. Darauf hätte sich die folgende Entwicklung ergeben können: 19...♘g6 20.♖ff1 b4 (20...♘xe4 21.♘xe4 ♗xe4 22.♗xb5=) 21.♘d5 ♘xe4 22.♕xb4 mit Ausgleich.

19...♘g6 20.♖ff1 b4 21.♘d5 ♘xe4!

21...♘xd5 22.exd5 ♗f6=

22.♘xe7+

Die Variante 22.♕d4 ♗h4 23.♖d1 (23.♕xe4?? ♗xe1 24.♖xe1 ♖e8–+) 23...♖e8 ist günstig für Schwarz.

22...♕xe7 23.♕xb4 ♘h4 24.♗f3 ♘xf3 25.gxf3

Nun ist die Bauernstruktur am Königsflügel geschwächt. 25.♖xf3!? verdiente Aufmerksamkeit.

25...♕d7 26.♗f4 ♖a4 27.♕b6 ♘f6 28.♕xd6 ♕g4 29.♘d4 ♖xd4! 30.♕xd4 ♗xf3+ 31.♖xf3 ♕xf3+ 32.♔g1 ♕g4+ 33.♔h1 ♕c8

Materiell ist die Lage ausgeglichen, aber Schwarz hat – aufgrund der Schwäche des weißen Königsflügels – bessere Chancen.

34.♕f2 ♕b7+ 35.♔g1 ♘e4 36.♕d4 ♖e8 37.♖e2 h6 38.h3

38.♖g2 g5 39.h4 f6∓

38...♖e6 39.♔h2 f5 40.b4

Oder 40.♕c4 ♕f7 41.♕d5 g5 42.♗b8 ♖e7 43.♕xf7+ ♔xf7 44.♔g2 ♔f6 mit einem besseren Endspiel für Schwarz, weil er seine Bauern schneller aktivieren kann.

40...♔h7 41.♖e3 ♖g6 42.♖e2 ♕b5 43.♖e1 ♖c6

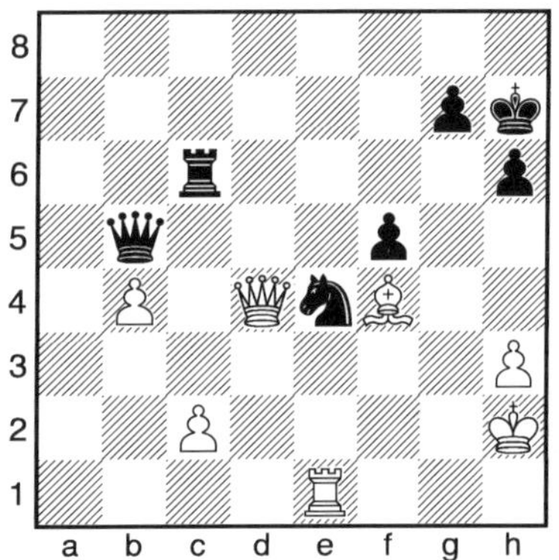

44.♖xe4

Ein Versuch, die Partie in einer verlorenen Stellung zu komplizieren, aber Schwarz behält alles unter Kontrolle.

Nach 44.c3 würde 44...♖g6! gewinnen.

44...fxe4 45.♕xe4+ ♖g6 46.♗g3 ♕d7 47.h4 h5 48.c4 ♕d2+ 49.♔h3 ♕c3 50.♕f4 ♕xb4 51.♕f5 ♕xc4 52.♕xh5+ ♖h6 53.♕f3 ♕e6+ 54.♔h2 ♖f6 55.♕d3+ ♖f5 56.♕c2 ♕d5 57.♗f2 ♔h6 58.♗e3+ ♔g6 59.♗f2 ♔f6 60.♗g3 ♖f1 61.♗f2 ♖d1 62.♕c3+ ♕e5+ 63.♕xe5+ ♔xe5 64.h5 ♔f6 65.♗h4+ ♔f5 66.♗e7 ♖d7

Schwarz gab auf.

Partie Nr. 12

Nepomnjaschtschi – Carlsen

Sizilianische Verteidigung [B90]

Legends of Chess Final

chess24.com INT 2020

1.e4 c5 2.♘f3 d6 3.d4 cxd4 4.♘xd4 ♘f6 5.♘c3 a6 6.♖g1

Dieser Zug hat einen klaren Zweck: Den Marsch des g-Bauern mit einem schnellen Angriff auf den feindlichen König.

6...b5 7.g4 ♗b7

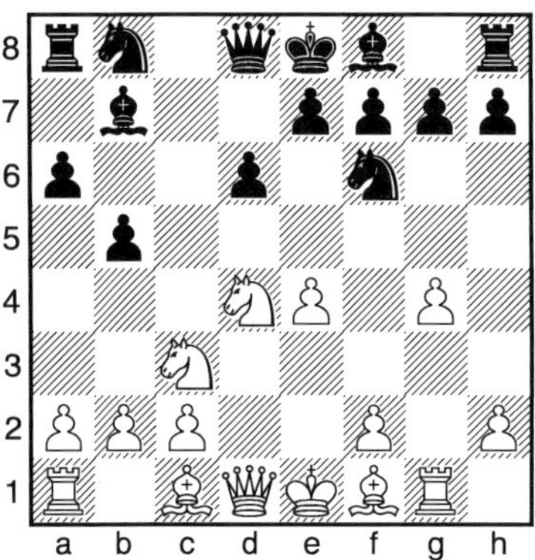

8.g5!?

Eine mutige und mit einem Bauernopfer verbundene Entscheidung.

Im Duell Carlsen – Sjugirow, chess24.com INT 2020, entschied sich der Weltmeister für 8.f3, worauf sich der folgende weitere Verlauf ergab: 8...g6 9.a3 ♗g7 10.♗e3 ♘bd7 11.♕d2 ♖c8 12.0-0-0 ♘e5 13.♗e2 ♘c4 14.♗xc4 ♖xc4 15.♔b1 0-0 16.h4 ♘d7 17.h5 ♘e5 18.hxg6 fxg6 19.f4 ♖xd4 20.♕xd4 ♘c4?

(Der Zug sieht auf den ersten Blick gut aus, ist aber ein Fehler. Notwendig war 20...♘f3! mit der möglichen Folge 21.♕a7 ♕a8 22.♕xa8 ♗xa8 23.♖g3 ♗xc3 24.♖xf3 ♗xe4 25.♖f2 ♗g7 und guten Konterchancen im Anschluss an h7–h5!.)

21.♕d3 ♘xe3 22.♕xe3 a5 23.e5 b4 24.♘d5 bxa3 25.♕xa3 ♗xd5 26.♖xd5 ♕b6 27.♖gd1 ♖xf4 28.exd6 exd6 29.♖xd6 ♕f2 30.♕b3+ 1–0.

8...♘xe4

Carlsen spielt auch 8...♘fd7 (siehe Partie Nr. 14). Die Folgen haben wir dort erörtert.

9.♘xe4 ♗xe4

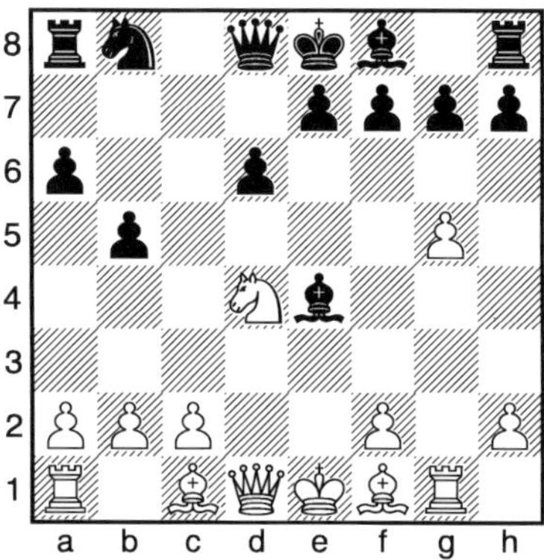

10.a4!?

Diese Idee ist in der Turnierpraxis noch wenig erforscht worden. Normalerweise wird hier 10.♕g4 gespielt. Über die weiteren Züge 10...♗b7 11.♗g2 ♕c7 12.♗e3 g6 13.0-0-0 ♗g7 14.f4 0-0 15.h4 ♘d7 16.♗xb7 ♕xb7 17.f5 ♘e5 18.♕h3 ♕e4 19.h5 ♘c4 entstand in der Partie Petrosjan – Smirnow, Moskau 2005, eine komplizierte Lage mit beiderseitigen Möglichkeiten. Deshalb ist es für Weiß geboten, mittels des Bauernzuges das Spiel zu verstärken.

10...e5

10...b4!? ist tiefere Analysen wert. Es kann darauf beispielsweise wie folgt weitergehen: 11.♕e2

(Die Variante 11.♗d2 d5 12.♗xb4 e5 13.♗xf8 ♔xf8 14.♘b3 ♘c6 mit der Absicht h7–h6 ist gut für Schwarz.)

11...d5 12.f3 ♗g6 13.f4 e6 14.♗e3 ♗d6 15.h4 0-0

(Zu beachten ist 15...h5!?.)

16.0-0-0 ♘d7 17.h5 ♗e4 18.♗g2 ♘c5 19.♗xe4 dxe4?

Schwarz schlägt mit dem falschen Stein zurück, was sich als folgenschwerer Fehler erweist. Nach der richtigen Antwort 19...♘xe4! hätte er gute Chancen behalten.

20.♔b1 ♘xa4 21.f5 exf5 22.♘xf5 ♘c3+ 23.bxc3 bxc3 24.♖xd6 ♖b8+ 25.♔c1 ♕a5 26.♘h6+! gxh6 27.gxh6+ ♔h8 28.♕xa6 ♕b4 29.♖b6 1–0, Lagarde – Brunello, Triest 2020

11.axb5!

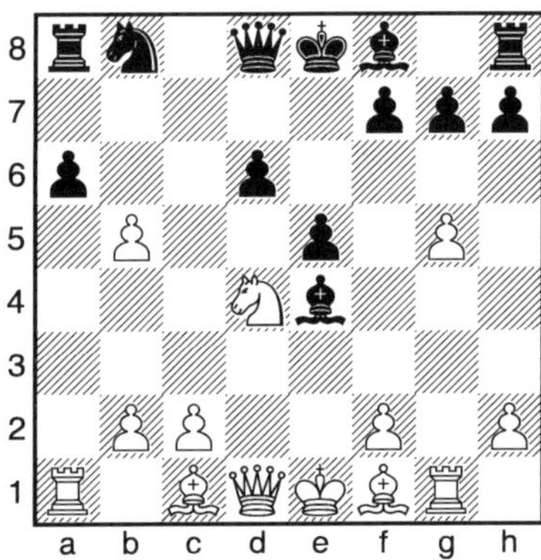

11...♗e7?

Carlsen entschied sich dafür, seinen Königsflügel schnell zu entwickeln.

Besser war jedoch 11...exd4!? mit 12.♕xd4 ♕e7 im Anschluss; z.B. 13.♖g4 d5

(Nach 13...♗f3+ 14.♗e3 ♗xg4 15.♕xg4 ♘d7 16.♗g2 hätte Weiß für das geopferte Material eine starke Initiative.)

14.♗e3 ♘d7 15.bxa6 ♕b4+ 16.c3

(16.♕xb4 ♗xb4+ 17.c3 ♗d6∞)

16...♕xd4 17.♗xd4 ♗d6 18.♗xg7 ♖g8 19.♗d4 ♘e5 Schwarz hätte eine Figur für drei Bauern gehabt.

12.♖g4!

Stark gespielt. Der Läufer soll zu einer Entscheidung gezwungen werden.

12...axb5

Auf 12...d5 würde 13.♖xe4! folgen; z.B. 13...dxe4

(13...exd4 14.♖xd4 ♗xg5 15.♗xg5 ♕xg5 16.♖xd5 ♕e7+ 17.♕e2 ♕xe2+ 18.♗xe2 +–)

14.♘f5 ♕xd1+ 15.♔xd1 Materiell liegt Weiß um die Qualität zurück, und doch ist er mit seinen freien Bauern auf der linken Seite klar im Vorteil.

13.♗xb5+ ♘d7 14.♗d2!

Diese Ressource hatte der Weltmeister in seiner Vorausberechnung übersehen.

14...♗b7 15.♘f5 0-0

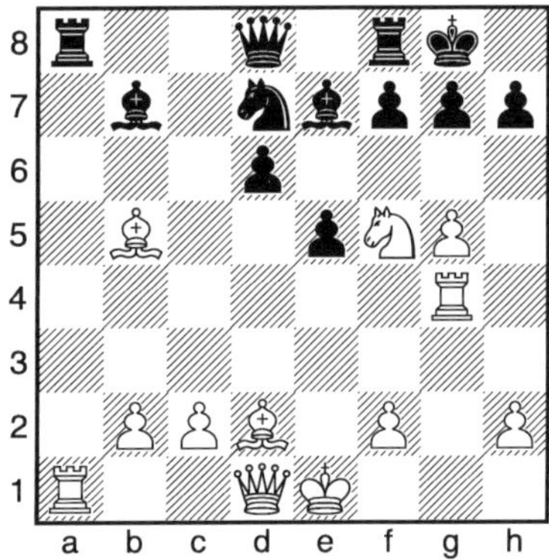

Schwarz sichert seinen König, seine Probleme aber bleiben ...

16.♖xa8

Es ist anzunehmen, dass Weiß im klassischen Schach mit einem erhöhten Zeitlimit in dieser komplizierten Stellung den optimalen Zug, nämlich 16.♖ga4!, finden würde. Nach beispielsweise 16...♖xa4 17.♖xa4 ♗xg5 18.♗xg5 ♕xg5 19.♗xd7 ♕g1+ 20.♔d2 ♕xh2 21.♔c3 ♕xf2 22.♕xd6 wäre der Sieg so gut wie eingefahren.

16...♗xa8 17.♖h4 g6 18.♕g4 ♘c5

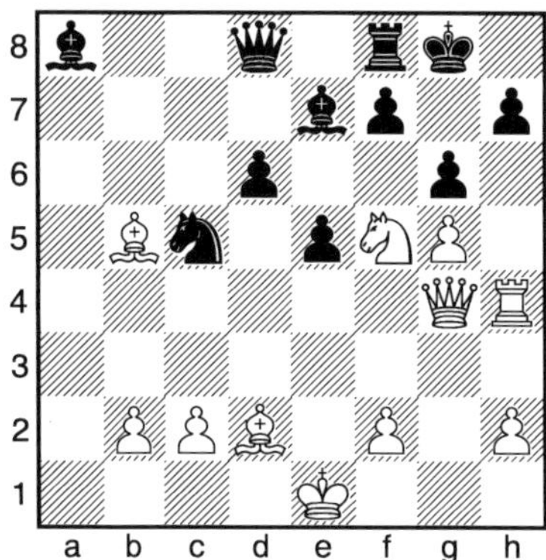

19.♕h3?!

Mit der unübersehbaren Drohung, auf h7 zu schlagen. Dieses Manöver bringt Weiß jedoch nicht den Sieg ein. Schwarz nutzt den Fehler allerdings nicht aus, so dass Weiß mit ihm nicht den vollen Punkt verspielt hat.

Die Analyse nach der Partie ergab, dass 19.♔f1! korrekt war, verbunden mit der Absicht ♗d2–a5!. Die folgenden Varianten veranschaulichen, wie sich der Kampf dann weiter hätte entwickeln können.

A) 19...gxf5 20.♕h5!+−

(Aber nicht 20.♕xf5? wegen 20...♗e4!.)

B) 19...♕c7 20.♕h3 h5 21.♖xh5! gxh5 22.♕xh5 ♗d8 23.♕h6 ♘e6 24.♗d3 e4 25.♗b5!

(25.♗c3? ♕xc3! 26.bxc3 ♗xg5 27.♕h3 ♖b8=)

25...♕c5 26.g6! ♕xb5+ 27.♔e1 fxg6 28.♕xg6+ ♔h8 29.♗c3+ ♗f6 30.♕h5+ ♔g8 31.♘e7+! ♗xe7 32.♕g6+ ♘g7 33.♕xg7#

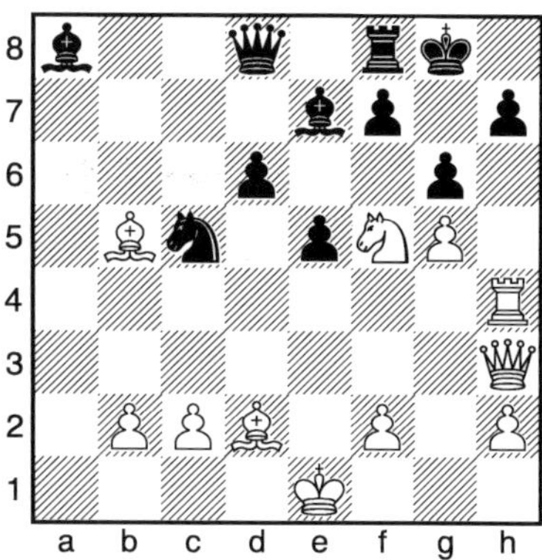

19...h5??

Ein grober Fehler ohne Zeitnot und ein Spontanversagen der Intuition des Weltmeisters. Viele Zuschauer waren entsprechend überrascht. Eine Rettungschance bot 19...♗xg5! z.B. 20.♖xh7 ♗xd2+ 21.♔xd2 ♕g5+ 22.♔c3 ♘e4+ 23.♔b4 ♕d2+ 24.♔a3 ♕a5+ 25.♗a4 ♕c5+ 26.♔a2 ♕c4+ mit Dauerschach.

20.♖xh5!

Einfach und effektiv.

20...gxh5 21.♕xh5 ♘e6 und angesichts 22.g6! gab sich Schwarz geschlagen.

Partie Nr. 13

Nepomnjaschtschi – Carlsen

Spanische Partie [C84]

Skilling Open KO

chess24.com INT 2020

1.e4 e5 2.♘f3 ♘c6 3.♗b5 a6 4.♗a4 ♘f6 5.0-0 ♗e7

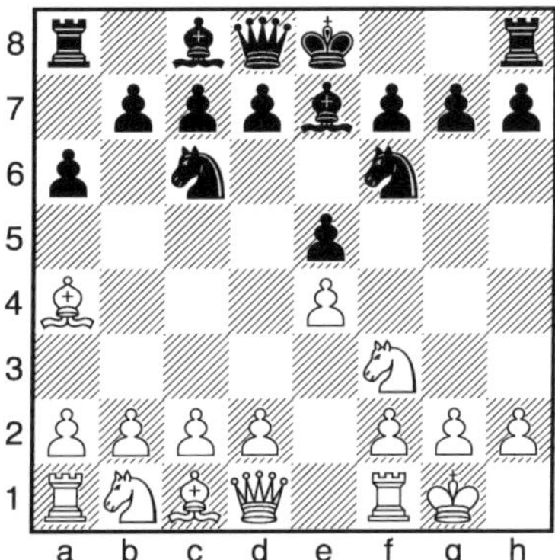

6.d3

Dies ist eine „bescheidene" Form der Verteidigung des Bauern auf e4. In der Turnierpraxis wird hier jedoch am häufigsten 6.♖e1 gespielt. Dieser Zug zählt auch zum Eröffnungsrepertoire beider Kontrahenten. Ein paar Beispiele dafür: 6...b5 7.♗b3 0-0

A) 8.d4 d6 9.c3

(9.h3 ♘xd4 10.♘xd4 exd4 11.c3 dxc3 12.♘xc3 ♗b7∞)

9...♗g4 10.♗e3 ♗h5 11.h3 exd4 12.cxd4 ♘a5 13.♗c2 ♘c4 14.♗c1 c5 15.b3 ♘b6 16.♘bd2 ♖c8 17.a4 bxa4 18.d5 ♘fd7 19.bxa4 ♗f6 20.♖b1 ♗c3 21.♖e3 ♗xd2 22.♗xd2 ♘c4 23.♖c3 ♘xd2 24.♕xd2 ♗xf3 25.♖xf3 c4∞, Nepomnjaschtschi – Ding Liren, chess.com INT 2019

B) 8.a4 b4

(8...♗b7 9.d3 d6 10.♘bd2 ♘d7 11.c3 ♘c5 12.axb5 axb5 13.♖xa8 ♕xa8 14.♗c2 ♗f6 15.♘f1 ♘e6 16.♘e3 g6 17.♘d5 ♗g7∞)

9.d3 d6

(9...♗c5 10.c3 bxc3 11.bxc3 ♖b8 12.♗g5 h6 13.♗h4 g5 14.♗g3 ♘h5 15.♘bd2 ♘xg3 16.hxg3 ♕f6 17.♘c4 d6 18.♘e3 ♗e6 19.♗xe6 fxe6 20.♕c2 h5 ⇄, Carlsen – Aronian, Karlsruhe 2017)

10.♘bd2 ♗e6 11.♘c4

(11.♗xe6 fxe6 12.c3 ♖b8 13.♘f1 bxc3 14.bxc3 ♘a5 15.♖a2 c5 16.d4 exd4 17.cxd4 ♘b3 18.dxc5 ♘xc5 19.♘g3 ♖b1 20.♕c2 ♕b8 21.♖b2 ♖xb2 22.♗xb2 ♕b4∞, Carlsen – Bacrot, Heraklio 2007)

11...♖b8 12.a5 ♘a7 13.d4 ♘xe4 14.♖xe4 d5 15.♖xe5 dxc4 16.♖xe6 cxb3?

(△16...fxe6 17.♗xc4 ♗f6 18.♗xe6+ ♔h8∞)

17.♖xa6 ♘b5 18.cxb3 ♕d5 19.♕c2 c5 20.dxc5 ♗xc5 21.♗e3 ♗xe3 22.fxe3 ♖fc8 23.♖b6! ♖a8 24.♖d1 ♖xc2 25.♖xd5 ♘c7 26.♖d7 h6 27.♘d4 ♖c1+ 28.♔f2 ♖xa5 29.♖c6 1–0, Carlsen – So, chess24.com INT 2021

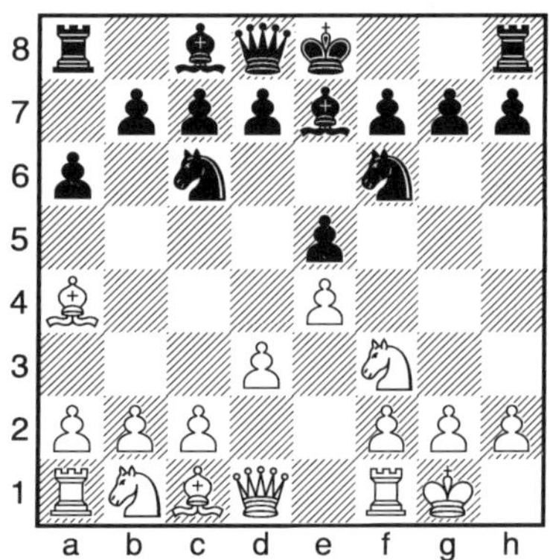

6...d6

Alternativ kann Schwarz auch auf einen Plan setzen, der sich mit dem sofortigen Vorstoß 6...b5 verbindet. Auch der Weltmeister wendet ihn bei Gelegenheit an. 7.♗b3 d6 8.a3

A) 8...0-0 9.♘c3

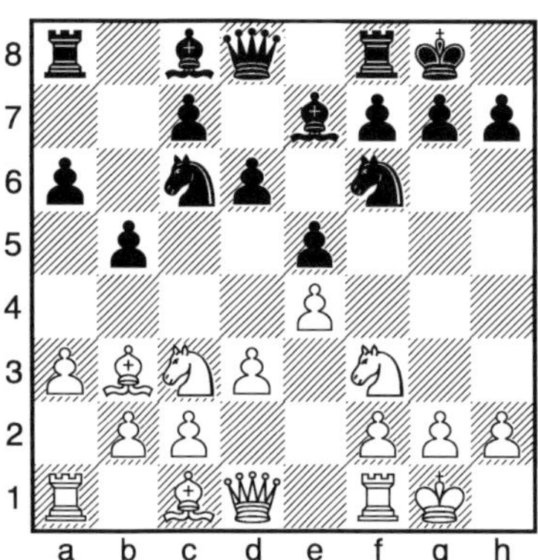

A1) 9...♖b8 10.♘d5 ♘xd5 11.♗xd5 ♗d7 12.b4 ♗f6 13.♗e3 ♘e7 14.♗b3 ♘g6 15.c3

(15.a4 bxa4 16.♗xa4 ♖xb4 17.♗xd7 ♕xd7 18.♖xa6 ♖a4 19.♖xa4 ♕xa4=, Nepomnjaschtschi – Carlsen, chess24.com INT 2021)

15...a5 16.bxa5 ♖a8 17.a4 bxa4 18.♗xa4 ♖xa5 19.♗xd7 ♖xa1 20.♕xa1 ♕xd7 21.♖b1 ♕c6 22.♘d2 ♖a8 23.♕b2 ♘f8 24.d4 exd4 25.cxd4 h6 26.♕b3 ♕a4 27.♕xa4 ♖xa4 28.d5 ♗d4 29.♗xd4 ♖xd4 30.♖b2 f5 31.f3 fxe4 32.fxe4 ♘d7 33.♔f2 ♘c5 34.♔e3 ♖d3+ 35.♔e2 ♖d4 mit gleichem Endspiel, Nepomnjaschtschi – Carlsen, chess24.com INT 2021.

A2) 9...♘b8 10.♗d2 ♘bd7 11.a4 ♖b8 12.axb5 axb5 13.♘e2 ♘c5 14.♗a2 b4 15.♗c4 c6 16.♗e3 d5 17.♘xe5 dxc4 18.♘xc6 ♕c7 19.♘xb8 ♕xb8 20.♗xc5 ♗xc5 21.d4 ♖d8 22.f3 ♗d6 23.g3 h5 24.c3 h4 ⇄, Vachier-Lagrave – Carlsen, chess.com INT 2020

B) In einem Duell gegen den Herausforderer kam es zu der folgenden Entwicklung: 8...♘a5 9.♗a2 c5 (9...♗e6 10.♗xe6 fxe6∞) 10.♘c3 ♗e6 11.♘h4 0-0 12.♘f5 ♗xf5 13.exf5 d5 14.♕f3 c4 15.♗g5 e4 16.dxe4 dxe4 17.♕h3 ♕c7 18.♖ae1 ♖fe8 19.♗b1 ♖ad8 20.♗xf6 ♗xf6 21.♘xe4 ♗xb2 22.f6 ♕d7 23.♕g3 g6 24.♕e3 ♖xe4 25.♕xe4 ♗xf6 26.a4 b4 27.♕f3 ♕c6 28.♕xc6 ♘xc6 29.♖e4 ♘d4 30.♖fe1 ♔f8 31.♔f1 b3 32.c3 ♘c2 33.♗xc2 bxc2 34.♖c1 ♖d1+ 35.♖e1 ♖d2 36.♖e2 ♖d1+ 37.♖e1 ♖d2 38.♖e2 ♖d1+ 39.♖e1 ½–½, Nepomnjaschtschi – Carlsen, chess24.com INT 2020.

7.c3 0-0

Auch mit dem hier platzierten 7...b5 hat Carlsen Erfahrung gesammelt: 8.♗c2 0-0 9.♘bd2 ♖e8 10.♖e1 ♗f8 11.♘f1 g6

(11...♘b8 12.d4 ♘bd7 13.♘g3 ♗b7 14.b3 g6 15.a4 ♗g7 16.♗d3 d5 17.♗g5 dxe4 18.♗xe4 ♗xe4 19.♘xe4 exd4 20.♘xd4 c5 21.♘c6 ♕c7 22.♕d6 ♕xd6 23.♘xd6 ♖xe1+ 24.♖xe1 bxa4 25.bxa4 ♗f8 26.♘e7+ ♔g7 27.a5 ♖b8 ⇄, Carlsen – Hansen, chess.com INT 2017)

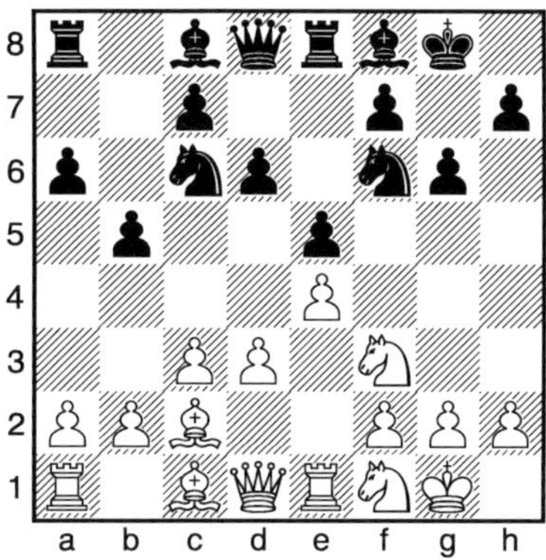

A) 12.a4 ♗b7 13.♗g5

(13.♘g3 ♗g7 14.d4 exd4 15.cxd4 ♘b4 16.♗b1 c5∞)

13...h6 14.♗h4 ♗g7 15.♘e3 ♕d7 16.b4 ♘e7

(16...♘d8 17.axb5 axb5 18.♖xa8 ♗xa8 19.♗b3 ♘e6∞)

17.♗b3 ♘h5 18.♕c2 ♘f4 19.♗g3 d5? (⌓19...c5) 20.h3 ♖ad8 21.♘g4 ♕d6 22.d4 dxe4 23.♘fxe5 ♘fd5 24.♘xf7 ♕d7 25.♘xd8 ♖xd8 26.axb5 1–0, Carlsen – Yip, chess24.com INT 2021

B) 12.h3 ♗b7 (12...♗g7 13.♘g3 ♗b7∞) 13.♘g3 ♘b8 (13...♗g7 14.d4 ♕e7∞) 14.d4 ♘bd7 15.a4 c5 16.d5 c4 17.♗g5 ♗g7 18.♕d2 ♖b8 19.♘h2 ♗c8 20.♘g4 ♘c5 21.♘h6+ ♗xh6 22.♗xh6 bxa4 23.♖a2 a3 24.bxa3 ♘fd7 25.f4 a5 26.♖f1 f6? (◯26...exf4) 27.f5! ♘d3 28.♗xd3 cxd3 29.♕d1 ♖e7 30.♖af2 ♖f7 31.♕xd3 ♘c5 32.♕f3 ♗a6 33.♕g4! g5 34.h4 ♗xf1 35.♖xf1 ♕d7 36.hxg5 fxg5 37.♕h5 ♔h8 38.f6 und der weiße Angriff entscheidet, Anand – Carlsen, Stavanger 2015.

8.♘bd2

Carlsen selbst hat hier 8.♖e1 gespielt: 8...b5 9.♗c2 d5 10.♘bd2 d4 11.♘b3 a5

(11...♗g4!? 12.h3 ♗xf3 13.♕xf3 ♕d7∞)

12.a4 bxa4 13.♖xa4 dxc3 14.bxc3 ♘d7 15.♗e3 ♘b6 16.♖a1 ♗d6 17.♘bd2 f5 18.♗xb6 cxb6 19.♗b3+ ♔h8 20.♗d5 ♕c7 21.♘c4 fxe4 22.♘g5 exd3 23.♘xh7 ♖f5 24.♗e4 ♗e7 25.♕xd3 g6 26.♘e3 ♕d7 27.♕c4 ♗c5 28.♘xf5 gxf5 29.♘f6 1–0, Carlsen – Ghosh, chess.com INT 2017.

8...♖e8 9.♖e1 ♗f8

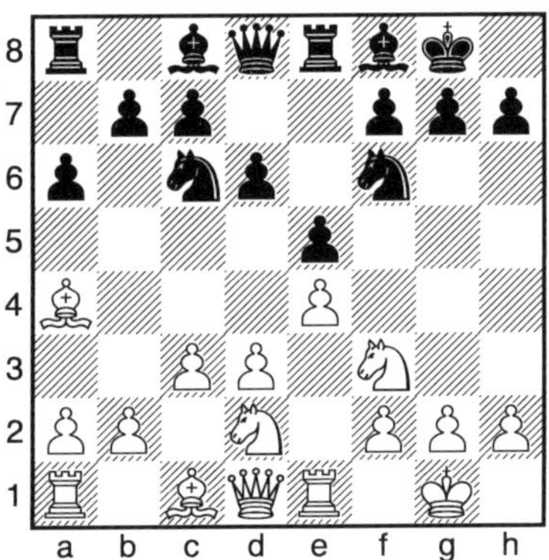

10.d4

Nepo hat nun den energischen Vorstoß des d-Bauern ins Zentrum in Raten ausgeführt. Andere Möglichkeiten für Weiß sind insbesondere 10.♘f1 und 10.h3. Werfen wir einen Blick auf ein paar beispielhafte Entwicklungen, die sich daraus jeweils ergeben können.

I. 10.♘f1 h6 11.♘g3 b5 12.♗c2

(12.♗b3 ♘a5 13.♗c2 c5 14.d4 exd4 15.cxd4 ♗g4 16.d5 ♘c4 17.h3 ♗xf3 18.gxf3 ♘d7 19.b3 ♘cb6 20.♔h2 g6 21.♖b1 ♕h4 22.♗e3 ♗g7 23.f4 ♖ac8 24.♖g1 ♔h8 25.♕f3 c4 ⇄, Narayanan – Carlsen, chess24.com INT 2020)

12...d5 13.d4 dxe4 14.♘xe4 ♗f5 15.♘xf6+ ♕xf6 16.♘xe5 ♘xe5 17.dxe5 ♖xe5 18.♖xe5 ♕xe5 19.♗e3 ♗xc2 20.♕xc2 ♖d8 21.♖d1 ♖xd1+ 22.♕xd1 ♗d6 23.g3 ♕e4=, Carlsen – Onischuk, Biel 2008

II. 10.h3 b5

(10...♗d7 11.♘f1 ♘e7 12.♗b3 ♘g6 13.♘g3 h6 14.d4 c5 15.♗c2 b5 16.♗e3 ♖c8 17.a4 b4∞, Grischuk – Carlsen, chess.com INT 2017)

11.♗c2 ♗b7 12.d4 g6 13.a3 ♘b8 14.d5 c6 15.c4 ♘bd7 16.a4 ♕c7 17.b3 ♖ec8 18.♖a2 bxc4 19.bxc4 a5 20.♘f1 ♗a6 21.♘e3 ♘c5

Schwarz hat sich eine aussichtsreiche Stellung erarbeitet, die es ihn in der Folge in den Sieg zu führen gelang, Firouzja – Carlsen, Wijk aan Zee 2020.

10...b5 11.♗c2

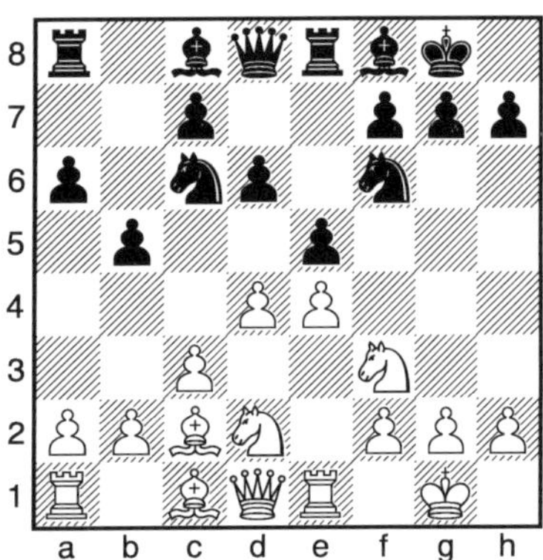

11...exd4

Im Duell Swidler – Carlsen, chess24.com INT 2020, entschloss sich Schwarz, mittels 11...♗b7 die Spannung des Spiels aufrechtzuerhalten. Es folgte 12.a4

(12.d5 ♘b8 13.b3 c6 14.c4 ♘bd7 15.♘f1 ♕c7 16.♘e3 ♖ec8∞)

12...♘b8 13.♗d3 c6 14.b3 ♘bd7 15.♕c2 ♕c7 16.♗b2 ♘h5 17.♗f1 ♘f4 18.g3 ♘e6 19.b4 ♘b6 20.axb5 cxb5 21.d5 ♘d4 (21...♘d8!?) 22.♘xd4 exd4 23.c4 ♖ac8 24.♗xd4 ♘xc4 25.♘xc4 bxc4 26.♖ac1 f5 27.♗h3 fxe4 28.♗xc8 ♖xc8 29.♕xe4 ♕f7 30.♕g4 ♕xd5 31.♕e6+ ♕xe6 32.♖xe6 ♔f7 33.♖e3 ♗d5 34.♗c3 ♗c6 35.♖a1 ♖a8 36.♖ae1 d5 37.♖f3+ ♔g8 38.♖e6 ♖c8 39.♖f4 ♗b5 40.h4 ♖d8 41.♖b6 ♗d6 42.♖g4 ♖d7 43.h5 h6 44.♖g6 ♗f8 45.♗d4 ♗xb4 46.♖b8+ ♔h7 47.f4 c3 48.♖xh6+! 1–0.

12.cxd4 ♗g4 13.♘f1 g6 14.♘g3 ♗g7 15.♗e3 ♘d7

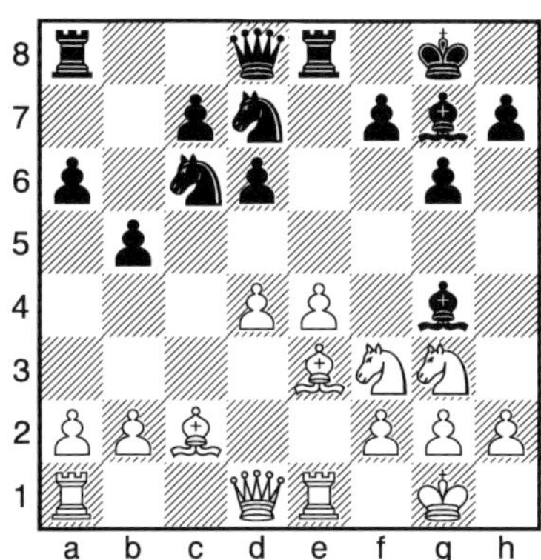

16.♖c1!?

So wurde noch nie gespielt. Nepo versucht die Lehre aus der Praxis zu ziehen, nach der Schwarz über die Variante 16.♕d2 ♘b6 17.b3 ♗xf3 18.gxf3 ♕f6 zu ausreichenden Gegenchancen kommt.

16...♗xf3 17.gxf3 ♕f6 18.♗b3 ♘xd4 19.♗xd4 ♕xd4 20.♖xc7 ♖a7 21.♖xa7 ♕xa7 22.♕xd6 ♗xb2 23.f4 ♘c5 24.♗d5 ♗d4 25.♖e2

Die Variante 25.♗xf7+? ♕xf7 26.♕xd4 ♘e6 ist vorteilhaft für Schwarz.

25...♘d3 26.♔g2 ♔g7 27.♖d2 ♗c5 28.♕c6 ♘xf4+ 29.♔f3 ♖d8 30.♔xf4 ♖d6

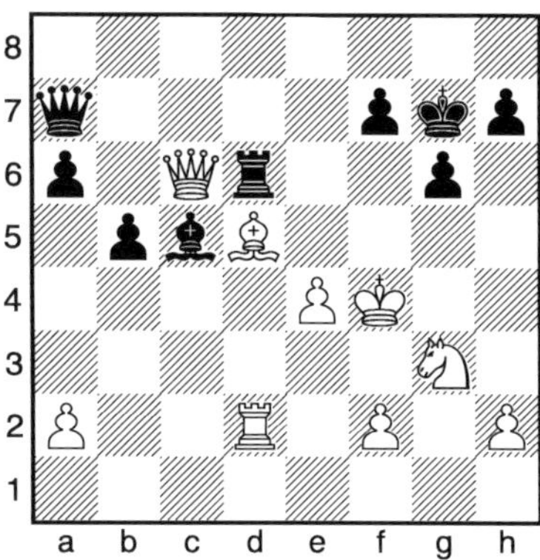

31.♕e8?

Dieser Fehler hätte die Partie aus weißer Sicht zu einer Tragödie werden lassen können.

Richtig war 31.♕c8! z.B. mit der Folge 31...♗xf2 32.♔g4 ♕e3!

(32...h5+? 33.♔h3 ♕e3 34.♕c2 ♖f6 35.♖e2±)

33.♖c2 ♗xg3 34.hxg3 ♖xd5! 35.exd5 ♕e4+ 36.♔h3 ♕h1+ 37.♖h2 ♕f1+ 38.♔g4 ♕d1+ mit Dauerschach.

31...♗xf2?

Carlsen nimmt die Einladung nicht an und reagiert mit einem Fehler.

Nach 31...♕c7! wäre plötzlich Weiß derjenige gewesen, der sich in großen Schwierigkeiten wiedergefunden hätte. 32.♕e5+

(32.e5 ♖d8 33.♕c6 ♕xc6 34.♗xc6 ♖xd2–+)

32...f6 33.♕b2 ♖xd5+ 34.♔f3 ♖xd2 35.♕xd2 b4 und Schwarz steht auf Gewinn.

32.♔g4!

Der König ist nun erst mal sicher und Weiß hat Angriffschancen.

32...♖f6

Im Falle von 32...♗e1 33.♖c2 ♕d7+ 34.♕xd7 ♖xd7 35.♔f3 wäre das Endspiel für Weiß gewonnen.

33.e5 h5+ 34.♔h3 ♖f4 35.e6! fxe6 36.♗xe6 ♗d4

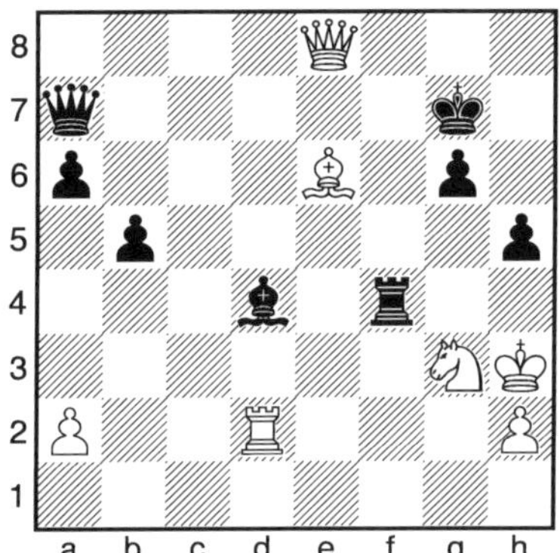

37.♘xh5+!

Zum Abschluss des Duells eine beeindruckende Kombination!

37...gxh5 38.♖g2+ ♔f6 39.♖g6+ ♔e5 40.♗b3+

Schwarz gab auf.

Partie Nr. 14

Nepomnjaschtschi – Carlsen

Sizilianische Verteidigung [B90]

Legends of Chess Final

chess24.com INT 2020

1.e4 c5 2.♘f3 d6 3.d4 cxd4 4.♘xd4 ♘f6 5.♘c3 a6 6.♖g1

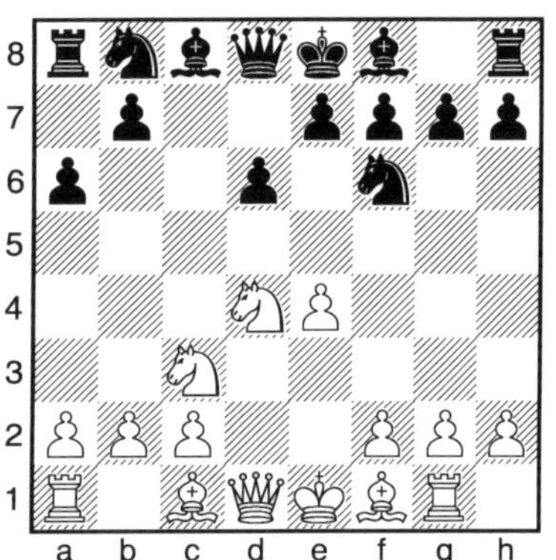

6...b5

Ein alternativer Plan ist mit dem Fianchetto des Königsläufers verbunden. In der Partie Nepomnjaschtschi – Swidler, chess.com INT 2020, folgte 6...g6 7.g4 ♗g7 8.g5 ♘fd7 9.h4 ♘c6 10.♗e3 ♘de5 11.♗e2 ♗e6 12.♘xe6 fxe6 13.f4 ♘d7 14.♗c4 ♕a5 15.♗xe6 ♗xc3+ 16.bxc3 ♕xc3+ 17.♔f2 ♖f8 18.♕d3 ♕xd3 19.cxd3 ♘c5 20.♗c4 b5 21.♗d5 ♘xd3+ 22.♔g3 ♘db4 23.♗b3 ♔d7 24.♖gd1 ♘a5 ½–½.

7.g4

A tempo gezogen! Gegen Giri spielte Nepomnjaschtschi noch 7.a4 (chess24.com INT 2020). Weiter geschah: 7...b4 8.♘d5 e6 9.♘xf6+ ♕xf6 10.♗e3 ♗b7 11.♕d2 ♗xe4 12.f3 ♗b7 13.♕xb4 ♕e7 14.♕b6 ♕d7 15.0-0-0 ♕c8 16.♘b3 ♘c6 17.♗d4 e5 18.♗c3 ♗e7 19.♗d3 0-0 20.♗e4 ♖b8 21.♔b1 ♗a8 22.♕e3 ♕c7 23.f4 ♗f6 24.f5 h6 25.g4 ♖fc8 26.♕f2 ♕e7 27.♕g2 ♘d4 28.♗xa8 ♘xb3 29.cxb3 ♖xa8 30.♕d5 e4 31.♗xf6 ♕xf6 32.♕xe4 und Weiß entwickelte seinen Vorteil zum Sieg.

7...♗b7

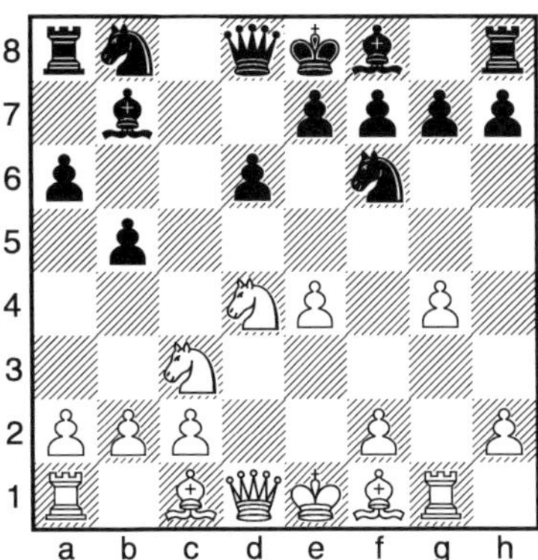

8.g5!?

Diesen Zug und die Alternative 8.f3 haben wir bereits in der Partie Nr. 12 kommentiert.

8...♘fd7

Erst im dritten Duell dieses Turniers hat Carlsen den Bauern mit 8...♘xe4 geschlagen (siehe Partie Nr. 12).

9.a3 g6

Schwarz muss sehen, dass er seinen Läufer endlich ins Spiel bringt.

10.h4 ♗g7 11.h5 ♘c6 12.♗e3 ♘c5 13.f3

13.f4 ist ebenfalls aus der Praxis als tauglich bekannt.

13...0-0

(siehe nächstes Diagramm)

14.hxg6?!

Das Öffnen der f-Linie erweist sich für Schwarz als vorteilhaft. Weiß sollte 14.♕d2 mit der Idee einer baldigen langen Rochade in Erwägung ziehen.

14...fxg6 15.♘xc6

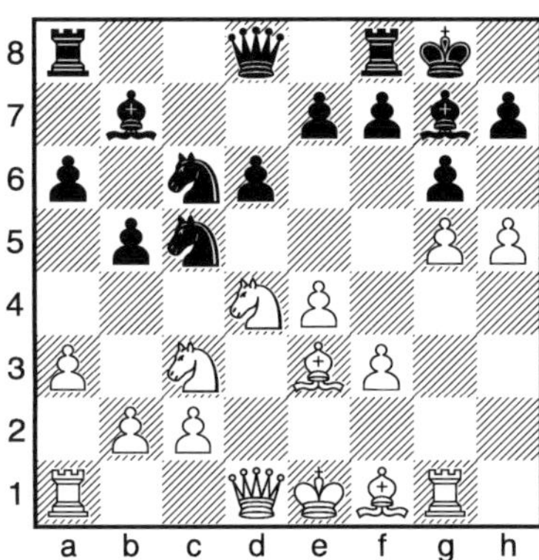

Dies wird zu einer Schwächung der Bauernstruktur am Damenflügel führen. Deshalb war 15.♗e2 vorzuziehen.

15...♗xc6 16.♗h3 ♗xc3+!

Eine perfekte Entscheidung! Schwarz ruiniert die gegnerische Bauernstellung.

17.bxc3

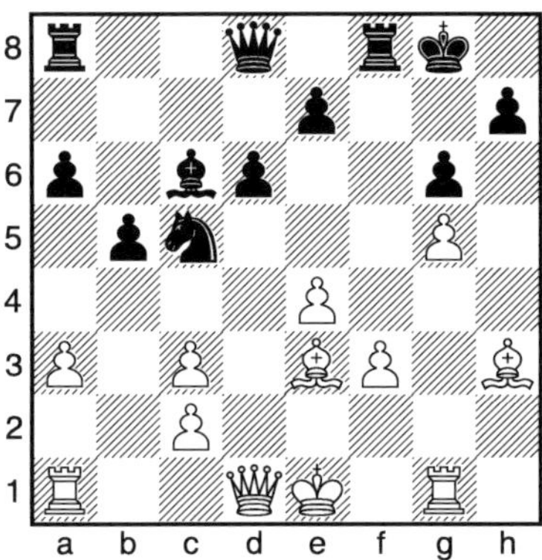

17...e5?

Nach der Partie ärgerte sich Carlsen über diese Fortsetzung und empfahl 17...♕a5!; z.B. 18.♗d2 ♕c7 19.♕e2 ♖f7 nebst ♖a8–f8 mit klarem positionellem Vorteil.

18.♗g4?

Nepomnjaschtschi lässt den Fehler des Weltmeisters ungenutzt. Nach 18.♗xc5! dxc5 19.♕xd8 ♖axd8 und nun 20.♔e2 wäre die Position zu verteidigen gewesen.

18...♕e7 19.♕d2 ♖ad8

Besser war 19...♘a4! und nach einem eventuellen Fortgang mit 20.c4 ♘b2 21.cxb5 axb5 hätte Schwarz nun auf Gewinn gestanden.

20.c4 bxc4 21.0-0-0

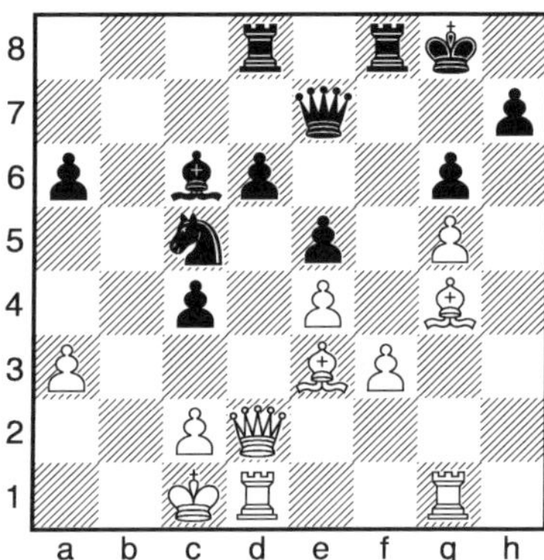

21...♘e6

Es war logisch, den Springer näher an den gegnerischen König heranzuführen. Eine gute Idee war deshalb 21...♘a4!; z.B. mit der Folge 22.♕b4 c3 23.♖d5 ♗xd5 24.exd5 ♕e8 25.♗e6+ ♔h8−+.

22.♕c3 ♗d7

Es war möglich, den Bauern mit 22...♗b5 zu verteidigen.

23.♕xc4 ♔g7 24.♕b4

Es ist ein Rätsel, warum Weiß nicht 24.♕xa6! gespielt hat.

24...♘f4 25.♗xf4 ♗xg4! 26.♖xg4 ♖xf4 27.♖xf4 ♕xg5!

Auf diese Weise sichert sich Schwarz den entfernten gefährlichen Freibauern auf der h-Linie.

28.♖xd6 ♕xf4+ 29.♔b1 ♖xd6 30.♕xd6 h5!

Schwarz verliert keine Zeit und mobilisiert seinen Freibauern.

31.c4 ♕xf3 32.♕xe5+ ♕f6 33.♕d5 h4

34.c5 ♕f1+

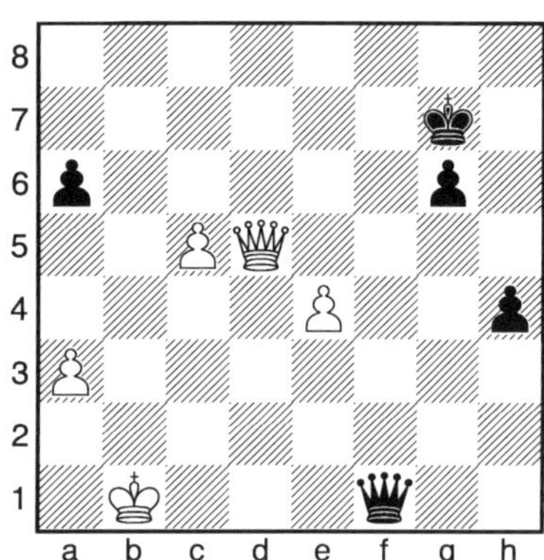

35.♔a2?!

35.♔c2! würde nur zum Remis führen; z.B. 35...h3 36.♕d7+ (36.♕d4+ ♔f7 37.♕d7+ =) 36...♔h6 37.c6 ♕e2+ 38.♕d2+! ♕xd2+ 39.♔xd2 h2 usw.

35...♕g2+

Nach der Partie wurde darüber diskutiert, ob 35...h3 zum Sieg führen würde. Der Textzug aber dürfte auf jeden Fall die bessere Wahl gewesen sein, was auch die folgenden Varianten bestätigen: 36.♕e5+ ♔h7 37.♕e7+ ♔h6 38.♕h4+ ♔g7 39.c6!

(39.♕e7+?? ♕f7+ 40.♕xf7+ ♔xf7 41.c6 ♔e7−+)

39...♕c4+

(39...♕g2+ 40.♔b3 g5 41.♕e1 ♕f3+ 42.♔c2=)

40.♔b2 ♕xc6 41.♕xh3 ♕xe4 42.♕c3+ und der schwarze König kann sich dem Dauerschach nicht entziehen.

36.♔b3 ♕g3+ 37.♔a4 h3

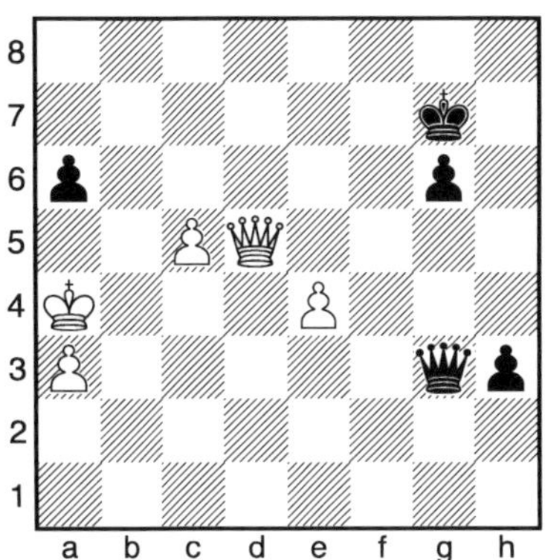

38.c6?

Damit wird die Niederlage besiegelt. Mit 38.♕d4+! war Weiß noch eine Rettung möglich: 38...♔h7 39.♕d6 ♕xd6 40.cxd6 h2 41.d7 h1♕ 42.d8♕ ♕xe4+ 43.♔a5=.

38...h2 39.♕d7+ ♔h6 40.♕d8

Oder 40.♕d2+ ♔h5 41.♕d1+ ♔h4 42.♕d8+ g5 43.♕h8+ ♔g4 44.♕c8+ ♔f3 45.c7 h1♕ 46.♕f5+ ♔e2 47.c8♕ ♕d1+ 48.♔a5 ♕xa3+ 49.♔b6 ♕d4+ mit schwarzem Gewinn.

40...♕e5 41.♕h4+ ♔g7 42.♔b3 ♕b5+ 43.♔c3 ♕xc6+ 44.♔d3 ♕d6+ 45.♔e2 ♕xa3 46.♔f2 ♕b2+ 47.♔g3 ♕f6 48.♕h3 ♕c3+

Weiß kapitulierte.

Partie Nr. 15

Carlsen – Nepomnjaschtschi

Königindische Verteidigung [A48]
Legends of Chess Final
chess24.com INT 2020

1.d4 ♘f6 2.♘f3 g6

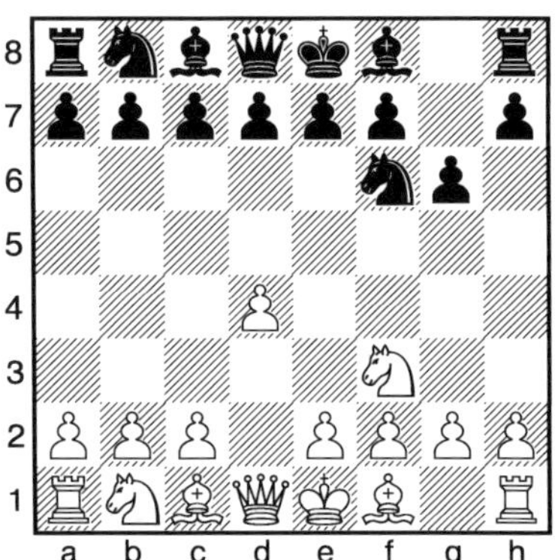

3.♗f4

Magnus Carlsen ist ein vielseitiger Spieler. Gegen die Königsindische Verteidigung setzt er verschiedene Systeme ein. Entsprechend interessant ist ein kurzer Blick in die Praxis des Weltmeisters:

I. 3.c4 ♗g7

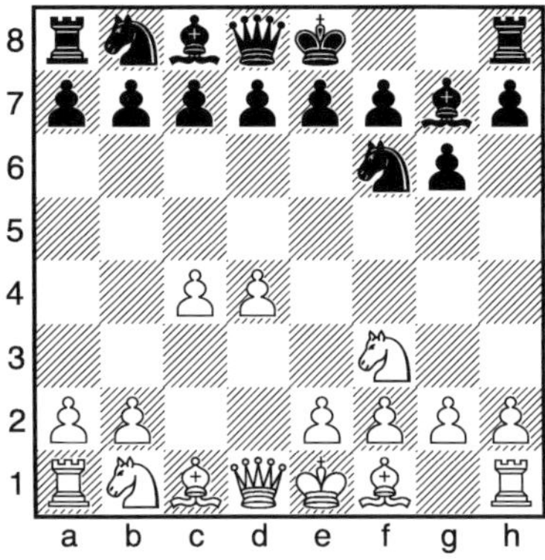

A) 4.♘c3 d6

(Mit Schwarz hat Carlsen hier 4...d5 gespielt. Nach den weiteren Zügen 5.cxd5 ♘xd5 6.e4 ♘xc3 7.bxc3 c5 8.♖b1 0-0 9.♗e2 b6 10.0-0 e6 11.♗g5 ♕c7 12.♕d2 ♗b7 13.d5 exd5 14.exd5 ♕d6 15.c4 ♘d7 16.♗f4 ♕f6 17.♖fe1 ♖fe8 war eine komplizierte Stellung entstanden, Dubow – Carlsen, chess24.com INT 2021.)

5.e4 0-0 6.h3 a6 7.♗e3 c6 8.c5 ♘bd7 9.a3 b5 10.♗e2 a5 11.0-0 ♗b7 12.♕c2 dxc5 13.dxc5 ♕c7 14.♖fd1 ♖fd8 15.♖ac1 ♘h5 16.♗f1 ♘f8 17.a4 b4 18.♘b1 e5 19.♘bd2 ♘e6?

(Noch zu versuchen war 19...♘f4 20.♘c4 ♘4e6 usw.)

20.♘c4 ♘d4 21.♗xd4 exd4 22.e5 ♗a6 23.♘d6 ♗xf1 24.♔xf1 ♘f4 25.♕e4 ♘e6 26.♘xd4+−, Carlsen – Korobow, chess24.com INT 2020

B) 4.g3 d5!

(4...c5 5.♗g2 cxd4 6.♘xd4 0-0 7.♘c3 ♕c7 8.♘d5 ♘xd5 9.cxd5 ♕b6 10.♘b3 d6 11.0-0 ♘d7 12.♗e3 ♕a6 13.♗d4 ♘f6 14.♖e1 ♗d7 15.e4 ♘g4 16.♗xg7 ♔xg7 17.♕d4+ ♔g8 18.h3 ♘e5 19.f4 ♘c4 20.e5 ♕b6 21.♔h2 ♖fc8 22.♖ac1 ♕xd4 23.♘xd4 ♗e8 24.b3 ♘b6 25.e6 f6 26.g4 ♖c5 27.♖xc5 dxc5 28.♘e2 ♘c8 29.♖c1 ♘d6 30.♖xc5+−, Carlsen – Radjabow, chess24.com INT 2021)

5.cxd5 ♘xd5 6.♗g2 ♘b6 7.♘c3 ♘c6 8.0-0 0-0 9.d5 ♘a5 10.♕c2 c6 11.dxc6 ♘xc6 12.♖d1 ♗d7 13.♗f4 ♕c8 14.♖ac1 ♗f5 15.e4 ♗g4 16.♕b3 ♕e6 17.♕xe6 fxe6 18.e5 ♘d5 19.♘xd5 exd5 20.♘g5 e6 21.f3 h6 22.fxg4 hxg5 23.♗xg5 ♘xe5 24.♗f4 ♘c6=, Van Wely – Carlsen, Wijk aan Zee 2015

II. 3.g3

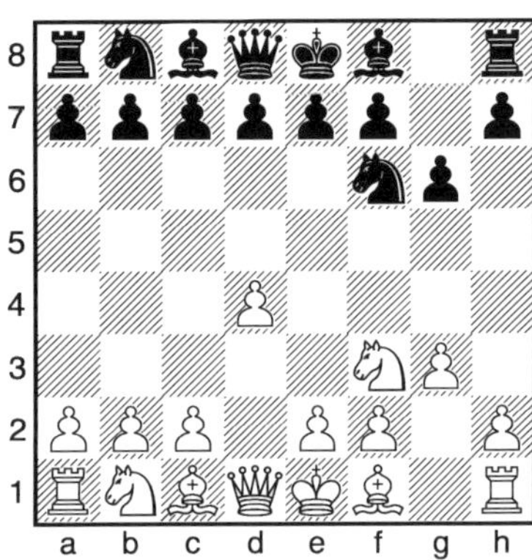

A) 3...c6 4.♗g2 d6

(4...d5 5.0-0 ♗g7 6.b3 0-0 7.♗b2 a5 8.c4 a4 9.e3 ♘bd7 10.♕e2 b5 11.♘bd2 ♗a6 12.♖fc1 ♖e8 13.♕d1 ♘e4 14.♘xe4 dxe4 15.♘g5 e5 16.♘xe4 exd4 17.♗xd4 ♘e5 18.♘c5 ♕e7 19.cxb5 ♗xb5 20.bxa4 ♗a6 21.♘xa6 ♖xa6 22.♖ab1 ♖ea8 23.♗xe5 ♗xe5 24.♗xc6 ♖d8 25.♕e2+−, Carlsen – Grischuk, chess.com INT 2016)

5.0-0 ♗g7 6.c4 0-0 7.♘c3 ♗f5 8.♘g5 d5 9.♕b3 ♕b6 10.cxd5 ♕xb3 11.axb3 cxd5 12.♘xd5 ♘xd5 13.♗xd5 ♘c6 14.e3 h6 15.♘e4 ♖fd8 16.♘c3 e5 17.dxe5 ♗xe5 18.e4 ♗h3 19.♖d1 ♗g4 20.♖f1 ♗h3 21.♖d1 ♗g4 22.♖f1 ♗h3 ½–½, Ding Liren – Carlsen, chess24.com INT 2020

B) 3...c5 4.c3

(Aktiver ist die Aufstellung 4.♗g2 ♗g7 5.0-0 0-0 6.c4 d6 7.♘c3 ♘c6 8.dxc5 dxc5 9.♗e3 ♗e6 10.♕a4 ♘d7 11.♖fd1 ♕c8 12.♘d5 ♖e8 13.♕a3 ♘b6 14.♖ac1 ♘e5 15.b3 ♘xf3+ 16.♗xf3 ♘d7 17.♗g2 ♗e5 18.♖c2 ♗xd5 19.♖xd5 e6 20.♖d1 ♕c7 21.♖cd2 ♖ed8 22.♕a4 ♘f6 23.♕b5 ♖xd2 24.♖xd2 ♖b8 25.♕xc5 ♕xc5 26.♗xc5+−, Nepomnjaschtschi – Harikrishna, China 2014.)

4...b6 5.♗g2 ♗b7 6.♗g5 ♗g7 7.♘bd2 0-0 8.0-0 d6 9.♗xf6 ♗xf6 10.e3 ♘d7 11.a4 d5

12.b4 a5 13.b5 ♖c8 14.♖c1 ♕c7 15.c4 ♖fd8 16.cxd5 ♗xd5 17.♕e2 e6 18.♖fd1 ♕b8 19.e4 ♗b7 20.e5 ♗g7 21.♘g5 ♗xg2 22.♔xg2 cxd4 mit gutem Spiel für Schwarz, Carlsen – Grischuk, chess.com INT 2016.

C) 3...♗g7 4.♗g2 0-0

(4...d5 5.c4 c6 6.cxd5 cxd5 7.♘e5 0-0 8.♘c3 e6 9.0-0 ♘fd7 10.♘f3 ♘f6 11.♗f4 ♘c6 12.♖c1 ♗d7 13.♕d2 ♖c8 14.♘e5 ♕e7 15.♖fd1 ♖fd8 16.♗g5 ♕f8 17.h4 h6 18.♗xf6 ♗xf6 19.f4 h5=, Carlsen – Le Quang Liem, Dubai 2014)

5.0-0 d5 6.c4 c6 7.cxd5 cxd5 8.♘c3 ♘c6 9.♗f4 ♗f5 10.♖c1 ♖c8 11.♘e5 ♘e4 12.♘xe4 ♗xe4 13.♗xe4 dxe4 14.♘xc6 ♖xc6 15.♖xc6 bxc6 16.♗e3 ♕d5 17.♕a4 ♖b8 18.b3 ♖b7 19.♖c1 ♖c7 20.♖c5 ♕d7 21.d5 h5 22.♖xc6 mit entscheidendem Vorteil für Weiß, Carlsen – Firouzja, lichess.org INT 2021.

III. 3.♗g5 ♗g7 4.♘bd2

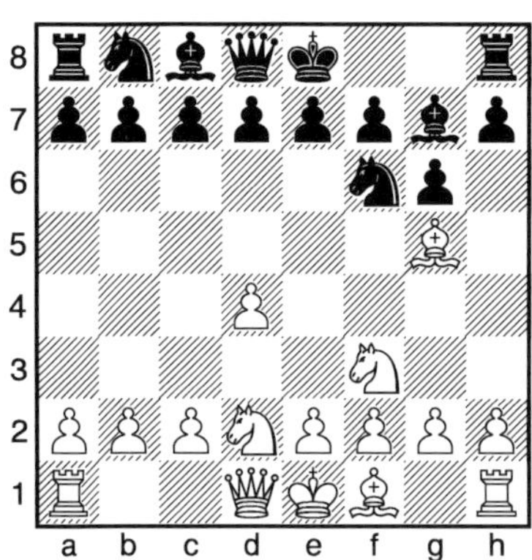

A) 4...0-0 5.e3

(Auf 5.e4 ist 5...d5! eine starke Antwort.)

5...d6 6.♗c4 ♘bd7 7.0-0 ♕e8 8.a4 e5 9.a5 e4 10.♘e1 h6 11.♗h4 c6 12.♗b3 ♘h5 13.f3 exf3 14.♕xf3 ♘df6 15.♘d3 ♗g4 16.♕f2 ♗e6 17.♗xe6 ♕xe6=, Carlsen – Bacrot, Baden Baden 2015

B) 4...d6 5.e4

(5.c3 h6 6.♗h4 g5 7.♗g3 ♘h5 8.e4 ♘xg3 9.hxg3 c5 10.dxc5 dxc5 11.♗c4 ♕b6 12.♖b1 ♗e6 13.0-0 ♘d7=, Carlsen – Guseinow, Berlin 2015)

5...0-0 6.c3 c5 7.dxc5 dxc5 8.♗c4 ♘c6 9.0-0 ♕c7 10.♕e2 ♘a5

(10...♘h5 11.♖fe1 b6 12.e5 h6 13.♗h4 ♘f4 14.♕e3 ♘e6 15.♗g3 ♗d7 16.h4 ♖ad8 17.♘e4 ♔h7 18.♗d3 ♗c8 19.♗c2 ♗b7 20.h5→, Carlsen – Naroditsky, lichess.org INT 2020)

11.e5 ♘xc4 12.♘xc4 ♘d5 13.♕e4 ♗e6 14.♖fe1 ♖ad8 15.♕h4 ♖fe8 16.♖ad1 f6 17.♗h6 ♗h8 18.h3 b5 19.♘cd2 ♗f5 20.♘e4 ♕c6=, Carlsen – Gelfand, Zürich 2014

3...♗g7

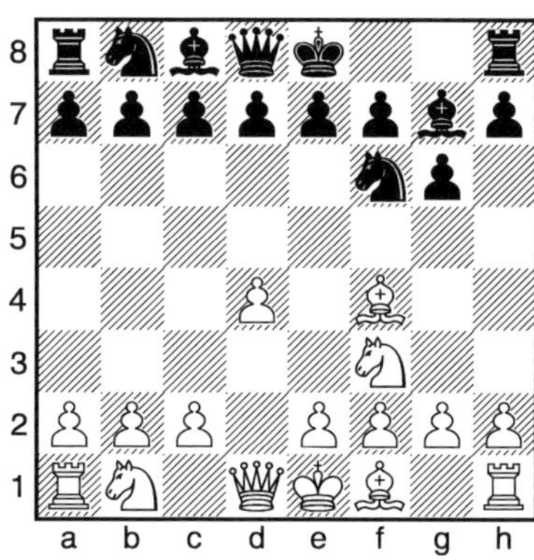

4.e3

Neben diesem normalen Entwicklungszug hat Carlsen auch andere Antworten im Repertoire.

I. 4.♘c3 0-0 5.e4 d6 6.♕d2 ♗g4 7.0-0-0 ♘c6 8.♗h6 ♗xf3 9.gxf3 e5 10.d5 ♘d4 11.♗xg7 ♔xg7 12.f4 ♘h5 13.fxe5 dxe5 14.♕e3 ♕f6 15.♔b1 c6 16.♘e2 ♘xe2 17.♗xe2 ♘f4 18.dxc6 bxc6 19.♗c4 ♖fd8 20.♖xd8 ♖xd8 21.♕xa7 ♖d4 ⇄, Carlsen – Firouzja, lichess.org INT 2021

II. 4.♘bd2 0-0 5.c3 d6 6.h3 c5 7.dxc5 dxc5 8.e4 ♘c6 9.♗e2 b6 10.0-0 ♗b7 11.♖e1 ♕d7 12.♕c2 ♖ad8 13.♖ad1 ♕c8 14.e5 ♘d5 15.♗g3 ♘c7 16.♕a4 ♘e6 17.♕h4 ♗a6 18.♗xa6 ♕xa6 19.♕e4 ♕b7 20.♘c4 ♖xd1 21.♖xd1 ♖d8 22.♖xd8+ ♘cxd8 23.♕xb7 ♘xb7=, Carlsen – Nepomnjaschtschi, chess24.com INT 2020

4...0-0 5.♗e2 d6 6.0-0

Im Duell Carlsen – Firouzja, lichess.org INT 2021, kam es über 6.h3 ♘c6 7.♗h2 ♘d7 8.0-0 e5 9.c4 f5 10.♘c3 g5 11.♘d5 h6 12.dxe5 dxe5 13.♕b3 ♔h8 14.♖ad1 a5 15.♕a3 ♖e8 16.b4 f4 17.b5 ♘e7 18.b6 cxb6 19.♖fe1 ♘xd5 20.♖xd5 ♕f6 21.♖ed1 ♘c5 22.♖d6 ♕f8 23.♖xb6 ♗f5 24.♖b5 ♖ac8 zu einer scharfen Stellung. Schwarz konnte das Duell letztlich für sich entscheiden.

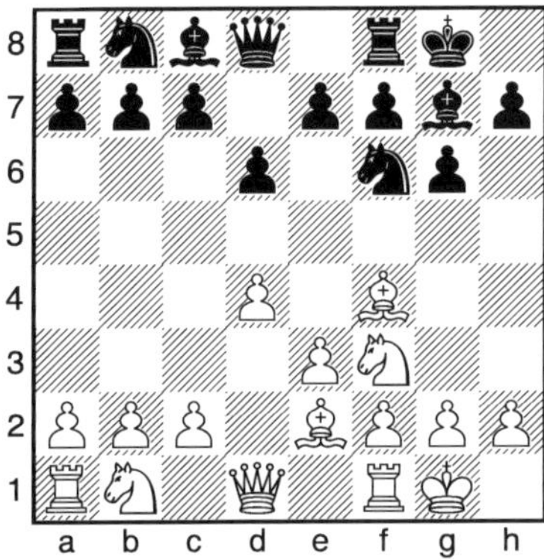

6...♘h5

Nepo verfolgt die Idee, mit den Springern auf dem Königsflügel anzugreifen. Wie sich zeigte, konnte sie ihm keine Vorteile einbringen.

In der Partie Carlsen – Harikrishna, chess24.com INT 2020, ging Schwarz anders vor und beorderte seinen Springer zunächst in die entgegengesetzte Richtung. Auf 6...♘fd7 folgte 7.c4 e5 8.♗g3 ♘c6 9.♘c3 exd4 10.exd4 ♘f6 11.h3 ♗f5 12.d5 ♘e7 13.♘d4 ♘e4 14.♘xf5 gxf5 15.♗d3 ♗xc3 16.bxc3 ♘g6 17.♕f3 ♕g5 18.h4 ♘xh4 19.♗xh4 ♕xh4 20.♕xf5 ♘f6 21.g3 ♕h6 22.♔g2 ♖fe8 23.♖h1 ♕g7 24.♕f4 h5 25.c5 ♖e5 26.cxd6 cxd6 27.♖ae1 ♘xd5 28.♕f3 ♕g4 29.♖xe5 ♕xf3+ 30.♔xf3 dxe5 31.♖xh5 ♖e8=.

7.♗g5

Nichts bringt Weiß 7.♗g3 ♘xg3 8.hxg3 c5 9.c3 ♘c6= ein.

7...h6 8.♗h4 g5 9.♘fd2 ♘f6 10.♗g3 ♘c6 11.♘c3 e5 12.dxe5 ♘xe5

Alternativ geht 12...dxe5!?.

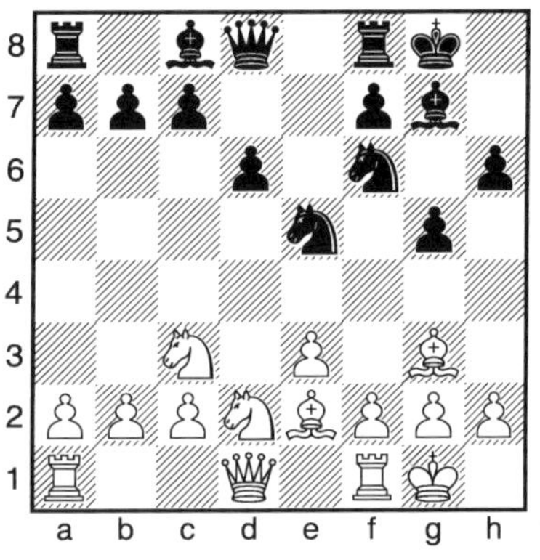

13.f4!

Die kritische Position dieser Variante. In der Praxis wurde auch 13.h3 versucht, aber nach 13...♖e8 14.♘b3 ♗d7 15.a4 a6 16.a5 ♕e7 17.♕d2 ♖ad8 18.♖ad1 d5 hat Schwarz problemlos den Stellungsausgleich erreicht. Carlsen ist ein Spieler, der in der Eröffnungsphase ständig verschiedene Szenarien erforscht und nach neuen Lösungen sucht. Es ist daher nicht verwunderlich, dass er sich in dieser Stellung einem energischen Plan zuwendet.

13...♘eg4 14.♖f3 ♖e8 15.♘f1 ♘h5

Die schwarze Stellung macht rein optisch einen aktiven Eindruck.

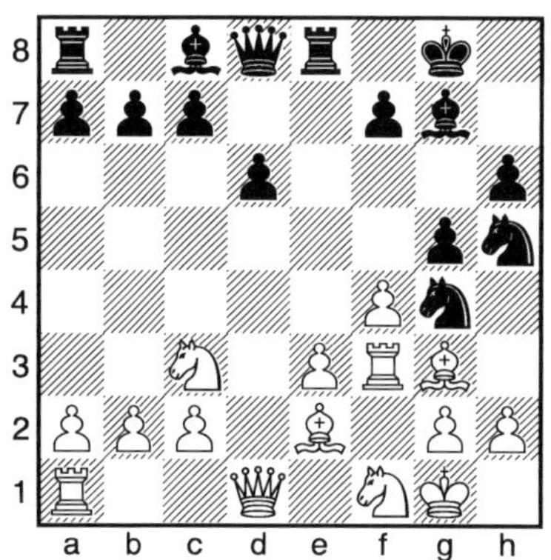

Nach **16.♗e1!** aber droht h2–h3, gefolgt von g2–g4. Plötzlich stellt es sich heraus, dass die schwarze Kavallerie auf dem rechten Flügel sehr ungünstig steht.

16...f5?

Diese falsche Entscheidung führt zum Scheitern, denn Nepomnjaschtschi unterschätzt die Möglichkeiten seines Gegners.

Schlecht wäre auch 16...♘gf6? wegen 17.♖f2 g4 18.h3 mit weißem Vorteil.

Notwendig war deshalb 16...gxf4! mit der Konsequenz einer weißen Antwort mit 17.exf4.

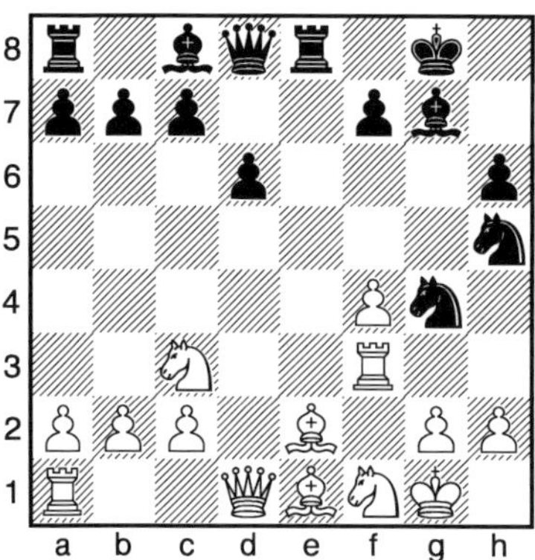

17...♕f6

(Interessant war 17...d5!?.)

18.♔h1

(18.h3? ♕d4+ 19.♕xd4 ♗xd4+ 20.♔h1 ♗xc3 21.♖xc3 ♖xe2 22.hxg4 ♗xg4 23.♖xc7 ♖c8 24.♖xc8+ ♗xc8 25.♗d2 ♗f5∓)

18...♕d4 mit verwickeltem Spiel.

17.♗c4+ ♗e6

17...♔h8 18.♗f7+–

18.♗xe6+ ♖xe6 19.h3 ♘gf6 20.fxg5 hxg5 21.♖xf5

Weiß hat einen großen Vorteil erreicht und der Rest braucht keinen Kommentar.

21...♗h6 22.g4 ♘g7 23.♖f3 ♕d7 24.♘g3 ♖ae8 25.♗f2 ♕c6 26.e4 ♘d7 27.♘d5

Schwarz gab sich geschlagen.

Kapitel 3

Kombinieren Sie wie Carlsen und Nepomnjaschtschi

In diesem Kapitel stellen wir Ihnen 24 taktische Stellungen vor, die einen Eindruck von den kombinatorischen Fähigkeiten der beiden Kontrahenten vermitteln. Die Aufgaben sind nicht nach den Spielern geordnet, sondern gemischt. So eröffnen sie den Lesern eine zusätzliche Möglichkeit, den Stil jedes Großmeisters im Unterschied zu dem anderen zu erkennen, zu fühlen und zu bestimmen.

Wir raten Ihnen, alle Stellungen sorgfältig durchzuarbeiten, um damit eigene taktische Ideen zu finden und zu vertiefen. Es ist sinnvoll, dieses Training praxisnah zu gestalten. Sie sollten die Aufgaben deshalb möglichst im Kopf lösen und nicht mit Hilfe von Brett und Figuren.

Die in den Diagrammstellungen zu findenden Kombinationen können ins Matt führen, einen für einen Sieg reichenden Materialvorteil einbringen oder auch mal einen anderen Vorteil. Es ist wie in Ihrer eigenen Partie – finden Sie es heraus!

Spaß und Spannung sollen bei Ihrer Beschäftigung mit den Kombinationen der aktuell besten Spieler der Welt ganz vorne stehen. Wir schlagen Ihnen deshalb einen Übungstest vor. Vergeben Sie Punkte nach den folgenden Kriterien: Für jede richtige und vollständige Lösung notieren Sie 10 Punkte in eine separate Liste; für jede richtige, aber unvollständige Lösung dürfen Sie noch 5 Punkte aufschreiben. Wenn Sie nur den ersten Zug finden, schreiben Sie sich immerhin noch 2 Punkte gut.

Wenn Sie alle 24 Stellungen bearbeitet haben, zählen Sie Ihre Punkte zusammen. Je nach Summe können Sie sich wie folgt einordnen:

90% und mehr	– Großmeister
70% bis unter 90%	– Meister
60% bis unter 70%	– Meisterkandidat
40% bis unter 60%	– starker Vereinsspieler
20% bis unter 40%	– durchschnittlicher Vereinsspieler
Weniger als 20%	– Es hat Ihnen sicherlich Spaß gemacht; lösen Sie die Aufgaben in ein paar Tagen einfach noch einmal!

Und vergessen Sie nicht den Spaßcharakter! Unsere Einstufung ist nur eine Orientierungshilfe

Es lässt sich nie ganz ausschließen, dass Beispiele dieser Art unentdeckte Fehler enthalten. Analysieren Sie deshalb kritisch und suchen Sie auch nach Verbesserungen!

Und wenn Sie meinen, etwas Ungewöhnliches gefunden zu haben, schreiben Sie bitte an den Verlag. Konstruktive Kritik ist uns immer willkommen!

Aufgabe 1

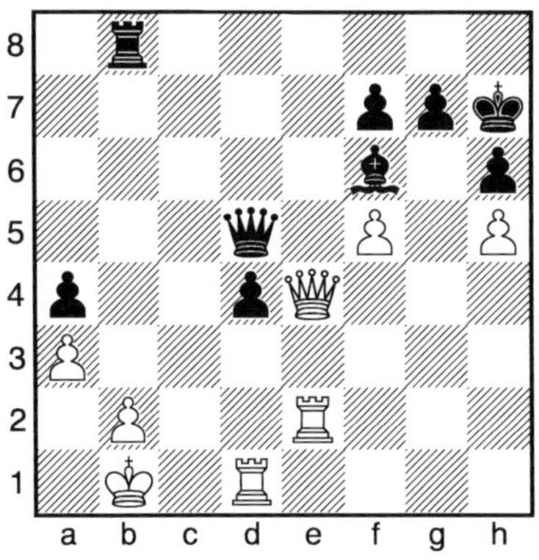

Schwarz am Zug

Aufgabe 2

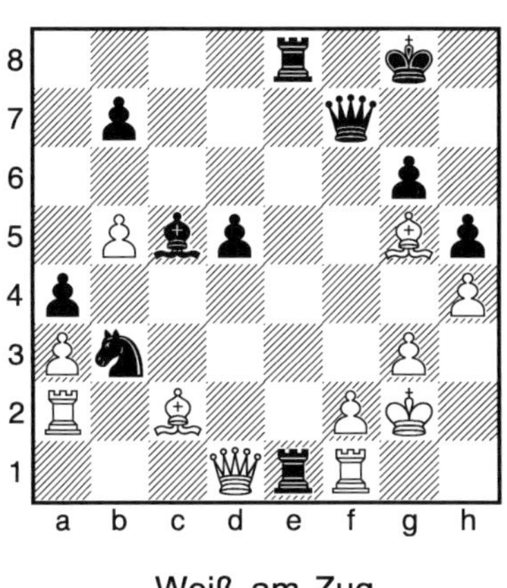

Weiß am Zug

Aufgabe 3

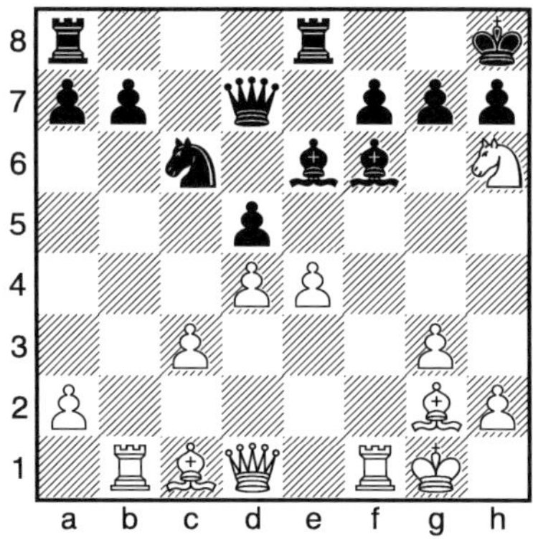

Weiß am Zug

Aufgabe 4

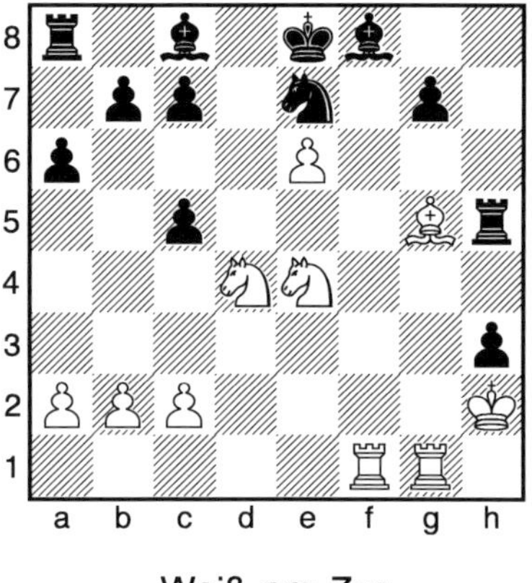

Weiß am Zug

Aufgabe 5

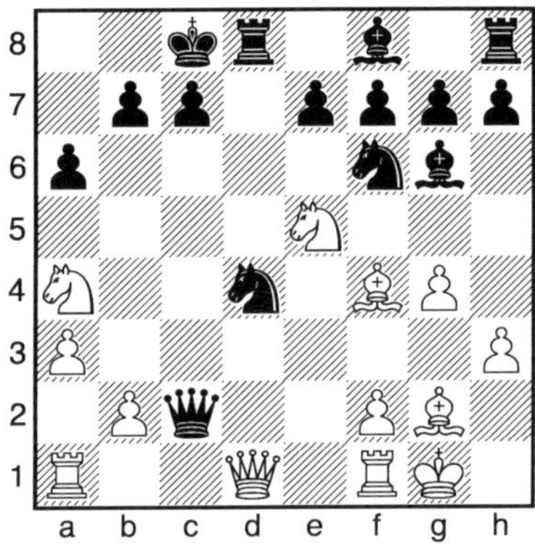

Weiß am Zug

Aufgabe 6

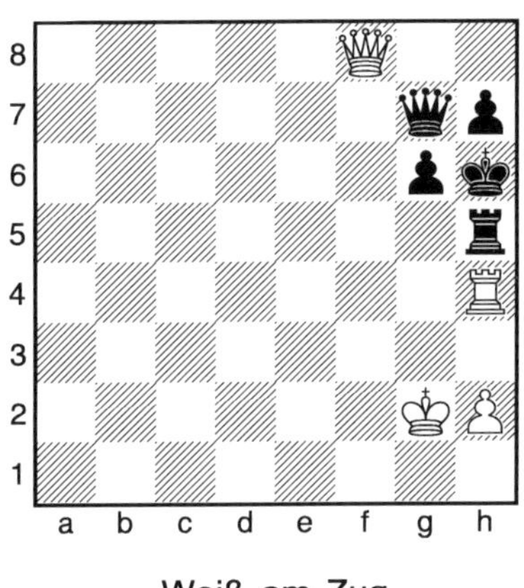

Weiß am Zug

Aufgabe 7

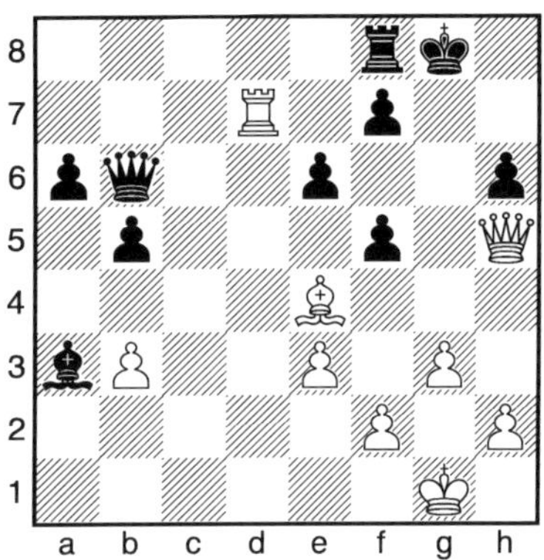

Weiß am Zug

Aufgabe 8

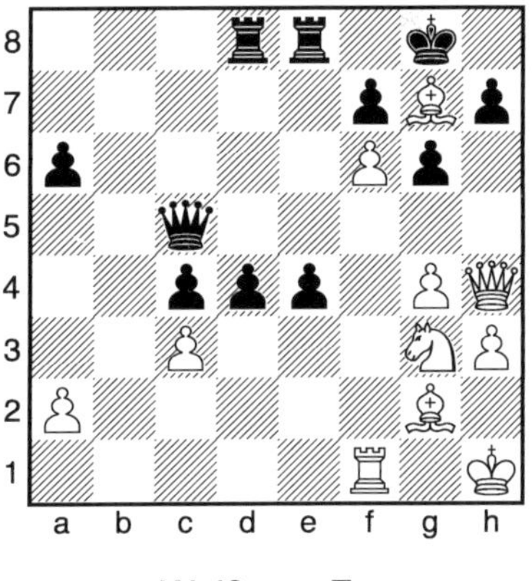

Weiß am Zug

Aufgabe 9

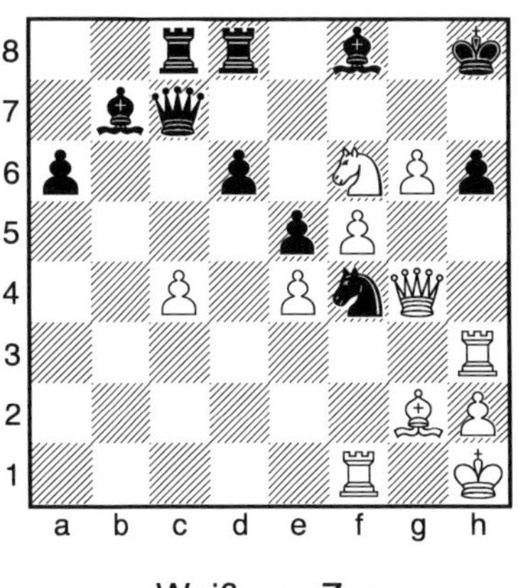

Weiß am Zug

Aufgabe 10

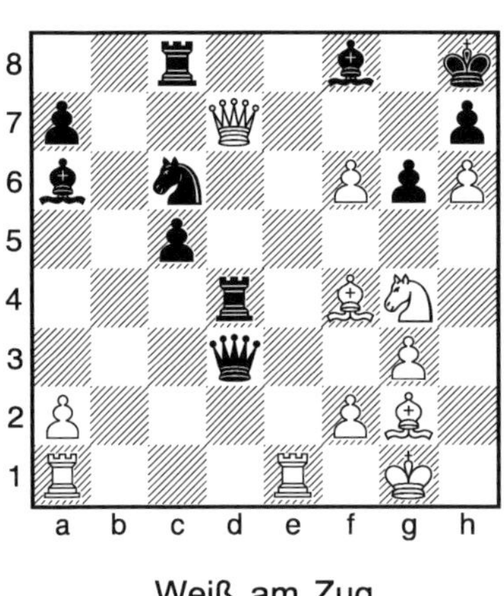

Weiß am Zug

Aufgabe 11

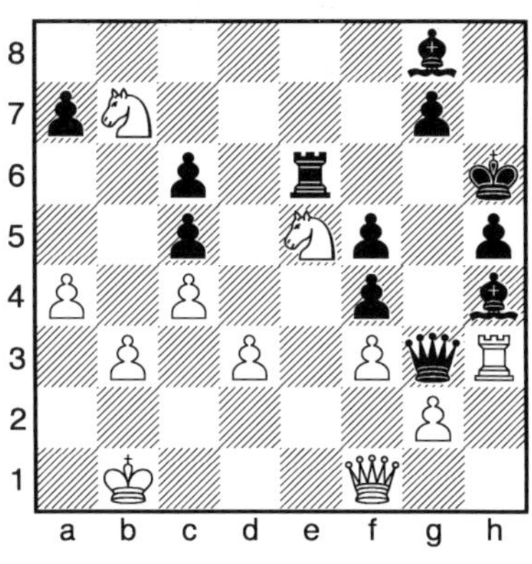

Schwarz am Zug

Aufgabe 12

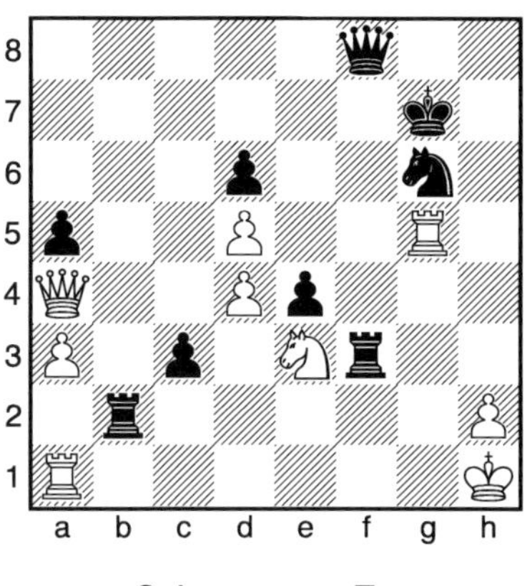

Schwarz am Zug

Aufgabe 13

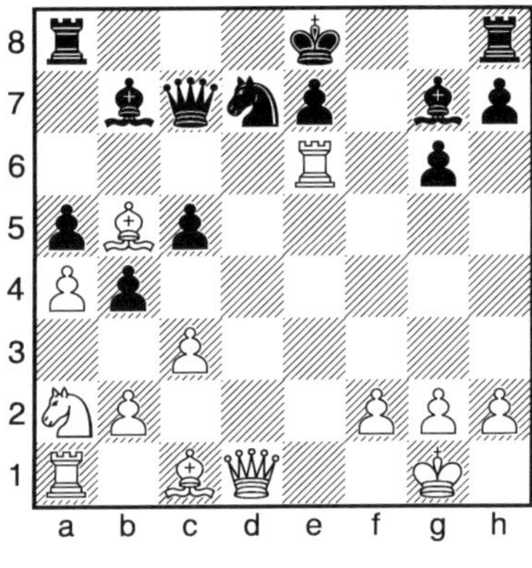

Weiß am Zug

Aufgabe 14

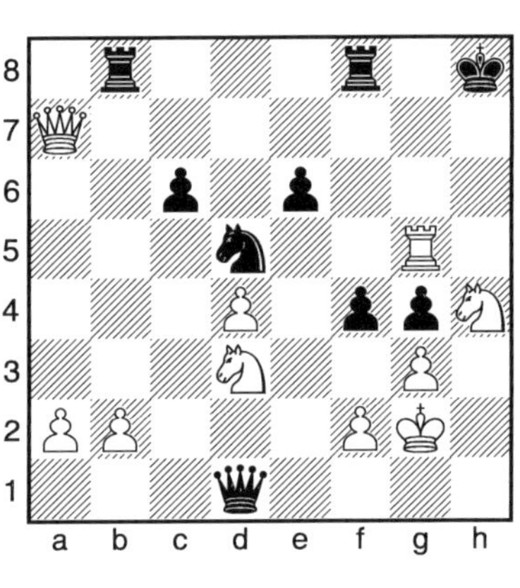

Schwarz am Zug

Aufgabe 15

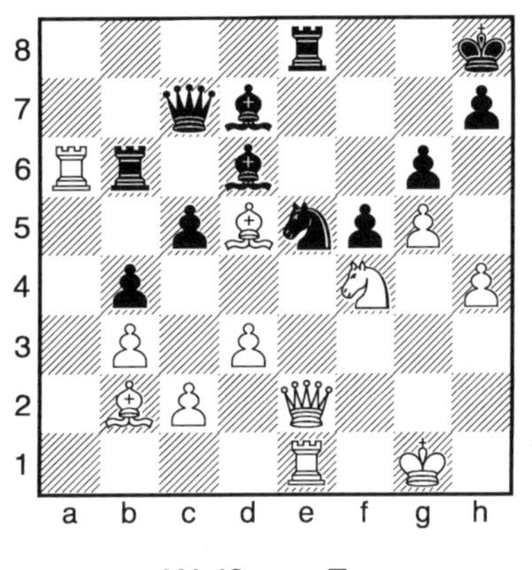

Weiß am Zug

Aufgabe 16

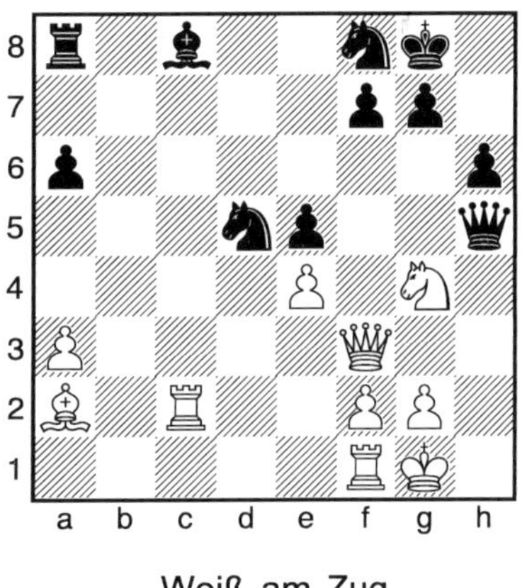

Weiß am Zug

Aufgabe 17

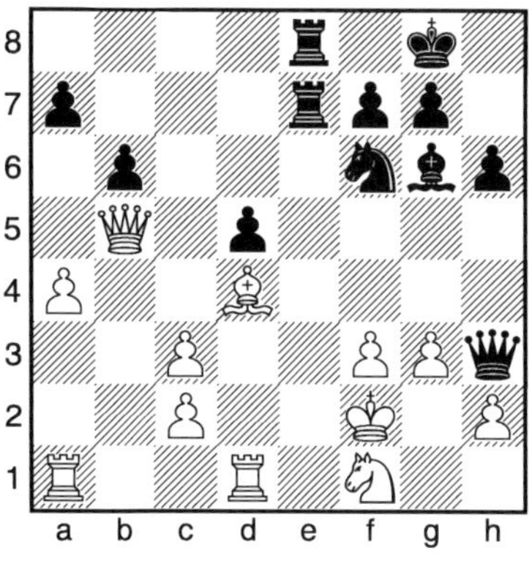

Schwarz am Zug

Aufgabe 18

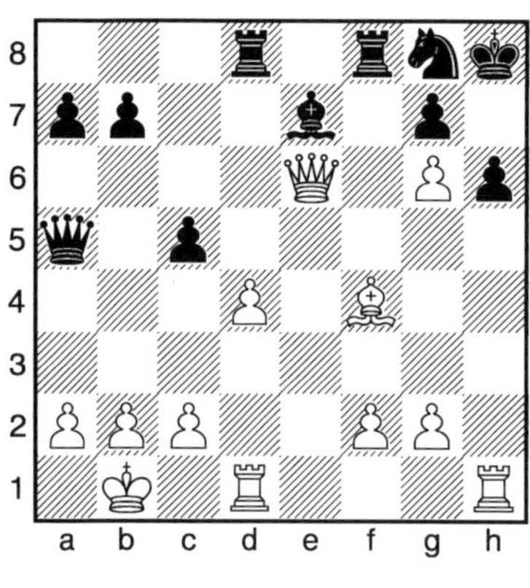

Weiß am Zug

Aufgabe 19

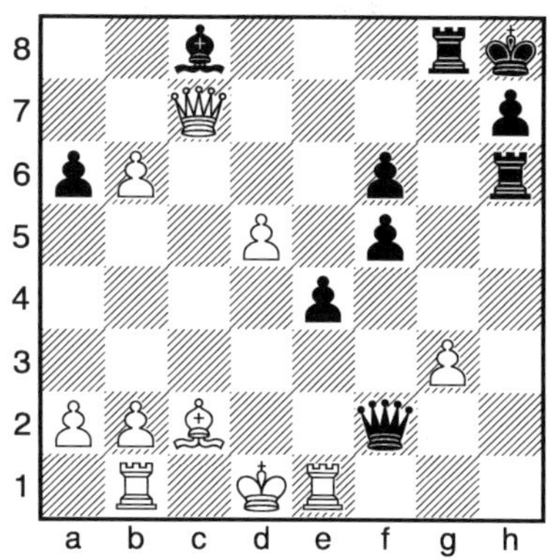

Schwarz am Zug

Aufgabe 20

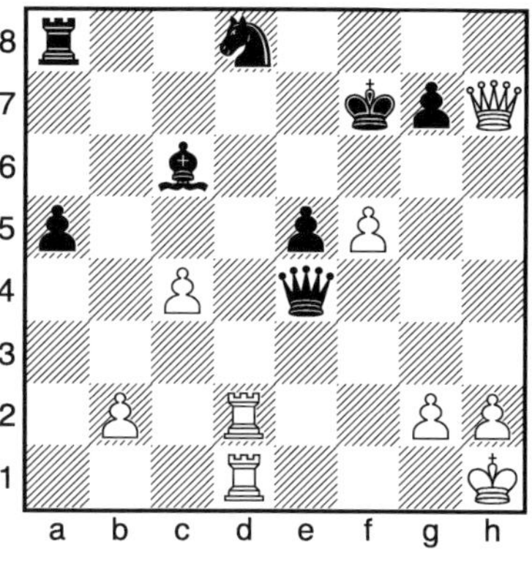

Weiß am Zug

Aufgabe 21

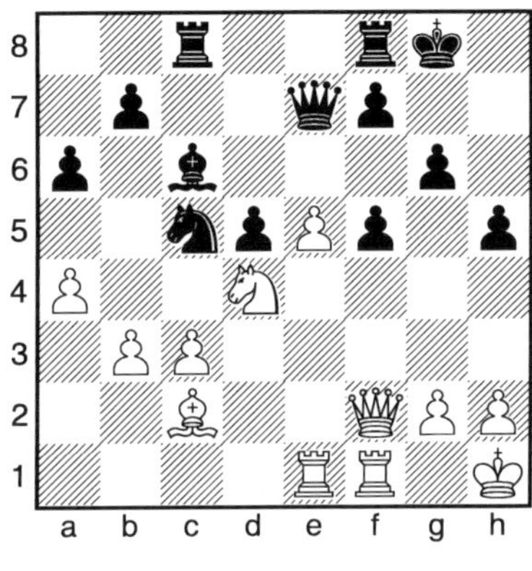

Weiß am Zug

Aufgabe 22

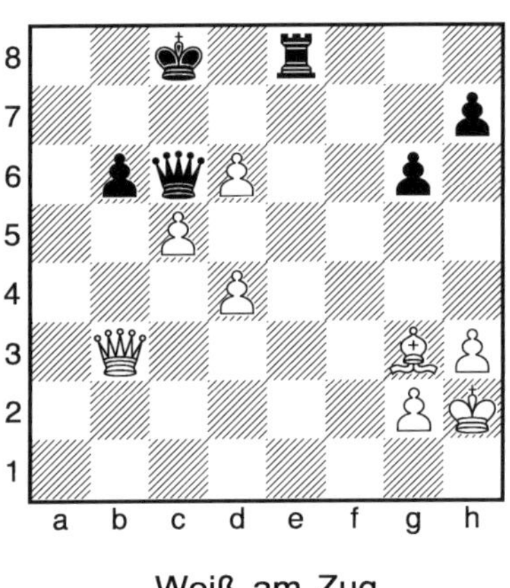

Weiß am Zug

Aufgabe 23

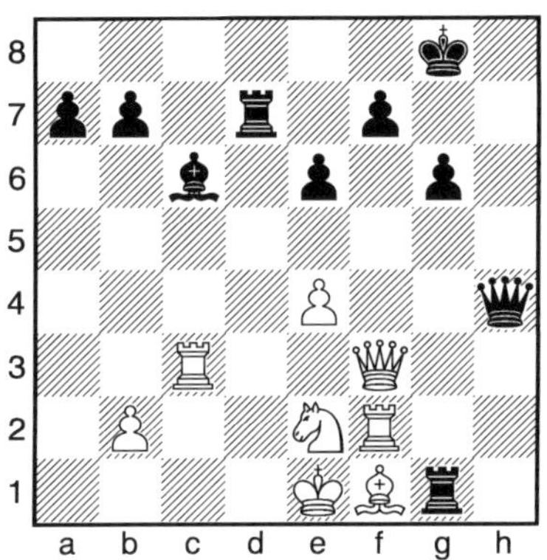

Schwarz am Zug

Aufgabe 24

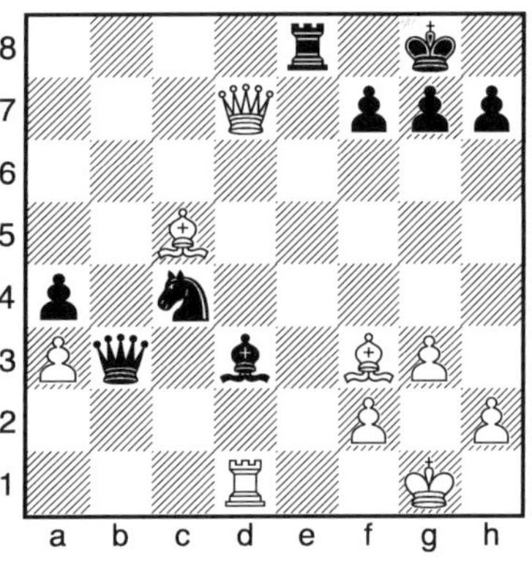

Schwarz am Zug

Lösungen

1) 1...♖xb2+! 2.♔xb2 d3+ 3.♔c1 ♕c5+ 4.♔d2

4.♔b1 ♕b5+ 5.♔c1 dxe2–+

4...♕c2+ 5.♔e1 ♗h4+ 0–1 (Dominguez Perez – Carlsen, St. Louis 2020)

2) 1.♗xg6! und **1–0** wegen 1...♕xg6 (1...♖xd1 2.♗xf7+ ♔xf7 3.♖xd1+–) 2.♖xe1+– (Carlsen – Nakamura, Opera Euro Rapid, Vorrunde 2021)

3) 1.♖xf6! gxf6

Oder 1...gxh6 2.exd5 ♗xd5 3.♖xb7! ♕xb7 4.♗xd5 ♖ac8 5.♕f1 und Weiß steht auf Gewinn.

2.♕f3 ♔g7

2...♕e7 3.♖xb7 ♕xb7! 4.♕xf6#

3.exd5 ♗xd5 4.♘f5+ und **1–0** wegen 4...♔f8 (4...♔g6 5.♕g4#) 5.♗h6+ ♔g8 6.♕g4+ ♔h8 7.♕g7# (Nepomnjaschtschi – Anand, Kalkutta 2019)

4) 1.♖xf8+! und **1–0** wegen 1...♔xf8 2.♗xe7+ ♔xe7 3.♖xg7+ ♔f8 4.♖f7+ ♔g8 5.♘f6+ ♔h8 6.♘xh5+– (Nepomniaschtschi – Nakamura, Magnus Carlsen Invitational 2021)

5) 1.♘b6+! ♔b8 (1...cxb6 2.♖c1+–) **2.♘bd7+! ♖xd7** (2...♘xd7 3.♕xd4+–) **3.♘xd7+ ♘xd7 4.♕xd4 e5**

4...♕d3 5.♕xd3 ♗xd3 6.♖fd1 ♗b5 7.a4+–

5.♕xd7 exf4 6.♖ac1

Weiß steht auf Gewinn. Es folgte noch: **6...♕b3 7.♖xc7 f3 8.♗xf3 ♕xf3 9.♖c8+ ♔a7 10.♕d4+ b6 11.♖c7+ ♕b7 12.♖xb7+ ♔xb7 13.♕d7+ ♔b8 14.♕d8+ ♔b7 15.♖d1 1–0** (Nepomnjaschtschi – Gaschimow, Internet Blitz 2006).

6) 1.♕f4+! g5 2.♕d6+ ♕g6 3.♕f8+ ♕g7 4.♖xh5+ 1–0 (Carlsen – So, Skilling-Open 2020)

7) 1.♕xh6!! fxe4 2.♖d5!!

Die Pointe der weißen Kombination.

2...♕xe3

2...exd5 3.♕xb6+–; 2...f5 3.♖d7+–

3.♕xe3 exd5 4.♕g5+ ♔h8 5.♕xd5 f5 6.♕d4+ ♔g8 7.b4 ♗c1 8.♕b6 ♖f7 9.♕xa6 e3 10.♕c8+ 1–0 (Nepomnjaschtschi – Aronian, Paris 2021)

8) 1.♘f5! gxf5 (1...h5 2.♕g5+–) **2.gxf5 e3 3.♕g5 ♕f8**

Es gibt nichts Besseres!

4.♗xf8+ ♔xf8 5.♕g7# (Nepomnjaschtschi – Kozar, Serpuhow 1999)

9) **1.♖xf4! exf4 2.g7+ ♗xg7**

2...♕xg7 3.♖xh6+! ♕xh6 4.♕g8#

3.♕g6 1–0 (Nepomnjaschtschi – Matlakow, Serpukhow 2000)

10) **1.♕g7+! ♗xg7 2.hxg7+ ♔g8 3.♘h6#** (Nepomnjaschtschi – Sismanis, Chalkidiki 2000)

11) **1...♖xe5! 2.♖xg3 ♗xg3** und **0–1** wegen der Drohung ♖e5–e1 mit Materialgewinn (Giri – Nepomnjaschtschi, Magnus Carlsen Invitational, rapid 2021).

12) **1...♖xh2+! 2.♔g1** (2.♔xh2 ♕f4+ +–) **2...♖g3+! 3.♔xh2** (3.♖xg3 ♕f2#) **3...♕f2+ 4.♔h1 ♖h3#** (Kramnik – Nepomnjaschtschi, Legends of Chess, rapid 2020)

13) **1.♗f4! ♕c8**

1...♕xf4 2.♕xd7+ ♔f8 3.♕xe7+ ♔g8 4.♕xb7+–

2.♖xe7+! 1–0 wegen 2...♔xe7 3.♕d6+ ♔f7 4.♗c4+ mit schnellem Matt (Nepomnjaschtschi – Can, World Blitz, Moskau 2019).

14) **1...♘e3+! 2.fxe3**

Oder 2.♔h2 fxg3+ 3.fxg3 ♖xb2+! 4.♘xb2 ♕e2+ nebst Matt.

2...♖xb2+! 3.♘xb2

3.♘f2 f3+ 4.♘xf3 ♕xf3+ 5.♔h2 ♖xf2+ 6.♔g1 ♕g2#

3...f3+ 4.♘xf3 ♕xf3+ 0–1 wegen 5.♔h2 ♕e2+ 6.♔g1 ♖f1# (Vidit – Nepomnjaschtschi, Tata Steel India, Blitz Kalkutta 2019)

15) **1.♖a7!! ♕xa7 2.♕xe5+!! ♗xe5 3.♖xe5** und **1–0** wegen 3...♖xe5 4.♗xe5+ ♖f6 5.♗xf6# (Nepomnjaschtschi – Potkin, Jaroslawl 2014).

16) **1.♘xh6+! 1–0** Weiß gewinnt nach 1...♕xh6 2.♗xd5 ♖b8 (2...♖a7 3.♖xc8+–) 3.♕xf7+ ♔h7 4.♕xf8+– (Carlsen – Nakamura, Chessable Masters GpA 2020).

17) **1...♘e4+! 2.fxe4**

2.♔g1 ♘g5 3.♘d2 ♖e2 4.♗f2 ♕e6–+

2...♗xe4 3.♗e3 ♕g2+ 4.♔e1 ♗f3 5.♕d3 ♖xe3+! 6.♘xe3 ♕xh2 7.♖db1 und zugleich **0–1** wegen 7...♕xg3+ 8.♔f1 (8.♔d2 ♕f2+ 9.♔c1 ♖xe3–+) 8...♖e5 nebst ♖e5–h5! (Kiselew – Carlsen, Alta 2003).

18) **1.♗xh6! gxh6 2.♖xh6+! ♘xh6 3.♕xe7 ♘f7 4.gxf7 ♔g7**

Mehr Widerstand würde Schwarz nach 4...♕b6 leisten können. Nach 5.♕e5+ ♔h7 6.♖h1+ ♕h6 7.♖xh6+ ♔xh6 8.♕f6+ ♔h7 9.c3 wäre das Endspiel zwar für Weiß gewonnen, der Kampf aber würde noch dauern.

5.♖d3 ♖d6

5...♕b6 6.♖g3+ ♕g6 7.♖xg6+ ♔xg6 8.d5+–

6.♖g3+ ♖g6 7.♕e5+ ♔xf7 8.♕f5+ ♖f6 (8...♔e7 9.♖e3+ +–) **9.♕d7#** (Carlsen – Ernst, Wijk aan Zee 2004)

19) **1...f4! 2.♕c3**

2.♕xf4 verliert sofort wegen 2...♗g4+!.

3...fxg3 4.♗xe4 ♗g4+ 5.♔c1 ♖c8 0–1 (Tscheparinow – Carlsen, Wijk aan Zee 2005)

20) **1.♕g6+ ♔e7 2.♖d7+! 1–0**, denn nach 2...♗xd7 gewinnt 3.f6+ (Carlsen – Van Wely, Schagen 2006).

21) **1.♘xf5! gxf5** (1...♕d8 2.♕xc5 ♗b5 3.♕xc8!+–) **2.♕g3+** und **1–0** wegen 2...♔h8 3.♖xf5+– (Carlsen – Radjabow, Moskau 2012)

22) **1.d5!**

Mit diesem starken Zug findet Carlsen den überzeugendsten Gewinnweg.

1...♕xc5 2.♕a4 ♖e3 3.♕a8+ ♔d7 4.♕b7+ ♔e8 5.d7+ ♔d8 6.♗h4+ ♖e7 7.♕c8+!

So ist es richtig. Nach 7.♗xe7+? ♔xe7 8.♕c8 ♕d6+ entsteht ein ausgeglichenes Endspiel. Nach dem Partiezug kapitulierte Schwarz (Carlsen – Caruana, Zürich 2014).

23) **1...♖xf1+! 2.♔xf1 ♖d1+ 3.♔g2 ♗xe4** und die Dame geht verloren, **0–1** (Van Wely – Carlsen, Wijk aan Zee 2016).

24) **1...♕xd1+!** und Weiß verzichtete auf die Fortsetzung des Spiels wegen 2.♗xd1 ♖e1+ 3.♔g2 ♗f1+ 4.♔f3 ♘e5+ mit Damengewinn (So – Carlsen, Paris, Blitz 2016).

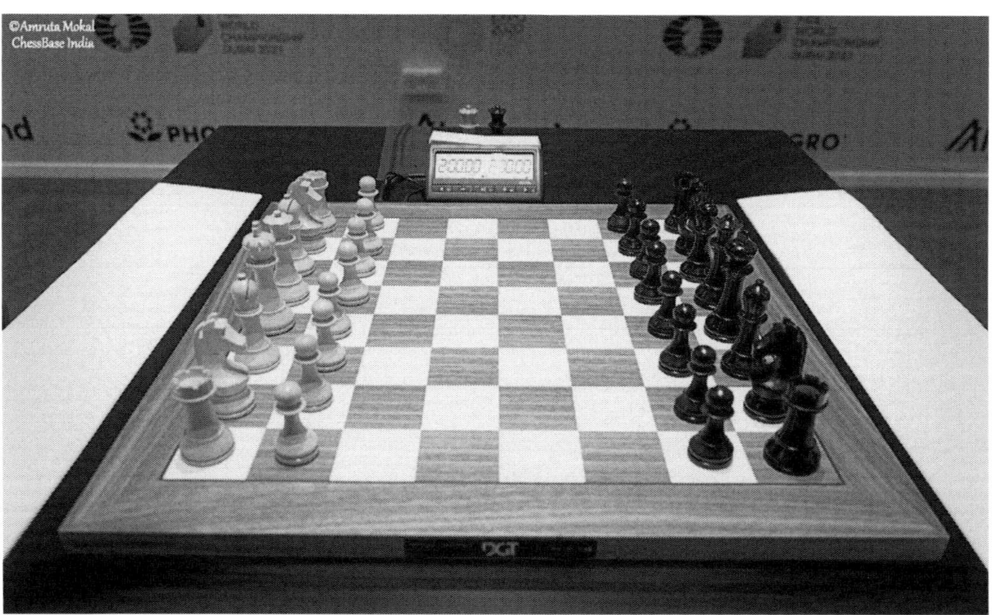

Das Spielbrett der Kontrahenten

Kapitel 4

Prognosen vor dem Kampf – Interviews

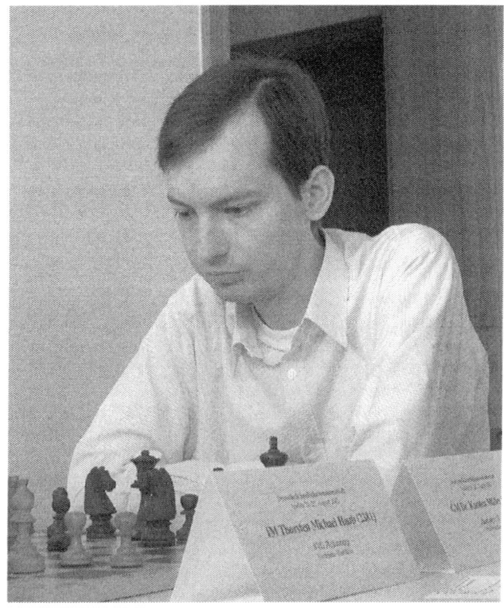

GM Dr. Karsten Müller, Großmeister und ein ausgewiesener Endspiel-Experte, ist hautnah und immer aktuell mit den Belangen der Weltelite verbunden. Entsprechend fundiert sind seine Auskünfte und Einschätzungen im Vorfeld auch eines Kampfes um die Krone im Schach.

Der studierte Mathematiker ist Autor zahlreicher Bücher und einer Serie von Endspiel-DVDs. 2007 wurde er vom Deutschen Schachbund als „Trainer des Jahres“ ausgezeichnet.

Frage 1:

Wo liegen Ihrer Meinung nach die Stärken und Schwächen der beiden Kontrahenten?

Dr. Karsten Müller:

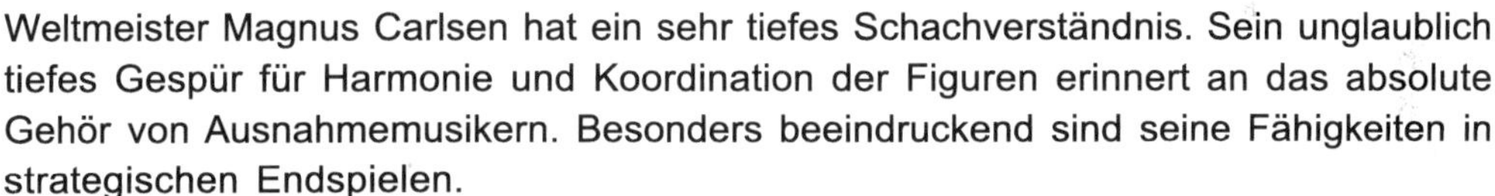

Weltmeister Magnus Carlsen hat ein sehr tiefes Schachverständnis. Sein unglaublich tiefes Gespür für Harmonie und Koordination der Figuren erinnert an das absolute Gehör von Ausnahmemusikern. Besonders beeindruckend sind seine Fähigkeiten in strategischen Endspielen.

Er braucht aus der Eröffnung gar nicht unbedingt einen objektiven Vorteil herauszuholen. Eine ihm genehme Spielstellung reicht völlig aus.

Er ist ein typischer Reflektor wie vor ihm zum Beispiel Karpow und Capablanca. So sind aktive Prophylaxe sowie Dominanz- und Restriktionsstrategien seine Markenzeichen.

Herausforderer Jan Nepomnjaschtschi kann gut rechnen und ist sehr pragmatisch. Er kann alle Stellungen spielen, weil er keine eklatanten Schwächen hat. Sein Ansatz ist direkter und konkreter als der des Weltmeisters. Er ist ein typischer Pragmatiker wie z.B. Bobby Fischer und Fabiano Caruana.

Frage 2:

Wie bewerten Sie die Chancen des Herausforderers?

Dr. Karsten Müller:

Magnus Carlsen ist 60:40 Favorit.

Frage 3:

Wie wird Nepomnjaschtschi versuchen, den Weltmeister zu schlagen? Können wir mit neuen Eröffnungsideen rechnen, mit einer besonderen Mittelspielstrategie oder wird er vielleicht auf seine Fähigkeiten bei knapper Bedenkzeit im Endspiel setzen?

Dr. Karsten Müller:

Er wird versuchen, konkrete neue Eröffnungen zu spielen, um den Weltmeister direkt unter Druck zu setzen und zu verhindern, dass dieser sein tiefes Spielverständnis leicht zur Anwendung bringen kann.

Frage 4:

Beide verfügen über ein umfangreiches Eröffnungsrepertoire. Wird dies dazu führen, dass jede Wettkampfpartie einen ganz eigenen Charakter hat oder wird die Bandbreite an Eröffnungen eher schmal sein?

Dr. Karsten Müller:

Ich vermute, dass es eine breite Bandbreite geben wird, denn Nepomnjaschtschi wird vermutlich versuchen, immer wieder neue konkrete Probleme zu stellen.

Frage 5:

Wie schätzen Sie als Endspielexperte die Fähigkeiten beider Spieler in dieser Phase des Spiels ein?

Dr. Karsten Müller:

Magnus Carlsen ist einer der besten Endspielkönner aller Zeiten. Nepomnjaschtschi ist nicht schlecht, aber hat nicht ganz das extrem hohe Niveau des Weltmeisters in dieser Partiephase.

Das ist ein Grund, warum ich meine, dass die Chancen 60:40 für Carlsen stehen.

Frage 6:

Welchen Einfluss auf das Spitzenschach würde es haben, wenn Nepomnjaschtschi neuer Weltmeister würde?

Dr. Karsten Müller:

Neue Eröffnungen würden in Mode kommen, vermute ich stark, denn die Weltmeister setzen da oft die Trends. Auch kann es gut sein, dass dann noch mehr Spitzenturniere in Russland stattfinden und sich noch mehr russische Schachsponsoren finden.

Nepos Endspielstärken

Zunächst zwei typische Endspielphänomene.

Endspiel 1

Nakamura – Nepomnjaschtschi

Paris (Rapid) 2019

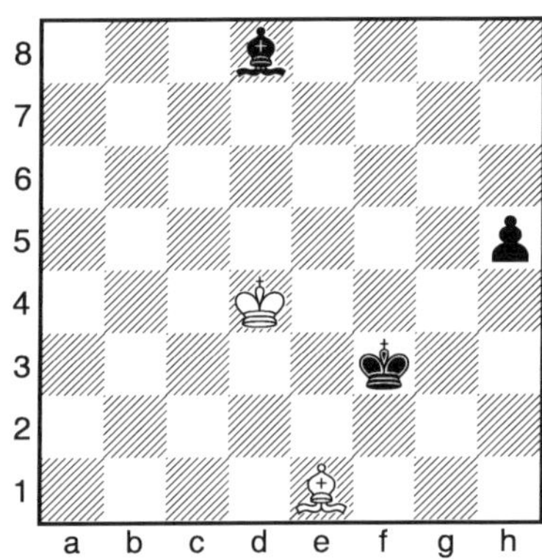

Schwarz am Zug

Zweites Zwischenschach macht den Gegner schwach. Mitunter reicht im reinen Läuferendspiel selbst ein einzelner falscher Randbauer zum Gewinn aus.

88...♗b6+!

Schwarz muss die ungünstige Stellung des weißen Königs unverzüglich nutzen. 88...♗c7? 89.♗h4 ♔g4 90.♗e7 (90.♗e1? ♗g3−+) 90...♗f4 91.♔e4 ♗g5 92.♗xg5 ♔xg5 93.♔f3=

89.♔e5

89.♔d3 ♗f2 90.♗b4 h4 91.♗d6 h3 92.♗h2 ♗g3 93.♗g1 ♔g2−+

89...♗c7+!

Das zweite Zwischenschach ist entscheidend. 89...♗f2? 90.♗xf2 ♔xf2 91.♔f4 h4 92.♔g4=

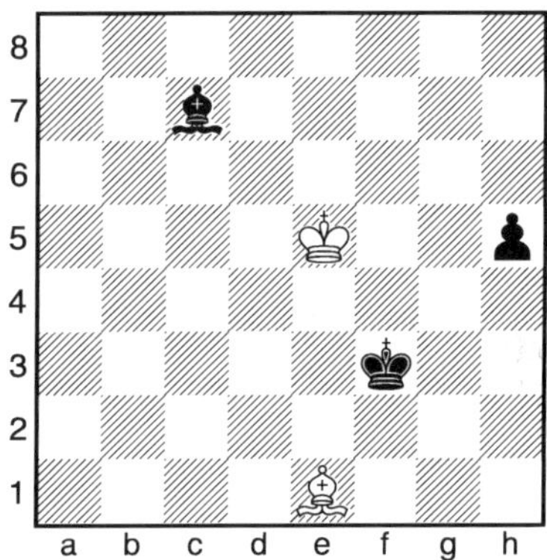

90.♔f5

90.♔f6 ♗g3−+

Nach 90...♔g4? 91.♔g6 wäre es nach Centurinis Regel remis, weil beide Stoppdiagonalen lang genug sind, da sie mehr als 3 Felder haben.

90...♗g3 91.♗c3

91.♔g5 h4−+

91...h4 92.♗d4 h3 93.♗g1 ♗f2 0–1

Im Hinblick auf 94.♗h2 ♔g2 95.♗e5 ♗g3−+.

Endspiel 2

Nepomnjaschtschi – Radjabow

Masters KO chess24.com INT 2020

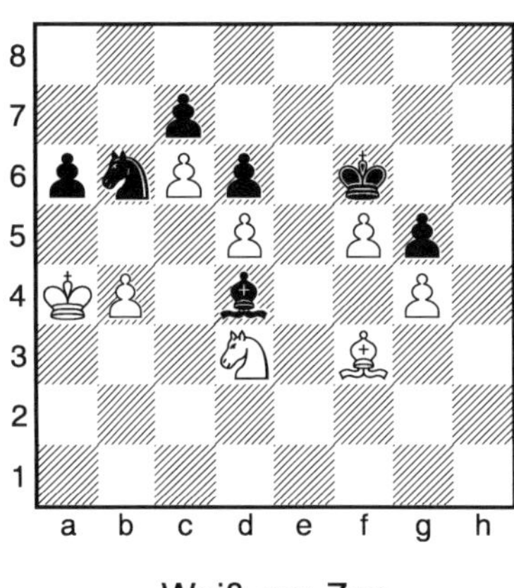

Weiß am Zug

Zugzwang erschüttert die Mauern. In Endspielen mit ungleichfarbigen Läufern spielen Festungen eine Hauptrolle. Aber im folgenden Fall hält die schwarze nicht.

64.♔a5!

Schwarz kann sich danach zwar durch Springertausch entlasten, aber überraschenderweise nützt das nichts. Nach 64.♔b3? ♔e7 ist nicht klar, ob Weiß noch durchbrechen kann. Wenn es doch gehen sollte, ist es auf jeden Fall viel komplizierter als in der Partie. Vielleicht geht es aber auch gar nicht, wer weiß?

64...♘c4+

64...♔e7 65.♔xa6 ♘a4 66.♔b7 ♔d8 67.♘e1 ♗c3 68.♘c2 ♘b6 69.♘a3 ♗xb4 70.♘b5+–

65.♔xa6 ♘e5 66.♘xe5 ♔xe5

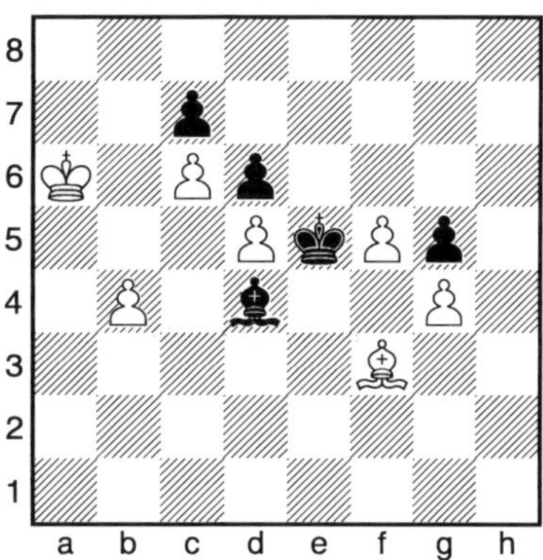

Auf den ersten Blick wirkt die schwarze Festung uneinnehmbar. Der König geht nach f6 und der Läufer nach b6 und wie soll das erschüttert werden? Aber es gibt doch eine Methode, den Laden zu sprengen: 66...dxe5 67.d6+–.

67.♔b7 ♗b6 68.♔c8 ♔f6

68...♔f4 69.f6 ♔xf3 70.f7+–

69.♔d8 ♔f7 70.♗e2 ♔f6 71.♗a6 ♔f7 72.♗c8 ♔f6 73.♗e6 1–0

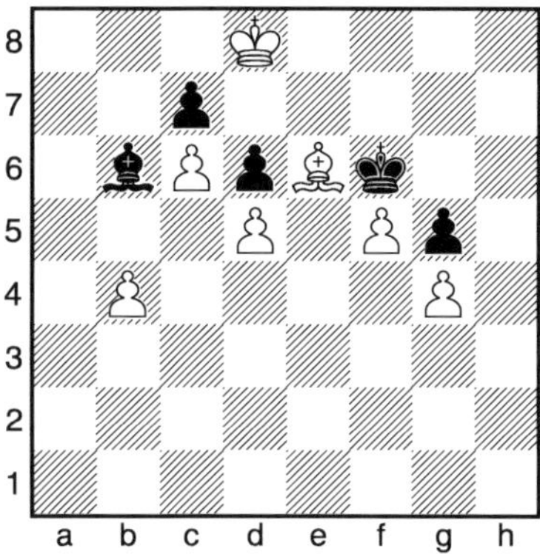

Schwarz ist in tödlichem Zugzwang.

Nun drei Beispiele, dass Nepomnjaschtschi auch im Endspiel ein starker Angreifer ist.

Endspiel 3

Nepomnjaschtschi – Aleksejenko

Kandidatenturnier Jekaterinburg 2021

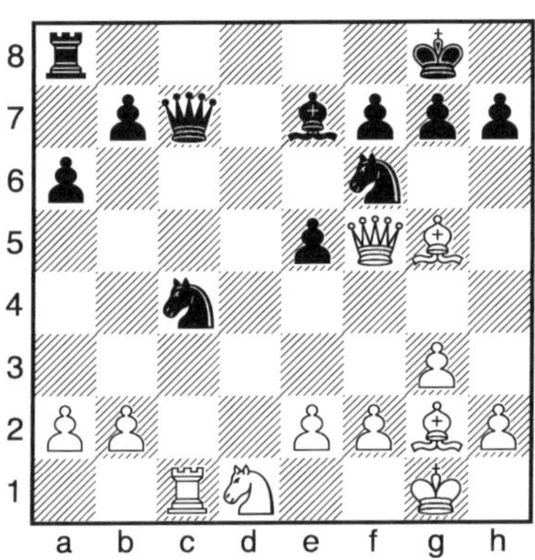

Schwarz am Zug

Ungleichfarbige Läufer bevorzugen den Angreifer. Diese Faustregel gilt im Mittelspiel und im Endspiel, solange es kein reines Endspiel ist, in dem es nur noch die ungleichfarbigen Läufer gibt.

18...♖d8?

Das verliert mehr oder weniger forciert. 18...♕d8! war erzwungen und Schwarz kann noch kämpfen; z.B.

– 19.♗xf6 ♗xf6 20.♗xb7 ♘d6

– 19.♖xc4 ♕xd1+ 20.♗f1 ♖d8

– 19.♘c3 19...h6 20.♗xf6 ♗xf6 21.♘e4 ♘d6 22.♘xd6 ♕xd6 23.♗xb7 ♖d8 und Weiß steht in allen Fällen klar besser, aber ein Gewinnbeweis ist nicht so leicht zu führen.

19.♗xf6 ♗xf6 20.♗e4

Nun hat Schwarz zu viele weißfeldrige Schwächen und sein Läufer hat auch keine rechte Rolle, ganz im Gegensatz zum mächtigen weißen Zentralläufer.

20...♕a5 21.♘c3 ♔f8 22.♘d5 b5

22...♖xd5 23.♗xd5 ♕xd5 24.♕c8+ ♔e7 25.♖xc4+−

23.♕xh7 ♖xd5 24.♗xd5 ♕d2

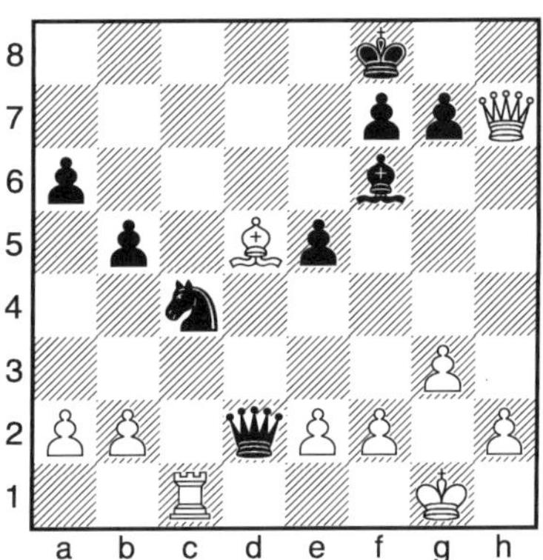

25.♖xc4!

Die Widerlegung des schwarzen Konzeptes.

25...bxc4

25...♕d1+ trifft auf 26.♔g2 ♕xd5+ 27.♖e4+−.

26.e4 ♕xb2 27.♕h8+ ♔e7 28.♕c8 ♕b6 29.♕xc4

Dem Computer gefällt 29.h4!? c3 30.♗b3+− noch besser.

29...♕b5?!

Das ist nicht sehr zäh, weil Weiß die Damen nicht abzutauschen braucht, um einen Bauern zu gewinnen.

29...♔f8!? ist besser, rettet aber auch nicht, denn nach z.B. 30.♗xf7 ♕b5 kann Weiß sogar die Damen abtauschen. Nach 31.♕xb5 axb5 sieht ein typischer Gewinnplan wie folgt aus: 32.♗g6 ♗g5 33.♔g2 ♔e7 34.♔f3 ♔f6 35.♗e8 b4 36.♔g4

1) 36...♗h6 37.f4 exf4 38.gxf4 ♔e7 39.♗b5 ♔f7 40.♗c4+ ♔e7 41.h4 g6 42.e5 ♔f8 43.♗b3 ♔e7 44.♔f3 ♔f8 45.♔e4 ♔e7 46.h5 gxh5 47.f5+−

2) 36...♗d2 37.f4 exf4 38.gxf4 ♔e6 39.h4 ♔f6 40.e5+ ♔e6 41.h5 ♗e3 42.♗a4 ♗d2 43.♗b3+ ♔e7 44.h6 gxh6 45.f5 ♗c3 46.f6+ ♔f8 47.♔f5+−

30.♕c7+ ♕d7

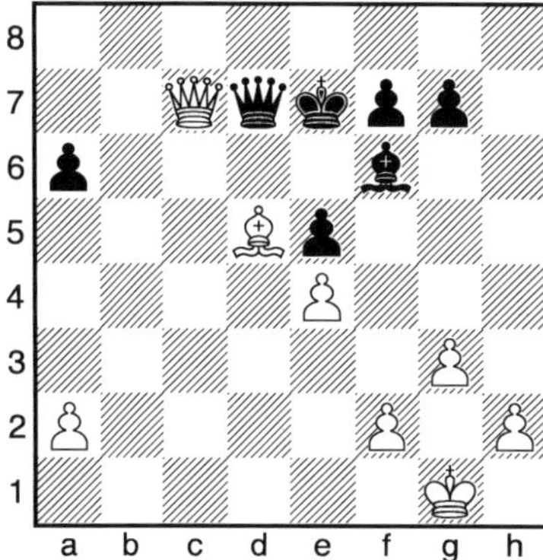

31.♕c5+! 1–0

Nepo behält die Damen natürlich auf dem Brett, weil ungleichfarbige Läufer den Angreifer bevorzugen. Also nicht 31.♕xd7+? ♔xd7 32.♗xf7 g5=, denn reine ungleichfarbige Läuferendspiele haben eine sehr hohe Remistendenz.

In der Partie warf Schwarz angesichts der folgenden Möglichkeiten das Handtuch:

1) 31...♔d8 32.♕f8+ (32.♕a5+ ♔e8 33.♕xa6+−) 32...♔c7 33.♔g2 ♕d6 34.♕xf7+ +−

2) 31...♕d6 32.♕a7+ ♕d7 33.♕xa6+−

Natürlich geht es auch noch viel komplexer.

Endspiel 4

Nepomnjaschtschi – Kramnik

Tal Memorial, Moskau 2016

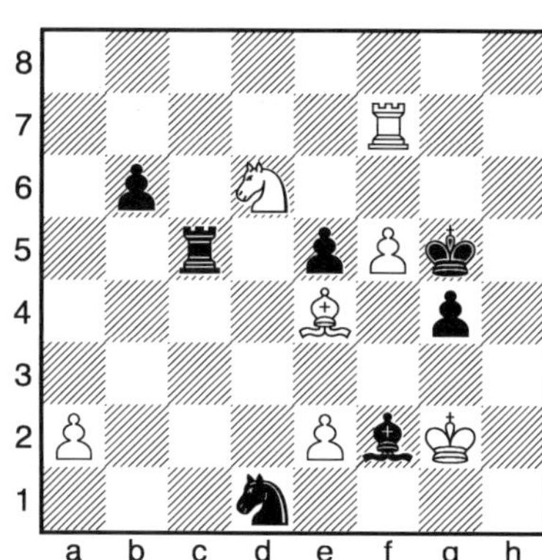

37.♖g7+!

Sofortiges 37.e3? ist ungenau, denn nach 37...♗h4 38.♖g7+ ♔h6 39.f6 ♘xe3+ 40.♔h2 ♗xf6 41.♖g6+ ♔h5 42.♖xf6 ♔h4 hat Schwarz noch gewisse praktische Remischancen.

37...♔f4 38.e3+!!

Diese Pointe zerstört die schwarze Koordination. 38.f6? ♗h4 39.f7? scheitert an 39...♘e3+ 40.♔h2 ♗g3+ 41.♔g1 ♖c1# (Marin in CBM 175).

38...♔xe3

38...♗xe3 wird durch 39.f6 ♗d4 40.f7 ♘e3+ 41.♔h2 ♘f1+ 42.♔h1 (Marin) 42...♘g3+ 43.♔g2+− widerlegt.

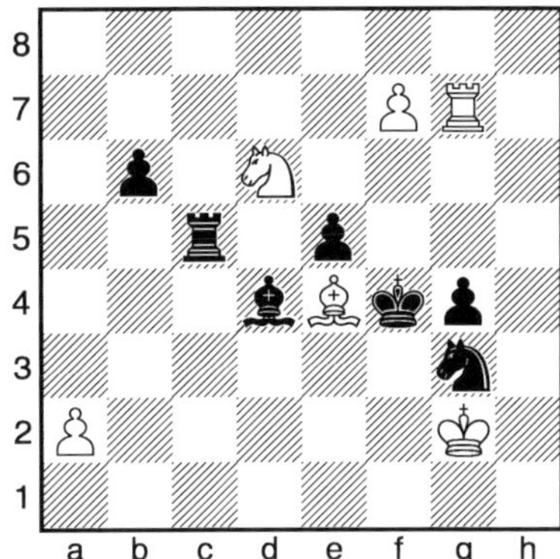

Schwarz hat kein Schach mehr. Im Berechnen solcher Varianten sind Pragmatiker besonders stark.

39.♖xg4 ♔d2 40.♗f3

Das direkte 40.f6 gewinnt ebenfalls.

40...♘e3+ 41.♔xf2 ♘xg4+ 42.♗xg4 ♖d5 43.♘e4+ ♔d3 44.f6 ♖a5 45.♗e2+ ♔d4 46.f7 ♖a8 47.♘g5 1–0

Endspiel 5

Carlsen – Nepomnjaschtschi

Magnus Carlsen Invitational-KO
2021

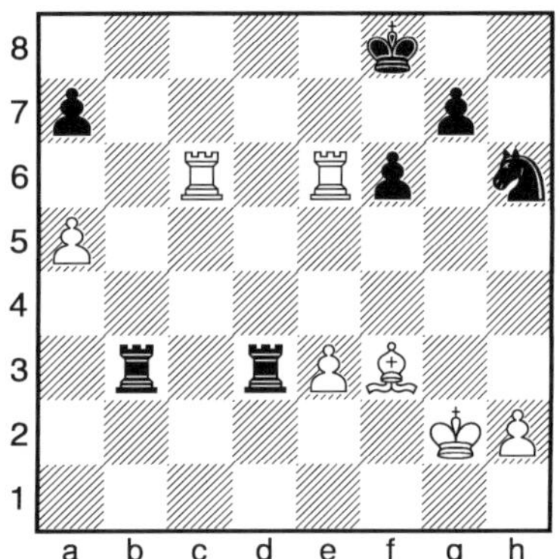

Nepomnjaschtschis König – im Endspiel hilft er beim Angriff oft mit.

38.♖c8+?

Der erste Schritt in die falsche Richtung; besser war 38.♗h5 ♖b8 39.♖c5=.

38...♔f7 39.♖a6?

Nun steht Schwarz sogar auf Gewinn. Hingegen sollte 39.♖ec6 ♖d2+ 40.♔f1 ♔g6 41.♗e4+ ♔g5 42.♖c2 zu halten sein.

39...♖d2+!

Natürlich nicht 39...♖xe3?? 40.♗d5+ ♔g6 41.♗xb3+−.

40.♔g3

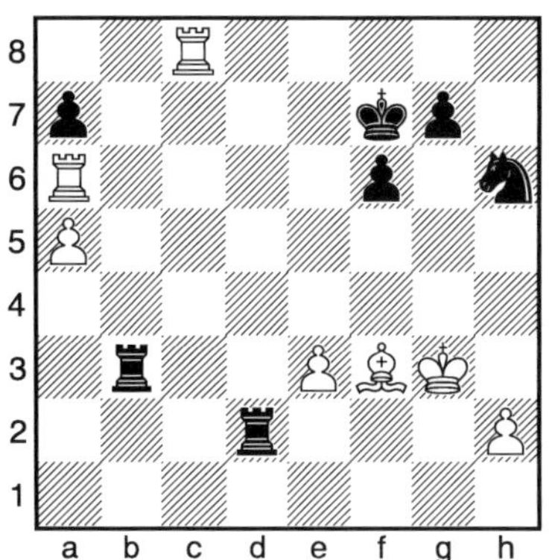

40...♘f5+?

Das gibt Magnus Carlsen eine zweite Chance. 40...♖xe3 41.♔f4 (41.♖xa7+?! ♔g6 42.♔f4 ♘f5–+) 41...♖e7–+ war angesagt.

41.♔f4 ♖f2 42.♖xa7+?

Nun gelangt Schwarz wieder zurück in die Angriffsspur. Besser war 42.♔xf5 ♖xf3+ 43.♔g4 ♖fxe3 44.♖c7+ ♔g6 45.♔f4 ♖h3 46.♔e4 ♖a3 47.♖axa7 ♖a4+ 48.♔d5 ♖xa5+ 49.♖xa5 ♖h5+ 50.♔e4 ♖xa5 51.♔f3=.

42...♔g6 43.♖cc7

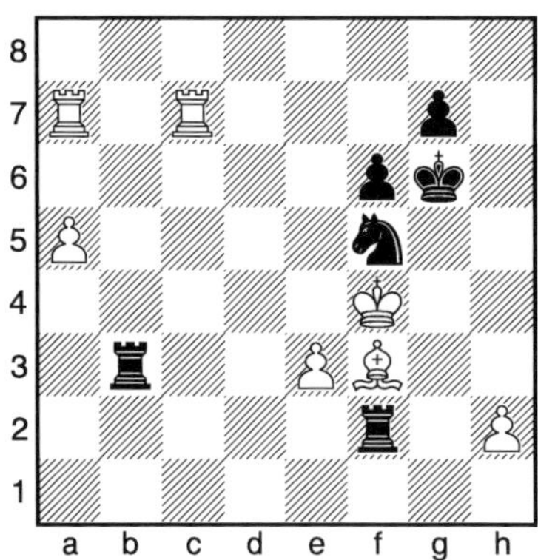

43...♔h6!!

Die Pointe, denn nun ist der weiße Angriff gestoppt und der schwarze unaufhaltbar. 43...♖xe3? 44.♖xg7+ ♘xg7 45.♔xe3 ♖xh2=

44.♔xf5?!

44.♖e7 leistet mehr Widerstand, aber nach 44...♘xe7 45.♖xe7 ♖a2 46.♗d5 ♖b4+ 47.e4 ♖xa5–+ für eine verlorene Sache.

44...♖xe3

Schwarz schließt das Mattnetz.

45.♖c5 g6+ 46.♔g4

46.♔xf6?! ♖fxf3+ 47.♖f5 ♖xf5#

46...♖fxf3 0–1

Im Hinblick auf 47.♖f7 f5+ 48.♖fxf5 (48.♔h4?! g5#) 48...♖xf5 49.♖xf5 gxf5+ 50.♔xf5 ♖a3–+.

Endspiel 6

Ni Hua – Carlsen

London Classic 2009

Magnus Carlsen ist ein sehr starker Reflektor. Zu mehr Informationen zum Spielertypen-Modell und zu Dominanz und Restriktionsmethoden konsultiere man mein (zusammen mit GM Luis Engel geschriebenes) Buch „Spielertypen" (Joachim Beyer Verlag 2020). Besonders die Einschränkung eines Springers gelingt Magnus nicht selten lehrbuchartig.

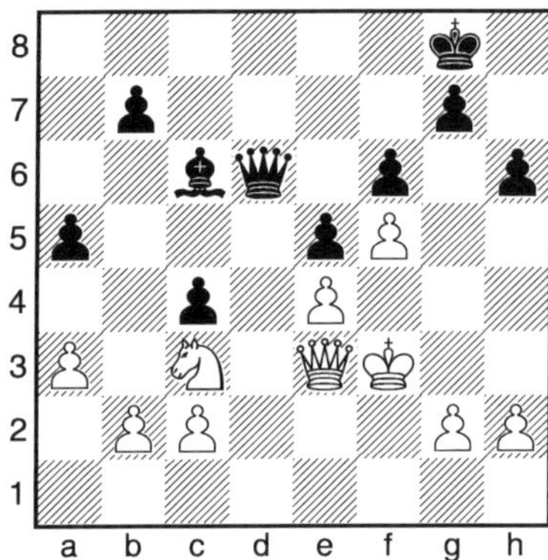

31.g3?!

Ni Hua sollte unbedingt mit 31.♔e2 prophylaktische Maßnahmen ergreifen, um 31...b5? mit 32.♕b6 beantworten zu können, ohne Läuferabzüge fürchten zu müssen.

31...b5!

Nun wird es für Weiß eng, weil der Springer immer mehr eingeschränkt wird.

32.♔e2 b4 33.axb4 axb4 34.♘d1 ♗a4

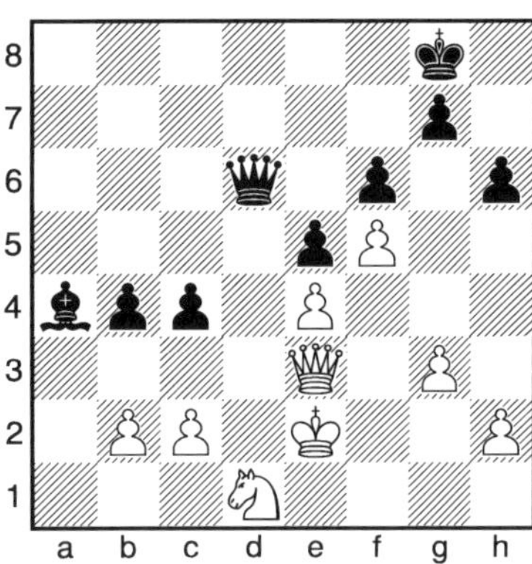

35.b3?

Das öffnet dem schwarzen Angriff zu viele Routen. Ni Hua musste unbedingt versuchen, mittels 35.♕d2! eine Entlastung herbeizuführen; z.B. 35...♕d4 36.♕xd4 exd4 37.♔d2 ♗b5 38.c3 dxc3+ 39.bxc3 b3 40.♔e3 ♗e8 41.♔d4 ♗f7 (Ftaćnik in CBM 134) 42.e5 fxe5+ 43.♔xe5 mit Ausgleich, weil der Springer hier eine gute Blockaderolle gefunden hat.

35...cxb3 36.cxb3 ♕a6+ 37.♔d2 ♗b5 38.♕c5 ♕a2+

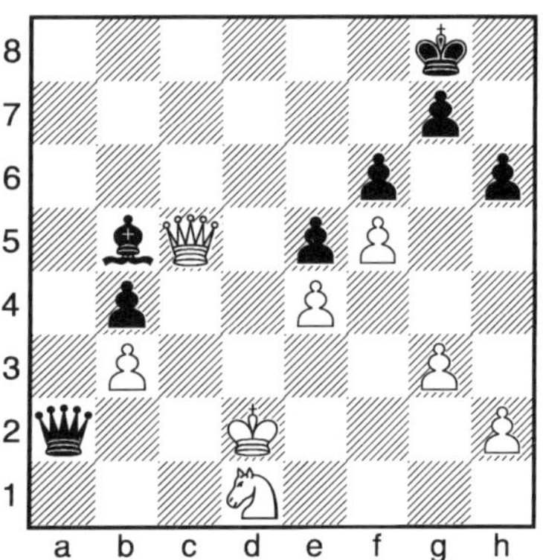

39.♕c2?

Erneut sollte Weiß versuchen, die Damen zu tauschen, weil Schwarz von der Dynamik ihrer Anwesenheit weit mehr profitiert. Also 39.♔c1! ♗e2 40.♘e3 ♕xb3 41.♕d5+, wenngleich Schwarz sich nach 41...♕xd5

42.exd5 (42.♘xd5 ♗d3−+) 42...♔f7 43.♔d2 ♗f3 44.♔d3 ♔e7 45.♔c4 ♔d6 46.♔xb4 ♗xd5−+ letztlich durchsetzen sollte.

39...♕a7!

Nun ist nicht zu verhindern, dass die schwarze Dame an einem der Flügel eindringt.

40.♕c8+

40.♔c1 ♕a1+ 41.♕b1 ♕d4 42.♕c2 ♔h7 −+

40...♔h7 41.♔c1 ♕a1+ 42.♔c2 ♕d4 0–1

Auch im folgenden Fall bekommt ein gegnerischer Springer große Probleme.

Endspiel 7

Carlsen – Naiditsch

World Cup, Chanty Mansijsk 2007

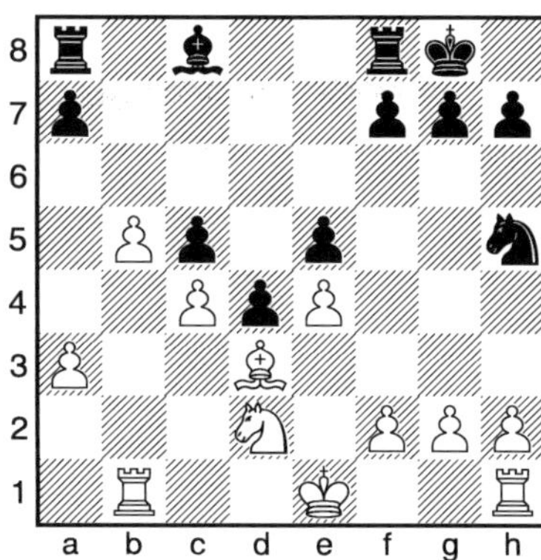

18...a6?!

Ein Spiel mit dem Feuer, denn eine Öffnung am Damenflügel kann leicht nach hinten losgehen. Normalerweise sollte man ja nicht an dem Flügel spielen, an dem der Gegner stärker ist.

Natürlicher wirkt 18...♘f4 19.♗f1 ♗b7 (19...a6 20.g3 ♘e6 wurde von Naiditsch nach der Partie angegeben.) 20.g3 ♘e6 21.♔e2 f5 22.♗g2 ♖f6.

19.g3!?

Magnus legt den Finger in die Wunde. 19.♖a1 ♘f4 20.♗f1 war die Alternative.

19...axb5 20.cxb5

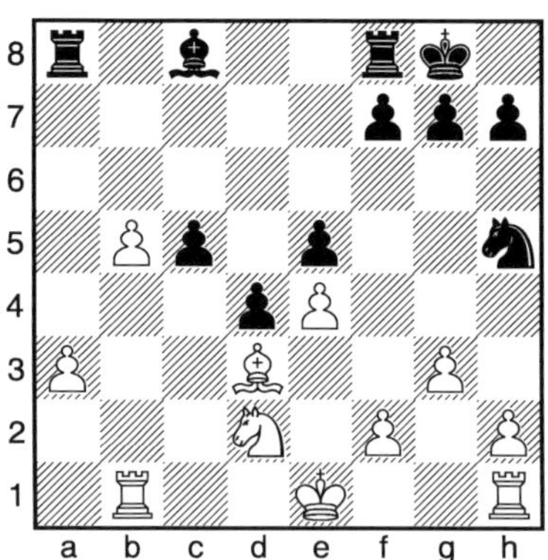

20...♖xa3?!

Das hat keine Priorität. Der Springer musste unverzüglich mit 20...♘f6 ins Spiel zurückbeordert werden.

A) 21.♘c4 ♗e6 22.♘xe5 ♖xa3 23.b6 ♘g4 24.♘xg4 ♗xg4 25.♔d2 ♖a2+ 26.♗c2 ♗f3 27.♖a1 ♖xc2+ 28.♔xc2 ♗xe4+ 29.♔d2 ♗xh1 30.♖xh1 ♖b8 31.♖b1 ♔f8

B) 21.♔e2 ♗g4+ 22.f3 ♗e6 23.♖a1 ♖a4 24.♖hc1 ♘d7; 21.♖a1 ♗e6 22.a4 ♖a5 23.♔e2 ♖fa8 24.♖hb1 ♘d7 25.b6 ♖b8 26.b7 ♔f8

Jeweils mit ausreichendem schwarzem Gegenspiel.

21.♔e2 ♗b7?

Das geht endgültig zu weit. Der Springer sollte mit 21...♘f6! ins Spiel gebracht werden; z.B. 22.♖hc1 ♘d7 23.♖a1 ♖xa1 24.♖xa1 ♘b6 25.♘c4 ♘xc4 26.♗xc4 ♗b7 27.♔d3 ♖b8 28.f4 exf4 29.gxf4 ♔f8 mit praktischen Remischancen.

22.♖hc1 ♖c8 23.♘c4 ♖a2+ 24.♔e1

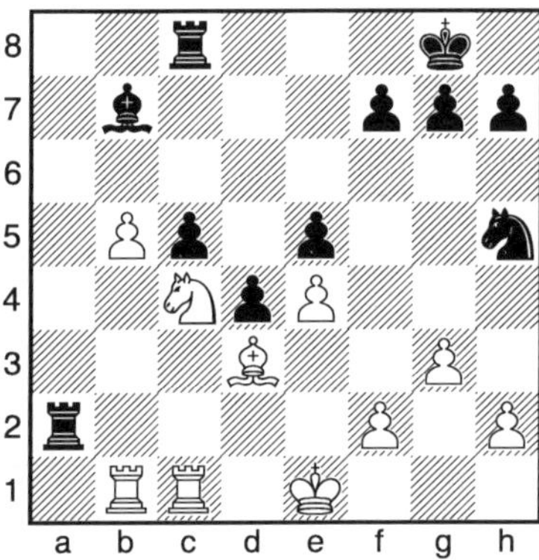

24...♖d8?

Für diese Prophylaxe hat Schwarz einfach keine Zeit. Er sollte den Springer direkt ziehen, weil das ohnehin sein muss, und mittels 24...♘f6 25.♘d6 ♖b8 26.♖xc5 ♖a3 weiterkämpfen.

25.♘xe5 ♘f6 26.♗c4 d3

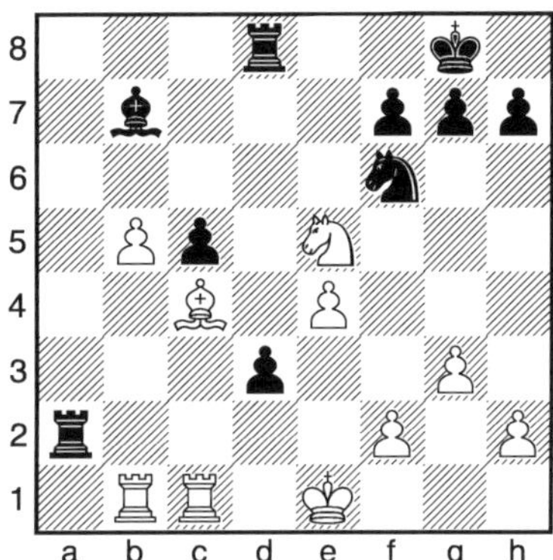

27.♘xd3!?

Magnus hält alles einfach und klar. Die Verwicklungen nach 27.♗xf7+ ♔f8 28.♗xa2 d2+ 29.♔e2 dxc1♕ 30.♖xc1 ♘xe4 31.♗b1 ♔e7 32.♗xe4 ♗xe4 33.♔e3 ♗b7 34.♖xc5 ♔d6 35.♔d4 ♔e6+ 36.♔c3 gehen zwar auch zugunsten von Weiß aus, aber warum sollte man sich auf einen solchen Rechenaufwand einlassen?

27...♖aa8 28.f3!?

Magnus schränkt in seinem typischen Stil die gegnerischen Figuren ein und behält Gewinnpotenzial auf dem Brett. Das direkte 28.♘xc5 gewinnt allerdings auch; z.B. 28...♗xe4 29.♘xe4 ♘xe4 30.b6 ♖e8

(30...♘d2 31.b7 ♖ab8 32.♖b2 ♘xc4 33.♖xc4 g6 34.♖c7+−)

31.♗b5 ♖e6 32.b7 ♘d6+ 33.♗e2 ♖b8

(33...♖ae8 34.♖c2 ♖b8 35.♔f1+−)

34.♖b6 ♔f8 35.♖a1 ♔e7 36.♖a8 ♖xb7 37.♖xb7+ ♘xb7 38.♖a7 ♖b6 39.♗f3+−

28...♘d7 29.♗b3 ♖dc8 30.♖c3 ♔f8 31.♖bc1 ♖a3

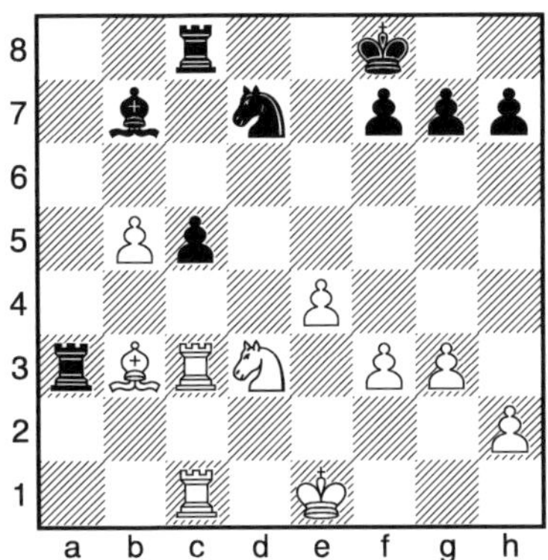

Nun folgt die entscheidende Umgruppierung, welche das schwarze Gebäude zum Einsturz bringt.

32.♘b2! ♘b6 33.♘c4 ♘xc4 34.♗xc4 ♖ca8 35.♖xa3 ♖xa3 36.♗e2 f5

Das geht nach hinten los, weil Weiß das Turmendspiel relativ leicht gewinnen kann. Guter Rat ist aber bereits teuer.

37.exf5 ♗xf3

37...♔e7 38.♖xc5 ♔d6 39.♖c2 ♗xf3 40.♗xf3 ♖xf3 41.b6 ♖xf5 42.♖c7+−

38.♗xf3 ♖xf3 39.♖b1 ♖d3

39...♖xf5 40.b6 ♖e5+ 41.♔d2 ♖e8 42.♔c3+−

40.b6 ♖d8 41.b7 ♖b8 42.♔d2 ♔e7 43.♔c3 ♔d6 44.g4 h6 45.♔c4 ♔c6 46.h4 ♖xb7 47.♖xb7 ♔xb7 48.g5 hxg5 49.hxg5 1–0

Angesichts von 49...♔c6 50.f6 gxf6 51.g6.

Aber auch ein Läufer kann alt aussehen, wenn die Springerpartei die volle Kontrolle erlangen kann.

Endspiel 8
Kramnik – Carlsen
Tata Steel, Wijk aan Zee 2011

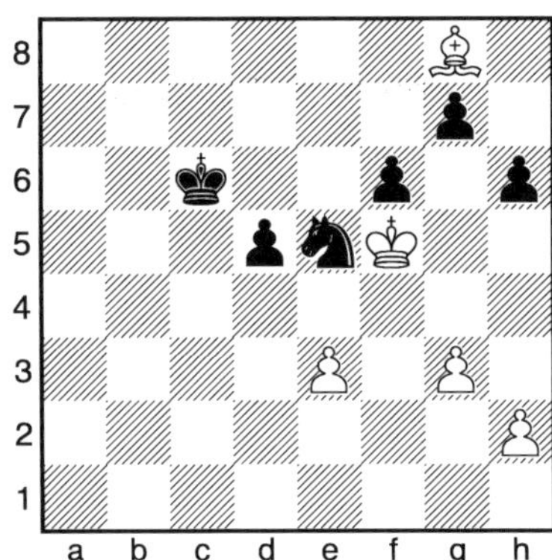

44.h3?!

Kramnik stellt seine Bauern im Folgenden ungünstig auf. Mittels 44.h4! ♔d6 45.h5 (Kramnik) konnte er recht leicht remisieren.

44...♔c5 45.g4?! ♔d6 46.♗h7 ♔e7 47.♗g8 g6+ 48.♔f4 ♘f7 49.♗h7

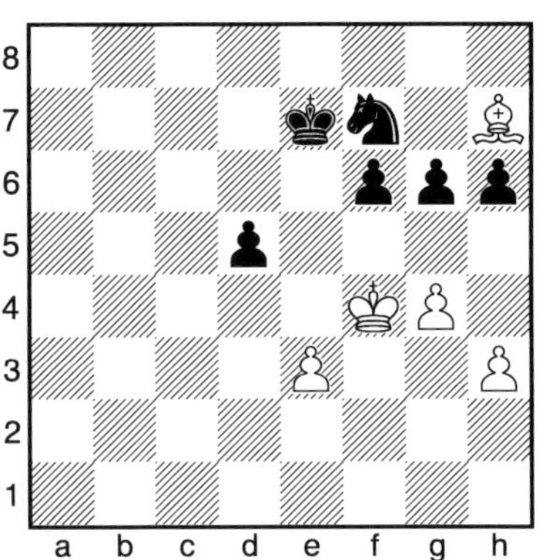

49...g5+!?

49...♘h8 50.♗g8 ♔d6 51.h4=

50.♔g3

Unglücklicherweise ist die aktive Verteidigung mittels 50.♔f5?? wegen 50...♘d6+

51.♔g6 ♘c4 52.♔xh6 ♘xe3–+ nicht spielbar.

50...♘d6 51.♗g8 ♘e4+ 52.♔g2 ♔d6

Magnus schickt seinen König auf eine lange Reise.

53.♔f3 ♔c5 54.♗h7 ♘c3 55.♗d3 ♔b4 56.♗a6 ♔b3

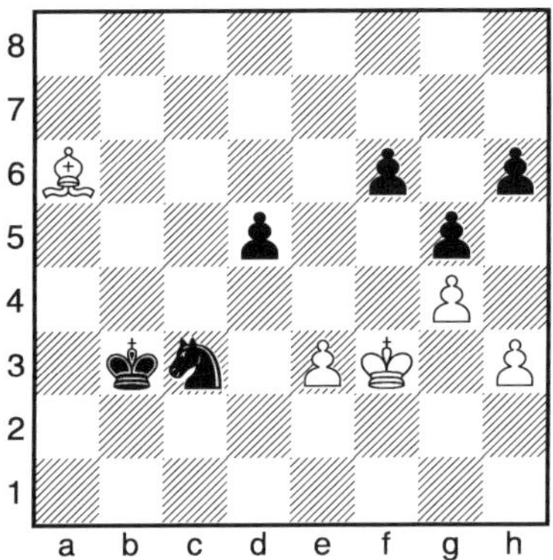

57.♗b7?

Nun gelangt der König nach d2, womit das weiße Schicksal besiegelt wird. 57.♗d3 ♔b2 58.♔f2 ♔c1 59.♔e1 (Kramnik) war die letzte Chance. Es sieht so aus, als könne sich Weiß noch halten.

57...♔c2 58.♗a6

58.e4?! d4–+

58...♔d1

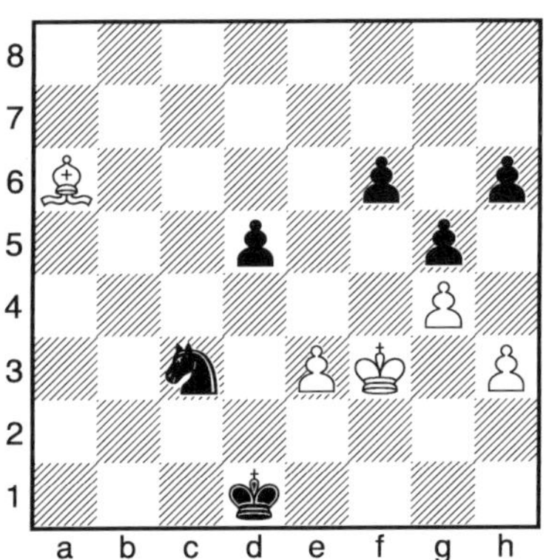

Selbst hier ist der Gewinn aufgrund der reduzierten Bauernzahl nicht leicht. So musste Carlsen all seine Kreativität und seinen König einsetzen, um sich durchzusetzen. Nachdem Kramnik meine ursprüngliche Analyse gesehen hatte, die in diesem Moment einsetzte, bemerkte er: „Ich hatte schon zwei riesige Böcke geschossen und war bereits völlig verloren."

59.♗b7?!

59.♗c8 war viel zäher, weil nun kein direkter Zugzwang hergestellt werden kann. Aber Schwarz kann dennoch gewinnen: 59...♔d2 60.♗b7

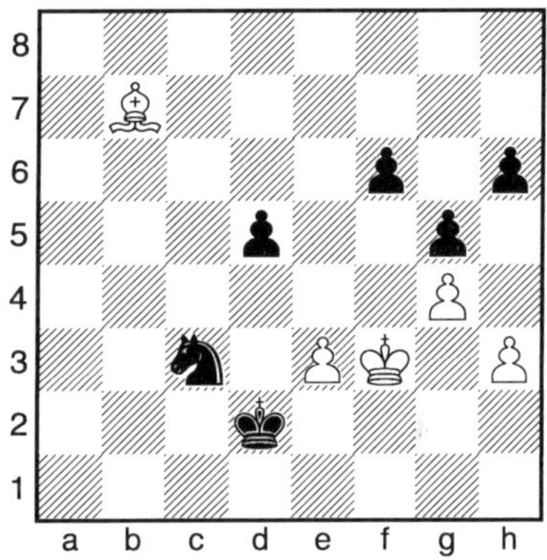

60...♔c1

Ein Dreiecksmanöver, um diese Aufstellung zu durchbrechen.

61.♗c8 ♔d1 62.♗f5

(62.♗a6 ♔e1 Zugzwang 63.♗d3 ♔d2 64.♗a6 ♘d1 65.e4 d4–+)

62...♔e1 63.♗e6 ♔f1 64.♗g8 ♔g1 65.♔g3 ♘e4+ 66.♔f3 ♔h2 67.♗xd5

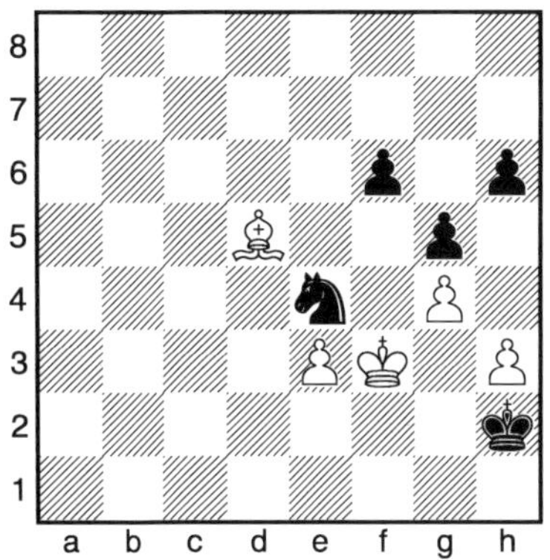

67...♘c3!

(Denn nach 67...♘d6? 68.h4 gxh4 69.♔f2 bzw. nach 67...♘c5? 68.♗c4 ♔xh3 69.♗f1+ ♔h4 70.♗e2 h5 71.gxh5 ♔xh5 hat Weiß gute Remischancen.)

Schwarz muss ein Tempo gewinnen. Nun kann der Läufer erstaunlicherweise stets ausgetanzt werden, denn Schwarz verfügt noch über Königszüge nach h3 und h4, so dass die Springerpartei hier die Zugzwangduelle gewinnen kann. In aller Regel setzt ja die Läuferpartei die scharfe Endspielwaffe Zugzwang gegen den Springer ein.

68.♗c4

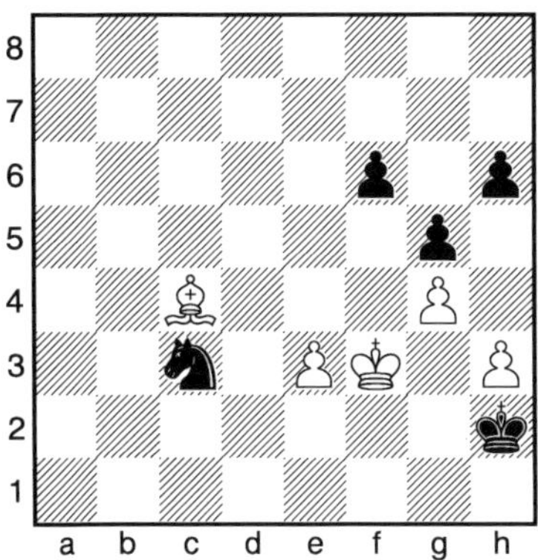

68...♘b1!!

Die Pointe. Der Springer wird sich entweder auf d2 opfern oder mit Tempo zurückkehren.

(68...♔xh3? wird mit 69.♗f1+ ♔h4 70.♗d3 beantwortet.)

69.♔e2 ♔xh3 70.♗d3

(70.♗e6 ♘c3+ 71.♔f3 ♘a4 72.♗c4 ♔h4 73.♗f1 ♘b6 74.♗e2 ♘d5 75.♗d1 ♘c3 76.♗c2 ♘b5 77.♗a4 ♘d6 78.♗b3 f5 79.gxf5 ♘xf5 80.♗c4 ♘e7 81.♗f1 h5 82.♔f2 g4–+)

70...♘c3+ 71.♔f3 ♔h4

A) Wenn Weiß mit 72.♗c2 (Knaak) auf der Diagonale b1–h7 bleibt, dann gewinnt der folgende Springertanz, wobei der König sich immer mal wieder einschalten muss, um Zugzwang herbeizuführen: 72...♘b5 73.♗f5

(73.♗h7 ♘d6 74.♗g6 ♘c4–+)

73...♘d6 74.♗e6 ♔h3 75.♗b3

(75.♗a2 ♘c8 76.♗c4 ♘e7 77.♗e6 ♘c6 78.♔e4 ♘e5 79.♔f5 ♘xg4 80.♔g6 ♔h4 81.e4 ♘e3–+)

75...♘b7 76.♗d1 ♘c5 77.♗e2 ♔h4 78.♗b5 ♘b3 79.♗e2 ♘d2+ 80.♔f2 ♘e4+ 81.♔g2 ♘c3 82.♗f3 ♘a2 83.♗e2 ♘c1 84.♗d1 ♘d3 85.♔f3 ♘e5+ –+

B) 72.♗f1 ♘b1 73.♗d3 ♘d2+ 74.♔e2 ♔xg4 75.♔xd2 ♔h3 76.♗e2 g4 77.♔e1 h5 78.♔f1 ♔h2–+

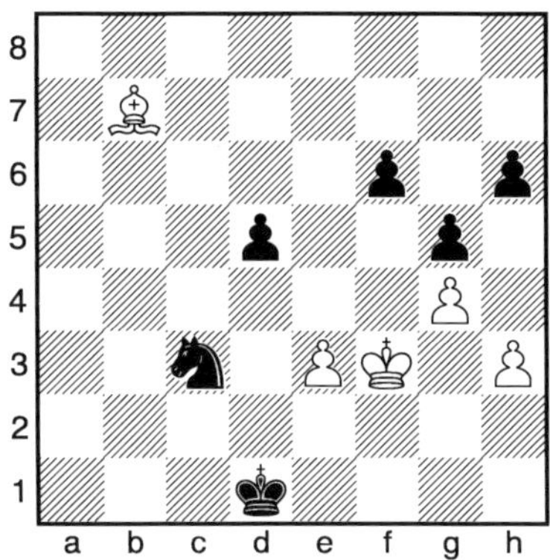

59...♔d2!!

Carlsen bringt Kramnik in tödlichen Zugzwang. Nun wird der schwarze König seinen langen Marsch in Richtung des Bauern h3 fortsetzen können.

60.♗c6

60.♗a6?! läuft in 60...♘d1 61.e4 d4–+.

60...♔e1 61.♗b7 ♔f1 62.♗a8 ♔g1 63.♔g3 ♘e4+ 64.♔f3 ♘d2+ 65.♔g3

65.♔e2 ♘c4 66.♗xd5 ♘e5 67.♗e4 ♔h2 68.♔f2 ♔xh3 69.♗f5 ♔h4–+

65...♘f1+ 66.♔f3 ♘d2+ 67.♔g3 ♘c4 68.♗xd5 ♘xe3 69.♗b7 ♘f1+ 70.♔f3 ♔h2 71.♔f2

71.h4 ♔h3 72.hxg5 fxg5 73.♗c8 ♘h2+ 74.♔f2 ♘xg4+ 75.♔f3 h5–+

71...♘d2 72.♗g2 ♘c4 73.♗f1 ♘e5 74.♔e3 ♔g1 75.♗e2

75.♔e2 ♘d3 76.♔xd3 ♔xf1–+

75...♔g2 76.♔e4 ♔xh3 77.♔f5 ♔h4 78.♗d1 ♘c4! 79.♔e4

Nach 79.♔xf6 ♘e3 80.♗e2 ♘xg4+ 81.♔g6 h5 82.♗d1 ♘e3 83.♗xh5 ♘g4–+ ...

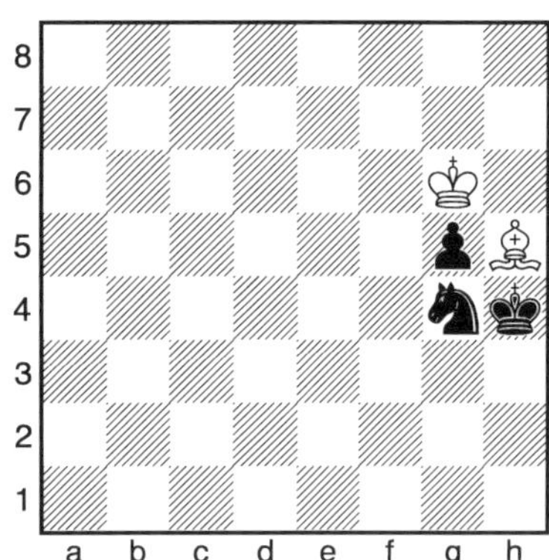

... ist Weiß in tödlichem Zugzwang. Ein tragikomisches Bild!

79...♘d6+ 80.♔d5

80.♔f3 h5 81.gxh5 ♔xh5 82.♔g3+ ♔g6 –+

80...f5! 0–1

Die letzte Pointe. Ein von Magnus Carlsen sehr beeindruckend geführtes Endspiel! Kramnik gab angesichts von 81.♔xd6 fxg4 82.♔e5 g3 83.♗f3 ♔h3 84.♔f5 g2 85.♗xg2+ ♔xg2–+ auf.

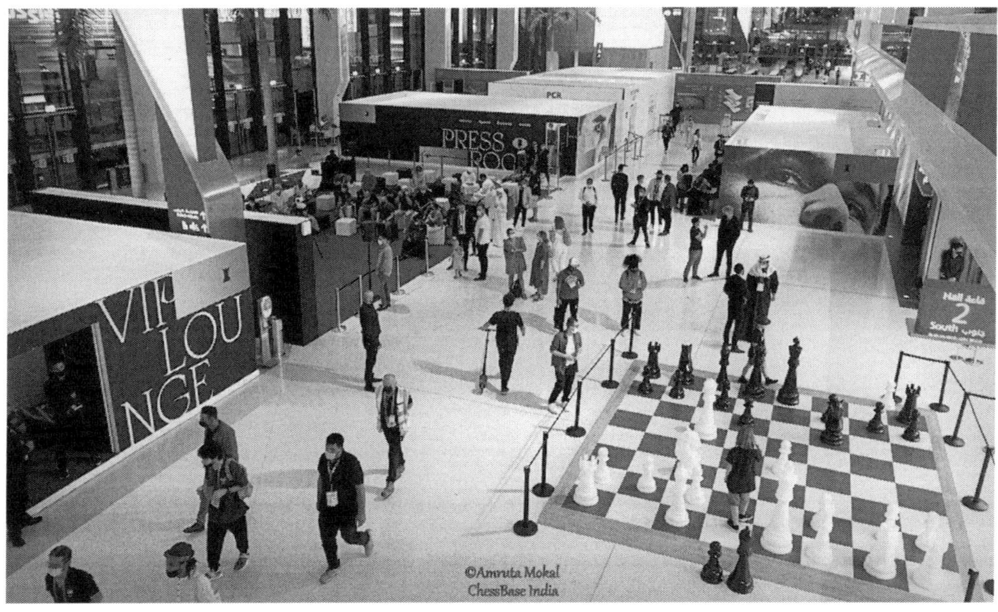

Der Besucherraum der Schach-WM

Das Carlsen-Endspiel

Im Endspiel „♖+♗ gegen ♖+♗" mit gleichfarbigen Läufern haben Reflektoren besonders viele instruktive Beispiele geliefert, so dass es auch als „Carlsen-Endspiel" bezeichnet werden kann, zumal „Karpow-Endspiel" schon als Bezeichnung für Endspiele mit Türmen und ungleichfarbigen Läufern vergeben ist. Offenbar kommt ihnen das besonders entgegen, weil die Koordination von Turm, Läufer und König sehr wichtig ist und es außerdem darum geht, die gegnerische Koordination zu stören.

Endspiel 9

Carlsen – Caruana

Sao Paulo/Bilbao 2012

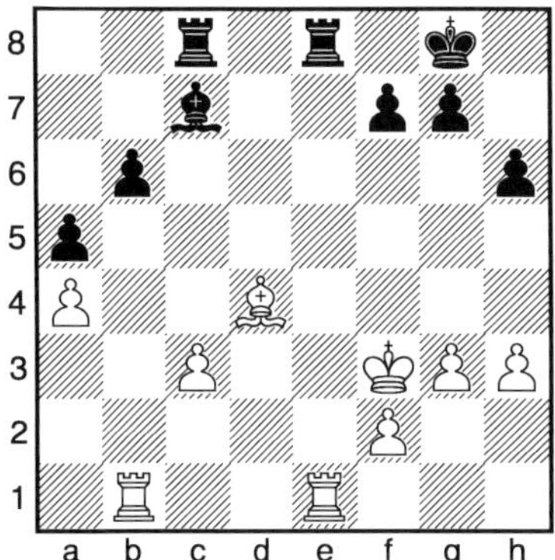

29.♖e4!

Der einzige Zug, der den weißen Vorteil festhält, was zeigt, dass Weiß auf die Initiative angewiesen ist.

29...g6?!

29...f5? läuft in 30.♖xe8+ ♖xe8 31.♖b5+–.

30.g4

30.♖b5!?

30...♔f8?!

Es ist schwer zu sagen, ab wann Weiß objektiv auf Gewinn steht. Vielleicht ist schon dies der entscheidende Fehler. 30...♖e6 wird von den Engines favorisiert.

31.h4 ♖xe4?! 32.♔xe4 ♖e8+?! 33.♔d3 ♖e6 34.♗e3 ♔g7 35.♖b5 ♗d8?! 36.h5! ♖d6+ 37.♔c4 ♖c6+ 38.♔d5 ♖e6

38...♖xc3?? scheitert an 39.♗d4+ +–.

39.♗d4+ ♔f8 40.f4

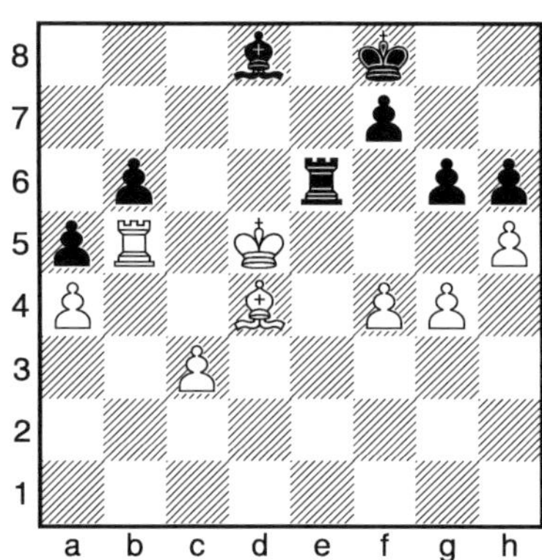

40...♗c7?!

Ohne seinen König kann Schwarz mit der kommenden Invasion am Damenflügel nicht fertig werden. 40...♔e7!? war daher angesagt; z.B. 41.c4

(41.f5 ♖d6+ 42.♔e4 gxh5 43.gxh5 ♖c6 44.♔d3 ♔d7 45.c4 ♗c7)

41...♔d7 42.f5 gxf5 43.gxf5 ♖d6+ 44.♔e4 ♖c6 45.c5 bxc5 46.♖xc5 ♖a6 und in beiden Fällen kann Caruana noch hartnäckigen Widerstand leisten, selbst wenn das Endspiel vermutlich langfristig doch verloren sein sollte.

41.f5!

Magnus bereitet die Öffnung von Routen

vor und nimmt dem schwarzen Turm den Ankerplatz e6.

41...♖d6+ 42.♔e4 ♖c6

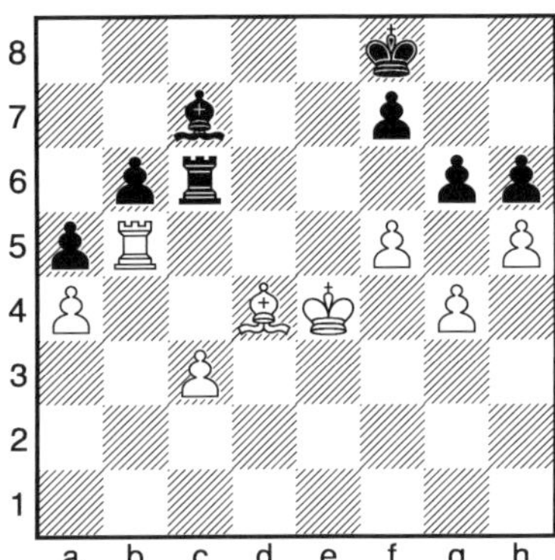

43.♖b1!

Magnus bringt seinen Turm zurück, damit er schneller auf beiden Flügeln operieren kann. Das ist ein typischer Vorteil des Angreifers, der seine Kräfte in der Regel schneller verschieben kann, weil er mehr Raum hat.

43...♔e8

43...gxh5 44.gxh5 ♖c4 wird mit 45.♔d5 ♖xa4 46.♔c6 ♗b8 47.♖g1 ♖c4+ 48.♔xb6+− beantwortet.

43...g5 44.♔d5 ♖d6+ 45.♔c4 ♔e7 46.♖e1+ ♔d7 47.♔b5+−

44.hxg6 fxg6 45.♖h1!

Nun spielt Magnus den Vorteil aus, dass er am Königsflügel schneller operieren kann.

45...♔f7 46.♔d5

46.f6? bringt wegen 46...♖e6+ 47.♔d5 ♗f4= nichts ein.

46...♖d6+ 47.♔c4 gxf5?!

Normalerweise ist es gut, wenn der Verteidiger Bauern tauscht. Aber in diesem Fall wird der ganze Königsflügel abgeschafft, so dass dort kein Gegenspiel mehr organisiert werden kann.

47...g5! ist zäher, aber Weiß sollte langfristig gewinnen; z.B. 48.♔b5 ♗d8 49.♖e1 ♗f6 50.♗xb6 ♗xc3

(50...h5 51.gxh5 ♖d5+ 52.♔c6 ♖xf5 53.c4 g4 54.♖g1+−)

51.♖c1 ♗b4 52.♖c7+ ♔f6 53.♖h7 ♖d5+ 54.♔c6 ♖d6+ 55.♔b7 ♖d2 56.♖xh6+ ♔f7 57.♖h7+ ♔g8 58.♖c7 ♖g2 59.♖c4+−

48.gxf5 ♗d8

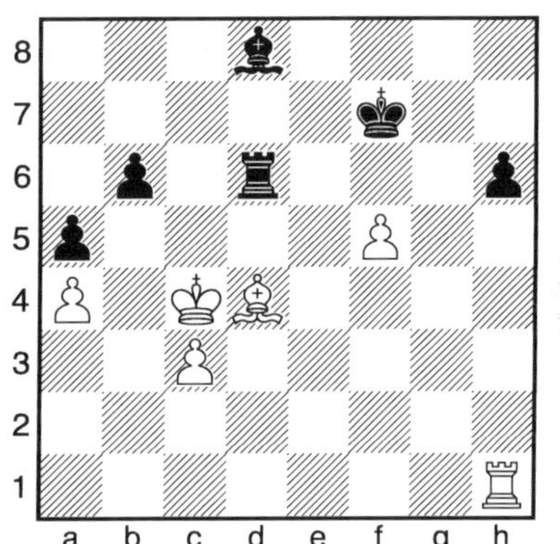

49.f6!

Das zerstört die Kommunikationslinien im schwarzen Lager. Nun gewinnt Magnus, weil Caruana seinen Damenflügel nicht zusammenhalten kann.

49...♗xf6

49...♔g6 50.♖g1+ ♔f7 51.♖g7+ ♔e6 52.♖h7+−

50.♖xh6 ♗e7 51.♖xd6 ♗xd6 52.♔b5 ♔e6 53.♗xb6 ♔d7 54.c4 ♔c8 55.♗xa5 ♔b7 56.♗b4

Natürlich nicht 56.c5?? ♗xc5 57.♔xc5 ♔a8=.

56...♗f4 57.c5 ♔a7 58.c6 ♔b8 59.a5 ♔a7 60.a6 ♔a8 61.♗c5 ♗b8 62.♔c4 ♗c7 63.♔d5 ♗d8 64.♔e6 ♗c7 65.♔d7 ♗a5 66.♗e7 1–0

Caruana gab auf, weil nach 66...♔a7 67.♗d8 ♔xa6 68.♗xa5 ♔xa5 69.c7+− der c-Bauer durchläuft.

Man sollte nichts überstürzen. Das ist ein wichtiges Endspielprinzip, wenn der Gegner kein Gegenspiel hat.

Endspiel 10

Carlsen – Kramnik

Tal Memorial, Moskau 2013

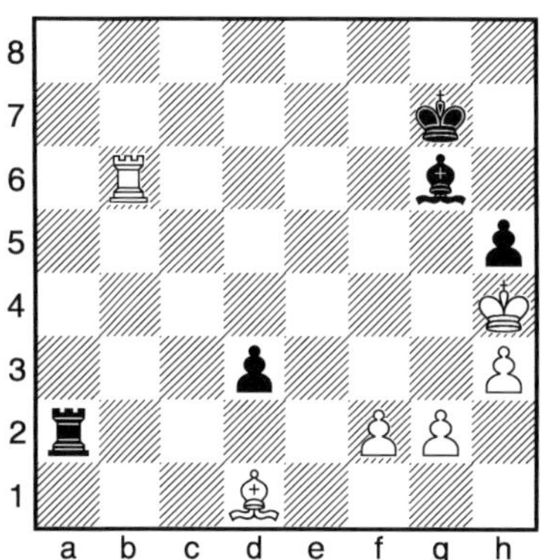

42.♔g3!?

Magnus Carlsen hält an seinem wertvollen Gewinnpotenzial fest. Das direkte 42.♗xh5?! verstößt gegen das genannte Prinzip und läuft in 42...♗xh5 43.♔xh5 ♖xf2 44.g4 ♖f6=.

42...h4+?

Kramnik handelt überstürzt, denn dieser Vorstoß hilft Weiß, der nun mobile Freibauern erhält.

42...♖a1 43.♗f3 ♖a4 44.h4 (Golubev in *Chess Today*) 44...♖c4 sollte wegen des aktiven schwarzen Turms recht einfach remisieren.

43.♔xh4 ♖xf2 44.♔g3

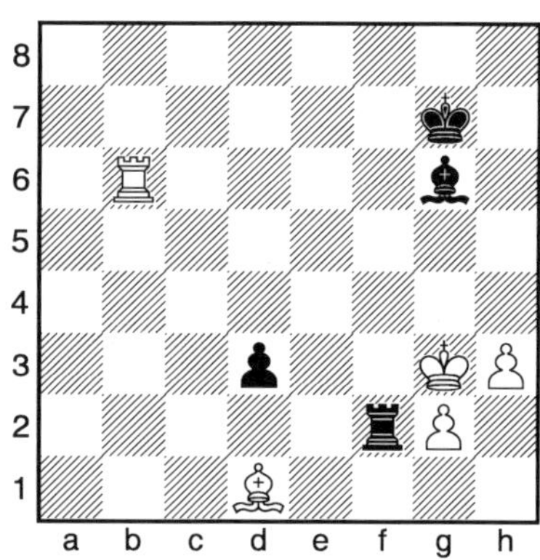

44...♖f6?

Der Turmtausch verliert zwangsläufig, aber die schwarzen Remischancen sind ohnehin nicht mehr sehr hoch; z.B. 44...♖a2 45.♗f3 ♖a4 46.♖d6 ♔f7 47.♔f2 ♖h4 48.♗d5+ ♔g7 49.♗c6 ♔f7 50.♗d5+ ♔g7 51.♗f3 ♔f7 52.♗g4±; 44...♖f1 45.♗g4 ♖c1

(45...♗e4?! 46.♖d6 ♖g1?! 47.♗f3 ♗xf3 48.♔xf3 ♖f1+ 49.♔e3 ♖g1 50.♔f2 ♖d1 51.h4 ♔f7 52.g3 ♔e7 53.♖d4 ♔e6 54.♔e3 ♖g1 55.♖g4 ♖d1 56.♖g5+–)

46.♗f3 ♖c4 47.♖d6 ♖b4 48.♔f2 ♖h4 49.♗g4 ♖h8 50.♔g3 ♖a8 51.♖d4 ♔f6 52.♔f4±.

45.♖xf6 ♔xf6 46.♔f4

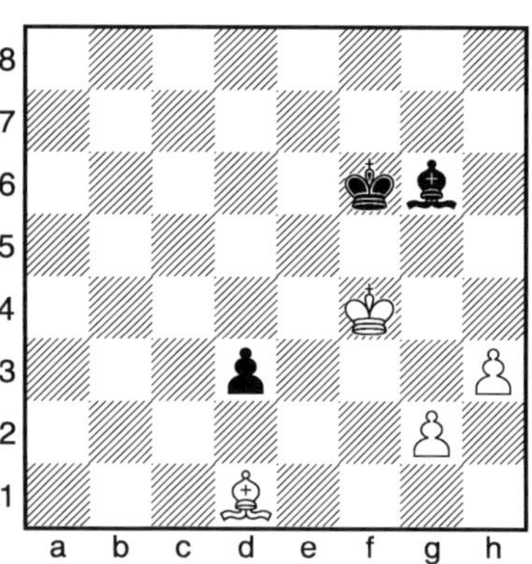

46...d2?!

Nun kann der d-Bauer gar nicht mehr gedeckt werden. Schwarz ist jedoch in jedem Fall verloren, wie die folgenden Varianten belegen: 46...♗e8 47.h4 ♔e6 48.♗f3 ♔f6 49.g4

(49.♔e3? ♔e5 50.g3 ♗g6 51.♗c6 ♗h7 52.♗b5 ♔f5 53.♗xd3+ scheitert verblüffenderweise an 53...♔g4 54.♗xh7 ♔xg3 55.h5 ♔g4 56.h6 ♔g5=.)

49...♗d7 50.g5+ ♔g7 51.h5 ♗e6 52.h6+ ♔f7 53.♗e4 d2 54.♗c2+−

47.♔e3 ♔e5 48.g3 ♗f5

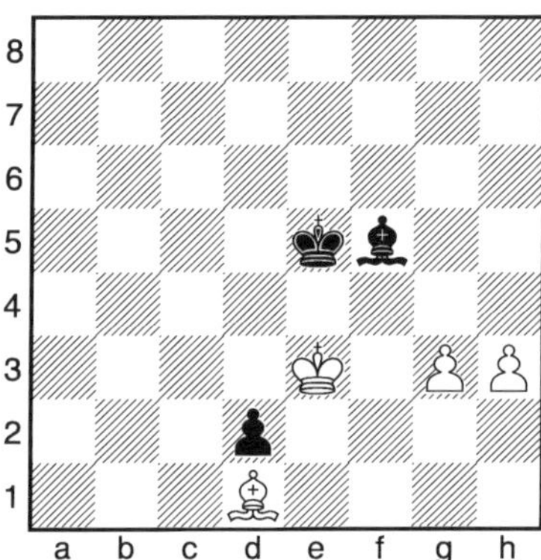

49.h4!

Weiß steht auf Gewinn, aber wegen des falschen Randbauern ist noch Vorsicht angesagt.

49.g4? läuft in 49...♗e6 50.♔xd2 ♔f4 51.♔d3 ♔g3 52.♔e4 ♔xh3 53.g5 ♔h4 54.g6 ♔g5 55.g7 ♔g6=.

49...♗e6 50.♔xd2 ♔e4 51.♔e2 ♗g4+ 52.♔e1 ♗e6 53.♔f2 ♔e5 54.♔e3 ♗d7 55.♗c2 ♗g4 56.♗g6 ♗d7 57.h5 ♔f6

57...♗g4 58.h6 ♔f6 59.♗e4+−

58.♔f4 ♗e6 59.♗e4 ♔g7

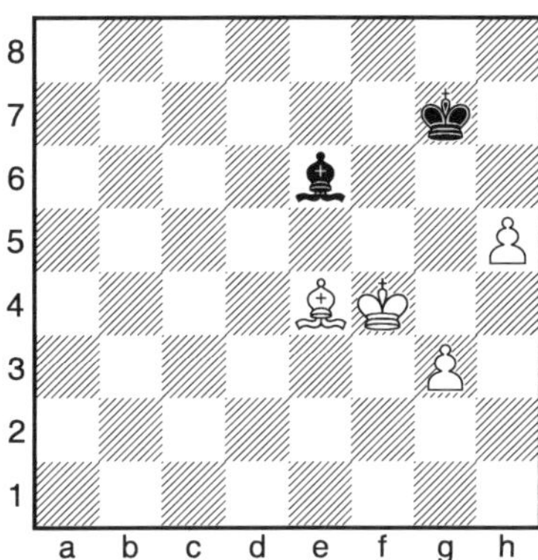

60.♔g5

60.♗f5 ♗f7 61.♔g5 gewinnt ebenfalls. Nicht jedoch 60.g4?? ♗xg4 61.♔xg4 ♔h8=.

60...♗d7 61.h6+ ♔h8 62.♔f4 ♗e6 63.♗f5 ♗f7 64.g4 ♗h5!?

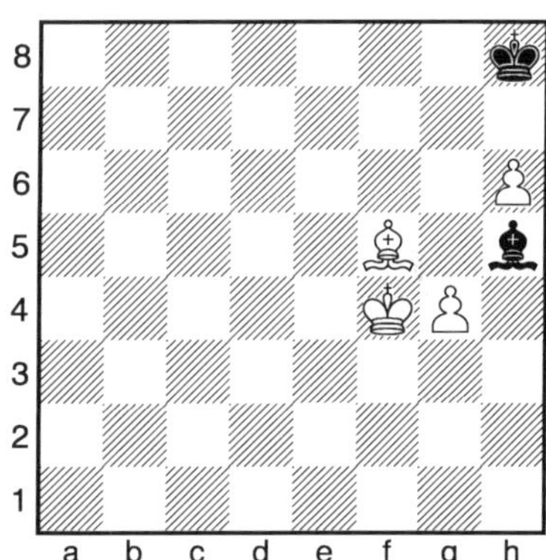

65.g5

65.gxh5??= ist natürlich nur remis. Zwei falsche Randbauern sind hier so gut bzw. schlecht wie einer.

65...♔g8 66.♗e6+ ♔h7 67.♔f5 ♗g6+ 68.♔f6 ♔h8!?

Kramnik probiert den letzten Trick.

69.♗d7

Natürlich nicht 69.♔xg6?? – Patt!

69...♗h5 70.♗c6 ♔h7 71.♗d5

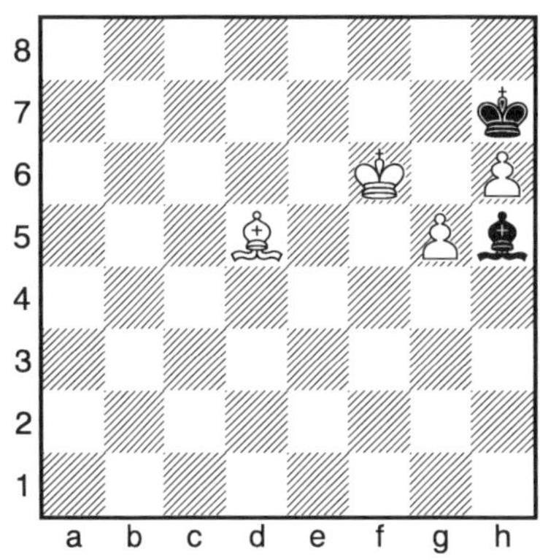

71...♗g6

71...♗e8 72.♗f7+−

72.♗g8+ 1-0

Schwarz gab auf wegen 72...♗g8+ ♔xg8 73.♔xg6 ♔h8 74.♔f7 ♔h7 75.g6+ +−.

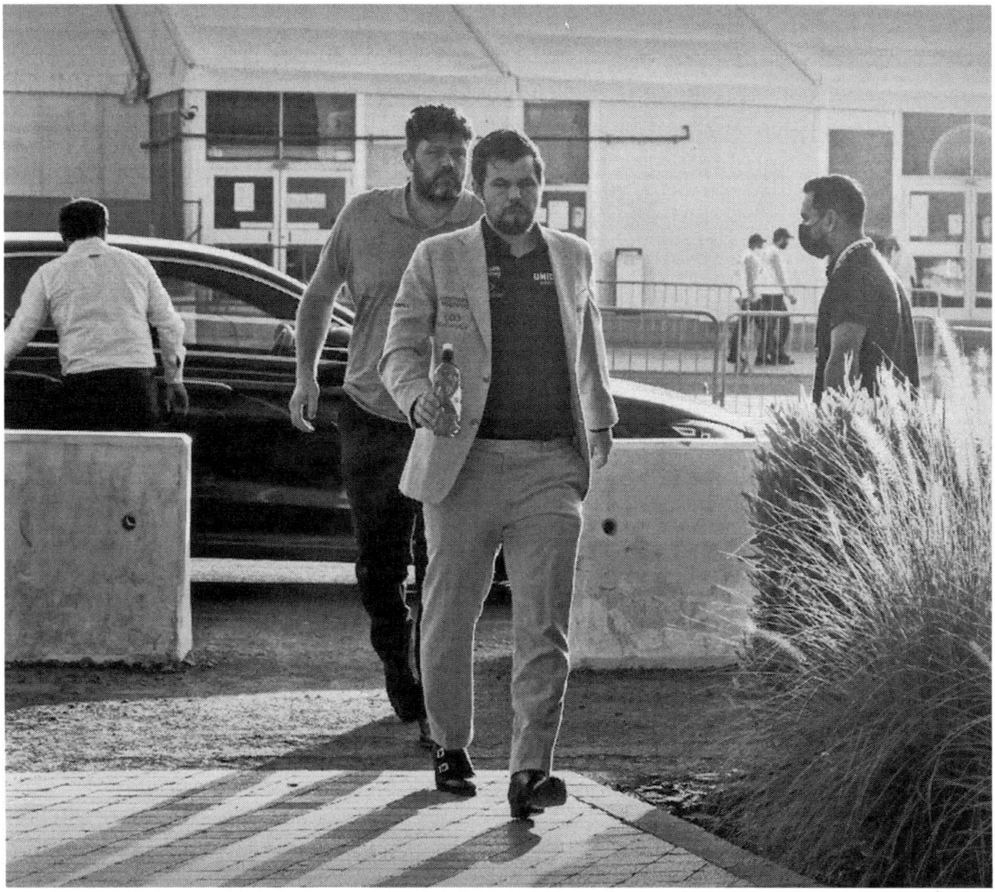

Magnus Carlsen mit Chefsekundant Peter Heine Nielsen

Interview mit dem rumänischen GM Mihail Marin

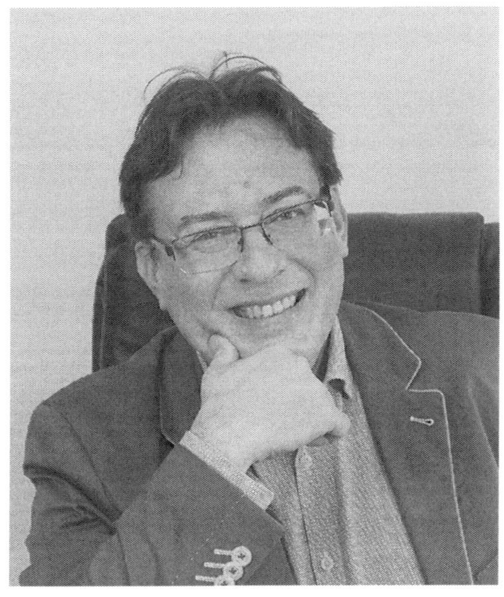

Frage: Wo liegen Ihrer Meinung nach die Stärken und Schwächen der beiden Kontrahenten?

Antwort: Bereits seit mehr als einem Jahrzehnt hat sich Magnus Carlsen als weitsichtiger Stratege und rücksichtsloser Kämpfer durchgesetzt. Er hat die Fähigkeit, Ereignisse lange vor deren Höhepunkt zu antizipieren, und seine hochrangigen Gegner beklagen sich gelegentlich und nicht ohne Bewunderung, es sei meistens schon zu spät, den allgemeinen Kurs zu ändern, wenn die strategischen Konturen erkennbar werden. Carlsens beharrliche Angewohnheit, Gewinnchancen aus objektiv gleichen Stellungen herauszuquetschen, ist eine ebenso gefährliche Eigenschaft im Gesamtbild des stärksten Spielers seit mindestens einem Jahrzehnt.

In Anlehnung an einen vor vielen Jahrzehnten auf Fischer bezogenen Kommentar, wächst auch Carlsen in Stellungen über sich hinaus, in denen er weiß, was zu tun ist. Dies führt uns jedoch zu seinem scheinbar verwundbaren Punkt, seinem geringeren Vertrauen in chaotische Positionen ohne logische Lösung. Vor Jahren war sein Spiel von Trockenheit geprägt, aber er scheint hart daran gearbeitet zu haben, seinen Stil zu erweitern und dessen dynamische Dimension zu entwickeln. Und doch scheint er in irrationalen Stellungen verwundbar zu bleiben, wie etwa in der ersten Partie gegen Karjakin in Stavanger 2021.

Jan Nepomnjaschtschi ist ein ganz anderer Spielertyp. Sein Spiel ist aktiv und dynamisch, aber es gibt ein Element, das mich stark fasziniert. In ausgeglichenen Stellungen neigt er dazu, aus einer Reihe objektiv gleichwertiger Kandidaten denjenigen auszuwählen, der die Spannung aufrechterhält – und somit Schritt für Schritt den Moment hinauszuzögern, in dem sich das Spiel beruhigt. Konfrontiert mit einer Reihe sogenannter „kritischer Momente“, hat der womöglich um Klarheit bemühte Gegner das Risiko, irgendein Zugeständnis zu machen. Wenn wir dem entgegensetzen, was ich als Carlsens mögliche Schwäche erwähnt habe, können wir folgern, dass Jan ein gefährlicher Gegner für ihn sein kann.

Was am meisten auffällt, ist Jans scheinbare Leichtigkeit, diese Art von Zügen zu finden, ein klarer Hinweis auf eine besondere Art von Talent. In dieser Leichtigkeit liegt jedoch die Wurzel seiner größten Schwäche, denn häufig neigt Jan dazu, oberflächlich zu sein und sich auf seinen ersten Impuls zu verlassen. Auf diese Art hat er viele bis zu einem gewissen Punkt brillant gespielte Partien verdorben. Das hat ihn jedoch nicht immer daran gehindert, noch einmal mit der gleichen „Prozedur“ der Vorteilsverschaffung von vorne anzufangen.

Frage: Wie bewerten Sie die Chancen des Herausforderers?

Antwort: Es ist kein Geheimnis, dass die bisherigen Ergebnisse den Russen leicht begünstigen, aber da Carlsen psychologisch sehr stark ist, können diese Ergebnisse 'trockene Statistik' bleiben. Um Chancen auf den Sieg zu haben, muss der Herausforderer die perfekte Balance finden zwischen Leichtigkeit, Tiefe und nicht zuletzt dem Glauben an ein günstiges Endergebnis. Letzterer Aspekt ist meiner Meinung nach das, woran Carlsens bisherige Matchgegner es haben missen lassen. Außerdem scheint der Weltmeister eine Remis-Technik entwickelt zu haben, um das Play-off in Rapid- und Blitzpartien zu erreichen, in denen seine Chancen erheblich steigen.

Frage: Wie wird Nepomnjaschtschi versuchen, den Weltmeister zu schlagen? Können wir mit neuen Eröffnungsideen rechnen, mit einer besonderen Mittelspielstrategie oder wird er vielleicht auf seine Fähigkeiten bei knapper Bedenkzeit im Endspiel setzen?

Antwort: Logischerweise sollte der Herausforderer Stellungen anstreben, in denen er sich besser zurechtfindet als sein Gegner. Er sollte an Dynamik reiche Eröffnungsvarianten wählen und im Mittelspiel auf sein oben erwähntes Markenzeichen setzen: Die Fähigkeit, die Unsicherheit aufrechtzuerhalten, bis der Gegner zu einem Fehler provoziert wird. Es gibt jedoch Fälle in der Schachgeschichte, in denen der Herausforderer seinen Stil für den entscheidenden Wettkampf geändert hat. So wechselte Kasparow gegen Karpow vom Königsinder zu Grünfeld – und ein aktiver und dynamischer Spieler wie Kramnik setzte im Spiel gegen Kasparow vor allem auf die 'Berliner Mauer'.

Frage: Beide verfügen über ein umfangreiches Eröffnungsrepertoire. Wird dies dazu führen, dass jede Wettkampfpartie einen ganz eigenen Charakter hat oder wird die Bandbreite an Eröffnungen eher schmal sein?

Antwort: Es gab Zeiten, in denen Wettkämpfe um den Weltmeistertitel ein wahres Fest der Eröffnungsvielfalt waren, aber die moderne Tendenz ist anders. Da die Wettkämpfe relativ kurz sind, können die Gegner bei ein und derselben Eröffnung bleiben. Wir können also das Beste hoffen – oder uns auf eine ganze Reihe von Partien gefasst machen, die mit 1.e4 e5 gefolgt von frühem d2-d3 beginnen.

Frage: Wie schätzen Sie als Endspielexperte die Fähigkeiten beider Spieler in dieser Phase des Spiels ein?

Antwort: Carlsen hat ein umfangreiches Endspielwissen und seine diesbezüglichen Ergebnisse sind herausragend. Ich glaube jedoch, dass auf diesem Gebiet seine Beharrlichkeit die wichtigste Eigenschaft ist. Er verfolgt die Hauptidee, den Gegner in einer etwas unangenehmen Position zu halten. Das klingt ein bisschen nach dem, was ich als Nepos Hauptmerkmal im Mittelspiel erwähnt habe. Auch wenn es sich um zwei unterschiedliche Spielphasen handelt, sollte das abstrakte Muster des Endspielkampfes dem Herausforderer keine Probleme stellen. Jan gilt nicht gerade als Endspielspezialist, sondern tendiert dazu, sich im späten Mittelspiel einen Vorteil zu verschaffen. Daher ist nicht leicht abzusehen, ob es für ihn ein Handicap wäre, wenn die Partien häufig das Endspiel erreichen.

Frage: Welchen Einfluss auf das Spitzenschach würde es haben, wenn Nepomnjaschtschi neuer Weltmeister würde?

Antwort: Es ist schwierig, all das zu erreichen, was Carlsen dafür getan hat, um unser Lieblingsspiel (oder unseren Lieblingssport) ins Rampenlicht zu rücken. Sollte Nepomnjaschtschi gewinnen und sich auf ähnliche Weise engagieren, könnte er es als Russe auf klassischere Weise tun. Für das Spiel selbst glaube ich, dass sein Sieg zu einer allgemeinen Auffrischung führen würde, da mehr Partien gespielt würden, die das Auge erfreuen und nicht nur den Intellekt.

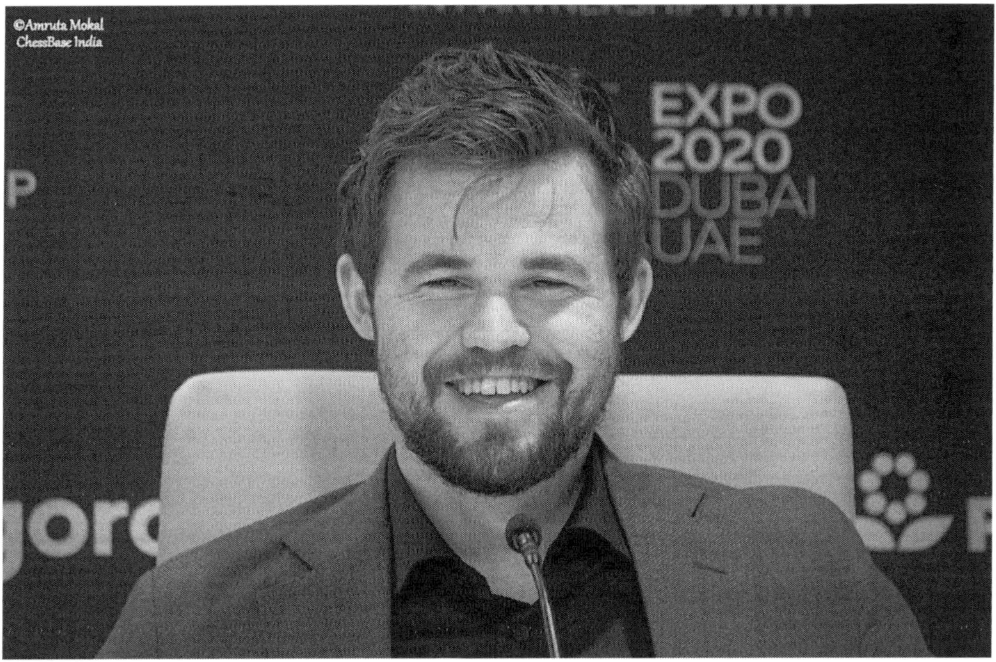

Magnus Carlsen

Interview mit Ullrich Krause

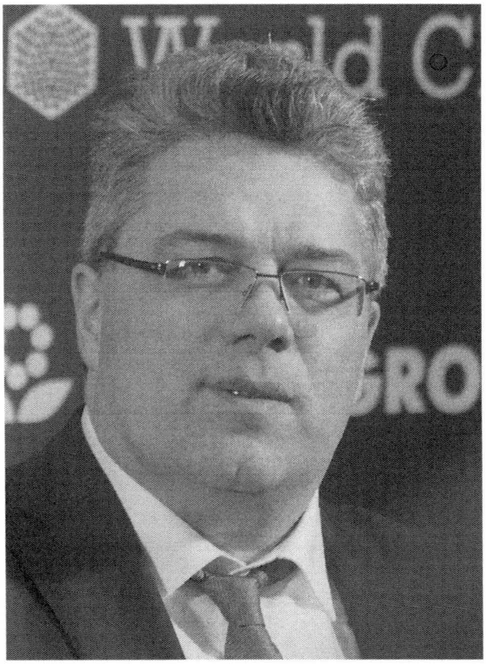

Frage: Ende dieses Jahres wird der WM-Kampf zwischen Weltmeister Carlsen und Herausforderer Nepomnjaschtschi ausgetragen. Welchen Ausgang erwarten Sie?

Antwort: Ich gehe davon aus, dass Magnus Carlsen gewinnen wird. Er ist meiner Meinung nach weiterhin der TOP-Spieler mit den besten Nerven, und das wird am Ende den Ausschlag geben, wenn sich zwei nahezu gleichstarke Spieler in einem längeren Wettkampf gegenübersitzen.

Frage: Sie sind selbst ein starker Schachspieler und tragen den Titel des FIDE-Meisters, zudem haben Sie bereits eine Norm zum Titel Internationaler Meister (IM) errungen. Mit welchem Masterplan würden Sie das Duell gegen den Weltmeister verfolgen, wenn Sie der Herausforderer wären?

Antwort: Nach meinem Eindruck hat Magnus Carlsen zu Beginn eines Wettkampfs bzw. eines Turniers häufig Startschwierigkeiten, d.h. ich würde versuchen, gleich zu Beginn sehr aggressiv zu spielen. Ich bin mir allerdings absolut sicher, dass am Ende der maximal 14 Partien Magnus Carlsen nach wie vor Schach-Weltmeister sein wird.

Frage: Eine Schach-Weltmeisterschaft findet immer ein besonderes Interesse auch der Allgemeinheit. Ist dies auch eine Chance für den Deutschen Schachbund und, falls ja, mit welchen Maßnahmen soll sie ergriffen werden?

Antwort: Die Anzahl der Presseanfragen an den Deutschen Schachbund steigt während der Weltmeisterschaft erfahrungsgemäß stark an und das wird auch dieses Mal nicht anders sein. Wir müssen diese Chance nutzen, um Schach in der Öffentlichkeit positiv zu präsentieren und neue Interessenten für unseren Sport zu erreichen und zu begeistern.

Frage: Die Corona-Pandemie hat zu einem Boom im Online-Schach geführt. Wie sehen Sie die Zukunft der Deutschen Schach-Online-Liga (DSOL) und vielleicht anderer Aktivitäten auf diesem Sektor?

Antwort: Die DSOL geht in diesem Herbst in ihre dritte Spielzeit und wird auf Dauer Bestandteil unseres Turnierkalenders bleiben, ebenso wie die Deutsche Schach-Internetmeisterschaft. Das Online-Schach ist keine Konkurrenz zum klassischen Schach, sondern eine sinnvolle Ergänzung und eine Chance für die Vereine, neue potenzielle Mitglieder zu erreichen und sie davon zu überzeugen, dass Schach im Verein am schönsten ist.

Frage: Viele junge deutsche Spieler machen in diesen Jahren mit schönen Erfolgen auf sich aufmerksam. Wie soll diese Entwicklung genutzt werden, um Vorstöße in die absolute Weltspitze zu unterstützen und vielleicht sogar mal wieder einen deutschen Spieler als Herausforderer des Weltmeisters zu sehen?

Antwort: Wir haben with den „Power-Girls" ein Projekt aufgesetzt, das sechs unserer talentiertesten Spielerinnen in die Nähe einer ELO-Zahl von 2400 führen soll. Das ist natürlich noch weit entfernt von der Weltspitze, aber ein wichtiger Schritt in die richtige Richtung. Wir werden außerdem das Prinzen- und Prinzessinnen-Projekt neu aufsetzen – immerhin bilden die ehemaligen Prinzen inzwischen das Herzstück unserer Nationalmannschaft. Ob es ein deutscher Spieler bis ganz nach oben schafft, lässt sich allerdings weder planen noch erzwingen.

Frage: Angenommen Sie hätten die Möglichkeit mit einem Fingerschnippen 5 Veränderungen im Deutschen Schachbund oder im Weltschach zu realisieren: Welche Veränderungen wären dies?

Antwort:

1. Alle Landesverbände arbeiten zusammen mit dem Deutschen Schachbund an den gemeinsamen Zielen.
2. An allen Schulen gibt es Schach als Unterrichtsfach.
3. Alle Menschen, die die Regeln des Schachspiels beherrschen, sind Mitglied eines Schachvereins.
4. Der Deutsche Schachbund wird von zahlungskräftigen Sponsoren auf Jahre hinaus dabei unterstützt, das Spitzenschach nachhaltig zu fördern.
5. Der Schachsport ist Bestandteil der olympischen Spiele.

Frage: Haben Sie als Spieler noch den persönlichen Ehrgeiz, Ihre Karriere weiter auszubauen, vielleicht als nächstes den IM-Titel zu erreichen, und, falls ja, wie lässt sich dies mit Ihrem (zeitlichen) Engagement als Funktionär in Einklang bringen?

Antwort: Ich habe meine bisherigen Ehrenämter im Verein oder auf Landesebene immer nach zehn, maximal zwölf Jahren abgegeben, um mich neuen Aufgaben zu widmen. Übertragen auf den Deutschen Schachbund würde das bedeuten, dass ich bis 2027 im Amt bleibe. Das wäre dann das Jubiläumsjahr des DSB, der 1877 gegründet wurde und gleichzeitig das Jahr, in dem ich mein sechzigstes Lebensjahr vollende. Wenn ich danach noch schachlichen Ehrgeiz verspüren sollte, müsste ich den also bei den Senioren ausleben – für den IM-Titel wird das nicht reichen. Ich werde aber unabhängig davon auch in den kommenden Jahren darauf achten, ausreichend Zeit auf den 64 Feldern zu verbringen, damit ich nicht vergesse, wofür ich den Großteil meiner Freizeit opfere.

Kapitel 5

Der Titelkampf

Der Kampf um die Krone im Schach war ursprünglich für das Jahresende 2020 angesetzt. Die Covid–19-Pandemie machte jedoch allen Planungen einen Strich durch die Rechnung. So wurde eine Verlegung auf den Zeitraum 24. November bis 16. Dezember 2021 beschlossen. Austragungsort war das Dubai Exhibition Centre in Dubai.

Weltmeister Magnus Carlsen und sein Herausforderer Jan Nepomnjaschtschi rangen zugleich um den höheren Anteil am stattlichen Preisgeld, das 2 Millionen Euro betrug. Dessen vorgesehene Aufteilung förderte eine Entscheidung innerhalb der festgelegten 14 regulären Wettkampfpartien. Wenn der Sieger ohne eine Verlängerung des Kampfes durch einen Tie-Break ermittelt sein würde, bekäme er 60% der ausgelobten Summe. Andernfalls könnte er nur noch 55% einstreichen.

Die Zeitkontrolle für jede Partie betrug 120 Minuten für die ersten 40 Züge. Für die nächsten 20 Züge gab es 60 Minuten. Wenn auch dann noch keine Entscheidung erreicht war, gab es 15 Minuten für den Rest der Partie, aber mit einem Zuschlag von 30 Sekunden je Zug. Mit dem Erreichen von 7,5 Punkten durch einen Spieler sollte der Titelkampf entschieden und das Match beendet werden. Im Falle eines Gleichstandes nach den 14 Wettkampfpartien sollte ein Tiebreak entscheiden.

Nepomnjaschtschi durfte aus sportpolitischen Gründen nicht unter der Fahne seines Heimatlandes Russland antreten, weil diese nach dem Urteil der Welt-Anti-Doping-Agentur Wada nicht gezeigt werden durfte. Er spielte deshalb unter dem Logo des Russischen Schachverbandes.

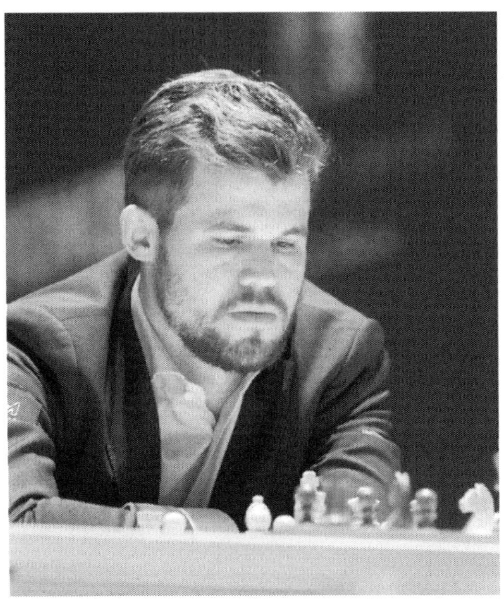

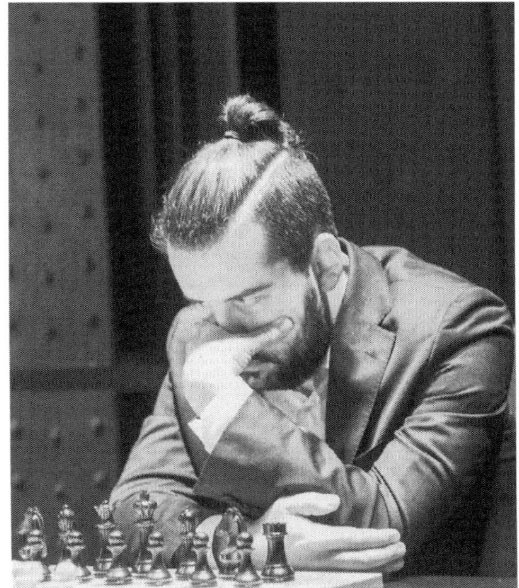

Wettkampfpartie Nr. 1
Nepomnjaschtschi-Carlsen

Spanische Partie [C88]

Dubai 26.11.2021 (Freitag)

1.e4

Vor einem großen Kampf wie diesem rätselt die Schachwelt besonders auch über Entscheidungen, die beide Kontrahenten zu ihrem Eröffnungsrepertoire getroffen haben. Die Frage zum 1. Zug des Herausforderers ist nun geklärt. Er ist ein universeller Spieler und eine Eröffnung insbesondere mit 1.d4 war mit gleicher Wahrscheinlichkeit zu erwarten gewesen.

1...e5 2.♘f3 ♘c6 3.♗b5

Nepomnjaschtschi entscheidet sich für die Spanische Partie, obwohl er in letzter Zeit oft 3.♗c4 gespielt hat.

3...a6 4.♗a4 ♘f6 5.0-0 ♗e7 6.♖e1 b5 7.♗b3 0-0 8.h3

Hier wird am häufigsten 8.c3 gespielt, worauf Carlsen üblicherweise mit 8...d6 reagiert.

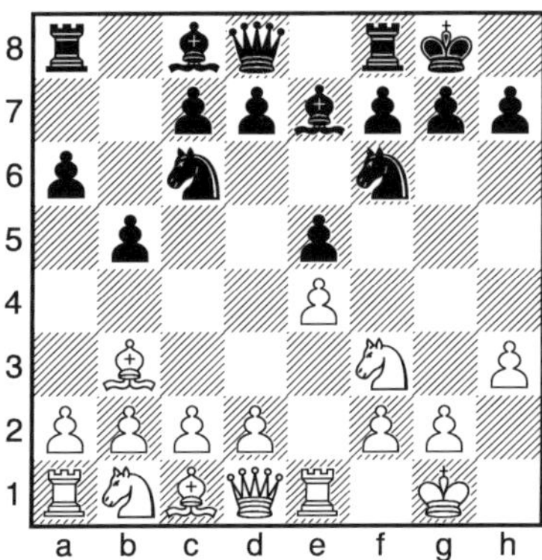

8...♘a5!?

Der Weltmeister wartet mit einer hochinteressanten Wahl auf. Dieses Bauernopfer ist nicht neu, aber ungewöhnlich. In den recht seltenen Anwendungsfällen auf der Turnierbühne hat Weiß ein klares Übergewicht in der Erfolgsstatistik erreicht. Dies gilt auch für das Fernschachspiel, wenn auch etwas weniger deutlich. In seiner Praxis hat Carlsen unseres Wissens auf diese Fortsetzung noch nicht zugegriffen. Die Standardantworten des Weltmeisters an dieser Stelle sind 8...♗b7 und 8...d6. Ein paar Beispiele dazu:

I. 8...♗b7 9.d3

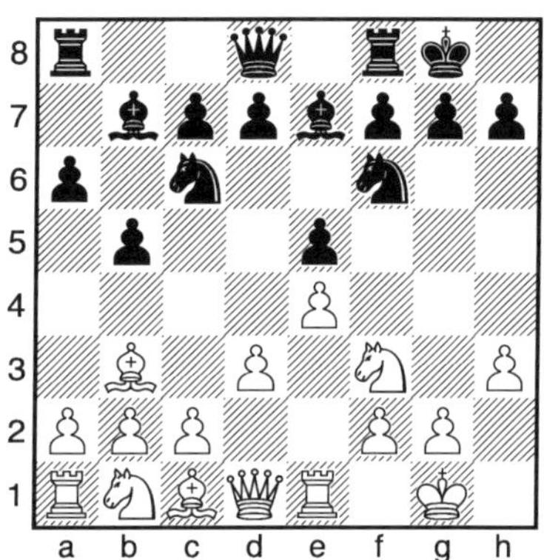

A) 9...d5 10.exd5 ♘xd5 11.♘xe5 ♘xe5!?

(Der Zug 11...♘d4 wurde in der 6. Wettkampfpartie im Match Karjakin-Carlsen, New York 2016, gespielt. Diese haben wir in unserem Buch „Schachweltmeisterschaft 2016“, Joachim Beyer Verlag 2016, analysiert.)

12.♖xe5 ♕d6 (12...c5!?) 13.♖e1 ♖ae8 14.♘d2 c5 15.♘e4 ♕c6 und Schwarz verfügt über ein aktives Spiel als Kompensation für den Minderbauern.

B) 9...d6 10.a3 ♘b8

(Die Variante 10...♕d7 11.♘bd2 wurde in der 4. Wettkampfpartie Karjakin-Carlsen, New York 2016, ausgespielt, die natürlich ebenfalls in einer kommentierten Fassung in unserem oben genannten Buch zu finden ist.)

11.♘bd2 ♘bd7 12.♘f1 ♖e8 13.♘g5

(13.♘g3 ♗f8 14.♘g5 d5 15.exd5 ♘c5 16.c4 ♘xb3 17.♕xb3 c6 18.dxc6 ♗xc6 19.cxb5 ♗d5 20.♕d1 axb5 21.♘5e4 h6 22.♕f3 ♖a6 23.♗d2 ♗a8 24.♗b4 ♘d5 25.♗xf8 ♖xf8 26.d4 exd4 27.♘f5 ♘e7 28.♖ad1 ♘xf5 29.♕xf5 ♖e6 30.f3 d3 31.♕xb5 ♗xe4 32.♖xe4 ♖xe4 33.fxe4 ♕d4+ 34.♔h1 ♖d8 35.♕b4 ♕e3 36.♕a5 ♖d4 37.♕d2 ♕xe4 Der starke Freibauer gewährt Schwarz gute Gewinnchancen. Diese gelang es ihm in der Partie Zhigalko-Carlsen, Berlin 2015, zu nutzen.)

13...d5 14.exd5 ♗xd5 15.♗xd5 ♘xd5 16.♕h5 ♗xg5 17.♗xg5 f6 18.♗d2 ♕e7 19.♘g3 ♕f7=, Nakamura-Carlsen, chess24.com INT 2020.

II. 8...d6 9.c3 ♘b8 10.d4 ♘bd7 11.♘bd2 ♗b7 12.♗c2 ♖e8

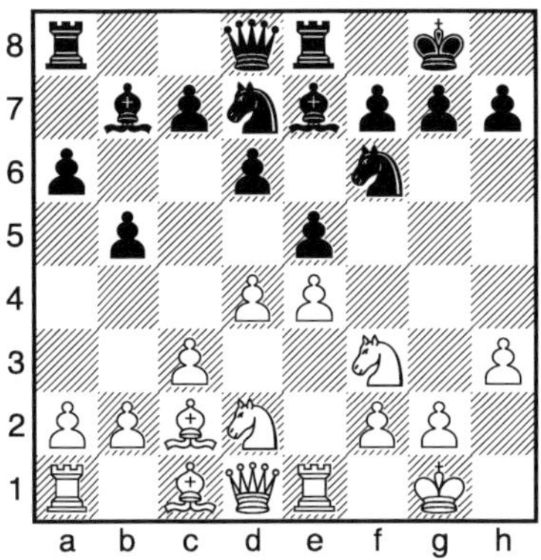

A) 13.♘f1 ♗f8 14.♘g3 g6 15.a4

(15.a3 ♗g7 16.b3 d5 17.dxe5 ♘xe4 18.♘xe4 dxe4 19.♗g5 ♕c8 20.♗xe4 ♗xe4 21.♖xe4 ♘xe5 22.♘xe5 ♖xe5 23.♖xe5 ♗xe5 24.♕f3 ♖b8 25.♖e1 ♗d6=, Maghsoodloo-Carlsen, chess.com INT 2020)

15...♘b6 16.a5 ♘bd7 17.b4 ♗g7 18.d5 ♖c8 19.♗b3 c6 20.dxc6 ♖xc6 21.♕c2 ♕c8 22.♕a2 ♖e7 23.♗b2 ♗h6 24.♖ad1 ♗f4 25.♘f1 ♖c7 26.♘1d2 ♕a8=, Vachier-Lagrave – Carlsen, chess24.com INT 2021.

B) 13.a4 ♗f8 14.♗d3 c6 15.♕c2 ♖c8 16.axb5 axb5 17.b4

(17.b3 g6 18.♗b2 ♕c7 19.c4 bxc4 20.♘xc4 exd4 21.♗xd4 d5)

17...♕c7 18.♗b2 ♖a8 19.♖ad1 ♘b6 20.c4 bxc4 21.♘xc4 ♘xc4 22.♗xc4 h6 23.dxe5 dxe5 24.♗c3 ♗a6 25.♗b3 c5, Karjakin-Carlsen, Stavanger 2013.

9.♘xe5 ♘xb3 10.axb3 ♗b7 11.d3 d5 12.exd5 ♕xd5 13.♕f3 ♗d6

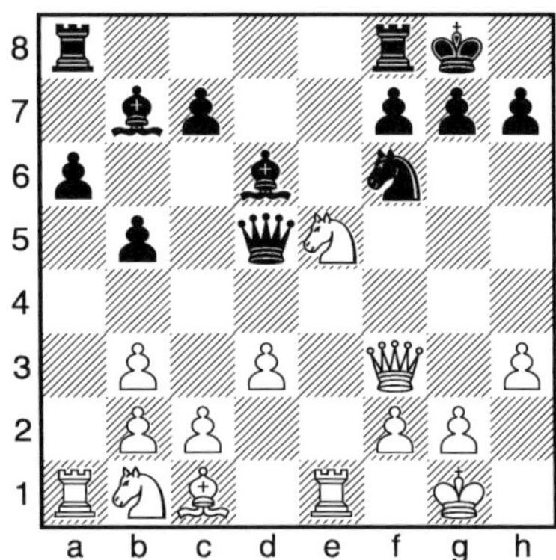

14.♔f1!?

Damit entsteht erneut eine theoretisch interessante Situation. Nepomnjaschtschi entscheidet sich für einen Zug, der in Theorie und Praxis bisher noch nicht genau untersucht worden ist.

Es stellt sich die Frage, weshalb er dem Schritt mit dem König den Vorzug gegenüber 14.♕xd5 gegeben hat, womit Schwarz bei genauem Spiel zu gleichwertigen Chancen kommt. Die folgenden Beispiele vermitteln einen guten Eindruck zu den möglichen Folgen des Damentausches in der Mitte:

A) 14...♘xd5! 15.♗d2 ♘e7

(15...f6 16.♘f3 ♘e7 17.♘d4 c5 18.♘e2 ♘g6 19.♘bc3 f5=, Korneev-Nataf, Evora 2006)

16.b4 ♖fd8 17.d4 ♘f5 18.c3 ♖e8 19.f3 f6

20.♘d3 ♗g3 21.♘f2 ♗d5 22.♘a3 h5 23.♖xe8+ ♖xe8 24.♖e1 ♖d8 25.♖e2 ♗d6 26.♘c2 ♗c4 27.♖e1 ♘g3 Die Abschlussstellung stammt aus der Fernpartie Lounek-W.Richter, www.remoteschach.de 2018. Schwarz liegt zwar materiell um einen Bauern zurück, seine Figuren – das Läuferpaar vorneweg – sind aber aktiv und damit sehr gut aufgestellt. Seine Chancen sind gleichwertig.

B) 14...♗xd5 15.♘c3 ♗b7

(15...♖fe8 16.♘xd5 ♘xd5 17.♘f3 ♘b4 18.♖xe8+ ♖xe8 19.♗d2 ♘xc2 20.♖xa6 ♗b4 21.♗c3 h5 22.♔f1± Raidaru-Oeunmaa, ICCF Fernpartie 2008)

16.♘g4 ♘xg4 17.hxg4 ♗c8 18.g5 ♗b7 19.♗d2 und Weiß behielt einen Mehrbauern, der in der Partie Kutzner-Kuebart, Berlin 2011, zum späteren Sieg ausreichte.

14...♖fb8 15.♕xd5 ♘xd5 16.♗d2 c5

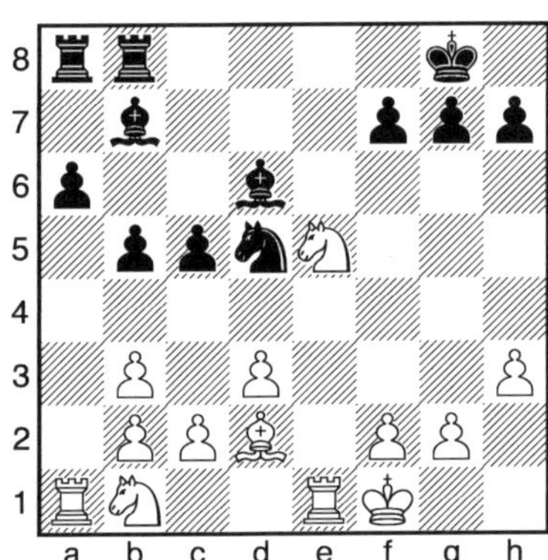

17.♘f3

Das Duell hat einen kritischen Moment erreicht.

Es ist nicht klar, warum der Herausforderer dem Rückzug seines im Feld stehenden Springers den Vorzug gegenüber 17.♘c3 gegeben hat. Auf jeden Fall wäre die Entwicklung des Damenspringers ein logischer Schritt gewesen. Im Fernschach ist er bereits etwas genauer in der Praxis getestet worden. So kann es beispielsweise zu den folgenden Entwicklungen kommen: 17...♘b4 18.♖ac1

A) 18...f6 19.♘f3 ♖e8 (19...♔f7!? 20.♘e4 ♗f8) 20.♖xe8+ ♖xe8 21.♘e2 ♘c6 22.♗f4 ♗xf4 23.♘xf4 ♔f7 24.♖e1 ♖c8 25.♖a1 ♖d8 26.♘e2 g6 27.♘e1 h5 28.h4 ♘e5 29.♔g1 g5 30.f4 gxf4 31.♘xf4 ♘g6 32.♘xg6 ♔xg6 33.♔f2 ♖e8 34.♘f3 ♔f5 35.♘g1 ♔g4 36.g3 f5 37.♘e2 mit weißem Endspielvorteil, Schreuders-Neale, ICCF Fernpartie 2018.

B) 18...♖d8 19.♘g4 f5

(Stärker war 19...h5! mit der möglichen Folge 20.♘e3 ♗f8 21.g4 hxg4 22.hxg4 g6=.)

20.♘e5 ♖ac8 21.♖e2 ♖e8 22.♘f3 ♖f8 23.♖e6 ♖fd8 24.♗g5 ♔f7 25.♖e3 ♖e8 26.♘e2 ♖xe3 27.♗xe3 ♗xf3 28.gxf3 ♗e5 29.d4 cxd4 30.♗xd4 ♘d3 31.♗xe5 ♘xc1 32.♘xc1 ♖xc2 33.♘e2 g6 34.♔e1 ♖c8 35.♗c3 ♖d8 36.b4± Die Partie endete mit einem weißen Sieg im 61. Zug, Bellegotti-Sychov, ICCF Fernpartie 2016.

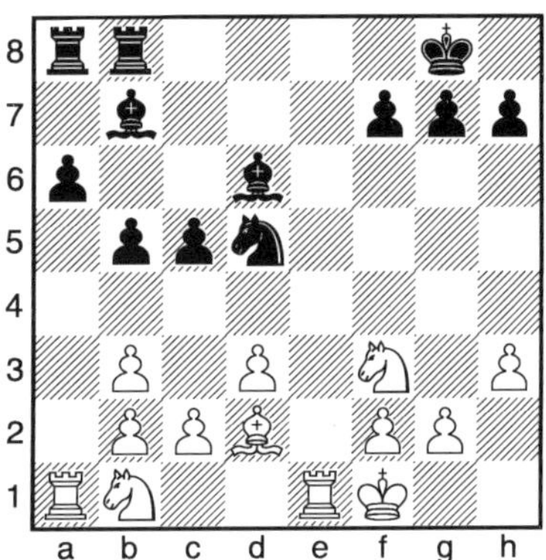

17...♖d8N

Mit diesem Zug betreten die Kontrahenten Neuland.

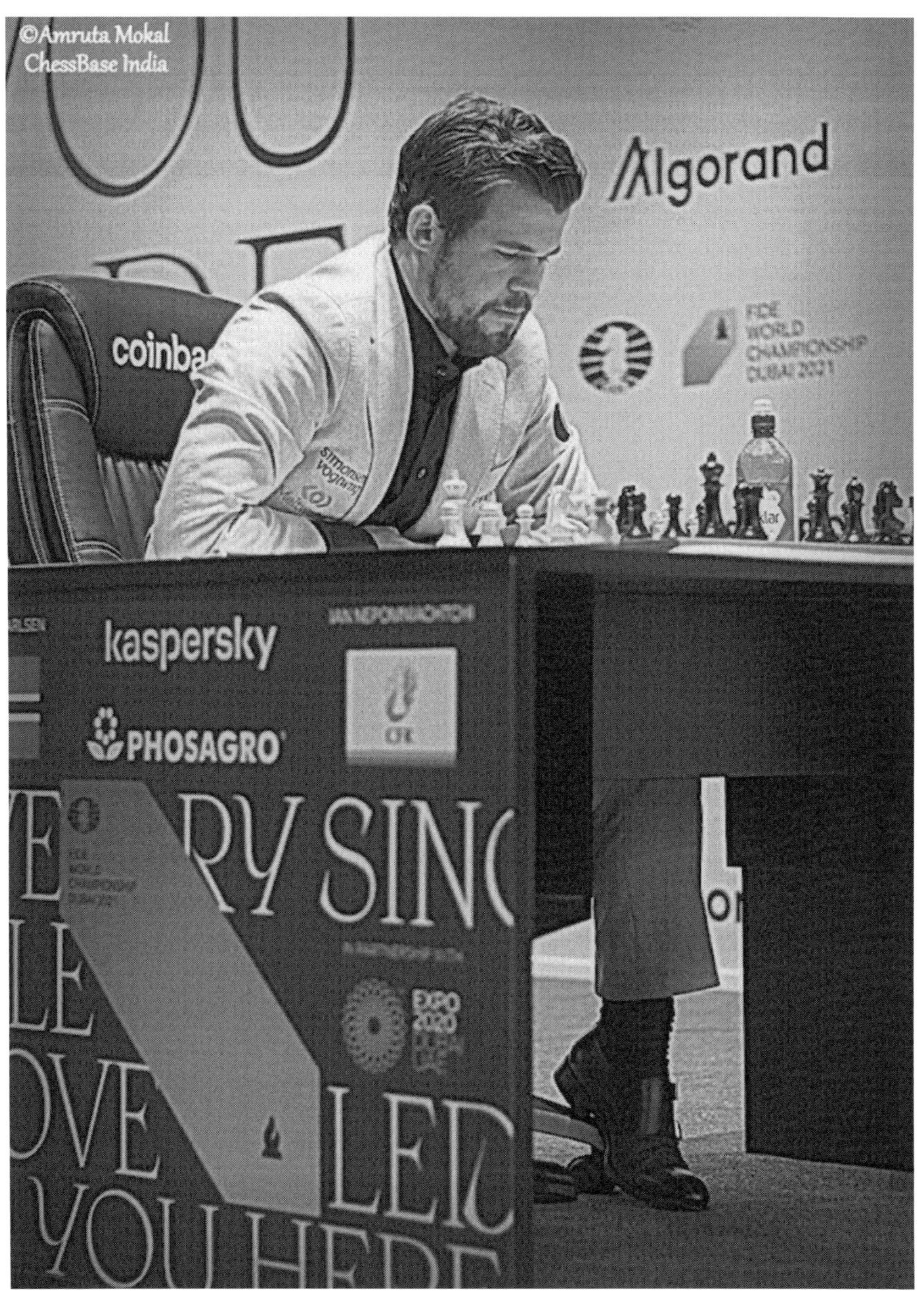

Magnus Carlsen am Brett

Im Duell H.Schneider-W.Richter, Fernpartie www.remoteschach.de 2017, ging es mit 17...♘b4 18.♗xb4 weiter. Dies führt zur Öffnung der c-Linie, was eher für Schwarz günstig ist.

(Zu beachten war deshalb 18.♖c1!?.)

18...cxb4 19.c4

(19.♘bd2 ♖c8 20.♘e4 ♗f8 21.♖e2=)

Weiter ging es mit 19...♗xf3 20.gxf3 ♗f4 21.♔g2 f5 22.♖d1 ♖d8 und Weiß hatte Probleme, seinen Springer ins Spiel zu bringen.

18.♘c3 ♘b4 19.♖ec1 ♖ac8 20.♘e2

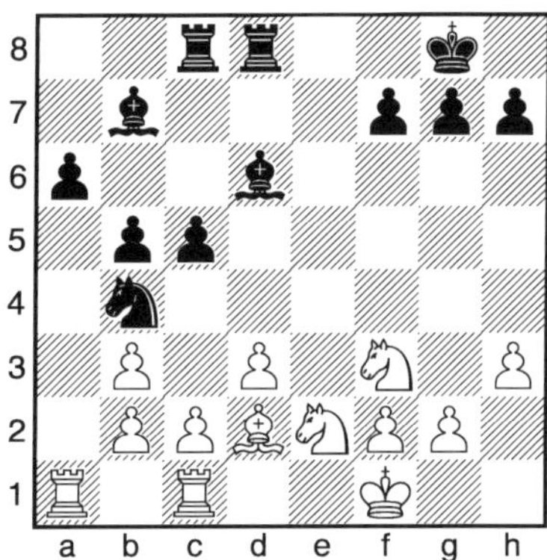

20...♘c6

Karsten Müller: Dieser Springerrückzug nimmt etwas Druck aus der Stellung.

20...♗e7 war genauer, denn 21.♗xb4?! cxb4 22.d4 ♗f6 wäre ungefährlich.

21.♗e3

Karsten Müller: Der Läufer weiß noch nicht genau, wo er hingehört.

Daher war laut Computer 21.♖d1! angesagt, wonach Schwarz es nicht leicht hat, z.B. 21...♗f8 (21...♘b4 22.♘e1±) 22.♗g5 f6 23.♗e3 ♘b4 24.♘e1±.

21...♘e7

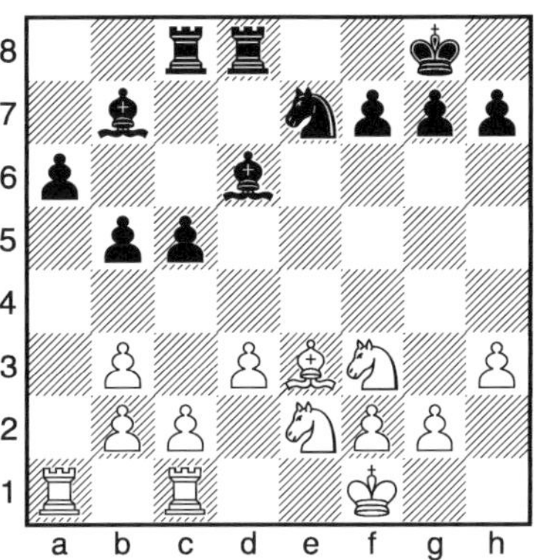

22.♗f4

Karsten Müller: Danach kann Schwarz so abwickeln, dass ein weißer Sieg aufgrund der zahllosen Schwächen unwahrscheinlich wird.

22.♘c3 ♘f5 23.♘e4 war kritisch. Schwarz hat mit dem Läuferpaar zwar gewisse Kompensation für den Bauern, aber die Stellung ist nicht einfach zu spielen.

22...♗xf3 23.gxf3 ♗xf4 24.♘xf4 ♖c6 25.♖e1 ♘f5 26.c3 ♘h4 27.♖e3 ♔f8 28.♘g2 ♘f5 29.♖e5 g6

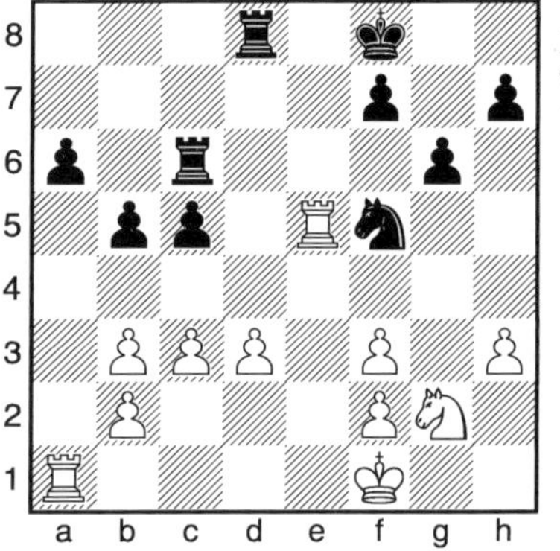

30.♘e1

Karsten Müller: Das überlässt Schwarz die Initiative. Sie reicht zwar nicht zum Gewinn, aber Weiß muss nun lästigen Druck aushalten, der den Bauern etwas überkompensiert.

Nach 30.♔e2! ♘g7 31.♖d1 steht eher Weiß minimal besser.

30...♘g7 31.♖e4 f5 32.♖e3 ♘e6 33.♘g2 b4 34.♔e2 ♖b8 35.♔d2 bxc3+

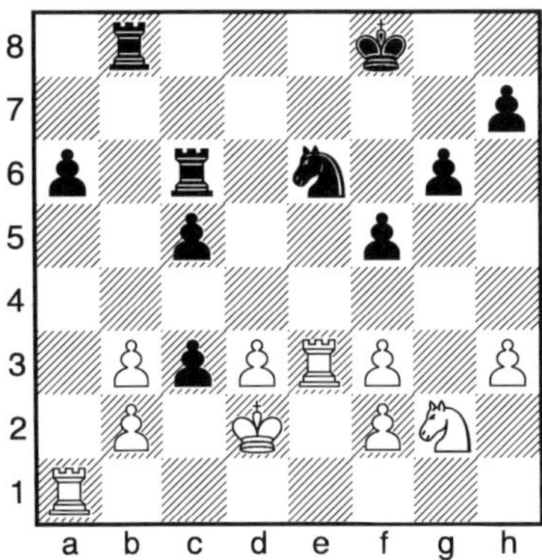

36.bxc3!

Karsten Müller: Weiß muss seine Struktur intakt halten, um den schwarzen Springer einzuschränken.

36.♔xc3? scheitert an 36...♘d4 37.♖a2 (37.♖a3?! ♘b5+ −+) 37...♖xb3+ 38.♔d2 (38.♔c4 ♖cb6−+) 38...♖b4−+.

36...♖xb3 37.♔c2 ♖b7 38.h4

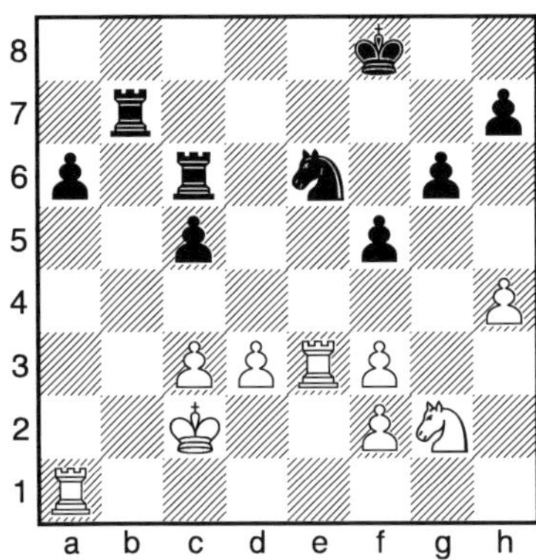

38...♔f7

Karsten Müller: So kann Carlsen keinen Druck aufbauen, denn es ist noch nicht klar, wo der König hingehört. Oft wird zum Beispiel ...♔g7–h6 aggressiver sein. Laut Computer hatte Schwarz zwei genauere Züge, um seine Initiative festzuhalten:

– 38...a5 39.♖e2 ♖cb6 40.♔c1 ♖d7 41.♔c2 ♖a7∓

– 38...♖cb6 39.♔c1 ♔g7∓

Weiß sollte sich zwar jeweils behaupten können, aber ganz einfach wird es nicht, denn in einem Endspiel mit Türmen und Springern wiegt eine leichte Initiative bekanntlich schwer.

39.♖ee1 ♔f6

39...♖cb6 40.♖a2 a5 41.♘e3 a4 42.♖ea1 ♘f4 43.♘c4 ♖e6 44.♘e3=

40.♘e3

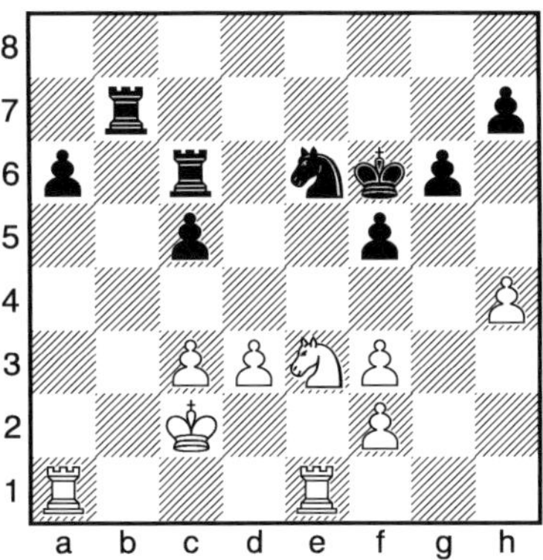

40...♖d7

Karsten Müller: 40...♘f4 wird mit 41.♘c4 ♖e7 42.♖e3= beantwortet, denn 42...♖xe3? 43.fxe3 ♘g2 44.♖h1± spielt dann Weiß in die Karten.

41.♘c4 ♖e7 42.♘e5 ♖d6 43.♘c4 ♖c6 44.♘e5 ♖d6 45.♘c4 und Remis durch Zugwiederholung.

Zusammenfassung:

Diese Partie sorgte für einen verheißungsvollen Auftakt des Wettkampfes. Carlsen investierte einen Gambitbauern und erhielt dafür gute Kompensation. Nepomnjaschtschi verteidigte sich umsichtig, gab den Bauern in einem passenden Moment zurück, so dass der Stellungsausgleich erhalten blieb.

Die gespielte Variante der Spanischen Partie haben wir, wie in Partiekommentaren angemerkt, im Buch „Schachweltmeisterschaft 2016“ (Joachim Beyer Verlag 2016) ausführlich mit vielen Nebenpartien behandelt.

Wettkampfpartie Nr. 2
Carlsen-Nepomnjaschtschi

Katalanische Eröffnung [E01]

Dubai 27.11.2021 (Samstag)

Magnus Carlsen verfügt über ein sehr breites Eröffnungsrepertoire, das so gut wie alle Hauptsysteme einschließt. Diese Partie lenkte der Weltmeister in die Katalanische Eröffnung. In unserem Buch „Schach-Weltmeisterschaft 2016“, Joachim Beyer Verlag 2016, haben wir auf Seite 33 seine Gewinnpartie gegen Eljanow (Stavanger 2016) behandelt. In diesem Duell wurde eine andere Variante des Systems gespielt. Carlsen verzichtete auf den Bauern c4 und erhielt ein bewegliches Bauernzentrum. Er ließ dadurch aber Schwächen in seiner Stellung zu, die vom Herausforderer ausgenutzt werden konnten. Im 21. Zug tauschte der Weltmeister einen Turm gegen einen Springer ab, den Nepomnjaschtschi bis auf dessen Grundlinie geführt hatte. In der Folge dieses Qualitätsopfers kam es zu einer scharfen Stellung. Nach zahlreichen Abtauschaktionen entstand schließlich ein Turmendspiel, das von keiner Seite zu gewinnen war.

1.d4 ♘f6 2.c4 e6 3.♘f3 d5

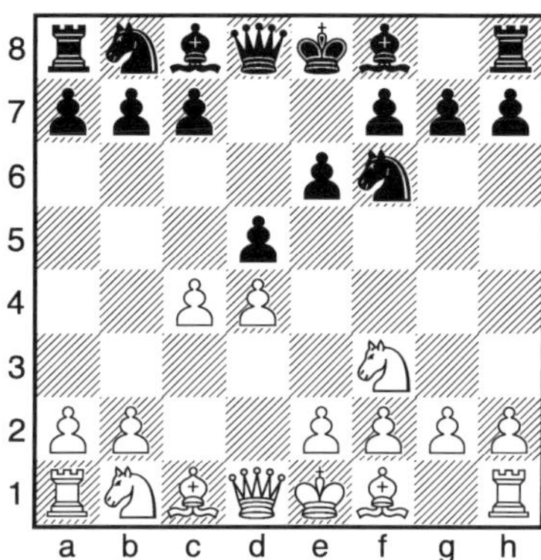

4.g3

Das frühe Fianchettieren des Läufers charakterisiert die Katalanische Eröffnung. Ihr Name geht auf die spanische Provinz Katalonien zurück, deren Hauptstadt Barcelona ist. Dort wurde die Idee 1929 erstmals in einem überlieferten Turnier angewendet. Das System ist eine Mischung aus der Réti-Eröffnung und dem klassischen Damengambit.

4...♗e7 5.♗g2 0-0 6.0-0 dxc4 7.♕c2

In der modernen Turnierpraxis ist dies die beliebteste Fortsetzung. Weiß zeigt an, dass er mit der Dame auf c4 nehmen will, wenn Schwarz dies zulässt. Dabei ist er bereit, ggf. den Verlust mehrerer Tempi in Kauf zu nehmen.

Auf 7.♘e5 bringt 7...♘c6! Schwarz gute Gegenchancen ein.

7...b5

Dieser Stützungszug weicht von der aktuellen Hauptlinie ab. Er spielt in der Häufigkeit der Anwendung eine gänzlich untergeordnete Rolle und tiefgehende Analysen sind zu ihm bisher nicht bekannt geworden. Er stößt aber bei Spielern verschiedener Ebenen zunehmend auf Interesse.

Hauptsächlich wird hier 7...a6 gespielt.

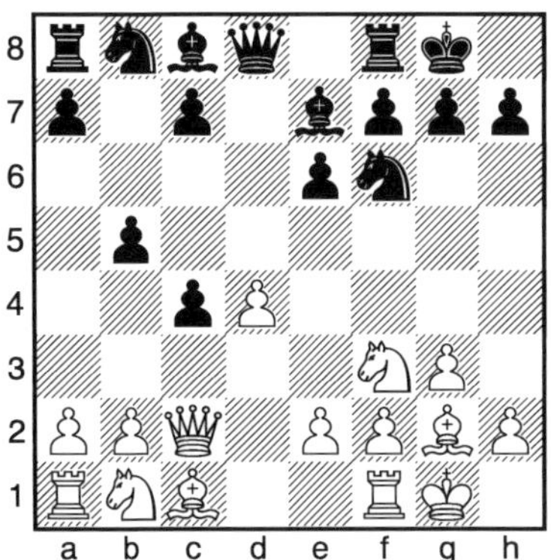

8.♘e5

Der Weltmeister führt das Duell tiefer in ein bisher wenig erforschtes Terrain hinein.

Die Theorie empfiehlt die energische Fortsetzung 8.a4. Entsprechend ist sie in der Praxis am häufigsten anzutreffen. Wie Carlsen mit den schwarzen Steinen in dieser Situation reagiert, zeigt z.B. die Partie Ding Liren-Carlsen, Zagreb 2019.

8...b4

(8...c6? 9.axb5 cxb5 10.♘g5+−)

9.♘fd2

(Nach 9.♕xc4 ♗a6 10.♕c2 ♘bd7 11.♖d1 c5 bekommt Schwarz ein aktives Gegenspiel.)

9...♘d5 10.♘xc4 c5 11.dxc5 ♗a6 12.♘e3 ♘d7 13.♘xd5 exd5 14.c6

(Im Falle von 14.♗xd5 kann es zu der Variante 14...♖c8 15.c6 ♘e5 16.♖d1 ♘xc6 17.♗xf7+ ♖xf7 18.♖xd8+ ♗xd8 19.♕e4 ♘d4 kommen, die Schwarz eine starke Initiative einbringt.)

14...♖c8 15.♗f4 ♘c5 16.c7 ♕d7 17.♘d2 g5 18.♗e5 f6 19.♗d4 ♖xc7 20.♕d1 ♘e6 21.♘b3 ♗c4 22.♘a5 ♘xd4 23.♕xd4 ♔g7 24.♖fc1 ♗xe2 25.♖xc7 ♕xc7 26.♖e1 ♗c5 27.♕xd5 ♖e8 28.♕b7 ♕xb7 29.♘xb7 ♗f8 30.♗c6?

(30.♘d8 ♖xd8 31.♖xe2 ♖d1+ 32.♗f1 ♗c5 33.♖c2 ♗b6=)

30...♖e7 31.f3 ♗c4 32.♖xe7+ ♗xe7 33.♔f2 f5 34.♔e3 ♗g8 35.♔d3 g4 36.♘a5 ♗c5 37.♘c4 ♗g1 38.♘e3 ♗e6 39.fxg4 fxg4 40.♔e2 h5 41.♗d5 ♗d7 42.♗b3 ♗xh2 43.♔f2 h4 44.gxh4 ♗e5 45.♘c4 g3+ 46.♔g1 ♗f4 47.♗d1 ♗c6 48.b3 ♔h6 49.a5 ♗e4 50.♔f1 ♔g7 51.♔g1 ♔f6 52.♔f1 ♔e6 53.h5 ♔d5 54.a6 ♔d4 55.♗g4 ♔c3 56.♗e6 ♗c2 57.♘a5 ♗c7 58.♘b7 ♗d3+ 59.♔g1 ♗xa6 0–1

8...c6

Eine starke Alternative ist 8...♘d5!? mit der möglichen Folge 9.a4 c6 10.axb5 (10.♘c3 f6 11.♘f3 b4∓) 10...cxb5 11.♘c3 f6 12.♘g4 ♕d7 mit guten Aussichten für Schwarz, was auch die Ergebnisse aus der Turnierpraxis bestätigen.

9.a4

Auf den Fehler 9.♘xc6? darf man beim Weltmeister natürlich nicht hoffen. Nach 9...♘xc6 10.♗xc6 ♖b8 hätte Schwarz ein bequemes Spiel.

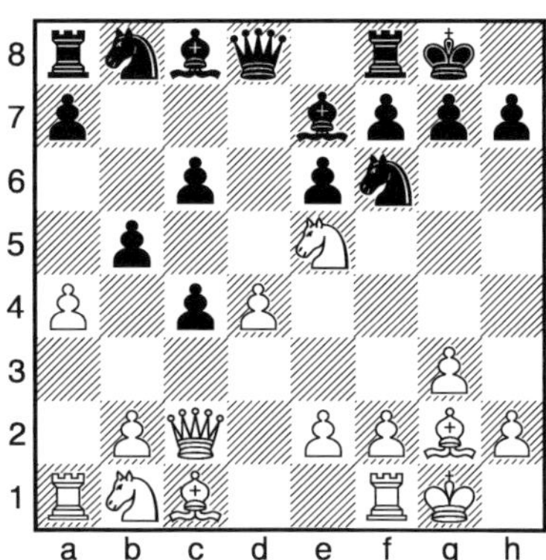

9...♘d5

Die Blockade der langen Diagonale a8–h1 ist in dieser Eröffnung ein bekanntes Verteidigungsmotiv.

Schlecht wäre es, wenn Schwarz einer möglichen Versuchung zu 9...♕xd4? erliegen würde. Die Variante 10.♘xc6 ♘xc6 11.♗xc6 ♖b8 12.axb5 würde zu einem weißen Vorteil führen.

10.♘c3 f6

Der Bauer verdrängt den Springer vom starken Stützpunkt e5.

Als Alternative sollte 10...b4 genauer geprüft werden. Ein Beispiel dazu: 11.♘e4 ♗a6 12.♘xc4 ♘d7 13.b3 ♖c8 14.♘ed6 ♖c7 15.♗b2 ♘7b6 16.♘xb6 axb6 17.♘c4. An dieser Stelle hätte Schwarz in der Partie Goltseva-Tereladze, chess.com INT 2021, 17...c5! spielen sollen, womit er sich gute Perspektiven verschafft hätte.

11.♘f3

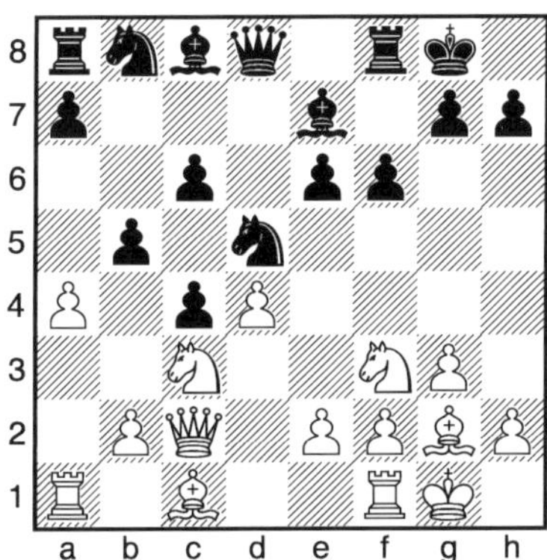

11...♕d7N

Uns ist kein Vorgängerbeispiel aus der Praxis bekannt, so dass es sich um eine Neuerung handeln dürfte.

Bisher wurde 11...b4 gespielt. Ein paar Varianten dazu: 12.♘e4 ♗a6 13.♗h3

(13.♘c5 ♗xc5 14.dxc5 e5 15.e4 b3 16.♕d2 ♘c7 17.♕c3 ♘e6 18.♗e3 ♕d3 19.♕xd3 cxd3 20.♖fd1 ♘d7 21.♖ac1 ♖fd8 22.♗f1 ♘df8 23.♖c3 ♖ab8 24.♗xd3 ♖b4 25.♖d2 ♗xd3 26.♖dxd3 ♖xd3 27.♖xd3 ♖xe4 28.♖xb3 ♖xa4 29.♖b7 ♖a5 30.b4 ♖a1+ 31.♔g2 ♖a6, Hernandez Munoz-Lara Lopez, Burguillos 2012)

13...f5 14.♘eg5 b3 15.♕d1 ♖f6 16.e4 ♘b4 17.exf5 exf5 18.♖e1 ♘c2 19.♘xh7 ♔xh7 20.♘g5+ ♔g6

(20...♔g8 21.♕h5 ♖h6 22.♕f7+ ♔h8 23.♖xe7+−)

21.♘e6 ♕h8 22.♗xf5+ ♔xf5

(22...♖xf5 23.♕g4+ ♔f6 24.♗g5+ ♖xg5 25.♕xg5+ ♔f7 26.♕f5+ ♗f6 27.♘g5+ ♔f8 28.♕c5+ +−)

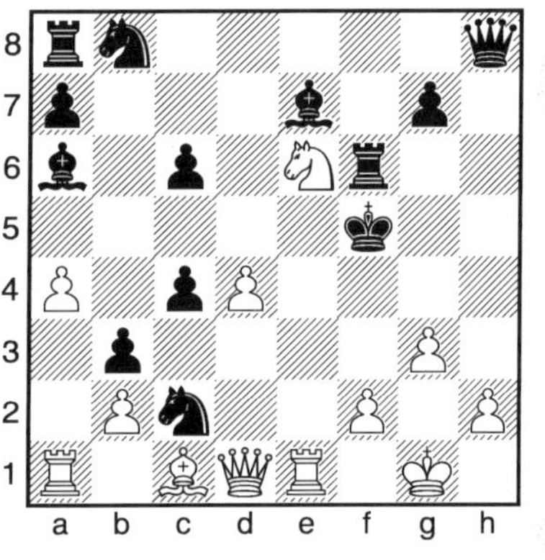

23.♘xg7+! ♔g6

(23...♕xg7 24.♕h5+ ♕g5 25.♕xg5#)

24.♖xe7 ♕h3 (24...♗c8 25.♕d2+−) und in der Fernpartie Eilering-Nayegandhi, Lechenicher SchachServer 2009, hätte Weiß nun mit 25.♕e2! eine Gewinnstellung erreichen können.

12.e4 ♘b4 13.♕e2 ♘d3

Karsten Müller: Monsterkraken werden in dieser Partie eine große Rolle spielen. Der Schwarze wird gar später eine Qualität gewinnen.

14.e5 ♗b7 15.exf6 ♗xf6 16.♘e4 ♘a6

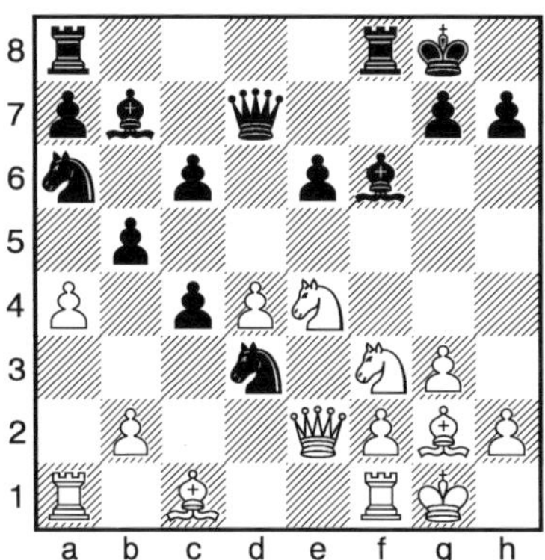

17.♘e5

Karsten Müller: Das ist objektiv wohl noch spielbar, gibt der Partie aber eine ungünstige Richtung. Sowohl 17.♘xf6+ gxf6 18.♗h6± als auch 17.♗e3 ♘ab4 18.♘e5± waren vorzuziehen.

17...♗xe5 18.dxe5 ♘ac5 19.♘d6

Karsten Müller: Auch dieser Monsterkrake gehört in der Tat genau hier hin.

19...♘b3

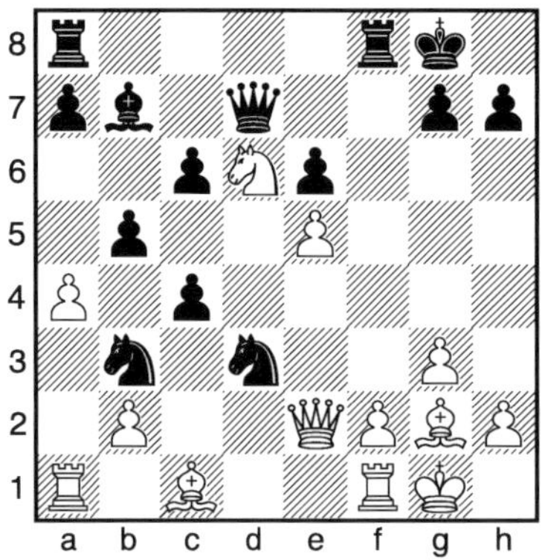

20.♖b1

Karsten Müller: Die Qualitätsopferidee ist zwar richtig, aber diese Realisierung geht zu weit.

20.♗e3 ♘xa1 21.♖xa1 ist laut Computer dynamisch ausgeglichen.

20...♘bxc1 21.♖bxc1 ♘xc1 22.♖xc1 ♖ab8 23.♖d1

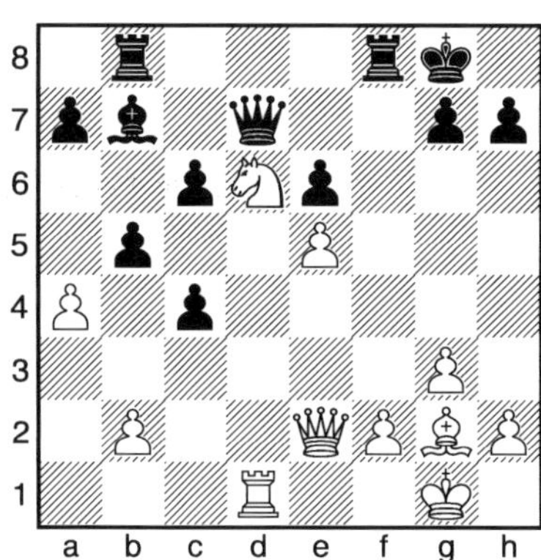

23...♗a8

Karsten Müller: 23...bxa4 24.♗e4 g6 25.♕xc4 c5–+ gewinnt wegen der Fesselung in der d-Linie.

24.♗e4

Karsten Müller: Das geht definitiv zu weit. 24.♘xb5 ♕b7 (24...♕e7 25.♘d6∓) 25.♗e4∓ war angesagt.

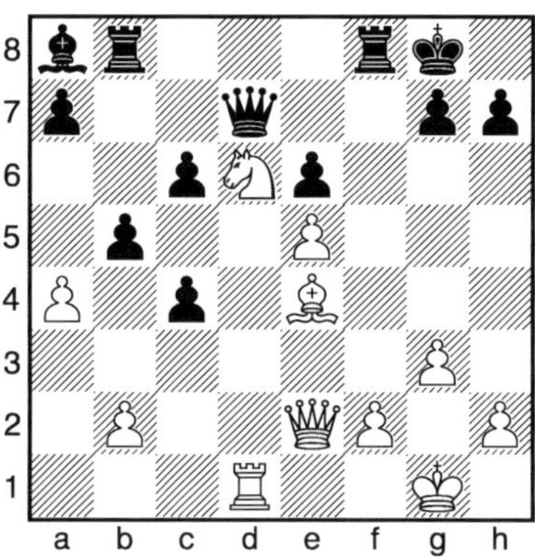

24...c3?

Karsten Müller: Eine weitere Panikreaktion. Beide Seiten unterschätzen das Material.

Nach dem prophylaktischen 24...g6! sollte Schwarz auf lange Sicht gewinnen, z.B.

25.♘xb5 ♕g7 26.♘d6 ♕xe5 27.♘xc4 ♕h5−+.

25.♕c2

Karsten Müller: In Magnus' Sinne nicht die passende Zugfolge.

25.bxc3 bxa4 26.♕c2⩱ war angesagt.

25...g6

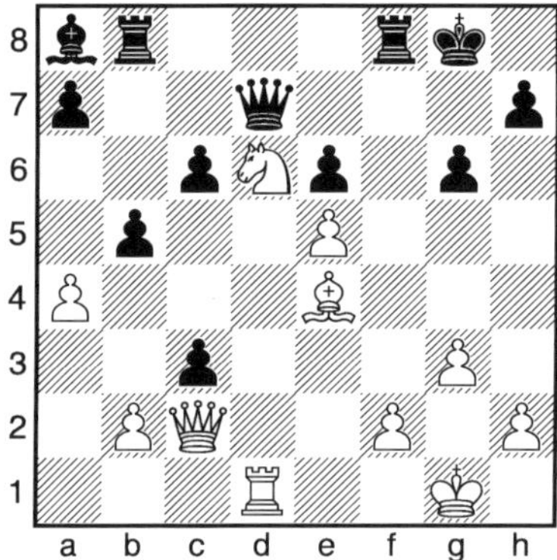

26.bxc3

Karsten Müller: Der Computer bevorzugt an dieser Stelle 26.♕xc3 bxa4 27.♖d2∓, um den Schaden zu begrenzen.

26...bxa4

Karsten Müller: Diese Stellungsöffnung am Damenflügel hilft letztlich Weiß, der nun genug Kompensation hat.

26...♕g7 nebst Öffnung am Königsflügel gewinnt für Schwarz, z.B. 27.f4 g5 28.♕a2 gxf4 29.♕xe6+ ♔h8 30.♘f5 ♕g6 31.♕xg6 hxg6 32.♘e7 ♖fd8 33.♘xg6+ ♔g8 34.♖a1 ♖d2 35.gxf4 bxa4−+.

27.♕xa4 ♖fd8 28.♖a1 c5

Nach diesem starken Zug tauscht Schwarz den weißen Läufer ab, was die Verteidigung erleichtert.

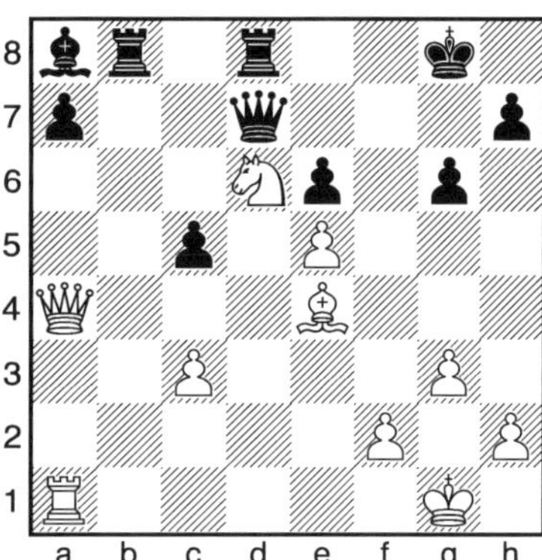

29.♕c4!

Weiß muss genau spielen, um das Spiel nicht zu verlieren. Und genau dies könnte passieren, wenn er unachtsam 29.♕xa7?? spielen würde. Nach 29...♕xa7 30.♖xa7 ♖xd6! 31.exd6 (31.♗xa8 ♖d2−+) 31...♗xe4 32.f3 ♗xf3 33.d7 ♖d8 34.♖c7 ♔f7−+ wäre Weiß verloren.

29...♗xe4 30.♘xe4 ♔h8

Karsten Müller: Der König geht prophylaktisch ♕xe6+ und ♘f6+ aus dem Weg.

31.♘d6

Karsten Müller: Der Springer geht auf seinen angestammten Vorposten zurück. Das gierige Schlagen 31.♘xc5? ♕d5 32.♕h4 ♖f8 bietet nur Schwarz Chancen.

31...♖b6 32.♕xc5 ♖db8 33.♔g2 a6

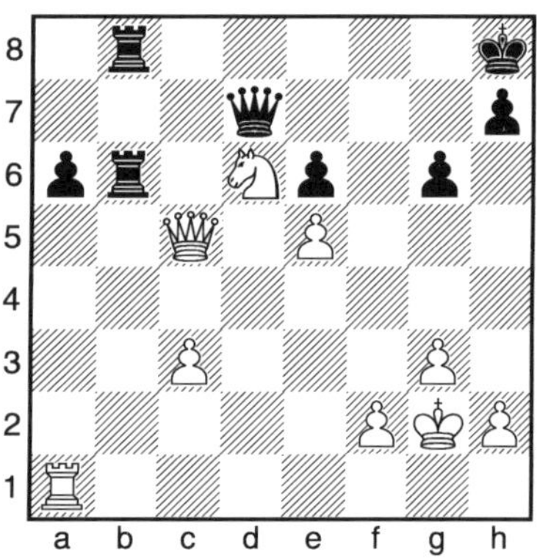

34.♔h3

Karsten Müller: Der König steht hier bemerkenswert sicher. Ein wichtiges Motiv, denn Weiß möchte die Damen nicht tauschen, damit die Türme ihre Stärke im Endspiel nicht zeigen können.

34...♖c6

34...♕c6 35.♘f7+ ♔g8 36.♕e7 ♕b7 37.♘h6+ ♔h8 38.♘f7+= war ein alternatives Ende der Partie.

35.♕d4 ♔g8 36.c4 ♕c7 37.♕g4

Karsten Müller: Danach kann Schwarz den Druck direkt rausnehmen. Vielleicht war 37.♖a2 daher eine bessere praktische Wahl.

37...♖xd6 38.exd6 ♕xd6 39.c5 ♕xc5 40.♕xe6+ ♔g7 41.♖xa6 ♖f8 42.f4 ♕f5+ 43.♕xf5

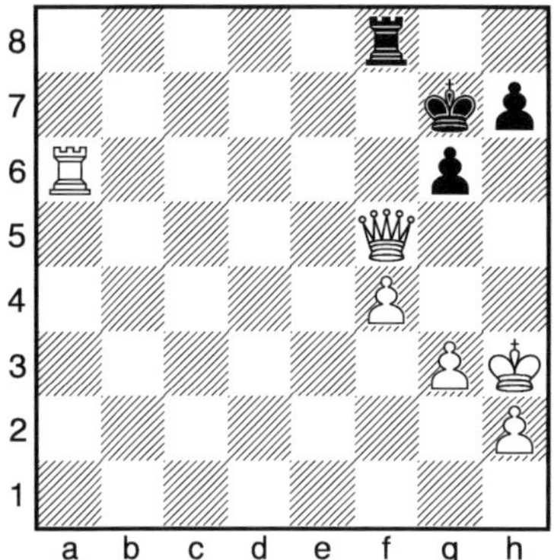

43...♖xf5!

Nur so darf Schwarz nehmen.

43...gxf5?? verbietet sich wegen 44.♔h4 ♖f7 (44...h6 45.♔h5+−) 45.♔g5 und Weiß gewinnt.

44.♖a7+ ♔g8 45.♔g4 ♖b5 46.♖e7 ♖a5 47.♖e5 ♖a7 48.h4

48.♔g5 ♔g7=

48...♔g7 49.h5 ♔h6 50.♔h4 ♖a1

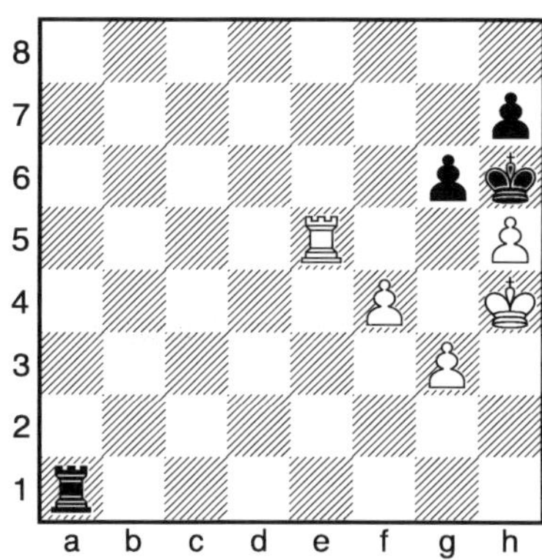

51.g4

Auch nach 51.hxg6 hxg6 52.♖e6 (52.g4 ♖a7=) 52...♖h1+ 53.♔g4 ♖a1 54.f5 ♖a4+ 55.♔f3 ♔g5 56.fxg6 ♖a7 ist das Endspiel ausgeglichen.

51...♖h1+ 52.♔g3 gxh5 53.♖e6+ ♔g7 54.g5 ♖g1+ 55.♔f2 ♖a1 56.♖h6 ♖a4 57.♔f3 ♖a3+ 58.♔f2 ♖a4 ½–½

Zusammenfassung:

Auch wenn es zu einem friedlichen Abschluss gekommen ist, haben sich die Kontrahenten einen interessanten und spannenden Kampf mit beiderseitigen taktischen Chancen geliefert. Schließlich kam es zu einem lehrreichen Turmendspiel, das Nepomnjaschtschi leicht remisierte.

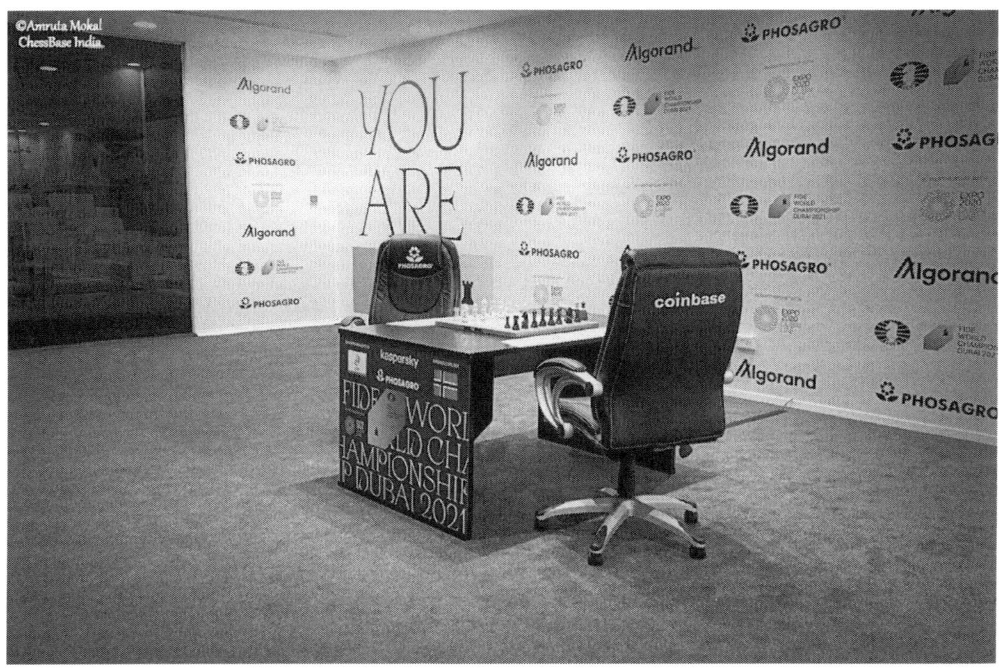

Der Arbeitsplatz der Kontrahenten

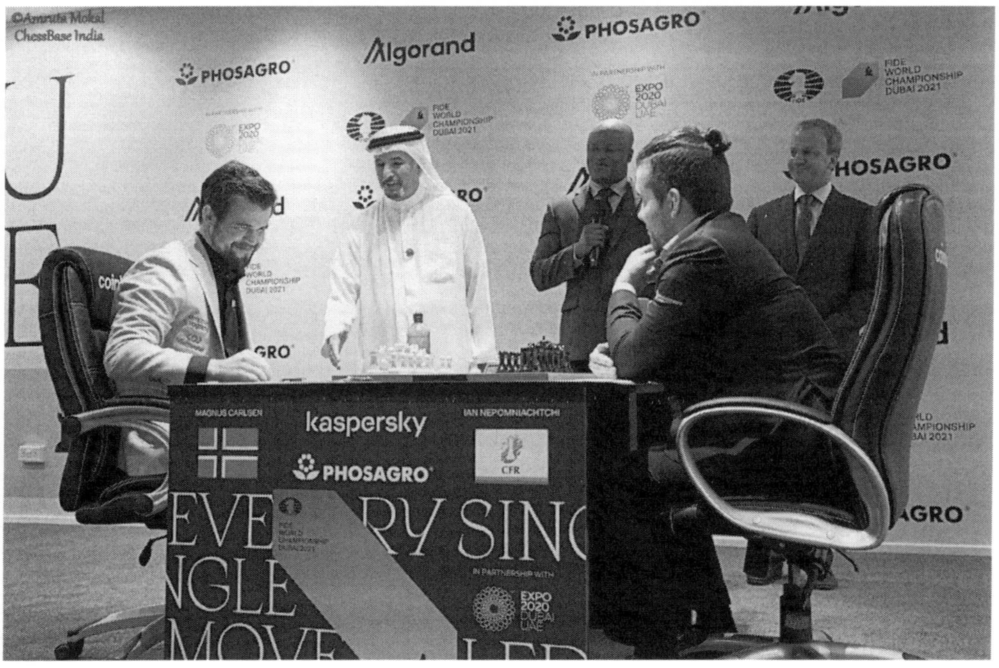

Begrüßung vor dem Wettkampf

Wettkampfpartie Nr. 3
Nepomnjaschtschi-Carlsen
Spanische Partie [C88]

Dubai 28.11.2021 (Sonntag)

Die dritte Partie endete erneut mit einer Teilung des Punktes. Sie verlief ziemlich ruhig, war aber nicht langweilig. Beide Kontrahenten vermittelten den Eindruck, noch nach Schwächen im gegnerischen Spiel zu suchen, um diese in den nachfolgenden Duellen ausnutzen zu können. Diese Taktik ist oft in hochrangigen Duellen anzutreffen. Beide Spieler sind gut vorbereitet und machen selten Fehler. Entsprechend schwierig ist es, den Gegner zu schlagen. Es gilt die Devise, auf günstige Momente zu warten.

1.e4 e5 2.♘f3 ♘c6 3.♗b5 a6 4.♗a4 ♘f6 5.0-0 ♗e7 6.♖e1 b5 7.♗b3 0-0 8.a4

Mit dieser populären Alternative geht Nepomnjaschtschi dem Marshall-Angriff aus dem Weg, der über 8.c3 d5 entstehen würde und Schwarz gute Angriffschancen schenkt.

In der ersten Matchpartie gab er 8.h3 den Vorzug.

8...♗b7

Damit beendet Schwarz die Entwicklung seines Damenflügels und bereitet ein aktives Gegenspiel in der Mitte vor, das er mit d7–d5 einleiten will.

Carlsen hat auch Erfahrung mit der Alternative 8...b4 gesammelt.

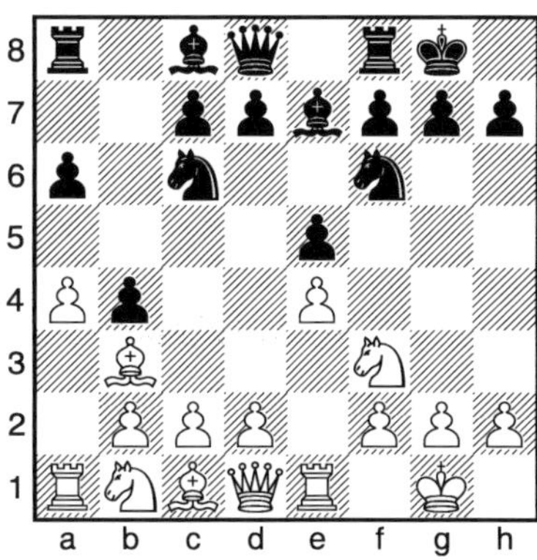

A) 9.d3 ist der Standardzug – mit der möglichen Folge 9...d6

(9...♗c5 10.c3 bxc3 11.bxc3 ♖b8 12.♗g5 h6 13.♗h4 g5 14.♗g3 ♘h5 15.♘bd2 ♘xg3 16.hxg3 ♕f6 17.♘c4 d6 18.♘e3 ♗e6 19.♗xe6 fxe6 20.♕c2 h5 21.♖ab1 ♖xb1 22.♖xb1 h4 Carlsen-Aronian, Karlsruhe 2017)

10.♘bd2 ♗e6 11.♘c4 ♖b8 12.a5 ♘a7? (12...♘d7!) 13.d4 ♘xe4 14.♖xe4 d5 15.♖xe5 dxc4 16.♖xe6 cxb3 17.♖xa6 ♘b5 18.cxb3+− Carlsen-So, chess24.com INT 2021.

B) Für die populäre Alternative 9.a5 weist die Statistik gute Werte für Weiß aus, z.B. 9...d6

(Die mit einem schwarzen Bauernopfer verbundene Variante 9...d5 10.exd5 ♘xd5 11.♘xe5 ♘xe5 12.♖xe5 ♘f6 führt zu einem komplizierten Spiel.)

10.d3 ♗e6 11.♗xe6 fxe6 12.♘bd2 ♖b8 13.c3 ♕e8 14.♘c4 ♕g6 15.h3 ♘d7 16.♗e3 d5 17.♘cd2 bxc3 18.bxc3 ♘c5 19.♗xc5 ♗xc5 20.♕a4 ♖b2 21.♖f1 ♘a7 22.♘xe5 ♕h6 23.♘df3 ♘b5 24.♖ae1 ♘xc3 25.♕c6 ♗b4 26.♔h1 dxe4 27.dxe4 ♘e2 28.♖b1 ♖xb1 29.♖xb1 ♗d6 30.♕xa6 und Weiß hat sich ein vorteilhaftes Spiel erarbeitet, Carlsen-Aronian, Saint Louis 2017.

9.d3

Diese solide Fortsetzung ist am häufigsten in der Praxis anzutreffen.

Wenn Weiß stattdessen zu 9.c3 greift, steht Schwarz der Konter mit 9...d5 zur Verfügung. Es kommt dann zu einem scharfen Spiel.

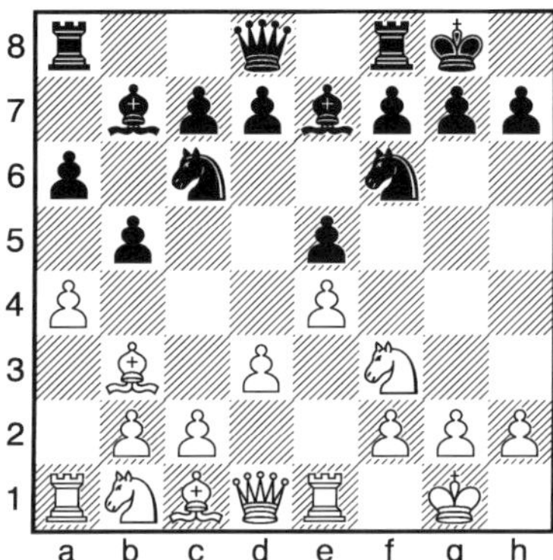

9...d6

Carlsen ist auf diese Fortsetzung nicht festgelegt. Der Gegenspieler muss damit rechnen, dass er ihm mit Alternativen entgegentritt, die zu deutlich anderen Strukturen führen können. Und er muss damit rechnen, dass der Weltmeister einiges an praktischer Erfahrung mit Alternativen gesammelt hat. Ein paar Beispiele dazu:

I. 9...♖e8 10.♗g5

(10.♘c3 ♘d4 11.axb5 ♘xb3 12.cxb3 axb5 13.♖xa8 ♗xa8 14.♘xb5 d5 15.exd5 ♗b4 16.♗d2 ♗xd2 17.♕xd2 ♗xd5 18.♘xe5 ♗xg2 19.♔xg2 ♕d5+ 20.♘f3 ♕xb5 21.♖xe8+ ♘xe8= Dominguez Perez-Carlsen, Berlin 2015)

10...h6 11.♗h4 d6 12.♘c3 ♘a5 13.♗a2 b4 14.♗xf6 ♗xf6 15.♘d5 ♗xd5 16.♗xd5 c6 17.♗a2 ♖b8 18.♘d2 ♗g5 19.♘b3 ♘xb3 20.♗xb3 a5 21.g3 ♕d7 22.♕h5 ♖f8 23.♖ad1 ♖be8= So-Carlsen, chess24.com INT 2021.

II. 9...d5 10.exd5 ♘xd5 11.♘bd2 (11.♘xe5 ♘xe5 12.♖xe5 ♕d6) 11...f6 12.c3 ♔h8 13.axb5 axb5 14.♖xa8 ♗xa8 15.♘e4 b4 16.d4 bxc3 17.bxc3 exd4 18.♘xd4 ♘xd4 19.cxd4 ♗b4 20.♗d2 ♗xd2 21.♕xd2 ♖e8 22.h3 ♘b6 23.♘c5 ♗d5 24.♗xd5 ♘xd5 25.♘e6 ♕d7 26.♘c5 ♕f7 27.♖e2 ♖b8= Caruana-Carlsen, Stavanger 2017.

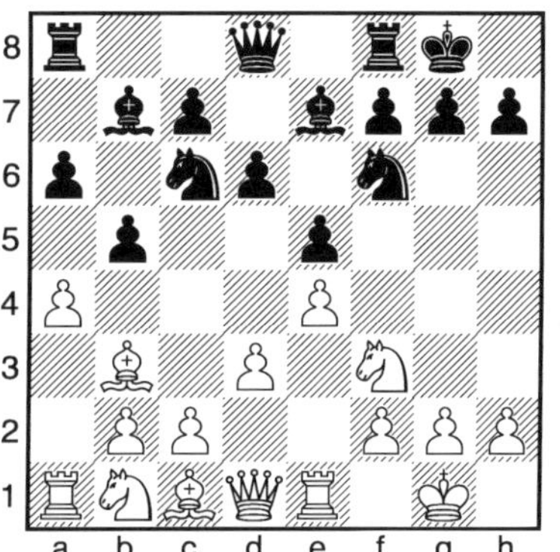

10.♘bd2

Und auch an dieser Stelle lässt sich der Weltmeister weder ausrechnen noch überraschen. In den Duellen gegen verschiedene Gegner bewies er – auch im WM-Jahr – dass er gegen alles, was ihm im 10. Zug vorgesetzt werden kann, starke Antworten in petto hat. Mit Vachier-Lagrave, Bacrot und Aronian waren es enorm starke Gegner, die Carlsen mit Alternativen herausforderten, ihn aber allesamt nicht aufs Glatteis zu führen vermochten. Schauen wir uns die 2021er Beispiele gegen die genannten Spieler an:

I. 10.♗d2 ♕d7

(10...♘b8 11.axb5 axb5 12.♖xa8 ♗xa8 13.♘a3 c6 14.c4 bxc4 15.♘xc4 c5 16.♘e3 ♘c6 17.♘f5 ♗b7 18.♗a4 ♕c7 19.♕c2 ♗d8 20.♖c1 ♘e7 21.♘e3 ♕b8 22.b4 cxb4 23.♗xb4 ♗xe4 24.♗xd6 ♕xd6 25.dxe4 ♘g6 26.g3 ♕b4 27.♗c6 ♘e7

28.♘xe5 ♘xc6 29.♘xc6 ♕xe4 30.♕xe4 ♘xe4 31.♘xd8 ♖xd8 32.♖d1 ♖xd1+ 33.♘xd1 g6= Vachier-Lagrave – Carlsen, chess24.com INT 2021)

11.♘c3 ♘a5 12.♗a2 c5 13.♘e2 ♘c6 14.♘g3 d5 15.exd5 ♘xd5 16.c3 ♖ad8 17.axb5 axb5 18.♘xe5 ♘xe5 19.♖xe5 ♗d6 20.♖e1 ♘f4 21.♗xf4 ♗xf4 22.♘e4 ♕c7 23.g3 ♗e5 24.f4 ♗d6 25.♕h5 ♕c6 26.♕h3 c4 27.d4 ♖de8 und Schwarz übernahm die Initiative mit späterem Gewinn, Bacrot-Carlsen, Krasnaya Polyana 2021.

II. 10.c3 ♘b8 11.♘bd2 ♘bd7 12.♘f1 ♘c5 13.♗c2 ♘xa4 14.♗xa4 bxa4 15.♖xa4 ♘d7 16.♘g3 ♖e8 17.d4 exd4 18.cxd4 ♘f8 19.♗d2 ♕d7 20.h4 h6 21.♕c2 ♖ac8 22.♖a5 d5 23.e5 c5 24.dxc5 d4 25.b4 ♗xf3 26.gxf3 ♗xh4 27.♕f5 ♗xg3 28.♕xd7 ♘xd7 29.fxg3 ♘xe5 30.♖a3 ♘c4, Aronian-Carlsen, chess24.com INT 2021.

III. 10.♘c3 ♘a5 11.♗a2 b4 12.♘e2 c5 13.♗d2 ♗c8 14.c3 bxc3 15.♘xc3 ♖b8 16.♘d5 ♘c6 17.♘xf6+ ♗xf6 18.♗c3 ♕e8 19.♘d2 ♗e6 20.♗d5 ♗xd5 21.exd5 ♘b4 22.♗xb4 ♖xb4 23.♘c4 ♕d7 24.a5 ♖fb8 25.h3 e4 26.♖xe4 ♗xb2 27.♖b1 ♗f6=, Vachier-Lagrave – Carlsen, chess24.com INT 2021.

10...♖e8 11.♘f1 h6 12.♗d2 ♗f8

Karsten Müller: Dieser Läufer ist gut entwickelt, was vom anderen schwarzen Läufer nicht unbedingt gesagt werden kann. Das ist ein kleines Problem der schwarzen Aufstellung.

13.♘e3 ♘e7 14.c4 bxc4 15.♘xc4

(siehe nächstes Diagramm)

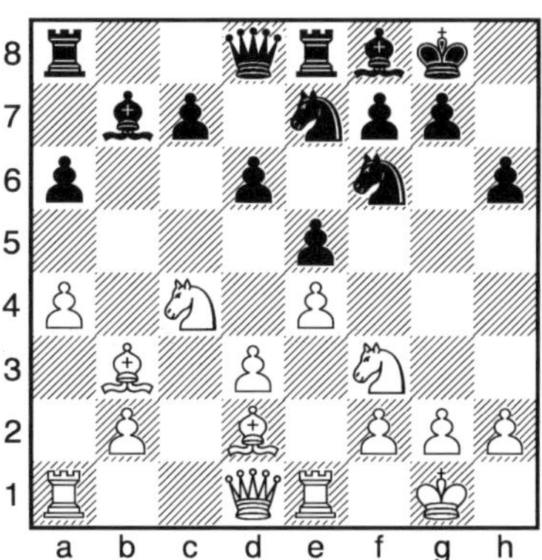

15...♘c6!

In der Partie Arakhamia Grant-Yildiz, Rijeka 2010, setzte Schwarz mit 15...♖b8? fort, wurde im weiteren Partieverlauf mit seiner Entscheidung aber nicht mehr glücklich. Es folgte 16.♘cxe5! dxe5 17.♘xe5 ♔h7 18.♗xf7 ♕d6 19.♗c3 ♖ed8 20.♗c4 ♘c6 21.♘f7 ♕e7 22.d4 g6 23.♘xd8 ♖xd8 24.♕b3 ♗a8 25.♖ad1 ♗g7 26.♕c2 ♘h5 27.d5 ♘e5 28.♗xa6 ♕d6 29.♗f1 ♖f8 30.h3 ♗b7 31.♗d4 ♖f7 32.♖e3 ♗c8 33.♖c3 ♘f4 34.♗c5 ♕f6 35.d6 ♕g5 36.♖g3 ♕h5 37.♗e3 ♘e6 38.♖d5 ♗b7 39.♖b5 cxd6 40.f4 ♘c6 41.♖xh5 1–0.

16.♖c1 a5 17.♗c3 ♗c8 18.d4

Karsten Müller: Nepo nutzt die Gunst der Stunde zur Stellungsöffnung, bevor der schwarze weißfeldrige Läufer sein Problem gelöst hat.

18...exd4 19.♘xd4 ♘xd4 20.♕xd4 ♗e6

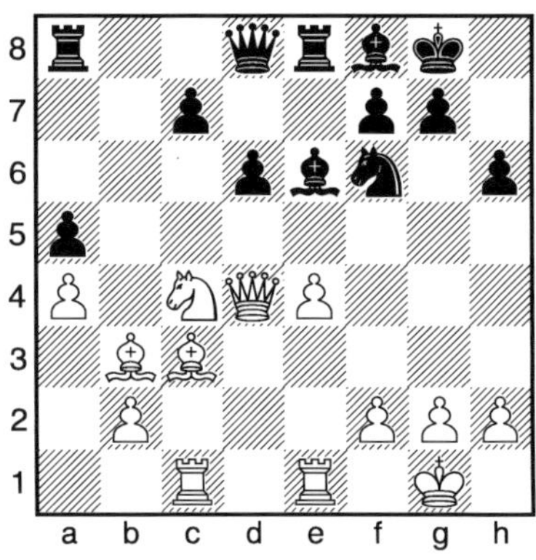

21.h3

Karsten Müller: Das nimmt den Druck raus.

21.♕d3! war kritisch. Weiß spart dann h3 ein und Schwarz kann nicht so ohne weiteres ganz ausgleichen, z.B. 21...d5 (21...c6 22.♗c2±; 21...♘d7 22.♗c2±) 22.♗xf6 ♕xf6 23.exd5 ♗f5 24.♕f3 ♗b4 25.♖ed1±.

21...c6

Oder 21...d5 22.exd5 ♕xd5 23.♕f4 ♖ab8=.

22.♗c2 d5

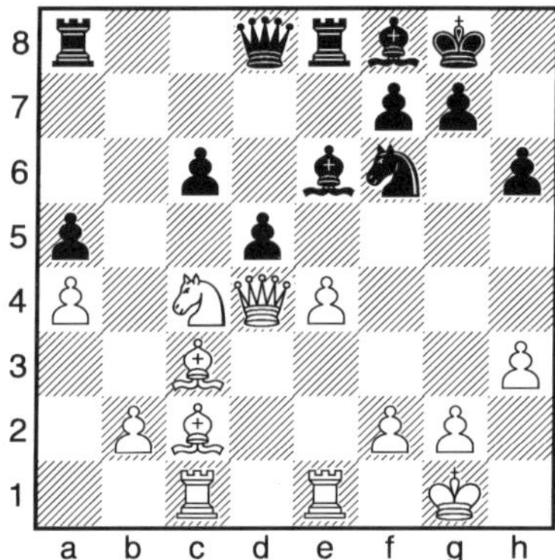

23.e5

Karsten Müller: Das ist klarer als die Alternative 23.exd5, wonach noch alle drei Ergebnisse möglich scheinen, z.B. 23...♘xd5 (23...♕xd5!?=) 24.♕e4 g6 25.♗d4 ♗g7 26.♗xg7 ♔xg7 27.♕e5+ ♕f6=.

23...dxc4

Karsten Müller: Diese Abwicklung ist mehr oder weniger erzwungen.

So scheitert 23...♘d7? an 24.♘d6 ♗xd6 25.exd6 ♘f6 26.♕c5+−.

24.♕xd8 ♖exd8 25.exf6 ♗b4 26.fxg7 ♗xc3 27.bxc3 ♔xg7

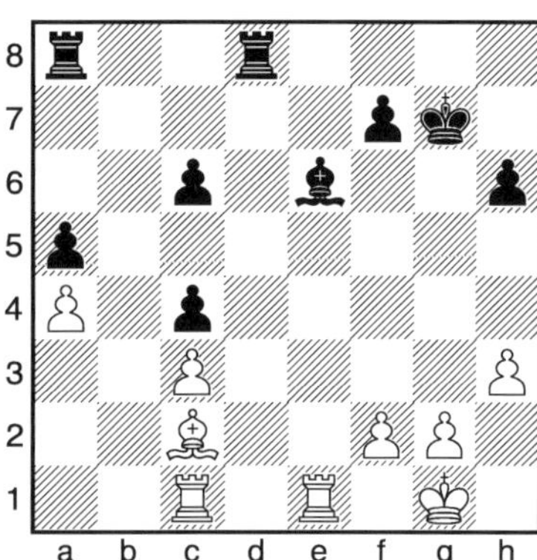

28.♔f1

Karsten Müller: Beide Seiten aktivieren ihre Könige wie im Endspiel üblich.

28...♖ab8 29.♖b1 ♔f6 30.♖xb8 ♖xb8 31.♖b1 ♖xb1+

Karsten Müller: Danach ist das Remis ganz klar. Allerdings gibt es keine echte Alternative.

Denn 31...♖d8= ist zwar spielbar, bietet aber auch keine Gewinnchancen.

32.♗xb1

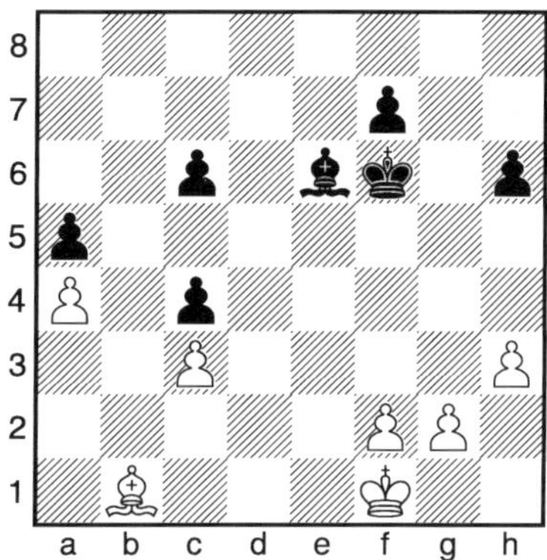

32...♔e5

Karsten Müller: Das Läuferendspiel ist klar remis.

Nicht jedoch 32...♗f5? 33.♗xf5 ♔xf5 34.♔e2 und Weiß kann seine Königsflügelmajorität früher oder später mobilisieren, z.B. 34...♔e4 35.g3 f6 36.f3+ ♔d5 37.♔e3 ♔e5 38.g4 c5 39.f4+ ♔d5 40.h4 ♔d6 41.♔e4 ♔e6 42.f5+ (42.g5? f5+ 43.♔f3 h5=) 42...♔d6 43.♔f4 ♔d5 44.g5 fxg5+ 45.hxg5 hxg5+ 46.♔xg5 ♔e4 47.f6 ♔d3 48.f7 ♔xc3 49.f8♕+−.

33.♔e2 f5

Erneut natürlich nicht 33...♗f5? 34.♗xf5 ♔xf5 35.♔e3 c5 36.♔f3 ♔e5 37.g4 f6 38.♔e3 ♔d5 39.♔f4 ♔e6 40.♔e4+−.

34.♗c2

34.g3 f4=

34...f4 35.♗b1 c5 36.♗c2 ♗d7

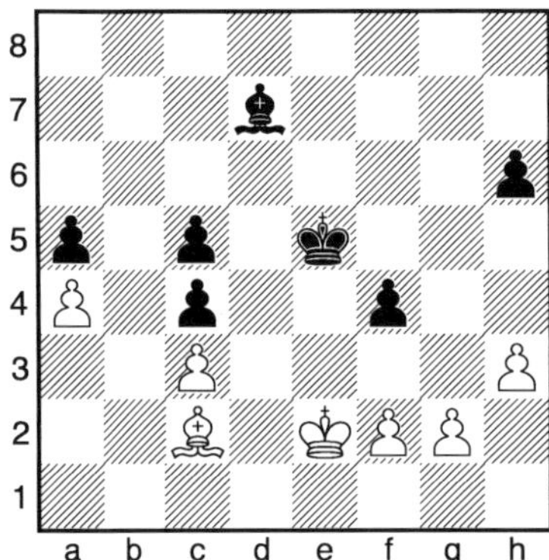

37.f3

Karsten Müller: Nepo schließt alles ab.

37...♔f6

Natürlich nicht 37...♗f5?? 38.♗xf5 ♔xf5 39.♔f2 h5 40.h4 (40.g3? h4=) 40...♔e5 41.g3 ♔f5 42.♔g2 ♔e5 43.gxf4+ ♔xf4 44.♔f2 ♔e5 45.♔e3 ♔f5 46.f4 ♔g4 47.♔e4 ♔xh4 48.♔f3 ♔h3 49.f5+−.

38.h4 ♔e5 39.♔f2 ♔f6

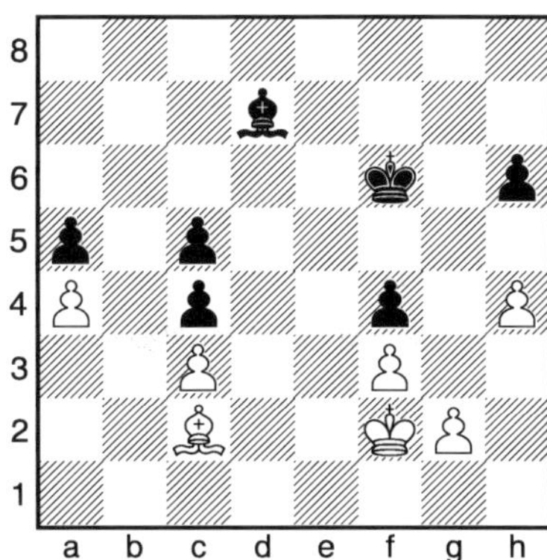

40.♔e2

40.g3 ♔e5 41.g4 (41.gxf4+? ♔xf4 42.♗d1 ♗c6−+) 41...♔f6=

40...♔e5 41.♔f2 ½–½

Zusammenfassung:

Auch in diesem Spiel gelang es keinem der Kontrahenten, einen besonderen Vorteil zu erzielen. Aus der Sicht des Spielers ist es schade, dass Nepomnjaschtschi mit dem Zug 21.h3 ein Tempo verlor. Nach der aktiveren Lösung 21.♕d3! hätte er um die Initiative kämpfen können. Das Spiel endete zwar unentschieden, über den Unterhaltungswert konnten sich die Fans aber nicht beklagen. Der Spielstand nach drei Partien war 1,5–1,5.

Wettkampfpartie Nr. 4
Carlsen – Nepomnjaschtschi
Russische Verteidung [C42]
Dubai 30.11.2021 (Dienstag)

Carlsen wendete sich in dieser Partie von 1.d4 ab und eröffnete mit dem Königsbauern. Nepomnjaschtschi verzichtete auf den Einsatz einer seiner beiden Hauptwaffen gegen 1.e4, die Sizilianische Verteidigung und die Französische Verteidigung. Im 2. Zug leitete er mit 2...♘f6 das Duell in die Russische Verteidigung über. Diese gilt zwar als solide, zugleich aber auch als nicht sehr ehrgeizig. Es fällt Schwarz regelmäßig schwer, sich die Chance auf einen Eröffnungsvorteil zu erarbeiten. Deshalb kommt sie im Turnierschach auf hohem Niveau wenig zum Einsatz. Nichtsdestotrotz gehörte die Russische Verteidigung zum Repertoire der Weltmeister Karpow, Kasparow, Kramnik und Anand. Im WM-Kampf 2018 in London vertraute ihr Fabiano Caruana gleich zweimal gegen Carlsen. Diese Partien sind ausführlich kommentiert in unserem Buch „Schachweltmeisterschaft 2018“ (Joachim Beyer Verlag 2018) enthalten.

1.e4 e5 2.♘f3 ♘f6

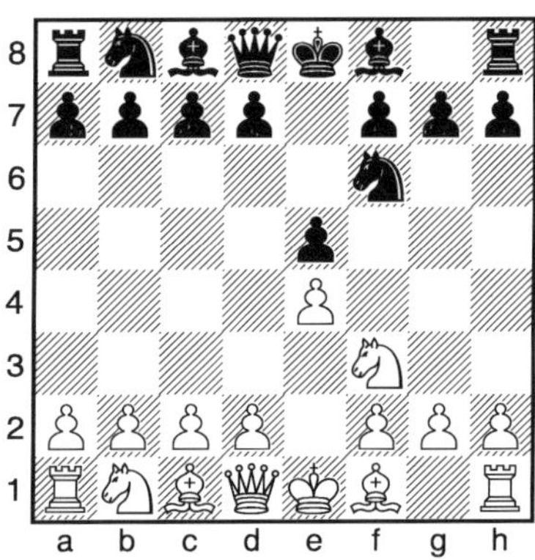

3.♘xe5

Dies ist die natürlichste und älteste Fortsetzung. In der Praxis kommt sie zu fast 60% der Fälle zum Einsatz.

3...d6 4.♘f3

In der Wettkampfpartie Nr. 6 spielte Carlsen 2018 in London gegen Caruana 4.♘d3 und die Partie endete nach 80 Zügen mit einem Remis.

4...♘xe4

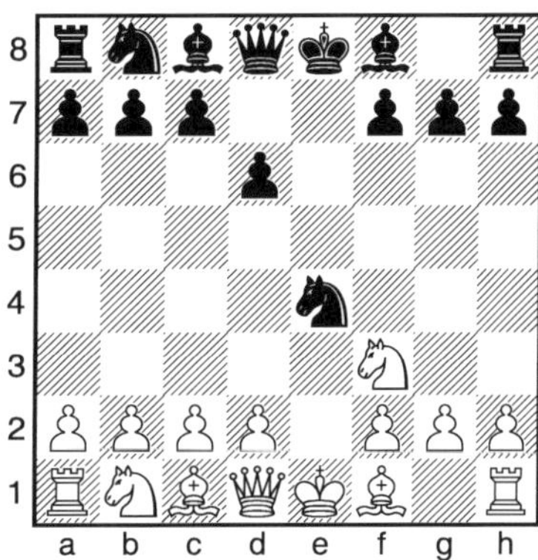

5.d4

Mit dieser Wahl hält der Weltmeister das Duell in der Hauptvariante.

In London 2018 wendete sich Carlsen in der 11. Wettkampfpartie gegen Caruana der modernen Variante nach 5.♘c3 zu. Die hinter diesem Zug steckende Idee ist einfach. Wenn Schwarz auf c3 schlägt, soll der d-Bauer zurücknehmen. Im Anschluss wird der Läufer von c1 auf e3 oder f4 postiert und nach den weiteren Zügen ♕d1–e2 und 0-0-0 will Weiß zum Angriff auf den König kommen. In ihrer Matchpartie einigten sich Carlsen und Caruana nach 55. Zügen auf ein Remis.

5...d5 6.♗d3

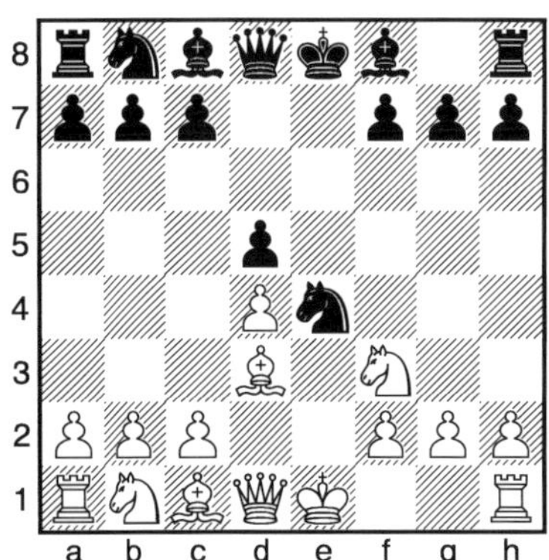

6...♗d6

In der Turnierpraxis häufiger anzutreffen sind die Alternativen 6...♗e7 und 6...♘c6. Natürlich ist Nepomnjaschtschis Favorit in dieser Partie auch spielbar.

7.0-0 0-0

Der Herausforderer hält sich an das übliche Vorgehen und bringt seinen König in die sichere Rochadestellung.

Anzutreffen ist aber auch die interessante Alternative 7...♗g4!?.

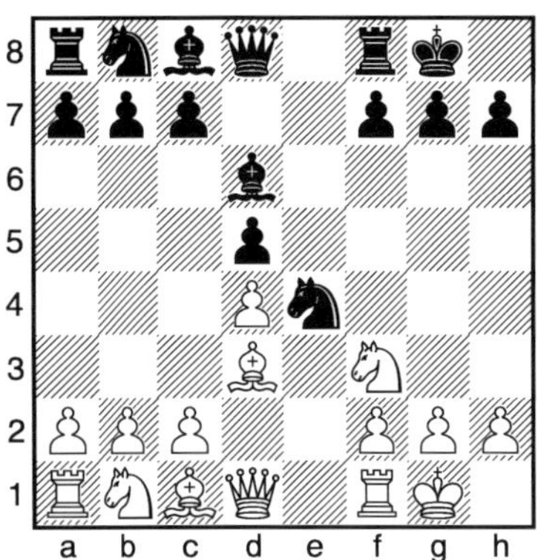

8.c4

Damit entscheidet sich der Weltmeister für die aktivste Fortsetzung.

Eine wichtige weitere Möglichkeit ist 8.♖e1. Schon in frühen Jahren seiner Karriere hatte Carlsen diese Stellung sowohl mit den weißen als auch den schwarzen Steinen auf dem Brett. Es kam dabei zu den folgenden Entwicklungen:

A) 8...♗f5 9.♘c3 (9.c4 c6 10.♕c2 ♘a6 11.a3 ♗g6) 9...♘xc3 10.bxc3 ♗xd3 11.♕xd3 ♘d7 12.♖b1 ♘b6 13.♘g5 g6 14.♕h3 h5 15.g4 ♕d7 16.gxh5 ♖ae8 17.♗e3 ♕xh3 18.♘xh3 gxh5 19.♗f4 ♔g7 20.♖xe8 ♖xe8 21.♗xd6 cxd6 22.♘f4 ♔h6 23.♔g2 ♔g5 24.♔f3 ♖c8 25.♖b3 ♖c4 26.♖a3 h4 27.h3 f5=, Carlsen-Schirow, Moskau 2006.

B) 8...♖e8 9.♘c3 ♘xc3 10.bxc3 ♖xe1+ 11.♕xe1 h6 12.c4 dxc4 13.♗xc4 ♘c6 14.♗b2 ♗g4 (14...♗f5!? 15.♕c3 ♕f6 16.♘e5 ♗xe5 17.dxe5 ♕g6) 15.♕e4 ♗xf3 16.♕xf3 ♕e7 17.g3 ♖e8 18.♗c3 ♘d8 19.a4 ♕e4 20.♕xe4 ♖xe4 21.a5 ♖e8 22.♔g2 ♘e6 23.h4 ♔f8 und Weiß stand positionell besser. Später gelang es ihm dann auch, die Partie zu gewinnen, Anand-Carlsen, Leon 2005.

8...c6 9.♖e1 ♗f5

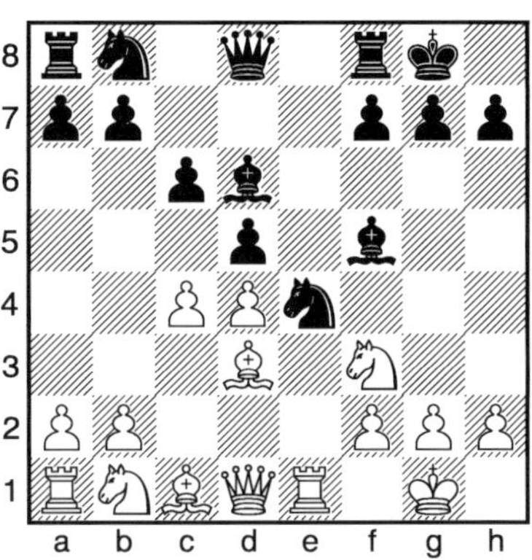

10.♕b3

Auf 10.♕c2 kann Schwarz mit 10...♗g6 reagieren, z.B. 11.c5 ♗c7 12.♘c3 ♘a6 13.a3 f5 14.b4 ♘b8 15.♘e5 ♘d7.

10...♕d7

Die Verteidigung des Bauern auf b7 ist Bestandteil eines soliden Plans.

Zu schweren Komplikationen führt hingegen 10...♘a6!?.

11.♘c3 ♘xc3 12.♗xf5 ♕xf5

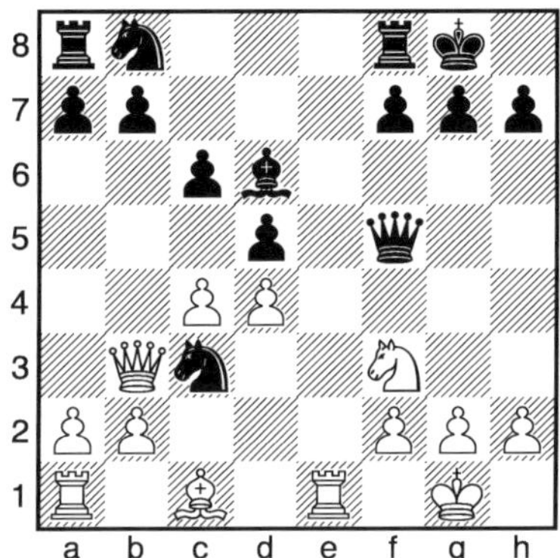

13.bxc3

Nur so kann Weiß um einen Vorteil kämpfen.

13.♕xb7 mit der möglichen Folge 13...♘e4 14.♕xa8 ♕d7 15.cxd5 cxd5 16.♖xe4 ♘c6 17.♕xf8+ ♔xf8 18.♖e2 f6 19.♗d2 g5 20.♗c3 h5 21.♖ae1 ♘e7 22.h4 g4 23.♘d2 ♔f7 bringt Weiß nichts ein, ½–½ Ragger-T.Nguyen, Berlin 2021.

13...b6 14.cxd5 cxd5 15.♕b5 ♕d7 16.a4 ♕xb5 17.axb5 a5

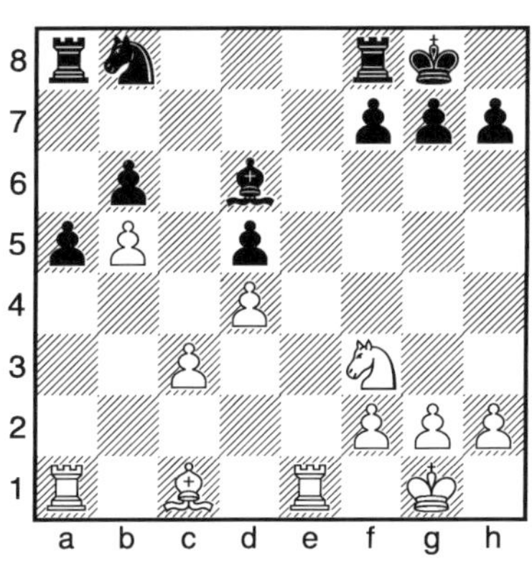

18.♘h4N

Karsten Müller: Magnus Carlsens vorbereitete Neuerung. Allerdings reicht der leichte weiße Druck nicht aus.

18.bxa6 ♘xa6 19.♗a3 ♗xa3 20.♖xa3 b5 21.♖ea1 ♘c7 22.♘e5 ♖xa3 23.♖xa3 ♖a8 24.♖xa8+ ♘xa8=, Chazalette -Gagliardi, ICCF Fernpartie 2018.

18...g6 19.g4 ♘d7 20.♘g2

Karsten Müller: Der Springer muss direkt auf grünere Weidegründe überführt werden.

20...♖fc8

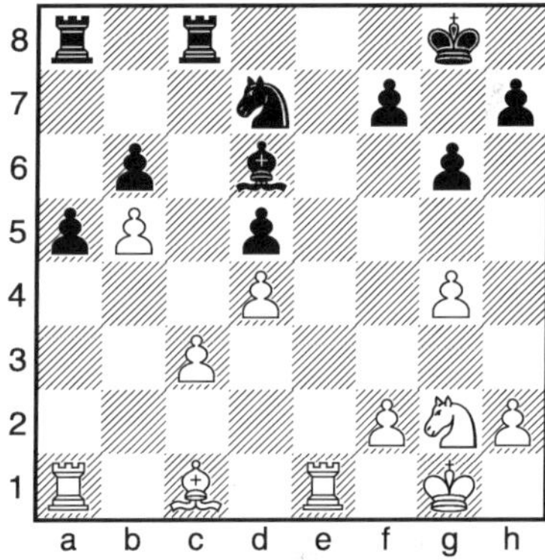

21.♗f4

Karsten Müller: Weiß muss weiter auf Initiative setzen.

21.♗d2? ♘f6 22.f3 ♘e8∓ ist bereits besser für Schwarz.

21...♗xf4 22.♘xf4 ♖xc3 23.♘xd5 ♖d3

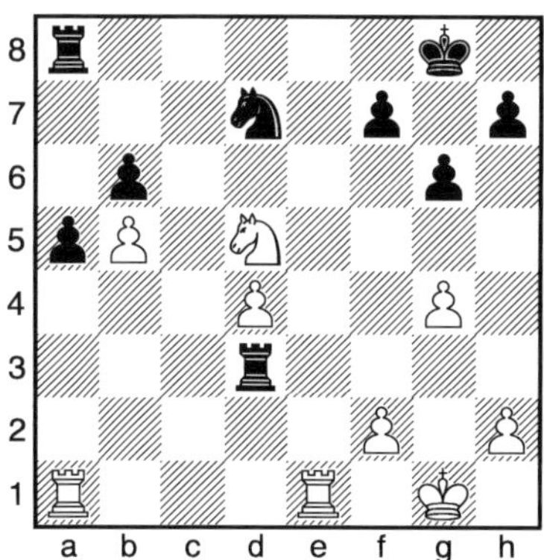

24.♖e7

Karsten Müller: Wie im Endspiel 'Turm und Springer gegen Turm und Springer' üblich, wiegt die weiße leichte Initiative schwer. Aber durch eine genaue Verteidigung kann Schwarz seinen Laden zusammenhalten und den weißen d-Freibauern neutralisieren.

24...♘f8

Natürlich nicht 24...♖d8?? 25.♖xd7 ♖xd7 26.♘f6+ +−.

25.♘f6+ ♔g7 26.♘e8+ ♔g8 27.d5

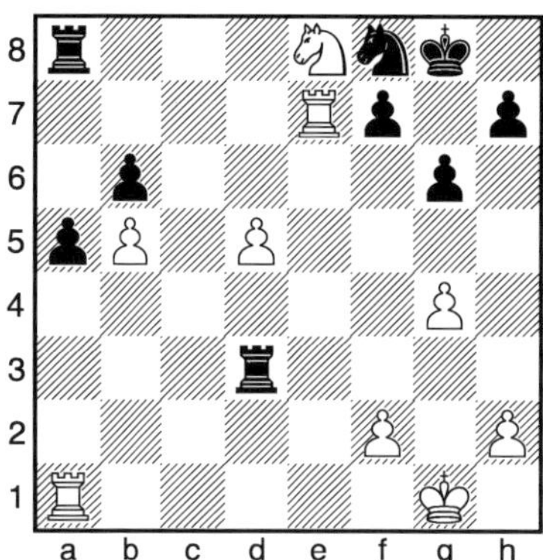

27...a4

Karsten Müller: Die Faustregel „Freibauern müssen laufen" gilt hier für beide Seiten.

28.♘f6+

28.d6 wird mittels 28...a3 29.d7 ♖d8 30.♘f6+ ♔g7 31.♖e8 ♖3xd7= abgewehrt.

28...♔g7 29.g5 a3

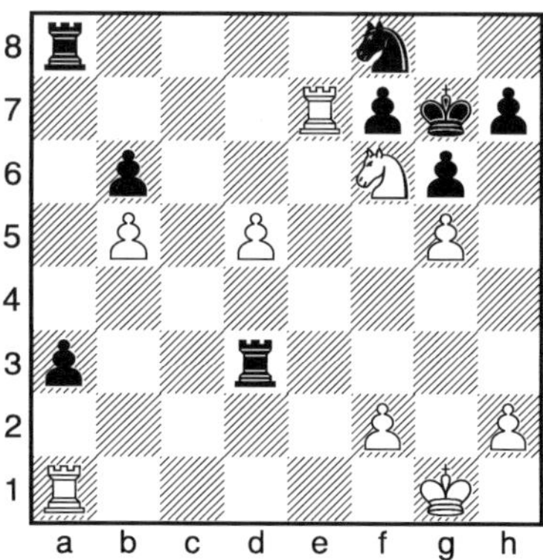

30.♘e8+

Karsten Müller: Magnus entscheidet sich, das Remis durch Zugwiederholung zu erzwingen. Es geht auch ohnehin nicht recht weiter, z.B. 30.d6 ♘e6 31.d7 ♖d8

(Nicht jedoch 31...a2? 32.♖e8 ♖d8 33.♖xd8 ♘xd8 34.♖xa2 h6 35.h4 hxg5 36.hxg5 ♔f8 37.♖a8 ♔e7 38.♖b8+−.)

32.♖e8 ♖3xd7 33.♖xe6 fxe6 34.♘xd7 ♖xd7 35.♖xa3 ♖d5=.

30...♔g8 31.♘f6+ ♔g7 32.♘e8+ ♔g8 33.♘f6+ ½–½

Zusammenfassung:

Obwohl die Damen nach 17. Zügen verschwanden, entstand auf dem Brett eine dynamische Situation. Weiß bekam einen Freibauern auf der d-Linie, der jedoch vom Gegner effektiv gestoppt wurde. Schwarz hingegen ließ seinen Bauern auf der a-Linie laufen. Carlsens Figuren standen etwas aktiver, doch er fand keinen Gewinnweg. Das Spiel endete schließlich mit der Stellungswiederholung. Der Herausforderer machte dem Weltmeister zu seinem 31. Geburtstag kein Geschenk auf dem Brett. Stand des Spiels 2–2.

Wettkampfpartie Nr. 5

Nepomnjaschtschi-Carlsen

Spanische Partie [C88]

Dubai 1.12.2021 (Mittwoch)

Nach vier Remispartien wurde allgemein gehofft, dass das fünfte Spiel endlich den ersten Sieg für eine Seite bringen und das Match spannender würde. Dazu kam es aber nicht. Zum dritten Mal erschien die Spanische Partie auf dem Brett. Nach dem Damentausch im 23. Zug besaß Weiß einen kleinen Vorteil, aber Schwarz glich schnell aus und die Partie endete erneut mit einem Remis.

1.e4 e5 2.♘f3 ♘c6 3.♗b5 a6 4.♗a4 ♘f6 5.0-0 ♗e7 6.♖e1 b5 7.♗b3 0-0

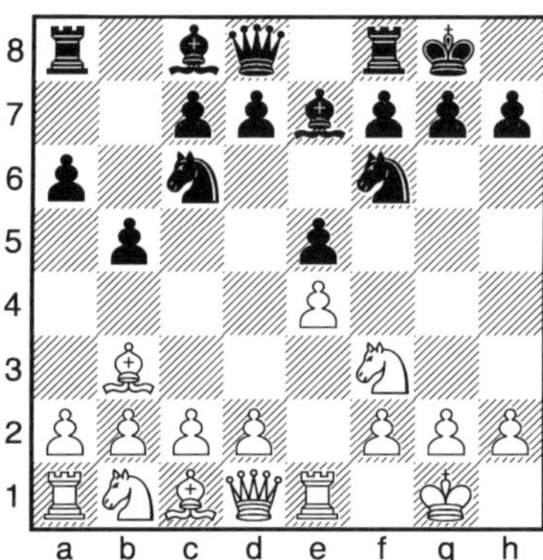

8.a4

Nepomnjaschtschi wiederholte seine Fortsetzung aus der dritten Wettkampfpartie, so dass er mit deren Verlauf grundsätzlich wohl zufrieden gewesen war.

Im ersten Aufeinandertreffen hatte er noch 8.h3 den Vorzug gegeben.

8...♖b8

Nachdem der Weltmeister mit 8...♗b7 in der dritten Partie keinen Erfolg einheimsen konnte, schlug er nun einen anderen Weg ein.

9.axb5 axb5 10.h3

Der Hauptzug ist 10.c3, worauf Schwarz mit 10...d6 eine solide und mit 10...d5 eine scharfe Fortsetzung zur Verfügung steht.

10...d6 11.c3 b4 12.d3 bxc3 13.bxc3

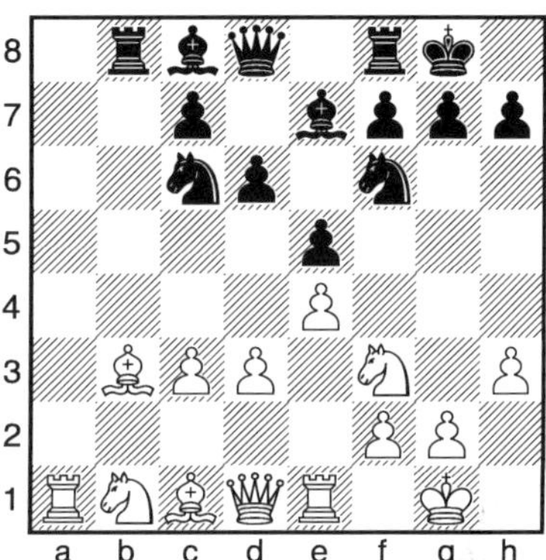

13...d5!?N

Der Weltmeister greift zu einer interessanten und vor allem auch überraschenden Neuerung. Indem der Bauer zunächst nur bis d6 gebracht wurde und jetzt nach d5 weitergeführt wird, investiert Schwarz ein zusätzliches Tempo. Er bietet im Stil des Marshall-Gambits ein Bauernopfer an.

In unserer Datenbank fanden wir nur eine mit 13...♘d7 weitergeführte Partie. In dieser folgte 14.♗e3 ♘b6 15.♘bd2 ♔h8 16.♗d5 ♕d7 17.♗xb6 ♖xb6 18.♘c4 ♖a6 19.♕b3 ♘d8 20.♖xa6 ♗xa6 21.♖a1 ♗xc4 22.♗xc4 ♘e6 23.♖a7 ♘f4 24.♔h2 f5 25.♕b5 ♕c8 26.♕c6 fxe4 27.♖xc7 ♕f5 28.♕xe4 ♕f6 29.g3 ♘g6 30.♔g2 und Weiß behielt einen Mehrbauern, so dass er den Kampf letztendlich für sich entscheiden konnte, Balaschow-Janocha, Polen 1992.

14.♘bd2

Nepomnjaschtschi verweigert die Annahme des Bauernopfers.

14...dxe4 15.dxe4 ♗d6 16.♕c2 h6

17.♘f1 ♘e7 18.♘g3 ♘g6 19.♗e3 ♕e8

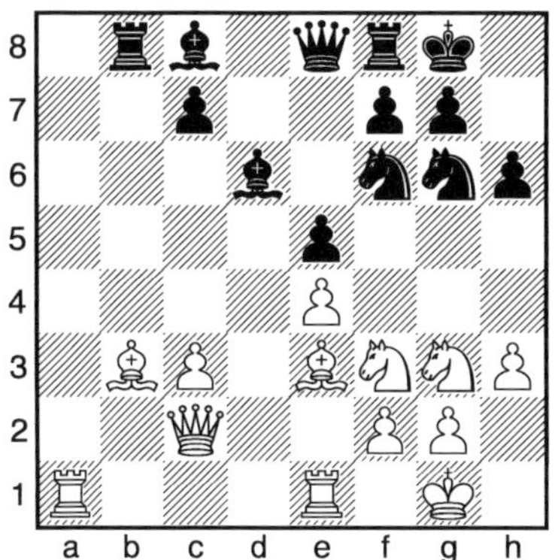

20.♖ed1

Karsten Müller: Das lässt doch viel Druck raus.

20.c4 macht laut Computer mehr Druck. Danach empfehlen viele Engines 20...♕e6, aber das wirkt doch etwas suspekt. In jedem Fall hat Weiß hier mehr Initiative als in der Partie.

20...♗e6 21.♗a4 ♗d7 22.♘d2

22.♘f5 kann mit 22...♖a8 (oder einfach 22...♗xa4 23.♕xa4 ♕xa4 24.♖xa4=) 23.♗xd7 ♕xd7 24.c4 ♖xa1 25.♖xa1 ♖b8 26.c5 ♕c6= abgefedert werden.

22...♗xa4 23.♕xa4 ♕xa4 24.♖xa4 ♖a8 25.♖da1 ♖xa4 26.♖xa4 ♖b8 27.♖a6 ♘e8

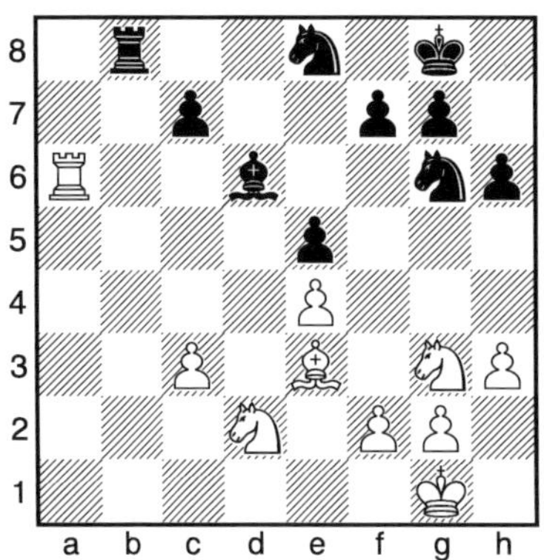

28.♔f1

Karsten Müller: ♔f1 entwickelt sich zu Nepos Lieblingszug in diesem WM Match. Aber es fehlt an einer effektiven Route in die schwarze Stellung.

28...♘f8 29.♘f5 ♘e6 30.♘c4

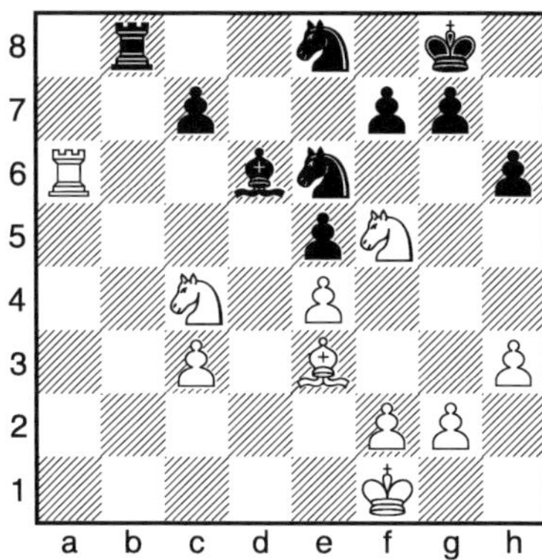

30...♖d8

Karsten Müller: Das unterstreicht, dass Weiß nur symbolischen Vorteil hat. Es fehlt an effektiven Bauernhebeln oder Einbruchsrouten für den weißen König.

30...♗c5?! 31.f3 spielt Weiß dagegen in die Karten.

31.f3 f6 32.g4 ♔f7 33.h4 ♗f8 34.♔e2 ♘d6

Karsten Müller: Carlsen entlastet sich.

35.♘cxd6+

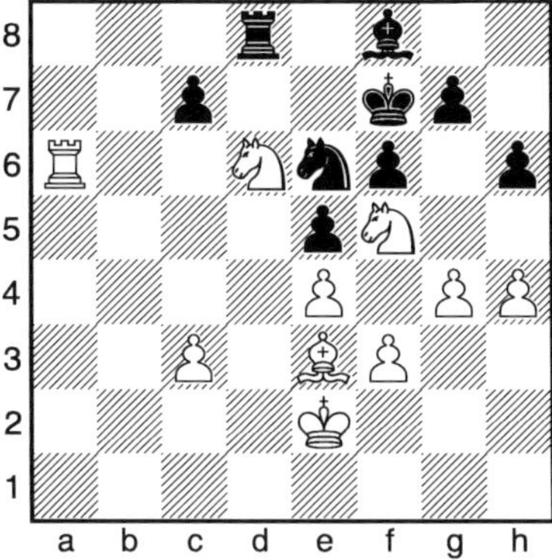

35...♗xd6!

Karsten Müller: 35...cxd6? spielt Weiß in die Karten: 36.♔d3 ♖d7 37.h5±.

36.h5

Auch 36.♘xd6+ ♖xd6 bringt nicht wirklich etwas ein, z.B. 37.♖xd6 cxd6 38.♔d3 ♔e7 39.♔c4 ♔d7 40.♔d5 ♘c7+=.

36...♗f8 37.♖a5 ♔e8 38.♖d5

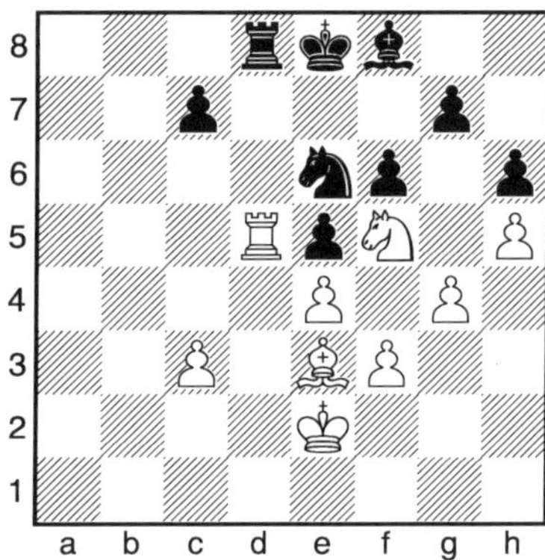

38...♖a8

Karsten Müller: Der Turm muss für ein aktives Gegenspiel auf dem Brett bleiben.

Natürlich nicht 38...♖xd5? 39.exd5 ♘d8 40.c4 und das weiße Powerplay entscheidet früher oder später, z.B. 40...c5 (40...♔f7 41.c5 c6 42.d6 g6 43.hxg6+ ♔xg6 44.♔d3 ♘b7 45.♔c4 ♘a5+ 46.♔c3 ♘b7 47.♔b4+−) 41.♔d3 ♔d7 42.♔e4 ♘f7 43.f4 exf4 44.♗xf4 ♘d8 45.♘e3 ♘f7 46.♔f5+−.

39.♖d1 ♖a2+ 40.♖d2 ♖a1 41.♖d1 ♖a2+ 42.♖d2 ♖a1 43.♖d1 ½–½

Zusammenfassung:

Nach drei unentschiedenen Spielen in der Spanischen Partie sah es so aus, als ob Nepomnjaschtschi sich gut auf diese Eröffnung vorbereitet hatte. Carlsen musste also überlegen, ob er etwas in seinem Repertoire ändern sollte, um in den folgenden Duellen zu Siegchancen zu kommen.

Wettkampfpartie Nr. 6
Carlsen – Nepomnjaschtschi

Katalanische Eröffnung [E01]

Dubai 3.12.2021

Vor diesem Duell stand die Frage im Raum, wann die inzwischen fünf Partien umfassende Remisserie endlich unterbrochen werden würde. In dieser sechsten Begegnung war es soweit.

Der Beginn der Partie deutete noch nicht darauf hin. Carlsen entwickelte seine Figuren auf eine so ruhige Weise, als habe er nicht die Absicht, um einen Eröffnungsvorteil zu kämpfen. Nach dem ausgeglichen geführten Mittelspiel entstand eine komplizierte Lage, in der beide Spieler in Zeitnot zwischendurch bessere Möglichkeiten bekamen, diese jedoch nicht nutzten. Das Endspiel wurde unter knisternder Spannung gespielt und entwickelte das Duell zu einem schachhistorischen Ereignis.

1.d4 ♘f6 2.♘f3 d5

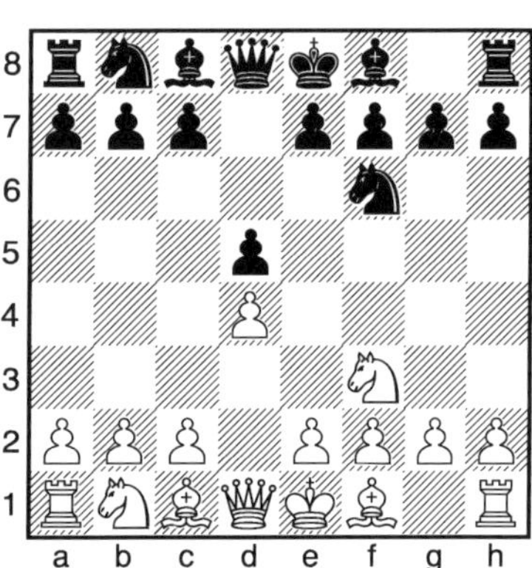

3.g3

Mit diesem Schritt wollte der Weltmeister das Spiel offenkundig auf einen Weg bringen, über den weiten Bereichen der Eröffnungstheorie ausgewichen werden kann.

Bei der Wahl von 3.c4 wäre dies nicht möglich gewesen. Carlsen spielt gerne auch „wenig aktive Fortsetzungen" wie 3.♗f4 oder sogar 3.e3.

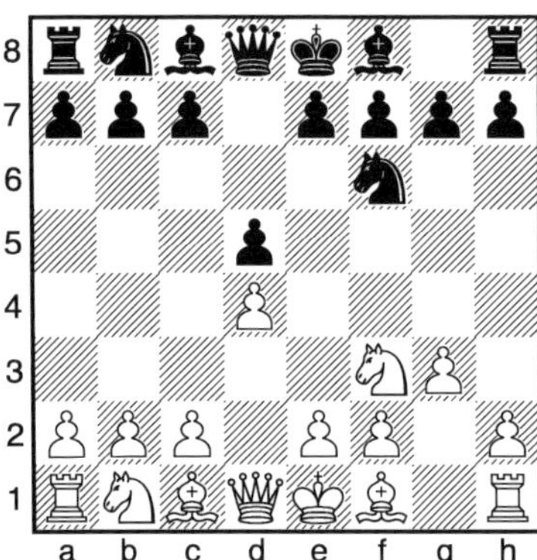

3...e6

In der Partie Carlsen-Karjakin, Cupar SCO 2019, entstand über die Variante 3...g6 4.♗g2 ♗g7 5.0–0 0–0 6.c3 ♘bd7 7.♗f4 c5 8.♘e5 ♕b6 9.♕b3 cxd4 10.♕xb6 ♘xb6 11.cxd4 ♘e4 12.♖c1 ♘d6 13.♘c3 ♗e6 14.a4 a5 15.h4 ♖fc8 16.b3 ♖c7 17.♘b5 ♖xc1+ 18.♖xc1 ♘xb5 19.axb5 ♖c8 20.♖c5 ♔f8 eine zugleich komplexe wie komplizierte Stellung. Das Spiel endete nach einem turbulenten Lauf mit einem Remis im 49. Zug.

4.♗g2 ♗e7 5.0–0 0–0 6.b3

Diese Fortsetzung wird vergleichsweise selten gespielt. Mit ihrer Wahl wollte der Weltmeister seinen Gegner vermutlich aus dessen Vorbereitung bringen.

Der auf das Zentrum gerichtete Angriff 6.c4 führt zur Hauptvariante.

6...c5 7.dxc5 ♗xc5 8.c4 dxc4

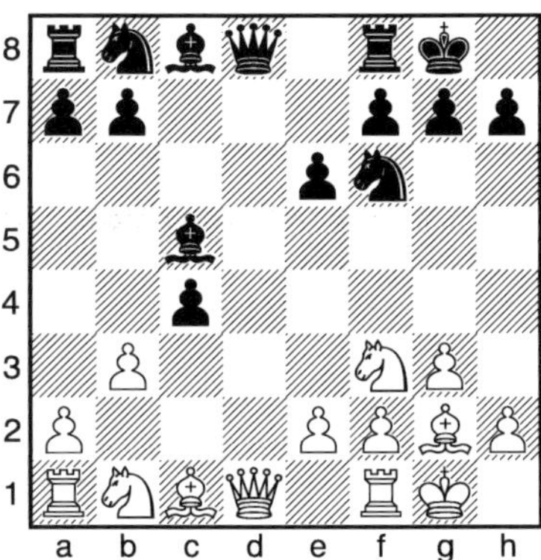

9.♕c2

Dies ist keine neue Idee, da der Zug bereits schon 1973 in einer Fernschachpartie Müller-Using – Mollekens ausprobiert worden ist. Der Weltmeister hat ihm aber zumindest aus der Vergessenheit verholfen, was zu einer Revitalisierung führen kann. Weiß möchte gerne auf c4 mit einer Figur schlagen.

Der weiße Plan wird auch gestützt von der Erfahrung, die Weiß in der Partie Peschke-von Herman, Berlin 1995, gemacht hat. Dort setzte er mit 9.bxc4 fort, worauf es zu der folgenden Entwicklung kam: 9...♕c7 10.♗f4 ♕e7 11.♘bd2 ♘c6 12.♘b3 ♖d8 13.♕c2 e5 14.♗g5 ♗e6 15.♘xc5 ♕xc5 16.♖ab1 b6 17.♗xf6 gxf6 18.♘d2 ♘d4 19.♕d3 ♖ac8 20.♖fc1 ♗g4 21.♘b3 ♘xe2+ 22.♕xe2 ♗xe2 23.♘xc5 ♖xc5 24.♖b4 ♖dc8–+.

9...♕e7 10.♘bd2

Karsten Müller: Sehr kreativ und die Pointe von Carlsens Aufbau.

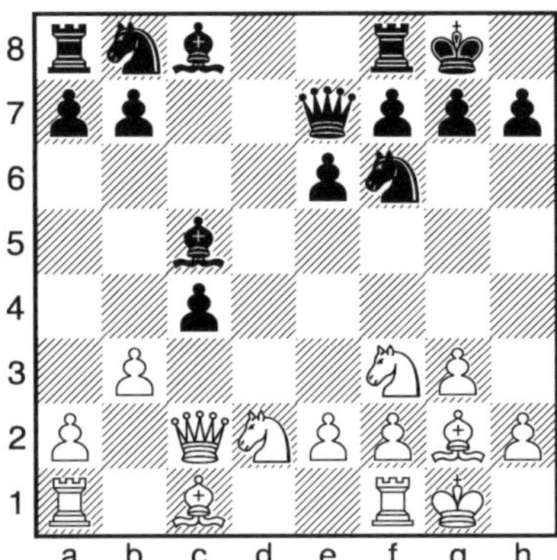

10...♘c6

Karsten Müller: Nepo lehnt das Opfer ab und will selbst aktiv werden.

10...cxb3 11.♘xb3 ♗b612.a4 wäre die Alternative gewesen – und 11...♗d6 12.♘fd2 gibt Weiß Kompensation für den Bauern, aber nicht mehr.

11.♘xc4 b5 12.♘ce5 ♘b4

Karsten Müller: Die schwarze Pointe.

13.♕b2 ♗b7 14.a3 ♘c6 15.♘d3 ♗b6 16.♗g5 ♖fd8 17.♗xf6 gxf6

Damit ist es Weiß gelungen, die gegnerische Königsstellung zu schwächen. Der weitere Verlauf zeigt jedoch, dass er daraus keinen unmittelbaren Profit ziehen konnte.

18.♖ac1 ♘d4 19.♘xd4 ♗xd4 20.♕a2 ♗xg2 21.♔xg2 ♕b7+ 22.♔g1 ♕e4 23.♕c2 a5

Der Herausforderer vermeidet die Abwicklung 23...♖ac8 24.♕xc8 ♖xc8 25.♖xc8+ ♔g7, zu der es dann aber mit seinem 25. Zug beginnend kommt.

24.♖fd1 ♔g7

Der Computer tendiert, insbesondere wenn man ihn unter Fernschach-Verhältnissen rechnen lässt, zu 24...f5. Positionell logisch wirkt der Zug ohnehin.

25.♖d2

25.e3 ♗e5 26.♕e2 kam auch in Frage.

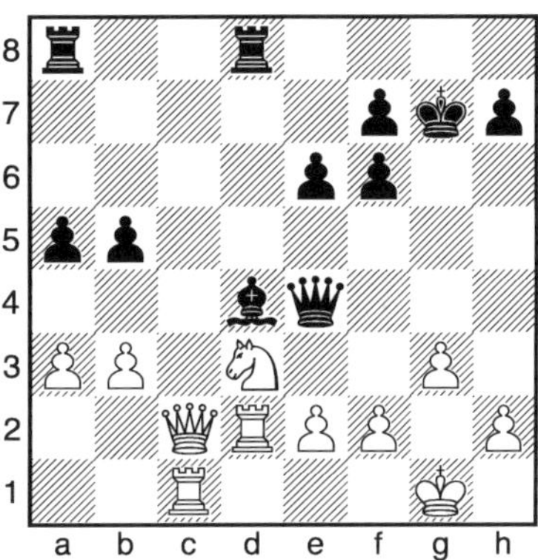

25...♖ac8

Karsten Müller: Sehr unternehmungslustig. Nun riskiert Nepo etwas.

25...b4 26.axb4 axb4 27.♘xb4 ♗xf2+ 28.♔xf2 ♕xb4= war die sichere Alternative.

26.♕xc8 ♖xc8 27.♖xc8 ♕d5 28.b4 a4 29.e3

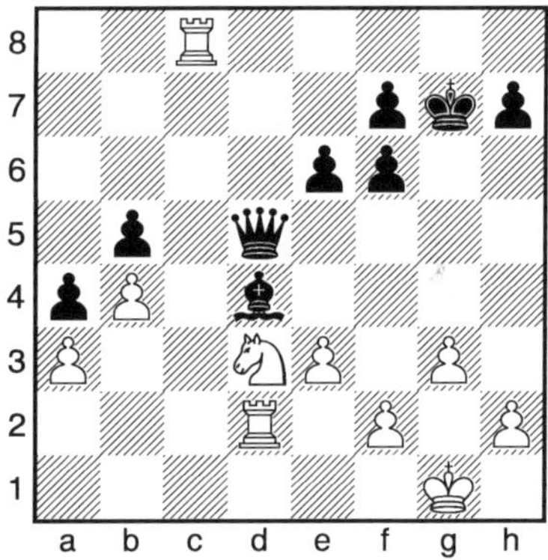

29...♗e5

Karsten Müller: Das direkte 29...♗b2 war angesagt: 30.♖c5 ♕d6 31.♖xb2 ♕xd3 32.♖bc2 ♕xa3 33.♖xb5 ♕a1+ 34.♔g2 ♕b1= (Anish Giri auf ChessBase.com).

30.h4 h5

Karsten Müller: 30...♗b2 31.♖c5 ♕d6 32.♖xb2 ♕xd3 33.♖bc2 ♕xa3 34.♖xb5

♕a1+ 35.♔g2 ♕b1 36.♖c3 ♕e4+ 37.♔h2 ♕b1= (Anish Giri)

31.♔h2

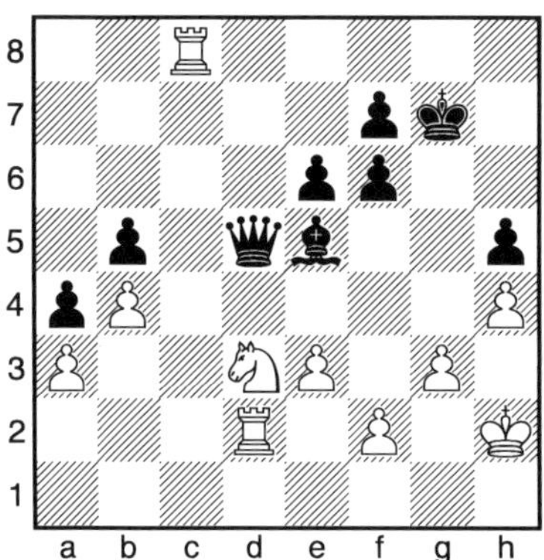

31...♗b2

Karsten Müller: Das läuft in einen unglaublichen Konter.

Spielbar war beispielsweise 31...♕b3 mit der möglichen Folge 32.♘xe5 fxe5 33.♖d7 ♕xa3 34.♖cc7:

A) 34...♕b2 35.♖xf7+ ♔g6=;

B) Nicht jedoch 34...♕xb4? 35.♖xf7+ ♔g6 36.♖g7+ ♔h6 (36...♔f5 37.f3+−) 37.g4 hxg4 38.♖h7+ ♔g6 39.h5+ ♔g5 40.♖cg7+ ♔h4 41.♖g8 ♕d2 42.♖f7 a3 43.h6 a2 44.h7 a1♕ 45.h8♕#.

32.♖c5 ♕d6

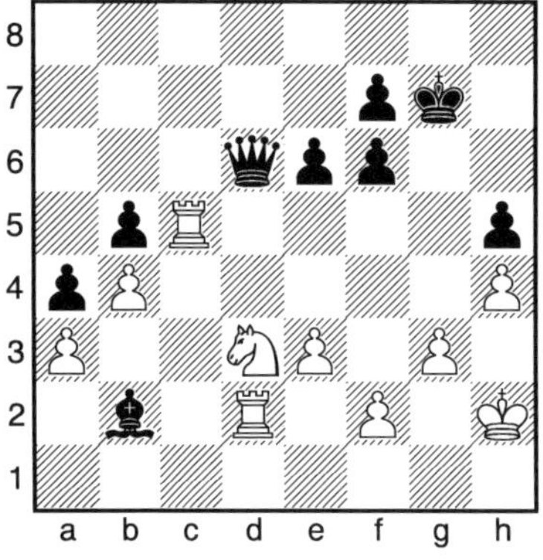

33.♖d1

Karsten Müller: Magnus verpasst das fantastische 33.♖cc2! ♗xa3 34.♘f4! ♕xb4 35.♖d7 mit gewinnbringendem Angriff, z.B. 35...e5 36.♘xh5+ ♔g6 37.♖c6! ♔xh5 38.♖xf7+− (Anish Giri).

33...♗xa3 34.♖xb5 ♕d7 35.♖c5

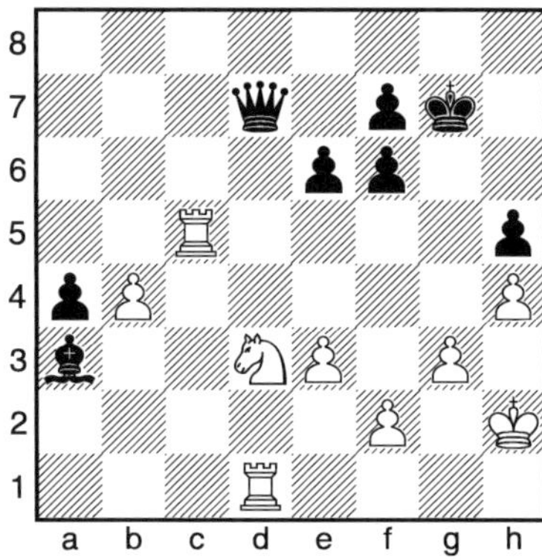

35...e5

Karsten Müller: Es sprach nichts gegen das direkte 35...♗xb4! 36.♖cc1 ♗e7 37.♘e5 ♕b5 38.♖d7 ♕xe5 39.♖xe7 ♕b2 40.♖f1 a3 41.♖d7 a2 42.♖dd1∓ (Anish Giri).

36.♖c2

Karsten Müller: 36.e4! ♕d4 (36...♗xb4 37.♖d5=) 37.♖a5= war laut Anish Giri die Computerlösung.

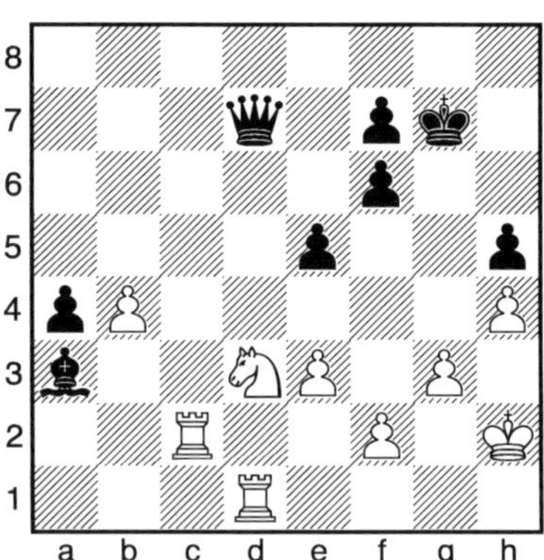

36...♕d5

Karsten Müller: Danach hat Magnus wieder alles unter Kontrolle.

Nach 36...♗xb4! 37.♖cc1 ♗a3! 38.♖a1 ♕g4! 39.♖d2 ♗e7 (Anish Giri) wird auf zwei Ergebnisse gespielt. Vermutlich kann sich Weiß nach 40.♘e1 ♔h7 41.♖c2 a3 42.♖ca2 f5 43.♘d3 ♕e4 44.♖d1 ♗d6 45.♖dd2 halten, aber ganz klar ist das nicht.

37.♖dd2 ♕b3 38.♖a2

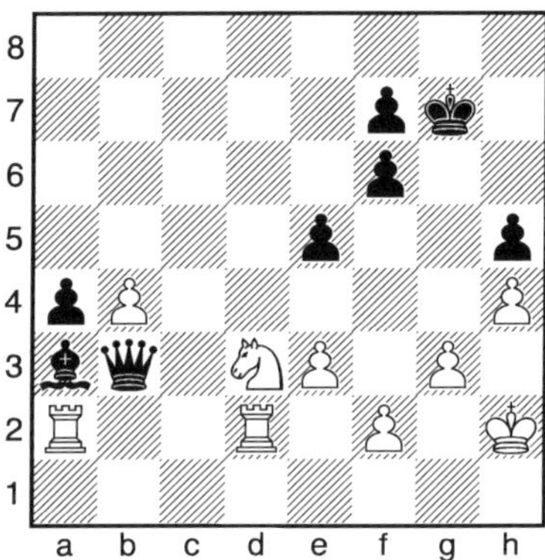

38...e4

Karsten Müller: Das kostet die Dynamik und verliert. Weiß will ja statische Kontrolle haben, um Zeit für seine Manöver zu bekommen.

38...f5 39.♘xe5 ♗c1 40.♖e2 a3 41.♖ac2 ♗b2 42.♘c4 ♗f6= (Anish Giri)

39.♘c5 ♕xb4

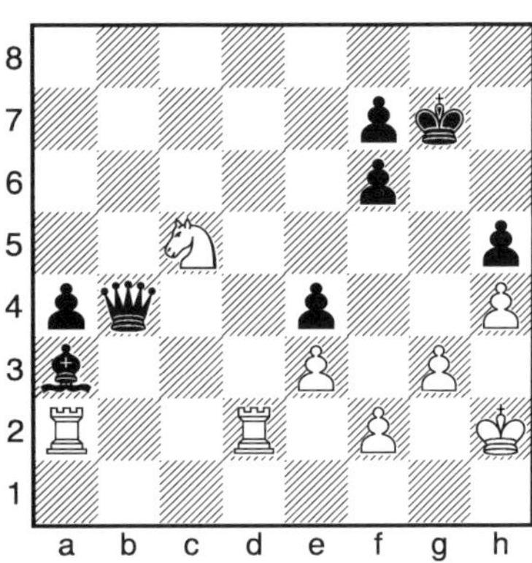

40.♘xe4

Karsten Müller: In Zeitnot greift Magnus daneben.

40.♖dc2! gewinnt, z. B. 40...f5 41.♘xa4 ♕xa4 42.♖c3 ♕d1 43.♖cxa3 f6 44.♖a4 ♔g6 45.♖d4 ♕f1 46.♖d8 ♔h6 47.♖d5 ♔g6 48.♖ad2+− Zugzwang (Anish Giri).

40...♕b3 41.♖ac2 ♗f8 42.♘c5

42.♖c8 a3 43.♖dd8 a2 44.♖xf8 a1♕= (Anish Giri)

42...♕b5 43.♘d3 a3 44.♘f4 ♕a5 45.♖a2 ♗b4 46.♖d3 ♔h6 47.♖d1 ♕a4 48.♖da1 ♗d6 49.♔g1 ♕b3 50.♘e2 ♕d3 51.♘d4 ♔h7 52.♔h2 ♕e4

Karsten Müller: Danach kann Magnus Fortschritte machen.

Schwarz sollte versuchen, so geschickt wie möglich nichts zu tun, z.B. 52...♔h6 53.♘c2 ♗e5 54.♘d4 ♗d6=.

53.♖xa3 ♕xh4+ 54.♔g1

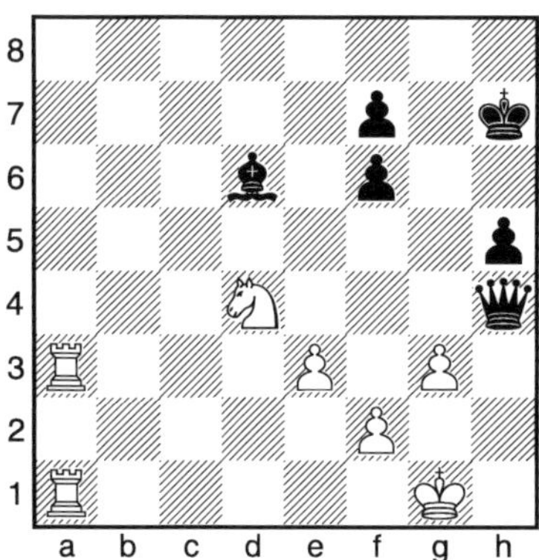

54...♕e4

Karsten Müller: 54...♕g4!? 55.♖a4 ♗e5

A) 56.♔g2 h4 57.♖h1 ♗xg3 58.fxg3 ♕e4+ 59.♘f3 ♕c2+! 60.♔f1 ♕d3+! (60...♕xa4? 61.♖xh4+!+−) 61.♔f2 ♕c2+!=

B) 56.♖1a2 ♕d1+ 57.♔g2 h4! 58.♘f5 hxg3 59.♘xg3± (Anish Giri) mag etwas genauer sein.

55.♖a4 ♗e5 56.♘e2 ♕c2 57.♖1a2 ♕b3

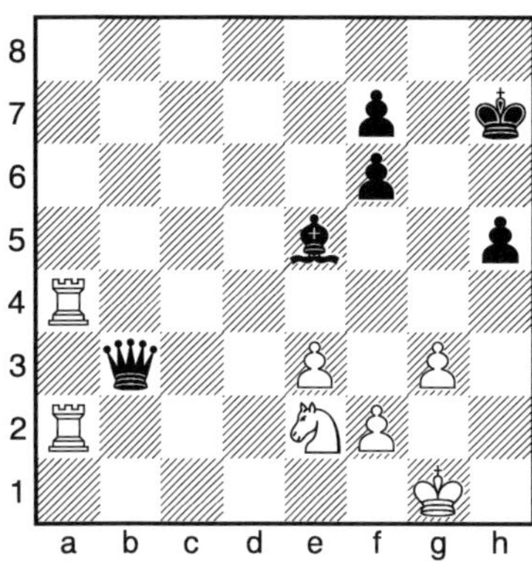

58.♔g2

Karsten Müller: 58.♔h2!? ♔g6 59.♘f4+ ♗xf4 60.gxf4 (Anish Giri) kam auch in Frage. Vermutlich ist es remis, aber unbequem für Schwarz, z.B. 60...♕d5 61.♖b2 ♕f3 62.♖a1±.

58...♕d5+ 59.f3 ♕d1 60.f4 ♗c7 61.♔f2 ♗b6 62.♖a1 ♕b3 63.♖e4 ♔g7 64.♖e8 f5

65.♖aa8 ♕b4 66.♖ac8 ♗a5 67.♖c1 ♗b6 68.♖e5 ♕b3 69.♖e8 ♕d5 70.♖cc8 ♕h1 71.♖c1 ♕d5 72.♖b1

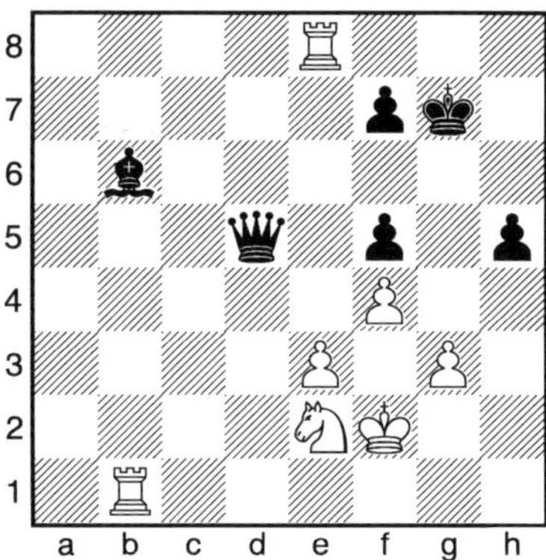

72...♗a7

Karsten Müller: Nun wird es sehr unbequem für Schwarz.

72...♗d8 73.♖e5 ♕d3 74.♖bb5 h4 75.♖xf5 hxg3+ 76.♘xg3 ♗h4= (Anish Giri) war angesagt.

73.♖e7 ♗c5 74.♖e5 ♕d3 75.♖b7 ♕c2 76.♖b5 ♗a7 77.♖a5 ♗b6 78.♖ab5 ♗a7 79.♖xf5 ♕d3 80.♖xf7+!

Mit diesem Manöver leitet der Weltmeister eine Wandlung der materiellen Verhältnisse ein, nach der im Ergebnis der schwarze König ungeschützter steht und sein Gegner praktisch keine Gewinnversuche mehr unternehmen kann.

80...♔xf7 81.♖b7+ ♔g6

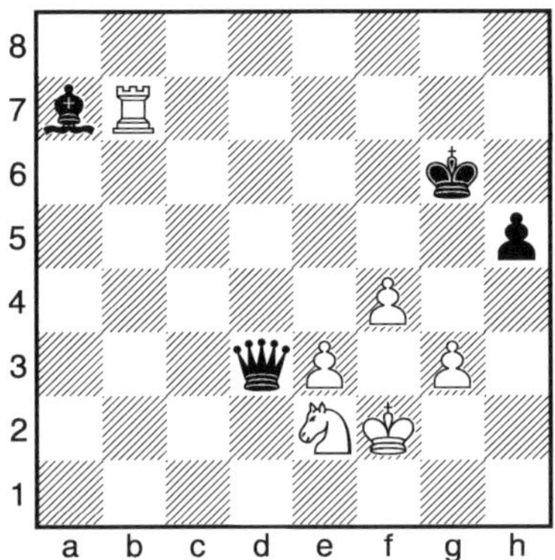

82.♖xa7

Karsten Müller: Objektiv gesehen ist das Endspiel remis, aber natürlich kann Weiß noch lange weiterspielen und allerlei Versuche machen.

82...♕d5 83.♖a6+ ♔h7 84.♖a1 ♔g6 85.♘d4 ♕b7 86.♖a2 ♕h1 87.♖a6+ ♔f7 88.♘f3 ♕b1 89.♖d6 ♔g7 90.♖d5 ♕a2+ 91.♖d2 ♕b1 92.♖e2 ♕b6 93.♖c2 ♕b1 94.♘d4 ♕h1 95.♖c7+ ♔f6 96.♖c6+ ♔f7 97.♘f3 ♕b1 98.♘g5+ ♔g7 99.♘e6+ ♔f7

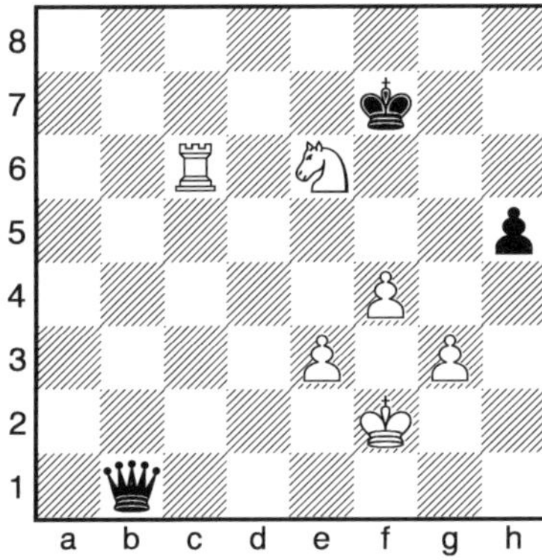

100.♘d4

In dieser langen Phase bestätigt sich eindrucksvoll die Erwartung Mihail Marins, die er im mit ihm geführten Interview (siehe Kapitel 4 Seite 105) zum Ausdruck gebracht hat: „Carlsen verfügt über ein umfassendes Wissen über das Endspiel und seine Ergebnisse in der Endphase sind hervorragend. Ich glaube jedoch, dass in diesem Bereich seine Ausdauer seine wichtigste Eigenschaft ist."

100...♕h1 101.♖c7+ ♔f6 102.♘f3 ♕b1 103.♖d7 ♕b2+ 104.♖d2 ♕b1 105.♘g1 ♕b4 106.♖d1 ♕b3 107.♖d6+ ♔g7 108.♖d4 ♕b2+ 109.♘e2 ♕b1 110.e4 ♕h1 111.♖d7+ ♔g8 112.♖d4 ♕h2+ 113.♔e3 h4 114.gxh4 ♕h3+ 115.♔d2 ♕xh4 116.♖d3 ♔f8 117.♖f3 ♕d8+ 118.♔e3

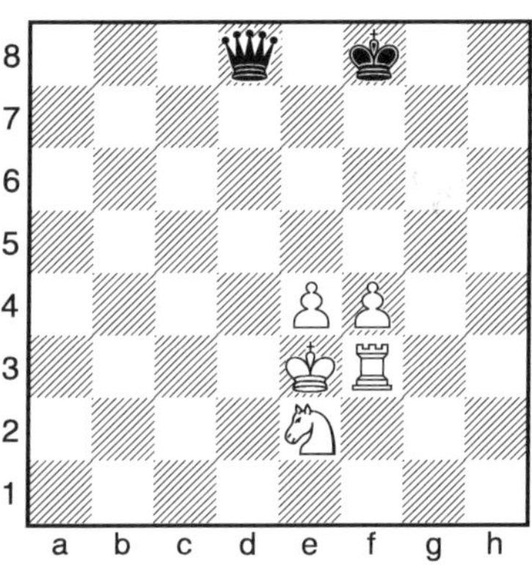

118...♕a5

Karsten Müller: Nun kann Magnus so umgruppieren, dass seine Bauern losmarschieren können.

118...♕b6+ 119.♔d2 ♕b4+ = war genauer, um die Postierung des Springers auf g3 zu verhindern.

119.♔f2 ♕a7+ 120.♖e3 ♕d7 121.♘g3 ♕d2+ 122.♔f3 ♕d1+ 123.♖e2 ♕b3+ 124.♔g2 ♕b7 125.♖d2 ♕b3 126.♖d5 ♔e7 127.♖e5+ ♔f7 128.♖f5+ ♔e8 129.e5 ♕a2+ 130.♔h3

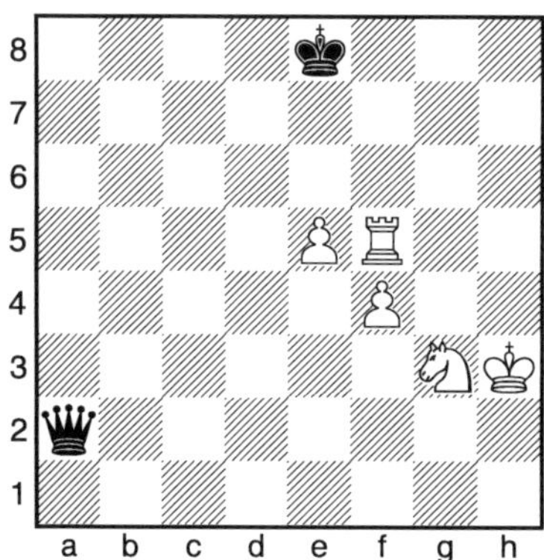

130...♕e6?

Karsten Müller: Nach Tablebases* der Verlustzug.

– Mit 130...♕b1! bleibt Schwarz im Spiel, z.B. 131.♔g4 ♕d1+

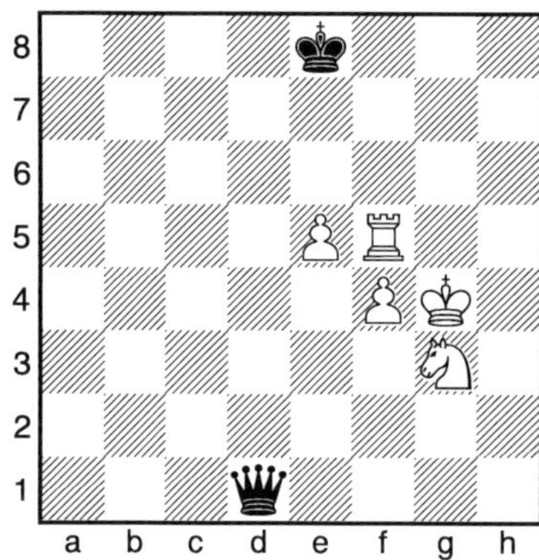

A) 132.♔h4 ♕e1= war vonnöten.

B) 132.♔g5 ♕g1 133.♔g4 ♕d1+ 134.♔h4 ♕e1 135.♖g5 ♕f2 136.f5 ♔e7= (136...♕f4+? 137.♖g4+–)

– Auch mit 130...♕c2! hätte der Herausforderer den halben Punkt festhalten können, allerdings auf einem schmalen Pfad. Dies bestätigt sich sofort, wenn Weiß seinem Gegner nun die Fortsetzung 131.♖f6 präsentiert.

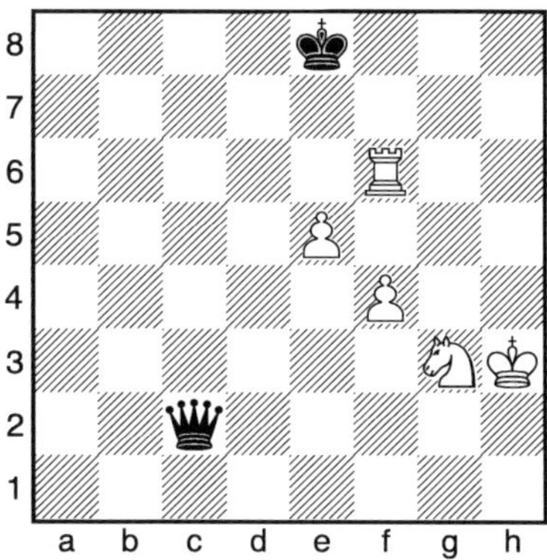

Wie also sollte Schwarz reagieren?

131...♕d1□ ist der einzige Remiszug. Es ist sehr schwierig, diese Stellung unter Turnierbedingungen zu verteidigen. Dies unterstreicht auch eine Analyse von Krennwurzn**, an der wir uns im Folgenden orientieren.

132.♔h4 ♕e1□

---

* Tablebases sind Endspieldatenbanken, die für jede beliebige Stellung den errechneten Partieausgang anzeigen. Sie enthalten somit das vollständige Wissen zum Endspiel, allerdings auf Stellungen mit wenigen auf dem Brett verbliebenen Steinen begrenzt.
Komplett sind die Tablebases bis zu Stellungen mit maximal sieben Steinen.

** „Krennwurzn" ist eine im Internet publizierende Kunstfigur, hinter der sich ein Schachjournalist, Forenschreiber und Schachcomputerexperte verbirgt.

Nur durch die Fesselung des Springers kann Schwarz seinen Gegner am Erreichen einer Gewinnstellung hindern.

(Diese Einschätzung bestätigt sich sofort beispielsweise beim Blick auf 132...♕f3? und die Antwort 133.♘h5!+−.)

Ein plausibler Versuch, Fortschritte zu erzielen, könnte nun 133.♖g6 sein. Indem der Turm die Deckung des Springers übernimmt, bekommt der König grundsätzlich die Chance, weiter nach vorne zu schreiten.

133...♕f2 134.♖g4 ♕h2+ 135.♔g5

Nun liegt der Remisweg darin, mit der Dame den König ins Visier zu nehmen, um sein weiteres Voranschreiten zu verhindern und Dauerschach oder Stellungswiederholungen anzudrohen. Zu diesem Zweck kann die Dame auf h7 oder auch auf h8 postiert werden.

135...♕h7 136.♘h5 (136.♘f5 ♕g8+ =) 136...♔f7□ 137.f5 ♕g8+□ 138.♔f4 ♕b8□

Durch Fesselung wird der e-Bauer am Vorrücken gehindert.

139.♖g7+ ♔f8□ 140.f6 ♕b5 141.♖e7 ♕f1+ 142.♔g5 ♕g1+ 143.♔h6 ♕c1+ 144.♔h7 ♕g5

Weiß kann seine Stellung nicht weiter zum Gewinn entwickeln. Nach 145.♘g7 ♕h5+! führt 146.♘xh5 zur Entscheidung durch Patt.

131.♔h4 ♕h6+ 132.♘h5

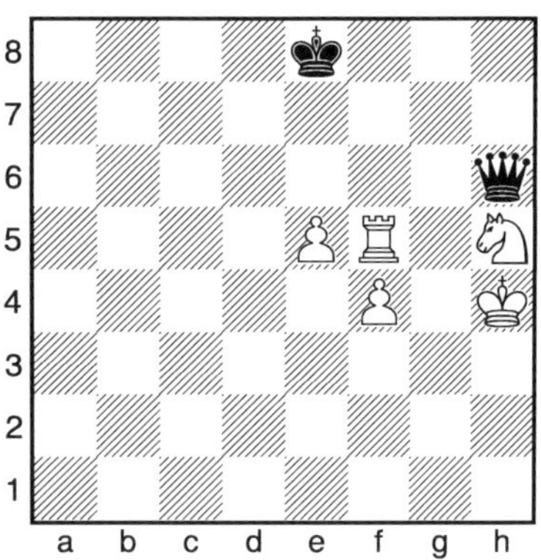

132...♕h7

Karsten Müller: Danach kann Magnus sofort durchbrechen.

132...♕g6 war zäher, rettet aber auch nicht, z.B. 133.♖f6 ♕g1 134.♖d6 ♕g2 135.♘f6+ ♔e7 136.♘g4+− und Weiß kann weitere Fortschritte machen.

133.e6 ♕g6

Nach 133...♕xf5 gewinnt die Springergabel 134.♘g7+.

134.♖f7 ♔d8 135.f5 ♕g1 136.♘g7!

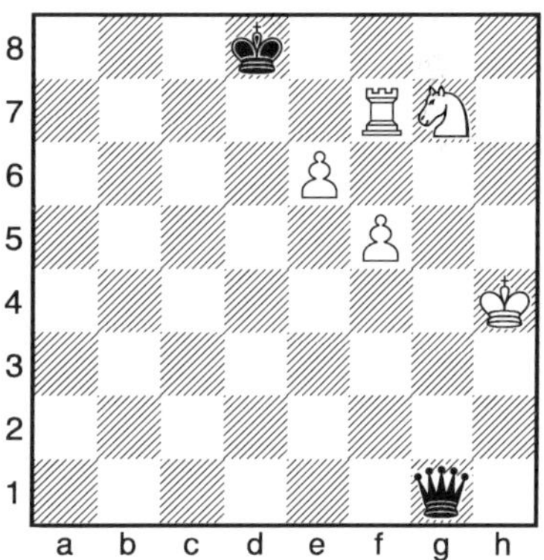

Und nach fast achtstündigem hartem Kampf gab Schwarz die Partie auf. Es könnte noch folgen: 136...♕h2+ 137.♔g5 ♕g3+ 138.♔f6 ♕h4+ (138...♕c3+ 139.♔g6 ♕g3+ 140.♔h7 ♕h4+

141.♔g8+−) 139.♔g6 ♕g4+ 140.♔h7 ♕h4+ 141.♔g8 ♕g5 142.e7+ ♕xe7 143.♖xe7 ♔xe7 144.♘h5+−.

Zusammenfassung:

Diese spannende Begegnung ist nicht nur die bisher längste Partie im Wettkampf, sondern in der gesamten WM-Geschichte. Sie löste damit den Zügerekord ab, den Viktor Kortschnoi als Herausforderer und Anatoli Karpow als amtierender Weltmeister im Jahr 1978 in Baguio City aufgestellt hatten. Ihre Ausdauerleistung war damals allerdings von zwei Unterbrechungen begleitet, die nach der Abschaffung von Hängepartien vor dreißig Jahren heute nicht mehr möglich sind.

Der Weltmeister übernahm die Führung im Match mit 3.5–2.5.

Wettkampfpartie Nr. 7
Nepomnjaschtschi – Carlsen

Spanische Partie [C88]

Dubai 4.12.2021 (Samstag)

Nach Carlsens Sieg im vorherigen Duell wurde erwartet, dass er in dieser Partie keine großen Risiken einzugehen bereit sein würde. Von Nepomnjaschtschi wurde demgegenüber eine Verschärfung des Spiels erwartet, um Chancen zum Ausgleich des Wettkampfes zu erreichen. Dazu kam es jedoch nicht, so dass die Partie mit einem Unentschieden endete.

1.e4 e5 2.♘f3 ♘c6 3.♗b5 a6 4.♗a4 ♘f6 5.0–0 ♗e7 6.♖e1 b5 7.♗b3 0–0 8.a4 ♖b8 9.axb5 axb5 10.h3 d6 11.d3

11.c3 wurde in der Wettkampfpartie Nr. 5 gespielt.

11...h6 12.♘c3 ♖e8 13.♘d5

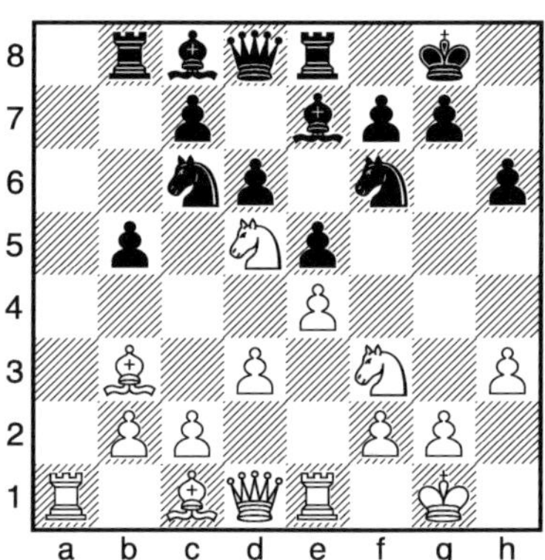

13...♗f8

Die Stellung nach 13.♘d5 wurde zuvor schon einmal in einer Partie Neiksans-Kujawski, Warschau 2013, ausgetragen, allerdings mit der Fortsetzung 13...♘xd5 14.♗xd5. Es folgte 14...♗b7 15.c3 ♖a8 16.♖xa8 ♕xa8 17.♘h2 ♘d8 18.♗b3 ♗c8 19.♘g4 ♗e6 20.♗xe6 ♘xe6 mit Ausgleich.

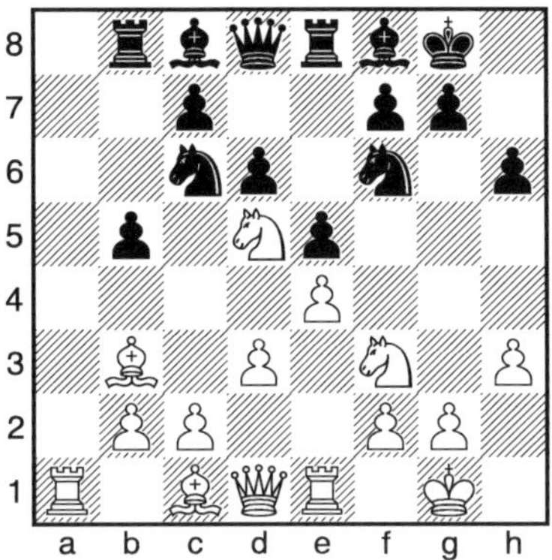

14.♘xf6+

Karsten Müller: Danach bleibt nur noch sehr wenig Potenzial übrig. Beide Seiten sind wohl nach dem aufreibenden Kampf von gestern heute mit einem Remis zufrieden.

14.♗d2 oder 14.c3 waren Alternativen.

14...♕xf6 15.c3 ♘e7 16.♗e3 ♗e6 17.d4 exd4 18.cxd4

Karsten Müller: 18.♘xd4 kann mit 18...♗xb3 19.♕xb3 d5 20.exd5 ♖ed8= beantwortet werden.

18...♗xb3 19.♕xb3 ♘g6

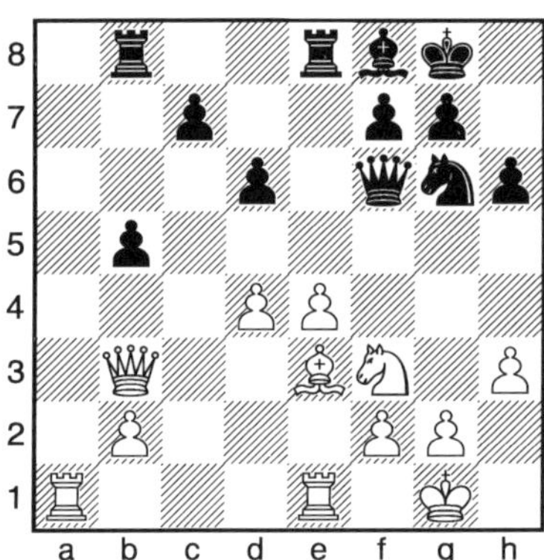

20.♖ec1?!

Karsten Müller: Nepo lässt zu, dass das Spiel völlig verflacht.

20.♖ac1 war genauer: 20...♖xe4 (20...c5? läuft nun in 21.dxc5 dxc5 22.♗xc5±) 21.♖xc7 ♖e7 22.♖c6± und Weiß kann zumindest noch lange weiterspielen.

20...c5!?

Karsten Müller: Dieser Vorstoß ist nun sehr stark.

20...♖xe4?! 21.♖xc7 gibt Weiß dagegen eine ganz leichte Initiative.

21.e5 ♕f5 22.dxc5 dxc5 23.♗xc5

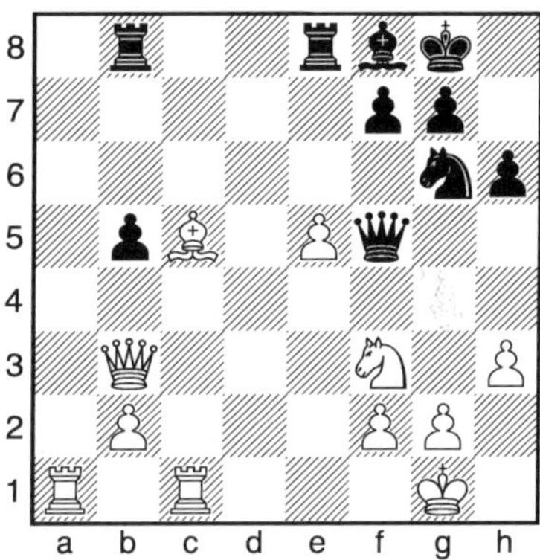

23...♗xc5

Karsten Müller: Magnus wickelt zielstrebig ins Remis ab.

23...♘f4 wird mit 24.♕e3 ♘d5 25.♕d2= beantwortet und 23...♘xe5 mit 24.♘d4 ♕f4 25.♗xf8 ♖xf8 26.♘e2=.

24.♖xc5 ♘xe5 25.♘xe5 ♖xe5 26.♖xe5 ♕xe5 27.♕c3 ♕xc3 28.bxc3 ♖c8 29.♖a5 ♖xc3 30.♖xb5 ♖c1+ 31.♔h2 ♖c3 32.h4 g6 33.g3 h5 34.♔g2 ♔g7 35.♖a5 ♔f6 36.♖b5 ♔g7 37.♖a5 ♔f6 38.♖b5 ♔g7 39.♖a5 ♔f6 40.♖a6+ ♔g7 41.♖a7 ½–½

Zusammenfassung:

Damit war ein weiteres Remis amtlich, entstanden im Rahmen eines farblosen Spiels. Nach dieser Partie drängte sich der Eindruck auf, dass es Nepomnjaschtschi in der Spanischen Partie an Repertoire-Alternativen mangelte, die den Weltmeister im Kampf um ein gleichwertiges Spiel vor Probleme stellen konnten.

Match-Stand nach 7 Partien: 4–3 für Carlsen.

Wettkampfpartie Nr. 8

Carlsen – Nepomnjaschtschi

Russische Verteidigung [C43]

Dubai 5.12.2021 (Sonntag)

Nepomnjaschtschi setzte sein Vertrauen – wie schon der 4. Partie – auf die Russische Verteidigung, in der es schwierig ist, um einen Eröffnungsvorteil zu kämpfen. Demnach hatte er aus deren Verlauf nicht den Schluss gezogen, dass er den Weltmeister durch die Wahl einer anderen Eröffnung neu herausfordern sollte.

Carlsen wiederholte die Variante mit dem Springerschlag auf e5 nicht, sondern wählte die klassische Fortsetzung mit 3.d4, die bereits vom ersten Weltmeister Wilhelm Steinitz (1836–1900) empfohlen wurde. Nach 9...h5 versuchte Nepomnjaschtschi die Situation in der Partie zu verschärfen und verzichtete sogar auf die Rochade. Mit einem energischen Schlag im Zentrum mittels 20.c4! zeigte der Weltmeister die Schwäche des gegnerischen Spielplans auf. Kurz darauf unterlief Nepo das Versehen 21...b5?, worauf Carlsen einen Bauern am Damenflügel gewann. Er spielte das Duell gründlich zu Ende und ließ seinem Gegner keine Chance mehr.

1.e4 e5 2.♘f3 ♘f6 3.d4

Zu 3.♘xe5 siehe Wettkampfpartie Nr. 4.

3...♘xe4 4.♗d3 d5 5.♘xe5 ♘d7

Die Fortsetzung 5...♗d6, die zu einer symmetrischen Stellung führt, hat ebenfalls zahlreiche Anhänger, wird aber bedeutend seltener als der Hauptzug ausgeführt.

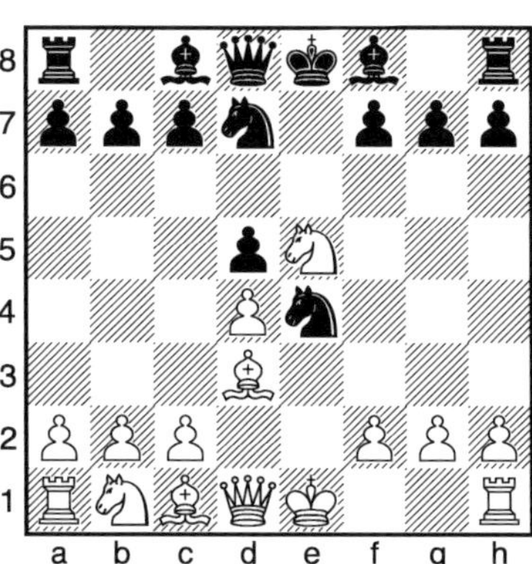

6.♘xd7

Einen spannenden Verlauf nahm die Partie Carlsen-Schirow, Douglas 2019, nach 6.♘c3 ♘xe5 7.dxe5 ♘xc3 8.bxc3 und nun 8...♗e7.

(Eine starke Alternative ist 8...♗c5!?.)

9.0–0 0–0 10.f4 f5 11.♗e3 c5 12.♗e2 ♗e6 13.♗f3 ♕d7 14.a4 ♖ad8 15.♕e2 ♕c7 16.♖fb1 b6 17.♖d1 g5 18.h3 ♖d7 19.♖d2 ♖fd8 20.♖ad1 gxf4 21.♗xf4 d4 22.♕f2 ♔h8 23.♔h1 ♕c8 24.♔h2 ♖g8 25.cxd4 cxd4 26.♖xd4 ♖xd4 27.♖xd4 ♗c5 28.c3

(28.♕h4 ♗xd4 29.♕f6+ ♖g7 30.♗h6 ♕g8 31.♗xg7+ ♕xg7 32.♕d8+ ♕g8 33.♕xd4±)

28...♗xd4 29.cxd4 ♕d7 30.♕d2 ♗d5 31.e6 ♕xe6 32.♗e5+ ♖g7 33.♕c3 ♗xf3 34.♕xf3 ♕e8 35.♕xf5+− und Weiß gewann im 43. Zug.

6...♗xd7

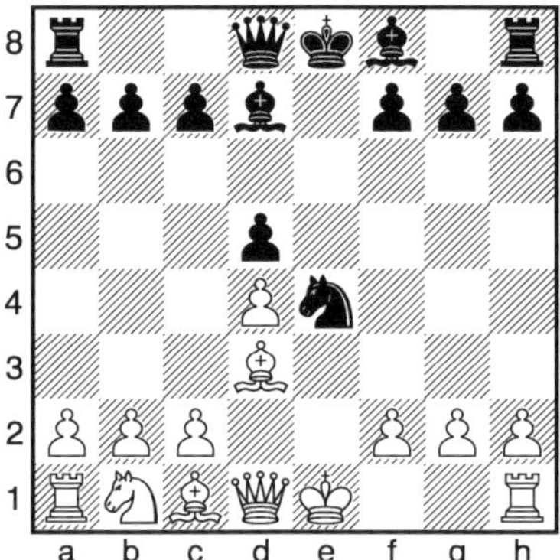

7.♘d2

Carlsen weicht der Hauptvariante aus, die über 7.0–0 ♗d6 läuft.

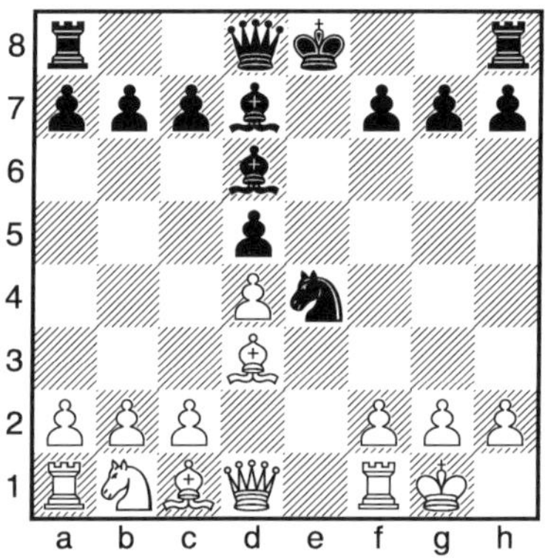

Zwei interessante Beispiele aus der Praxis der beiden WM-Gegner veranschaulichen in groben Zügen, wie sich das Spiel daraufhin entwickeln kann.

A) 8.♘c3 ♘xc3 9.bxc3 0–0 10.♕h5 f5 11.♖e1 c6 12.♗g5 ♕c7 13.♖e3 g6 14.♕h4 ♖ae8 15.♖ae1 ♖xe3 16.♖xe3 ♖e8 17.c4 ♖xe3 18.♗xe3 ♗e8 19.c5 ♕e7? (⌓19...♗e7!?) 20.♗g5 ♕e1+ 21.♗f1 ♗f8 22.♗e3 ♕a5 23.♗f4 ♗f7 24.♕f6 ♗g7 25.♕d6 ♕e1 26.♗e3 ♗f8 27.♕b8+−, Nepomnjaschtschi-Yu Yangyi, Astana 2019.

B) 8.♕h5 ♘f6 9.♖e1+ ♔f8

(9...♗e7 10.♕e2 ♗e6 11.♘d2 0–0 12.♘f3 ♖e8)

10.♕e2 ♘g4

(10...c6 11.♘d2 ♕c7 12.♘f3 ♗g4 13.♕e3 ♗xf3 14.♕xf3 ♗xh2+ 15.♔f1 ♗d6 16.♗g5±)

11.h3 ♕h4 12.♕f3 ♗h2+

(12...♘f6 13.♘c3 c6 14.♘e2±)

13.♔f1 ♘xf2 14.♕xf2 ♗g3 15.♕d2 ♕f6+ 16.♔g1 ♗xe1 17.♕xe1 ♕xd4+ 18.♔h2 ♖e8 19.♕g3 ♕e5 20.♕xe5 ♖xe5 21.♗f4 ♖e1 22.♗xc7 a6 23.♗a5 ♖d1 24.a4 ♔e7 25.♗d2 ♖c8 26.c3 d4 27.c4 g6 28.♗e2 ♗xa4 29.♗b4+ ♔e6 30.♗xd1 ♗xd1 31.♘d2+−, Carlsen-Wang, Nanjing 2010.

7...♘xd2 8.♗xd2 ♗d6 9.0–0

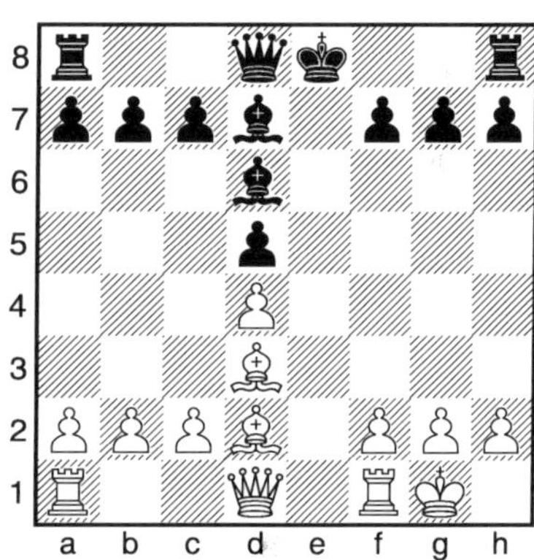

9...h5N

Karsten Müller: Sehr provokativ, aber nicht schlecht. Allerdings kann man so einen Zug später leicht bereuen.

10.♕e1+

Karsten Müller: Magnus ist ja auch mit einem Remis zufrieden und spielt daher positionell ganz ohne Risiko.

10.c4 ist objektiv kritisch.

10...♔f8?

10...♕e7= war laut Karsten Müller besser.

11.♗b4 ♕e7 12.♗xd6 ♕xd6 13.♕d2 ♖e8 14.♖ae1 ♖h6

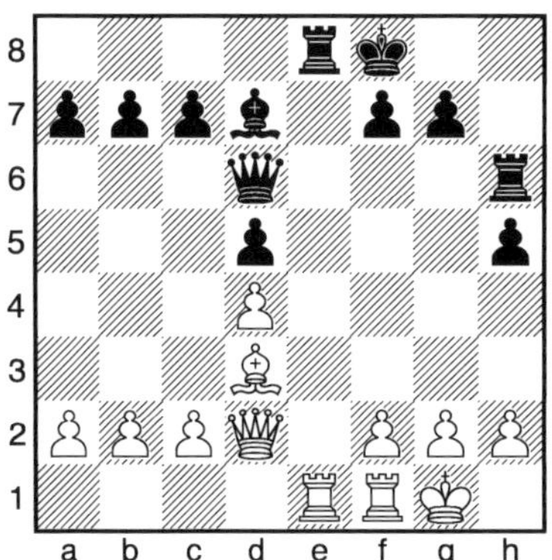

15.♕g5

Karsten Müller: Magnus hat Nachteile von 9...h5 aufgedeckt, aber sie sind nicht so gravierend.

15...c6 16.♖xe8+ ♗xe8 17.♖e1 ♕f6 18.♕e3

18.♕g3 ♕d6 19.♖e5 ♗d7=

18...♗d7 19.h3 h4 20.c4 dxc4 21.♗xc4

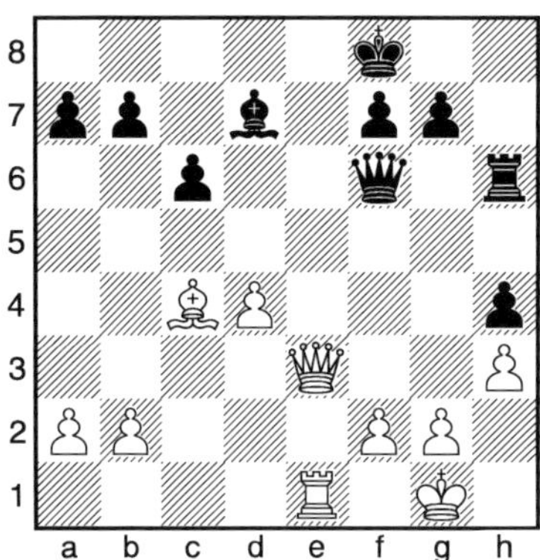

21...b5?

Karsten Müller: Ein taktisches Übersehen, weil Nepo zu viel will.

21...♔g8 war angesagt, z.B. 22.♕e7 ♗e6=.

22.♕a3+

Karsten Müller: Das legt den Finger in die Wunde.

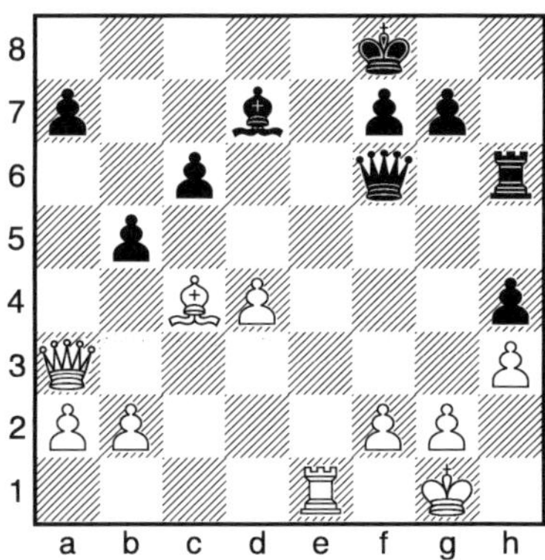

22...♔g8

Karsten Müller: Nun kommt Schwarz kaum noch um ein schlechtes Endspiel herum.

22...♕d6! 23.♕xa7 g5! 24.♗d3 ♔g7 war weit zäher und praktisch auch besser. Die Computer sehen Weiß nach 25.a4 bxa4 26.♖e5± vorne, aber das ist nicht so einfach zu spielen.

23.♕xa7

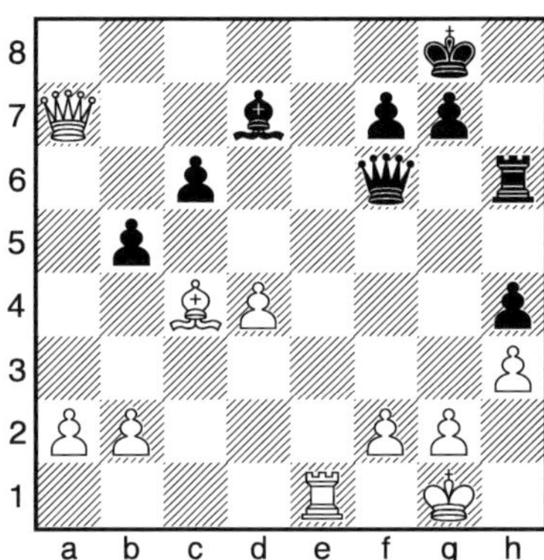

23...♕d8

Karsten Müller: 23...♗xh3 war zäher, aber Weiß sollte nach 24.♕xf7+ ♕xf7 25.♖e8+ ♔h7 26.♗xf7 ♗f5 27.♗g8+ ♔g6 28.♗b3 h3 29.g3± auf lange Sicht gewinnen.

24.♗b3 ♖d6

Karsten Müller: Irgendwie führt das nicht zu einer Aktivierung.

24...♖h5 war eine bessere praktische Chance, rettet aber auch nicht, z.B. 25.♕a3 (oder 25.♖e2+−) 25...♖g5 26.f4 ♖g6 (26...♖g3 27.♕c5 ♗xh3 28.♖e7 ♖xb3 29.axb3 ♗e6 30.b4+−) 27.♕e7 ♕xe7 28.♖xe7 ♖d6 29.♖xf7 ♔h7 30.f5 ♔h6 31.♔f2 ♖xd4 32.g4 hxg3+ 33.♔xg3 c5 34.♗c2 ♗c6 35.♖c7 ♗d7 36.♖xc5+−.

25.♖e4

Karsten Müller: Bei Magnus steht nun alles richtig.

25...♗e6 26.♗xe6 ♖xe6 27.♖xe6 fxe6 28.♕c5

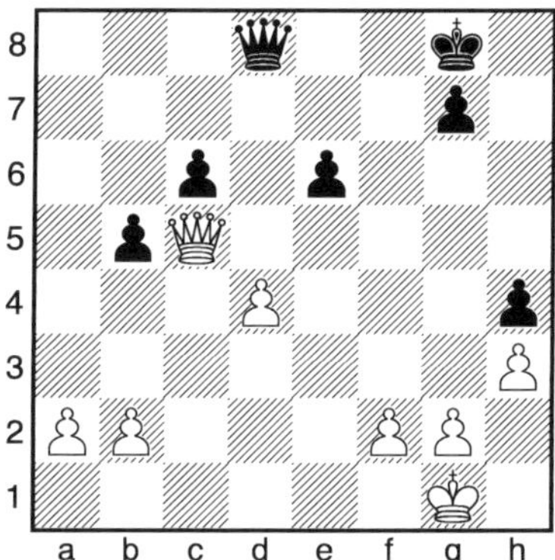

28...♕a5

Karsten Müller: Nepo gibt noch einen zweiten Bauern.

Angesichts der zahlreichen Schwächen im schwarzen Lager wäre aber auch eine passive Verteidigung hoffnungslos, z.B. 28...♕a8 29.a3 ♕e8 30.♕g5 ♕f8 31.♕e5

(31.♕xh4+− ginge auch, der Textzug aber ist wohl genauer.)

31...♕e7 32.♕e4+−.

29.♕xc6 ♕e1+ 30.♔h2 ♕xf2 31.♕xe6+

Eine solche Stellung lässt sich der Weltmeister nicht mehr aus der Hand nehmen.

31...♔h7 32.♕e4+ ♔g8 33.b3 ♕xa2 34.♕e8+ ♔h7 35.♕xb5 ♕f2 36.♕e5 ♕b2 37.♕e4+ ♔g8 38.♕d3 ♕f2

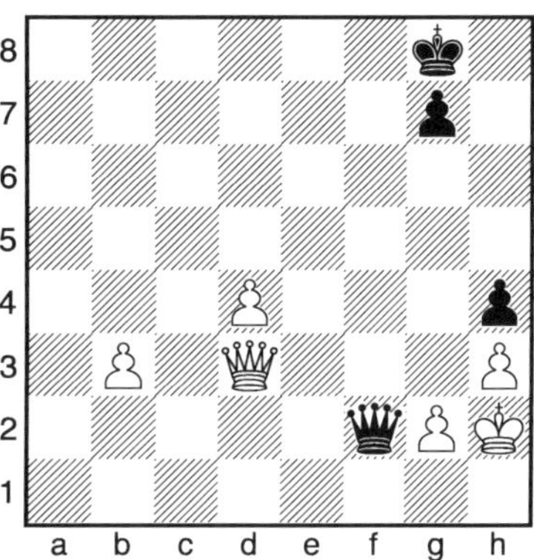

39.♕c3

Karsten Müller: Ein feiner Zug, der die schwarzen Felder kontrolliert.

39.d5 wäre sehr schlechte Technik, gewinnt aber auch. 39...♕f4+ 40.♔g1 ♕c1+ 41.♔f2 ♕f4+ 42.♔e2 ♕e5+ 43.♔d1 ♕a1+ 44.♔c2 ♕a2+ 45.♔c3 ♕a1+ 46.♔b4 ♕e1+ 47.♔c4 ♕c1+ 48.♔b5+−.

39...♕f4+ 40.♔g1

Karsten Müller: Schwarz hat kein Schach und das besiegelt den Untergang.

40...♔h7 41.♕d3+ g6 42.♕d1 ♕e3+ 43.♔h1 g5 44.d5

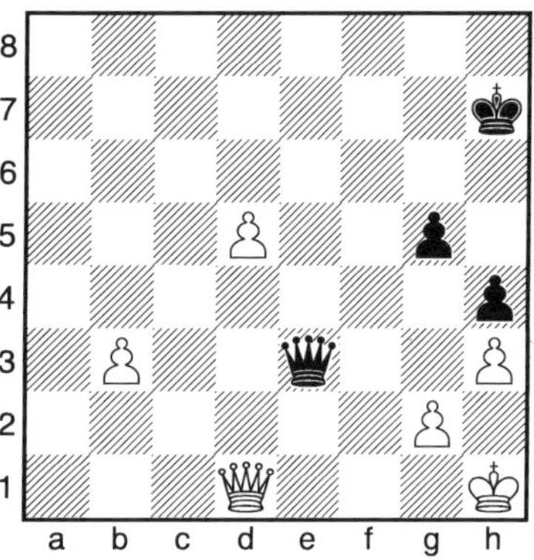

44...g4

Karsten Müller: Sehr radikal, aber sonst prescht einfach der d-Bauer vor.

45.hxg4 h3 46.♕f3

und Aufgabe wegen 46...hxg2+ 47.♔xg2 ♕d2+ (47...♕d4 48.♔h3 ♔g7 49.♔h4 ♕e5 50.g5 ♕h2+ 51.♔g4 ♕g1+ 52.♔f5 ♕c5 53.♕e4+–) 48.♔h3 ♕h6+ 49.♔g3 ♕d6+ 50.♕f4 ♕xd5 51.♕f5+ +–.

Zusammenfassung:

Nach dieser Partie drängte sich der Eindruck auf, dass der Herausforderer auf dieses wichtige Match nicht optimal vorbereitet war. Zuerst wählte er eine Eröffnung, die es schwierig macht, um einen Vorteil zu kämpfen. Nach dem Fehler 21..b5? verlor er einen Bauern und akzeptierte dann ein Damenendspiel, das schwer zu verteidigen ist. Auf der anderen Seite zeigte Carlsen die Spielklasse eines würdigen Weltmeisters!

Damit führt Carlsen mit 5–3.

Wettkampfpartie Nr. 9

Nepomnjaschtschi-Carlsen

Réti-Eröffnung [A09]

Dubai 7.12.2021 (Dienstag)

Es konnte niemanden überraschen, dass Nepomnjaschtschi in dieser Partie mit 1.c4 erstmals nicht mit dem Königsbauern eröffnete. Nach 1.e4 und Übergang des Spiels in die Spanische Partie hatte er sich bisher noch keinen Vorteil verschaffen können. Zwei erlittene Niederlagen drängten ihn dazu, etwas Neues zu versuchen, um das Ruder vielleicht noch einmal herumwerfen zu können.

Die Partie bewegte sich in Richtung Réti-Eröffnung. Der Weltmeister wählte mit 3...d4 die Option der Blockade des Zentrums und tauschte diesen Bauern unter Verzicht auf den Unterstützungszug 9...e5 als Antwort auf 9.e3 ab.

Später in der Partie hätte der Herausforderer zu 15.b4! greifen können, um sich die Chance auf einen Vorteil auf dem Damenflügel zu verschaffen. Stattdessen leistete er sich mit 15.bxa3? einen Fehlgriff, der Schwarz hervorragende Gegenchancen auf dem linken Flügel verschaffte. Als ihm dann auch noch mit 27.c5?? ein schrecklicher Fehler unterlief, den Carlsen mit der einfachen Antwort 27...c6! ausnutzte und sich dadurch eine Mehrfigur sicherte, war dies gleichbedeutend mit dem Verlust der Partie.

1.c4 e6 2.g3 d5 3.♗g2

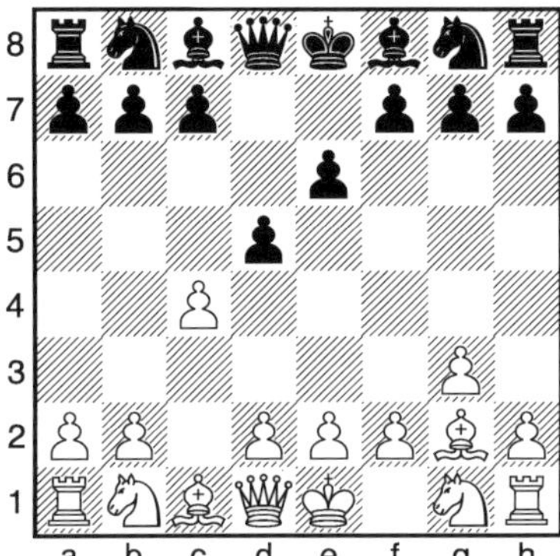

3...d4

Dieser Bauernvorstoß im Zentrum ist eine der wichtigsten Methoden im Kampf gegen die Réti-Eröffnung.

Häufiger gespielt wird jedoch 3...♘f6, worauf 4.♘f3 die weiße Standardantwort ist.

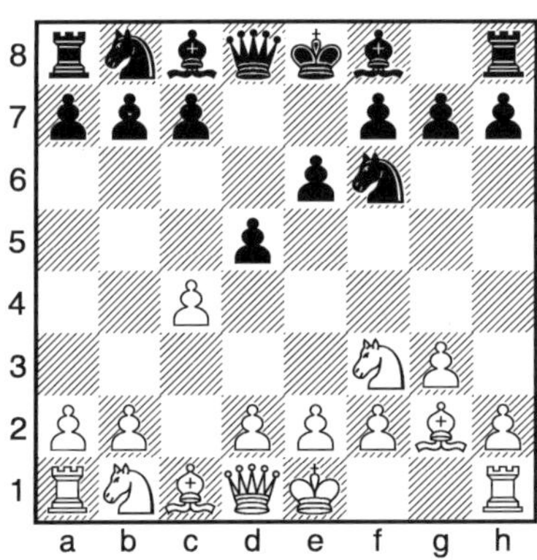

Sowohl der Weltmeister als auch sein Herausforderer haben diese Stellung schon mehrfach mit beiden Farben auf dem Brett gehabt. Schwarz hat nun die Wahl insbesondere zwischen 4...dxc4 und 4...♗e7. Ein paar Beispiele aus Carlsens und Nepomnjaschtschis Turnierpraxis:

A) 4...dxc4 5.♕a4+

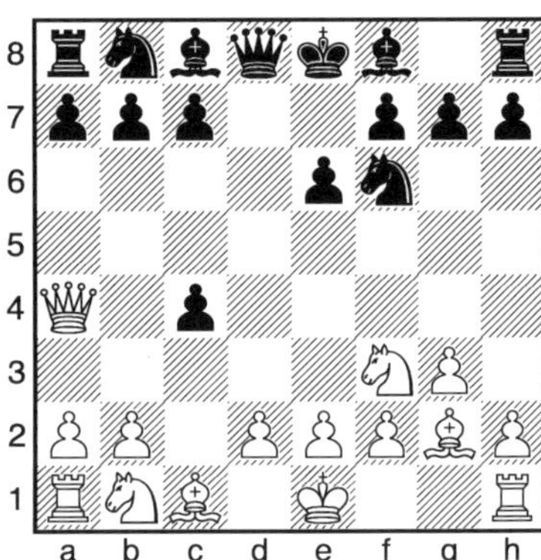

A1) 5...♗d7 6.♕xc4 c5 7.♘e5 ♕c8 8.♕d3 ♘c6 9.♘xd7 ♘xd7 10.♘c3 ♗e7 11.0–0 0–0 12.b3 ♖d8 13.♗b2 ♘f6 14.♕c2 ♕d7 15.♖fd1 ♖ac8=, Nepomnjaschtschi-Duda, Zagreb 2021.

A2) 5...♘bd7 6.♕xc4 a6 7.♕c2 c5 8.♘c3 ♗d6 9.0–0 0–0 10.d4 ♕e7 11.♖d1 h6 12.♗f4

(Der Computer schlägt 12.♘a4!? vor und attestiert Weiß nach 12...cxd4 13.♘xd4± einen satten Vorteil.)

12...♗xf4 13.gxf4 cxd4 14.♘xd4 ♖d8 15.e3 ♘f8 16.♘a4 ♖b8 17.♕c5 ♕xc5 18.♘xc5 g5 19.fxg5 hxg5 20.♘f3 ♖xd1+ 21.♖xd1 b6 22.♘b3 g4 23.♘e5 ♗b7 24.♖d4 ♗xg2 25.♔xg2 ♖c8 26.♘xg4 ♘xg4 27.♖xg4+ ♘g6 28.♖b4 b5 29.a4±, Grandelius-Carlsen, Stavanger 2016. Das Duell endete letztlich mit einem Remis.

B) 4...♗e7 5.0–0

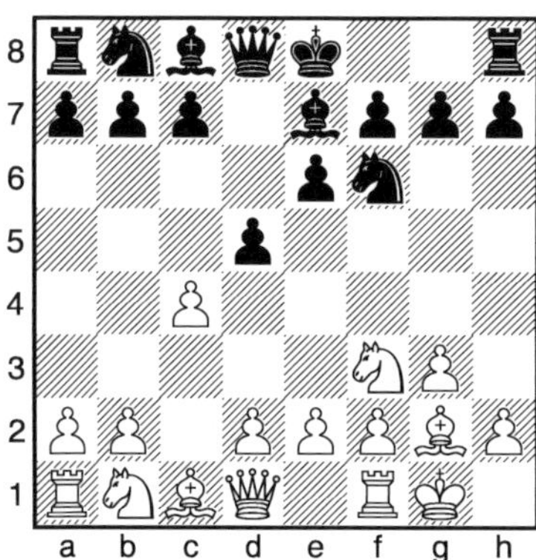

B1) 5...0–0 6.♕c2

(6.d4 dxc4 7.♕c2 a6 8.a4 ♗d7 9.♕xc4 ♗c6 10.♗g5 ♗d5 11.♕c2 ♗e4 12.♕d1 c5 13.dxc5 ♗xc5 14.♘c3 ♗c6 15.♘e5 ♗xg2 16.♔xg2 ♗d4 17.♗xf6 gxf6 18.♘f3 ♗xc3 19.bxc3 ♕xd1 20.♖fxd1 ♘c6 21.♖d7 ♘a5 22.♖ad1 ♖ac8=, Nepomnjaschtschi-Giri, Zagreb 2021)

6...b6 7.cxd5 ♘xd5 8.♘c3 ♗b7 9.♘xd5 ♗xd5 10.e4 ♗b7 11.d4 c5 12.d5 exd5 13.exd5 ♕xd5 14.♘h4 ♕d7 15.♖d1 ♕c8 16.♘f5 ♖e8 17.♗xb7 ♕xb7 18.♗h6 gxh6 (18...♗f8!?) 19.♘xh6+ ♔h8 20.♘xf7+ ♔g7 21.♘d6 ♗xd6 22.♖xd6 ♘a6

(Hier hätte Schwarz über die Verbesserung 22...♘d7! nachdenken sollen. Es hätte sich dann 23.♕c3+ ♔f8 24.♖ad1 ♘e5 usw. anschließen können.)

23.♖ad1 Mit 23...♖e7?? brachte sich Schwarz nun um alle Chancen.

Der Fehler liegt nicht darin, dass der Turmzug für sich genommen schlecht ist. Vielmehr war 23...♔h8! zwingend erforderlich und jeder mögliche andere Zug – wie der Textzug – eben ein Fehler. Die Partie ist entschieden, unsere Betrachtung könnte deshalb hier enden. Es ist aber interessant zu sehen, wie der Weltmeister den Gewinn schließlich realisiert hat. Wir folgen der Partie deshalb noch ein paar weitere Züge bis ins Matt. 24.♕c3+ ♔g8 25.♕c4+ ♔g7 26.♕g4+ ♔f7 27.♕f5+ ♔g8 28.♕g5+ ♔f7 29.♖f6+ ♔e8 30.♕g8# 1–0, Carlsen-Shuvalova, chess24.com INT 2021.

B2) 5...dxc4 6.♕a4+

(6.♘a3 ♗xa3 7.bxa3 0–0 8.♗b2 ♘bd7)

6...♗d7 7.♕xc4 ♗c6 8.♘c3 0–0 9.d4 ♘bd7 10.♖d1 ♘b6 11.♕d3 ♘bd5 12.♗g5 h6 13.♗xf6 ♘xf6 14.♖ac1 ♗b4 15.a3 ♗xc3 16.♕xc3 ♖c8 17.♕a5 a6 18.♘e5 ♗xg2 19.♔xg2 ♕d5+ 20.♕xd5 ♘xd5 21.b4 ♖fd8 22.e4 ♘f6 23.f3 c6, Carlsen-Firouzja, lichess.org INT 2021. Im weiteren Verlauf dieser Blitzpartie gelang es Carlsen, eine Druckstellung aufzubauen und sich bessere Chancen zu erarbeiten. Als er zu viel wollte und die Stellung überzog, wurde er von seinem jungen Gegenspieler ausgekontert und letztlich auch besiegt.

4.♘f3 ♘c6 5.0–0

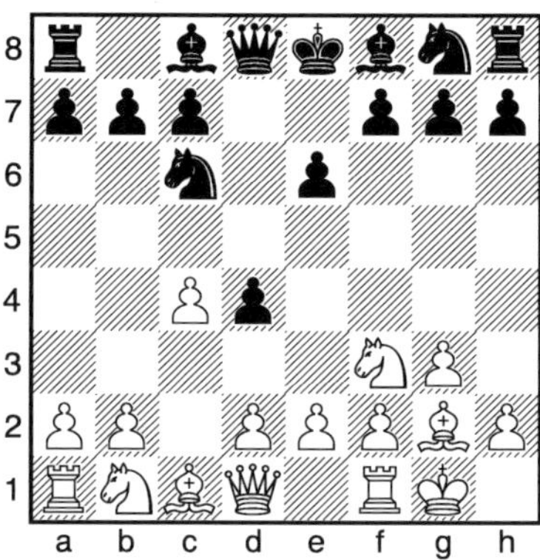

5...♗c5

Die gute Alternative 5...♘f6 kann zu 6.d3 ♗e7 7.e3 e5 8.exd4 exd4 9.♖e1 0–0 mit beiderseitigen Möglichkeiten führen.

6.d3 ♘f6 7.♘bd2 a5 8.♘b3 ♗e7 9.e3 dxe3

Die Idee, das Zentrum mit 9...e5 zu verstärken, stammt aus der Praxis und ist eine weitere Prüfung wert.

10.♗xe3 ♘g4 11.♗c5 0–0

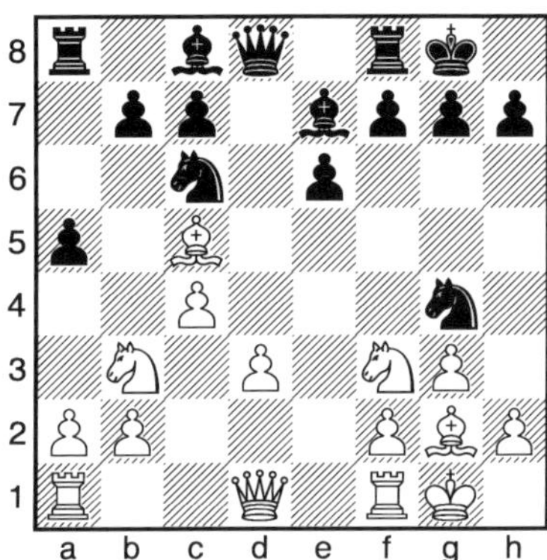

12.d4N

Aus Fernschachpartien ist die Spielbarkeit der Fortsetzung 12.♗xe7 bekannt. 12...♕xe7 13.a4 ♗d7

(13...♖d8 14.♖e1 ♕b4 15.♕c2 ♕b6 16.d4 ♗d7=, Moujan-Rodríguez Pérez ICCF 2020)

14.d4 b6 15.♘e1 ♕g5 16.♘d3 ♖ad8 17.h3 ♘h6 18.♖e1 ♘f5 19.d5 ♘ce7 20.♘e5 exd5 21.cxd5 ♗c8 22.♘d4 ♗b7 23.h4 ♕f6 24.♘xf5 ♕xf5 25.♗e4 ♕c8 26.♕c2 f5 27.♗g2 ♗xd5 28.♖ad1 f4 29.♗xd5+ ♖xd5 30.♖xd5 ♘xd5 31.♕c4 ½–½, Kuster-Proietti, FICGS 2012.

12...a4 13.♗xe7 ♕xe7 14.♘c5 a3?!

Karsten Müller: Das geht etwas ins Risiko.

14...e5 15.♖e1 ♖d8=

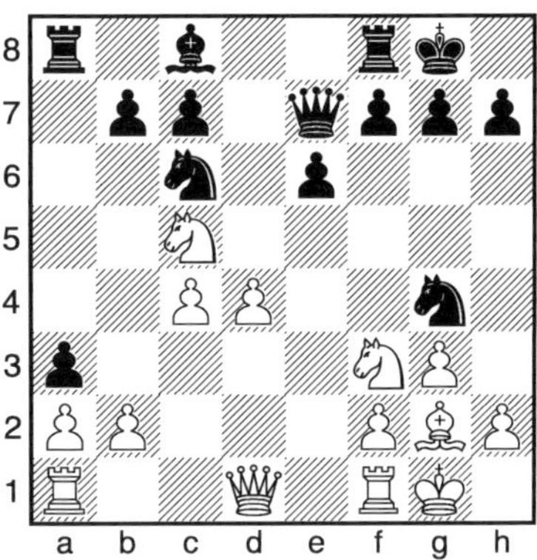

15.bxa3?

Karsten Müller: Danach hat Schwarz stets gutes Gegenspiel am Damenflügel.

15.b4! war laut Computer kritisch und gibt Weiß Initiative, z.B. 15...♘xb4 16.♖b1 b6 17.♖xb4 bxc5 18.♖b5 ♖a6 19.♖xc5 ♗b7 20.♕b3±.

15...♖d8 16.♘b3 ♘f6 17.♖e1

Karsten Müller: 17.♕e2!? ♖xa3 18.♖fd1 wirkt etwas natürlicher.

17...♕xa3 18.♕e2 h6

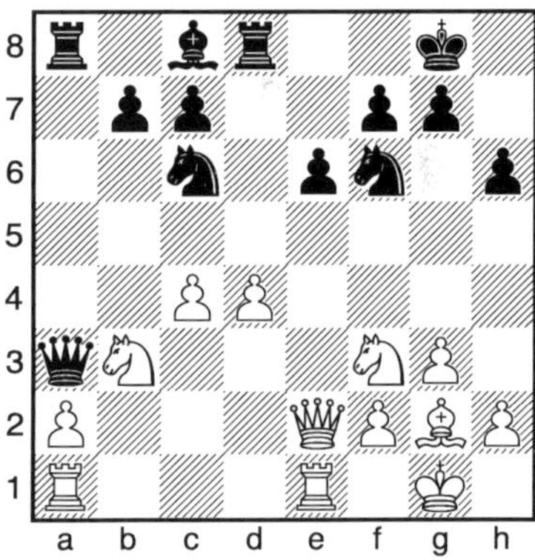

19.h4

Karsten Müller: Etwas verpflichtend.

Allerdings bringt auch 19.♖ed1 ♗d7 20.♘e5 ♗e8= Weiß nichts Echtes ein.

19...♗d7 20.♘e5 ♗e8 21.♕e3 ♕b4 22.♖eb1

Karsten Müller: 22.♗xc6 ♗xc6 23.♘c5 ♖a3 24.♖eb1 ♕a5 25.♕e2 ♕a8 26.♘xc6 bxc6 27.♖d1=

22...♘xe5 23.dxe5

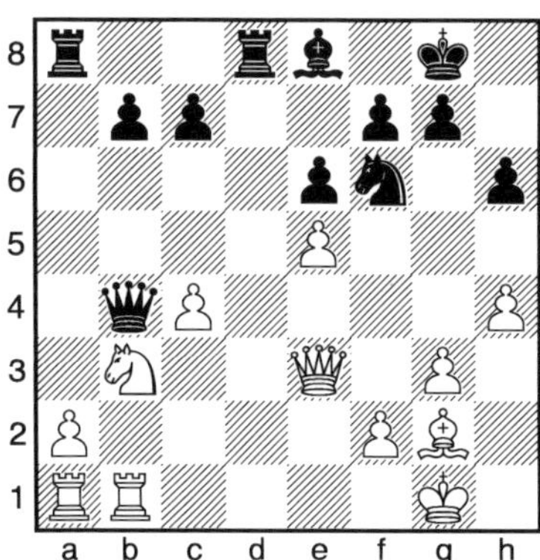

23...♘g4

Karsten Müller: Magnus wählt die aktive Lösung.

23...♘d7= war die Alternative.

24.♕e1 ♕xe1+ 25.♖xe1 h5 26.♗xb7 ♖a4

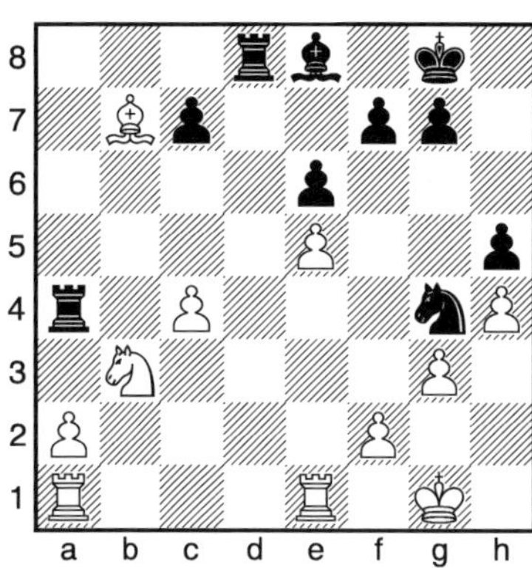

27.c5??

Karsten Müller: Nepo lässt zu, dass sein Läufer eingesperrt wird.

27.f3 war mehr oder weniger erzwungen, z.B. 27...♘h6 28.♗e4 ♘f5 29.♔f2=.

27...c6!

Karsten Müller: Das gewinnt erst den Läufer und danach die Partie.

28.f3 ♘h6 29.♖e4 ♖a7 30.♖b4 ♖b8 31.a4 ♖axb7 32.♖b6 ♖xb6 33.cxb6 ♖xb6 34.♘c5 ♘f5 35.a5 ♖b8 36.a6 ♘xg3 37.♘a4 c5 38.a7 ♖d8

Karsten Müller: Magnus Carlsens Pointe!

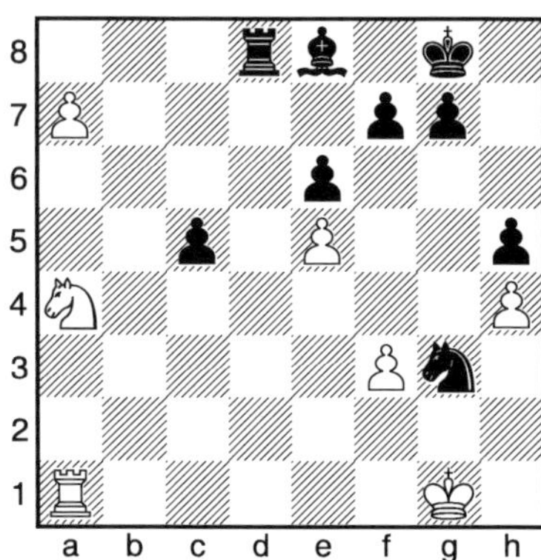

39.♘xc5

Karsten Müller:

– 39.♖b1 wird mit 39...♖a8 beantwortet.

(39...♗xa4?? 40.♖b8 ♗c6 41.♖xd8+ ♔h7 42.♖c8 ♗b7 43.♖c7 ♗a8 44.♖xf7 ♘f5=)

40.♖b8 ♖xa7 41.♖xe8+ ♔h7 42.♘xc5 ♘f5−+

– 39.♘b6 ♗c6 40.a8♕ ♗xa8 41.♘xa8 ♘f5 −+

39...♖a8 und Weiß gab auf wegen 40.♘b7 ♘f5 41.♘d6 ♗c6−+.

Zusammenfassung:

Diese Partie scheint deutlich zu belegen, dass sich der Herausforderer nicht in bester Verfassung befand. Ein Zug wie 27.c5?? ist auf WM-Ebene ein ungewöhnlicher Ausrutscher. Magnus Carlsen führte das Match nun mit drei Punkten an und es sprach alles dafür, dass er die WM-Krone würde behaupten können.

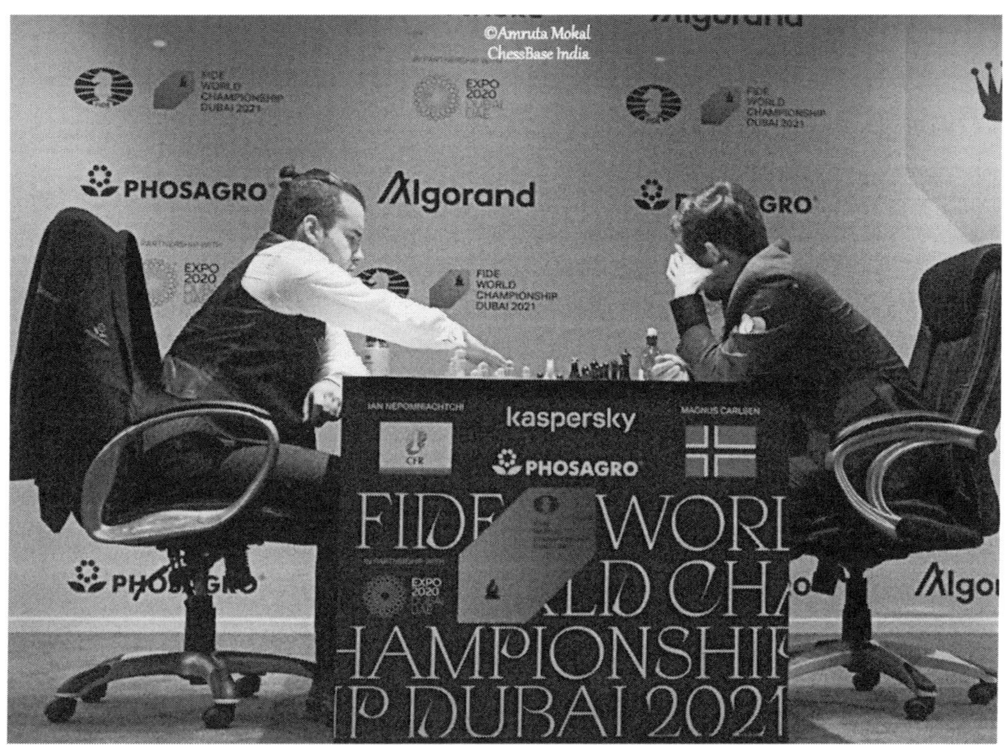

Beim Wettkampf (oben), Jan Nepomnjaschtschi (unten)

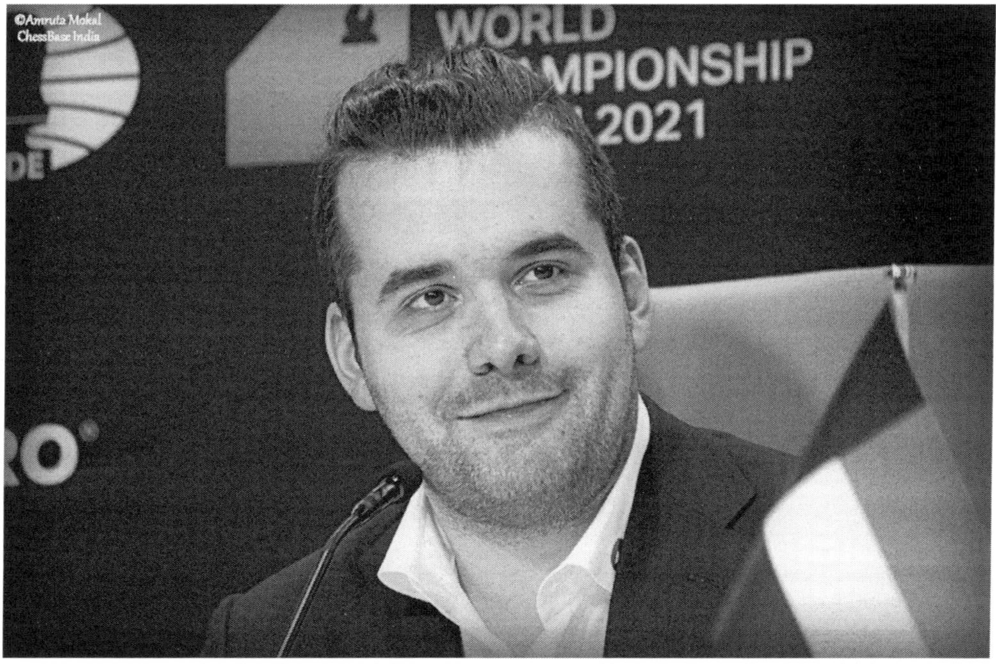

Wettkampfpartie Nr. 10
Carlsen-Nepomnjaschtschi

Russische Verteidigung [C42]

Dubai 8.12.2021 (Mittwoch)

Angesichts des Zwischenstandes von 6:3 für den Titelverteidiger wurde erwartet, dass Nepomnjaschtschi nun endlich eine scharfe Eröffnung wählen würde, um sein Heil in dynamischen Verwicklungen zu suchen. Zur allgemeinen Überraschung kam es dazu jedoch nicht. Der Herausforderer steuerte erneut die Russische Verteidigung an, in der er in zwei Duellen bisher nur einen halben Punkt erreicht hatte. Hätte er erstmals auf die Sizilianische Verteidigung zurückgegriffen, die zu seinem Repertoire zählt, wäre es ihm möglich gewesen, den Kampf dynamischer und mit mehr Schärfe zu gestalten.

1.e4 e5 2.♘f3 ♘f6 3.♘xe5 d6 4.♘d3

Mit dieser Fortsetzung dürfte der Weltmeister seinen Gegner überrascht haben, denn sie wird nur sehr selten ausgeführt. Vermutlich haben auch turniertaktische Überlegungen Carlsen dazu bewogen, so zu spielen. In unseren Anmerkungen zum 5. Zug gehen wir weiter darauf ein.

Üblicherweise antwortet Weiß mit 4.♘f3, so wie in Wettkampfpartie Nr. 4.

4...♘xe4

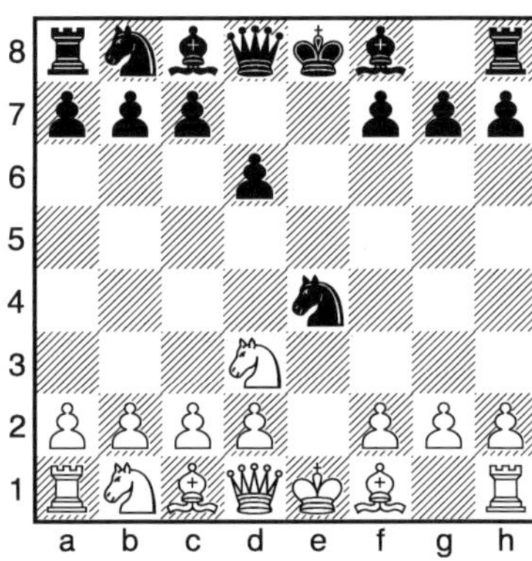

5.♕e2

Der Charakter dieser frühen Brettstellung ist schon sehr lange bekannt. So schrieb bereits Großmeister Aleksei Suetin (1926–2001), Autor vieler Eröffnungswerke, in seinem Buch „Russisch bis Königsgambit“ (Sportverlag Berlin 1982) zu diesem Zug: „Dieses Manöver führt zu einem Endspiel, in dem Weiß die bessere Entwicklung besitzt. Die schwarze Stellung ist aber recht elastisch, und für Weiß ist es nicht leicht, gangbare Wege zur Entfaltung einer Initiative zu finden“. Bereits im Kommentar zur Wettkampfpartie Nr. 4 haben wir angemerkt, dass es in dieser Eröffnung für Schwarz schwer ist, um einen Eröffnungsvorteil zu kämpfen. Dies gilt umso mehr, wenn Weiß auch noch darauf hinwirkt, dass die Begegnung möglichst gradlinig ins Endspiel läuft.

5...♕e7 6.♘f4 ♘f6 7.d4 ♘c6

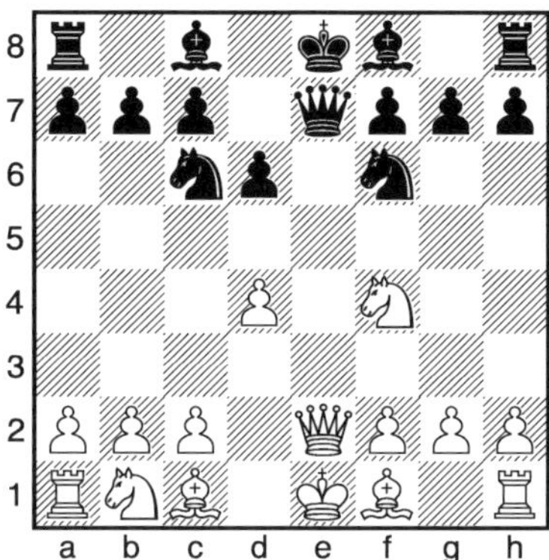

8.c3

Karsten Müller: Magnus ist mit einem Remis zufrieden. Sonst hätte er 8.♗e3 gespielt.

8...d5 9.♘d2 ♘d8 10.♘f3 ♕xe2+ 11.♗xe2 ♗d6 12.0–0 0–0 13.♗d3 ♖e8 14.♖e1 ♖xe1+ 15.♘xe1 ♘e6 16.♘xe6 ♗xe6 17.g3 g6 18.♘g2 ♖e8 19.f3 ♘h5 20.♔f2 c6 21.g4 ♘g7

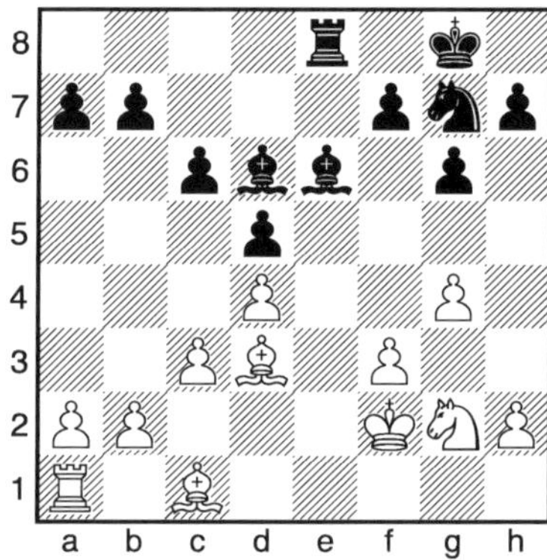

22.♗f4

Karsten Müller: Auch dieser entlastende Abtausch deutet an, dass Magnus mit einem Remis zufrieden ist.

22.h3 war die Alternative.

22...♗xf4 23.♘xf4 g5

Karsten Müller: Das legt den Finger auf die geschwächten schwarzen Felder im weißen Lager, was die Lage ausgleicht.

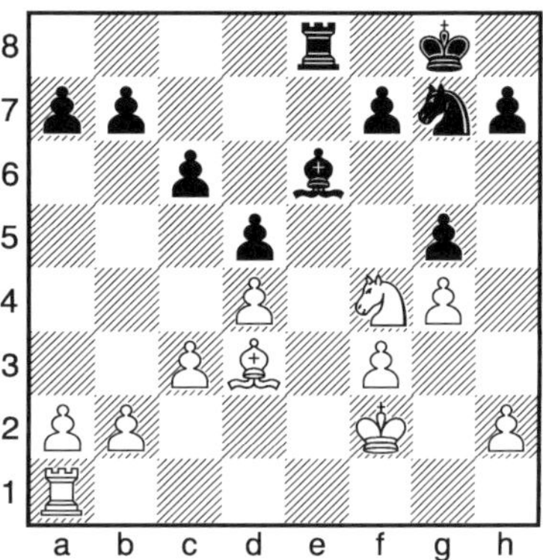

24.♘e2

Karsten Müller: Die Alternativen bringen auch nichts ein:

– 24.♘xe6 ♖xe6 25.♖h1 ♖h6 26.♔g3 ♖e6 27.h4 h6=;

– 24.♘g2 f5 25.h3 ♔f7=.

24...f5 25.h3 ♔f7 26.♖h1 h6 27.f4 fxg4

Karsten Müller: Nepo hat alles genau berechnet.

28.hxg4 ♗xg4 29.♖xh6

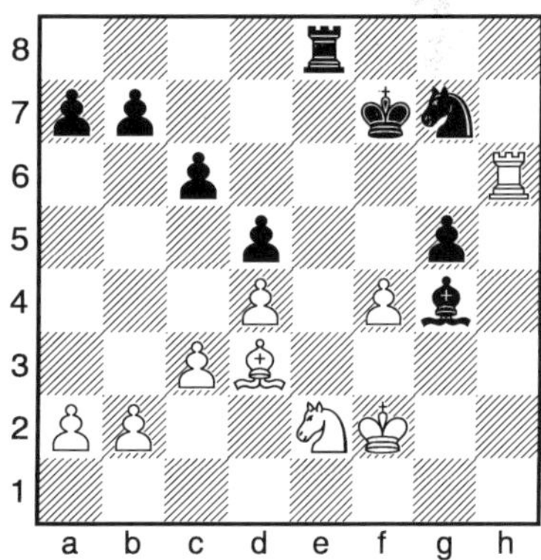

29...♗f5

Karsten Müller: Das zieht der weißen Initiative den Giftzahn.

– 29...gxf4?? 30.♗g6+ +–

– 29...♗xe2?? 30.♗g6+ ♔e7 31.♗xe8 ♔xe8 32.♔xe2 gxf4 33.♖h8+ ♔e7 34.♖b8+–

30.♗xf5 ♘xf5 31.♖h7+ ♘g7 32.fxg5

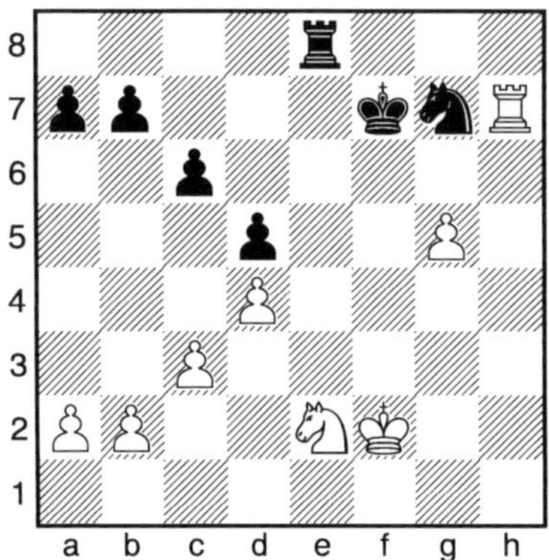

32...♔g6

Karsten Müller: Erneut lässt Nepo Genauigkeit walten. Im Endspiel Turm und Springer gegen Turm und Springer wiegt eine leichte Initiative zwar schwer, aber nun ist die Lage völlig ausgeglichen.

33.♖h3 ♔xg5 34.♖g3+ ♔f6 35.♖f3+ ♔e7 36.♘f4 ♔d6 37.♘g6 ♖e6 38.♘e5 ♘e8 39.♖f7 ♖f6+ 40.♖xf6+ ♘xf6 41.♔e3 ½–½

Zusammenfassung:

Nach einem ruhigen Spiel entstand ein Springerendspiel mit je vier Bauern an einem Flügel. Schließlich wurde im 41.Zug friedvoll ein Remis vereinbart. Nepomnjaschtschi verbrauchte für diese Partie etwa 45 Minuten, während Carlsen etwa 90 Minuten nachdachte.

Der aktuelle Stand des Wettkampfes war nun 6.5–3.5 für den Weltmeister.

Wettkampfpartie Nr. 11
Nepomnjaschtschi-Carlsen

Italienische Partie [C54]

Dubai 10.12.2021 (Freitag)

Nachdem seine Versuche, mit der Wahl der Spanischen Partie zu einem Eröffnungsvorteil zu kommen, erfolglos geblieben waren, wechselte der Herausforderer spät im Wettkampf zur Italienischen Partie. Sie wird mit 3.♗c4 vorbereitet und gilt als sehr solide. Weiß erreichte ein ausgeglichenes Spiel, machte dann jedoch im 23. Zug einen großen Fehler, der vom Weltmeister energisch zum Partie- und zugleich Matcherfolg ausgenutzt wurde.

1.e4 e5 2.♘f3 ♘c6 3.♗c4 ♘f6

Die Fortsetzung 3...♗c5 lässt die Italienische Partie sofort auf dem Brett entstehen.

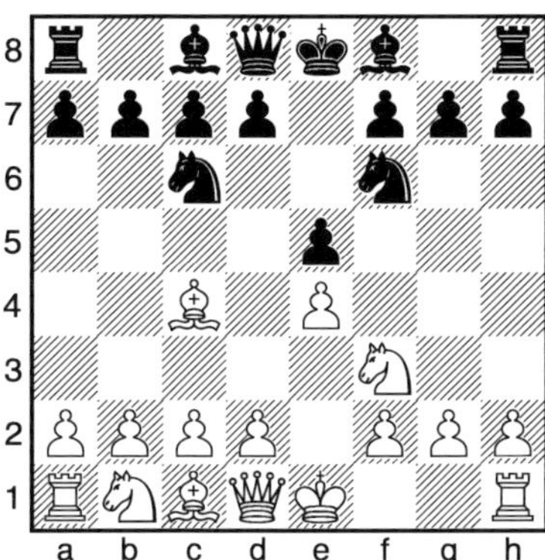

4.d3

Die Alternative 4.♘g5 führt zum „Zweispringerspiel im Nachzug" mit kompliziertem Spiel. Wir haben diese scharfe Eröffnung im Kapitel 1 (Der Titelverteidiger) in der Partie Nr. 10, So – Carlsen, Opera Euro Rapid KO 2021, behandelt.

In diesem Duell entscheidet sich Weiß allerdings für eine ruhige Fortsetzung, die es ihm erlaubt, die Spitzen des Kampfes in das Mittelspiel zu verlagern.

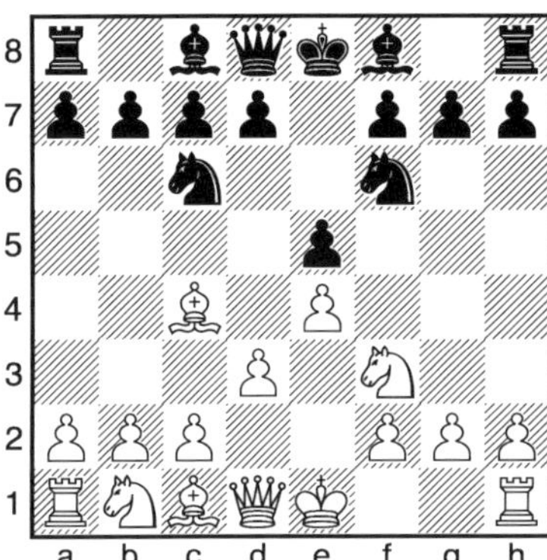

4...♗c5

Nun ist eine Grundstellung der Italienischen Partie erreicht. Diese Entwicklung des Läufers wurde bereits Ende des 16. und Anfang des 17. Jahrhunderts auf ihre Möglichkeiten und Konsequenzen von italienischen Schachspielern untersucht, was dann auch zu ihrem Namen geführt hat. In unserem Buch „Italienische Eröffnung ... richtig gespielt", Joachim Beyer Verlag 2013, haben wir uns intensiv mit diesem System auseinandergesetzt.

Nepomnjaschtschi konnte nicht darauf vertrauen, dass der Weltmeister so fortsetzen würde. Carlsens Praxis bestätigt, dass er sich – dabei mit beiden Farben – auch in anderen Varianten wohlfühlt. Drei Beispiele hierfür:

I. 4...h6 5.♘c3 ♗b4 6.0–0 ♗xc3 7.bxc3 0–0 8.♗b3 d6

(8...d5 9.exd5 ♘xd5, Carlsen-Dubow, chess24.com INT 2021)

9.♘d2 d5 10.exd5 ♘xd5 11.♘e4 ♘a5 12.♗xd5 ♕xd5 13.♗xh6 f5 14.c4 ♕c6 15.♗d2 fxe4 16.♗xa5 ♕g6 17.♕e2 ♖f4 18.♗d2? (△18.f3) 18...♗g4 19.f3 ♗xf3 20.♕f2 ♖g4 21.g3 ♖f8 22.♖ae1 ♖f6 23.dxe4 ♕h5 24.♖e3 ♗xe4 25.♕e2 ♖xg3+ 0–1, Carlsen-Dubow, chess24.com INT 2021.

II. 4...♕e7 5.♘c3

(Ein anderer Plan basiert auf 5.c3!? und der Idee, den Springer von b1 über d2 ins Spiel zu bringen.)

5...♘a5 6.0–0 c6 7.a4 ♘xc4 8.dxc4 d6 9.b3 ♕c7 10.♗g5 ♗e7 11.a5 0–0 12.♕d3 h6 13.♗h4 ♗e6 14.♖fd1 ♖fd8 15.♕e3 b6 16.axb6 axb6 17.h3 g5 18.♘xg5? (△18.♗g3) 18...♖xa1 19.♖xa1 hxg5 20.♕xg5+ ♔h7 21.♕e3 ♖g8 22.f4 ♘h5 23.fxe5 ♗xh4 24.♕f3 ♖g5 25.exd6 ♕xd6 26.♘e2 ♘g3 27.♘c3 ♕d4+ 28.♔h2 ♕e5 29.♔g1 ♕xc3 0–1, Kramnik-Carlsen, Leuven 2017.

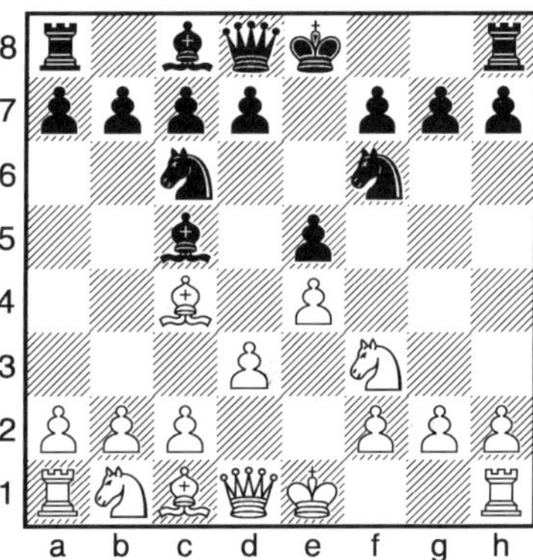

5.c3

In einer Partie Carlsen-So, chess24.com INT 2021, setzte der Weltmeister mit 5.0–0 fort, um nach 5...h6 6.c3 0–0 sehr energisch mit 7.b4 ♗b6 8.a4 am Damenflügel vorzugehen. Es folgte 8...a6 9.♘bd2 d6 10.♖e1 ♘e7 (10...♗e6!?) 11.d4 exd4 (11...♘g6!?) 12.cxd4 d5 13.e5 ♘h5 14.♗f1 ♘f4 15.♘b3 ♘eg6 16.a5 ♗a7 17.♗xf4 ♘xf4 18.♕d2 ♘g6 19.♘c5± und Weiß hatte sich einen klaren Vorteil gesichert. Carlsen gewann die Partie im 44. Zug.

5...d6 6.0–0

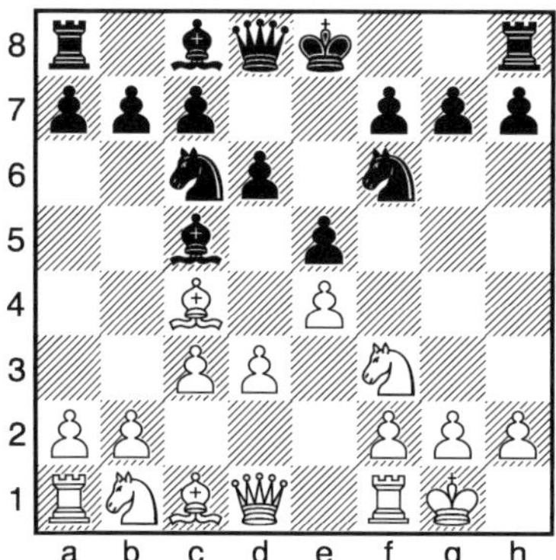

6...a5

Dieser Bauernvorstoß ist mit zwei positiven Effekten für Schwarz verbunden. Einerseits wird das Feld a7 für den Läufer frei, andererseits ist Weiß unmittelbar am energischen Vorgehen mit b2–b4 gehindert.

In der Praxis deutlich häufiger anzutreffen ist die Entwicklung des Bauern nach a6. Die Statistik spricht allerdings für den Doppelschritt.

Schwarz kann auch die kurze Rochade vorschalten, so wie beispielsweise in Carlsen-Giri, chess24.com INT 2021. Dort folgte 6...0–0 7.♖e1 a6 8.a4 ♗a7 9.♘bd2 ♘g4 10.♖e2 ♔h8 11.b4 f5 mit einer komplizierten und zweischneidigen Stellung. Nach der weiteren Entwicklung mit 12.♗b3 ♗d7 13.♖a2 ♕e8 14.exf5 ♗xf5 15.♘f1 ♗e6 16.b5 ♗xb3 17.♕xb3 ♘e7 18.d4 ♘g6 19.c4 e4 hätte der Weltmeister mit 20.♘g5! einen klaren Vorteil erlangen können.

Auf den Partiezug 20.♘g3 antwortete Schwarz stark mit 20...exf3! und nach 21.♖xe8 ♖axe8 blieb das Duell in einem dynamischen Gleichgewicht. Sie endete schließlich im 37. Zug mit einem Remis.

7.♖e1

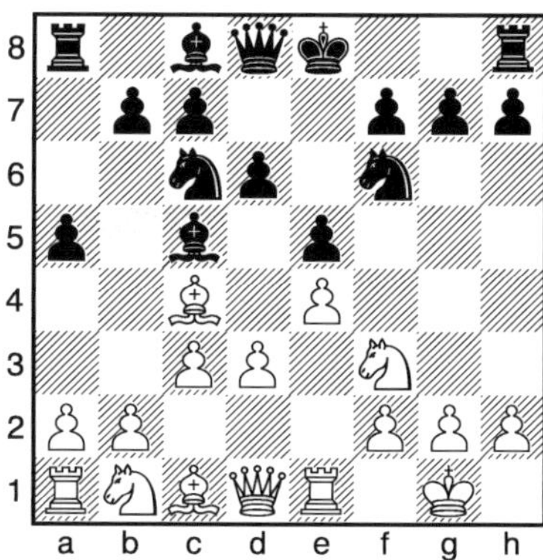

7...♗a7

Bisher hatte Carlsen 7...0–0 bevorzugt.

A) 8.♘bd2 ♗a7

(8...♗e6 9.♗b5 ♕b8 10.♗xc6 bxc6 11.d4 exd4 12.cxd4 ♗b4 13.a3 ♗xd2 14.♘xd2 a4 15.♘f1 ♕b3 16.♕xb3 ♗xb3 17.f3 ♘d7 18.♗d2 c5, Carlsen-Maghsoodloo, chess.com INT 2020)

9.♘f1 ♗e6 10.♗b5 ♘e7 11.♘g3 ♘g6 12.h3 c6 13.♗a4 d5 14.exd5 ♘xd5 15.d4 exd4 16.♘xd4 ♕c7 17.♕f3 ♗xd4 18.cxd4 ♕b6 19.♖d1 ♖ad8 20.♗b3 ♘c7 21.♘f5 ♗xb3 22.axb3 ♕b5 23.h4 h5, Duda-Carlsen, Wijk aan Zee 2021.

B) Mit den weißen Steinen gab der Weltmeister in einem 2021 ausgetragenen Duell 8.♗g5 den Vorzug. 8...h6 9.♗h4 g5 (9...♗a7 10.♘a3 ♗e6) 10.♗g3 Nach 10...♗b6 11.♘a3 ♘h7 12.♘c2 nahm die Partie plötzlich Fahrt auf. Es folgte 12...h5 13.h3 h4 14.♗h2 g4 15.hxg4 ♗xg4 16.d4 exd4 17.♘cxd4 ♘xd4 18.cxd4 ♘g5 19.♕d3 ♘xf3+ 20.gxf3 ♗h5 mit unklaren weiteren Aussichten, Carlsen-So, chess24.com INT 2021.

8.♘a3 h6 9.♘c2 0–0

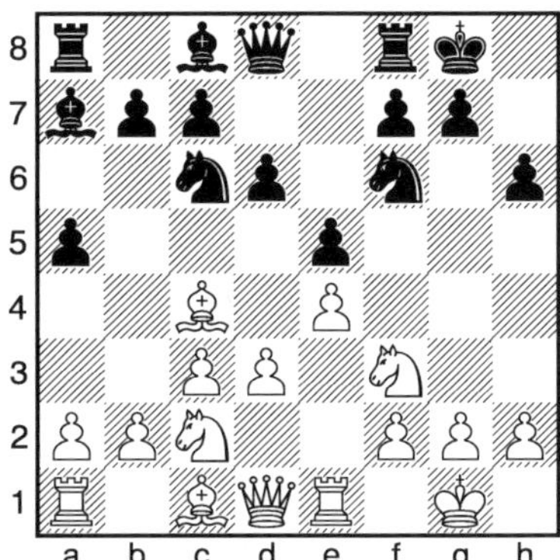

10.♗e3N

Es kommt nicht oft vor, dass ein so früh in der Partie gelegener Zug seine Premiere bei einer Weltmeisterschaft feiert. Es wird spannend zu verfolgen sein, welche Rolle er zukünftig in der Praxis spielen wird.

In der Partie Saric-Yankelevich, Skalica 2020, vertraute Weiß 10.a4 mit der Folge 10...♘e7 11.d4 d5 (11...♘g6!?) 12.exd5 exd4 13.d6 ♘f5 14.♘cxd4 ♘xd4 15.♘xd4 ♕xd6 16.♘b5 ♕c5 17.♕d4 ♕xb5 18.axb5 ♗xd4 19.cxd4 ♖d8 20.♖a4 ♗f5.

10...♗xe3 11.♘xe3

Im Falle von 11.fxe3 könnte Schwarz nach dem Plan ♘c6–e7–g6 und c7–c6 verfahren.

11...♖e8 12.a4 ♗e6 13.♗xe6 ♖xe6 14.♕b3 b6 15.♖ad1 ♘e7 16.h3 ♕d7 17.♘h2 ♖d8 18.♘hg4 ♘xg4 19.hxg4

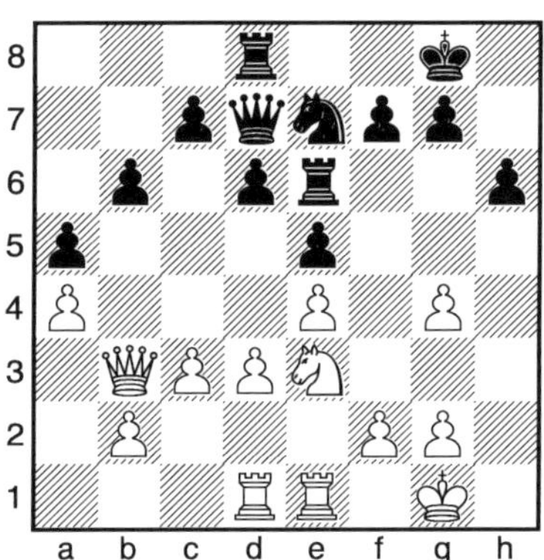

19...d5!

Karsten Müller: Damit hat Magnus völlig ausgeglichen.

20.d4 exd4 21.exd5 ♖e4 22.♕c2 ♖f4

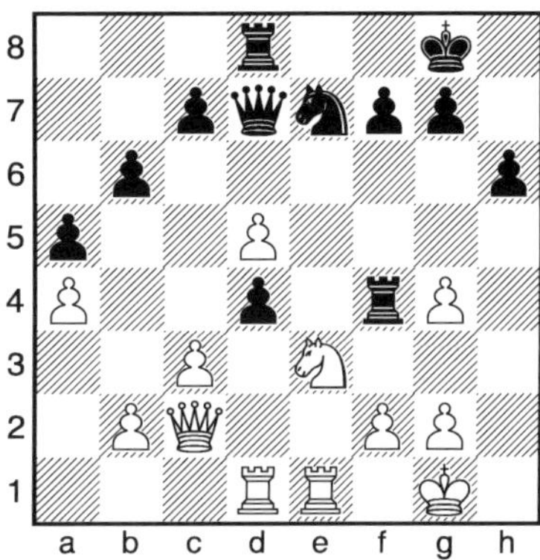

23.g3??

Karsten Müller: Eine Fehlkalkulation. Der schwarze Angriff wird durchschlagen.

23.♖xd4! war angesagt, z.B. 23...♖xd4 24.cxd4 ♘xd5 25.♘xd5 ♕xd5 26.♕xc7 ♕xd4 27.b3=.

23...dxe3!

Weiß übersah oder unterschätzte das Qualitätsopfer, das Schwarz den starken Angriff bescherte.

24.gxf4 ♕xg4+ 25.♔f1 ♕h3+ 26.♔g1

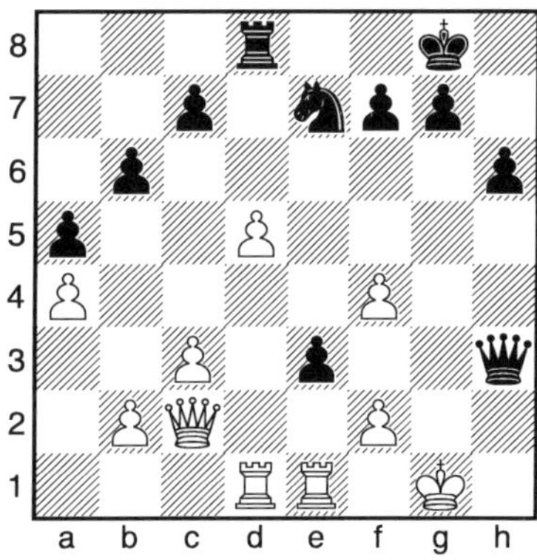

26...♘f5!?

Karsten Müller: 26...exf2+! 27.♕xf2 (27.♔xf2 ♕h2+ −+) 27...♖d6 gewann schneller, ist aber komplizierter, z.B. 28.♕f1 ♖g6+ 29.♔f2 ♕h2+ 30.♔f3 ♖g3+ 31.♔e4 ♕h5−+.

27.d6

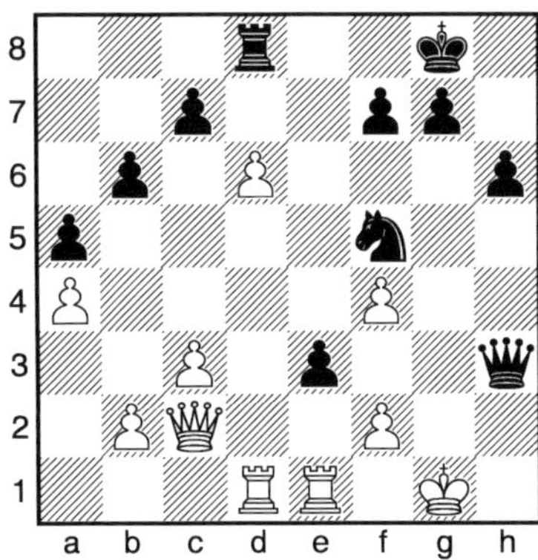

27...♘h4

Stark war auch 27...♕g4+!?. 28.♔h1 (28.♔f1 cxd6−+) 28...♘h4 29.fxe3 ♘f3 30.♖e2 ♕h3+ 31.♖h2 ♘xh2 32.♕g2 ♕xg2+ 33.♔xg2 ♖xd6

(Natürlich würde der Weltmeister nicht mit der schlichten Absicht, seinen Springer aus der Bedrohung zu führen, auf die Versuchung 33...♘g4?? hereinfallen. Nach 34.dxc7! ♖c8 35.♖d8+ könnte Schwarz aufgeben.)

34.♖xd6 cxd6 35.♔xh2 f5 Das Bauernendspiel ist für Schwarz gewonnen.

28.fxe3 ♕g3+ 29.♔f1 ♘f3 30.♕f2 ♕h3+ 31.♕g2 ♕xg2+ 32.♔xg2 ♘xe1+ 33.♖xe1

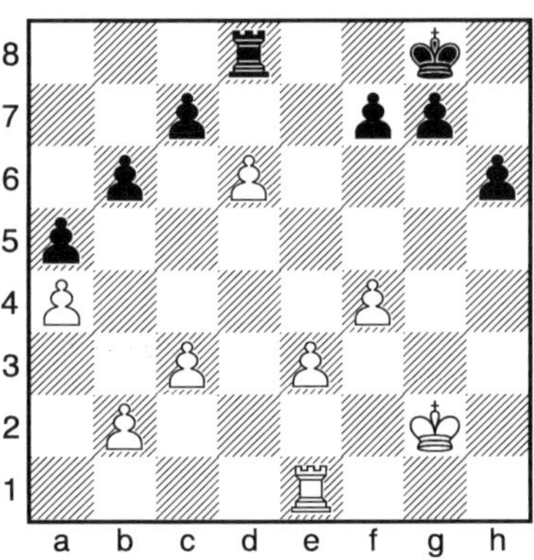

33...♖xd6

Karsten Müller: Turmendspiele haben zwar eine hohe Remistendenz, aber hier hat Schwarz den Mehrbauern und die Kompensation, sprich Aktivität. Daher ist es gewonnen und Magnus verwertet gewohnt sicher.

34.♔f3 ♖d2 35.♖b1 g6 36.b4 axb4 37.♖xb4

Nicht besser war 37.cxb4 ♖a2 38.♖c1 (38.a5 bxa5 39.b5 a4−+) 38...♖xa4 39.b5 ♖b4 40.♖xc7 ♖xb5−+.

37...♖a2

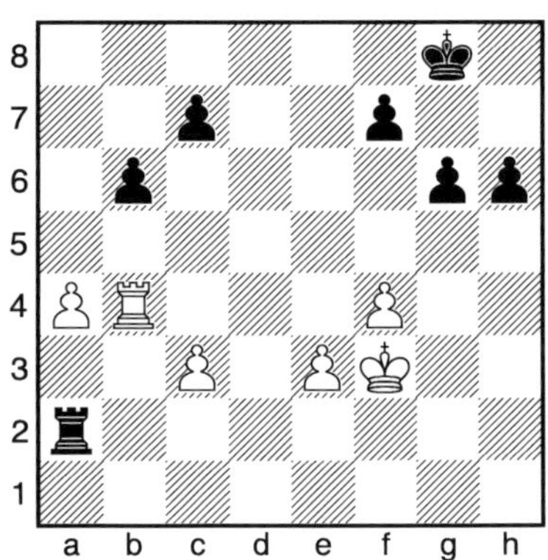

38.♔e4

Karsten Müller: 38.c4 wird mit 38...♖c2! beantwortet: 39.♔e4 h5 40.♔d3 ♖c1

41.♔d2 ♖a1 42.c5 bxc5 43.♖c4 h4 44.♖xc5 h3−+.

38...h5 39.♔d5 ♖c2

Das direkte 39...h4 gewinnt ebenfalls.

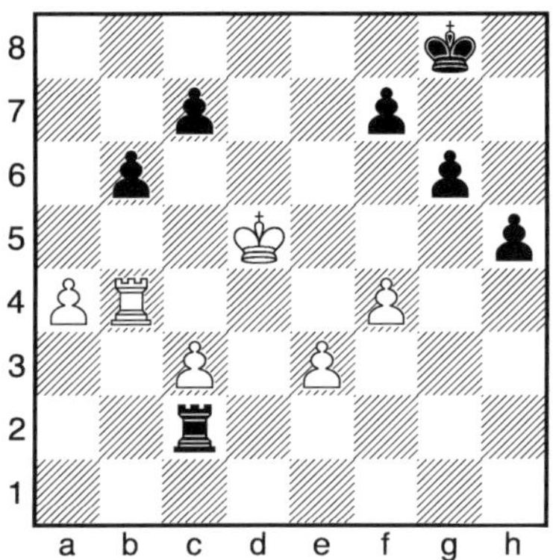

40.♖b3

Karsten Müller: 40.♖c4 läuft in 40...h4 41.♖xc7 h3−+.

40...h4 41.♔c6 h3 42.♔xc7 h2 43.♖b1 ♖xc3+

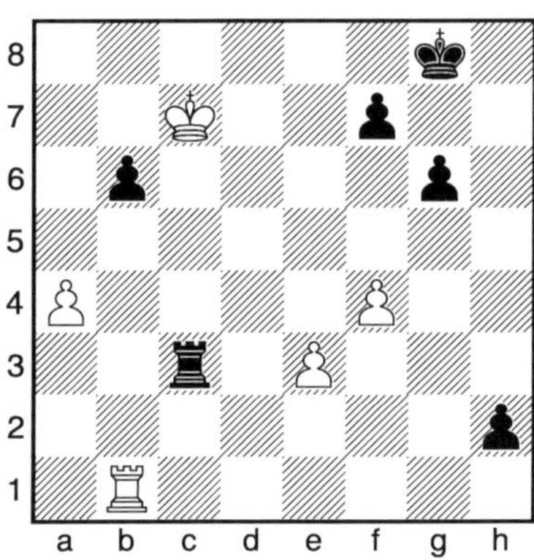

44.♔xb6

Karsten Müller: 44.♔b7 ♖xe3 45.♖h1 ♖e2 46.♔xb6 ♖b2+ 47.♔c5 ♖a2 48.♔b5 ♔g7 49.a5 ♔f6 50.a6 ♔f5 51.♔b6 ♔xf4 52.a7 ♔g3−+

44...♖b3+ 45.♖xb3 h1♕ 46.a5

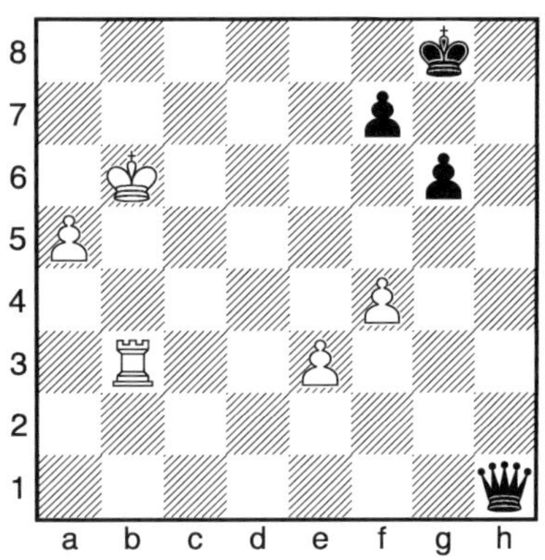

46...♕e4

Karsten Müller: Sehr stark. Nun ist absolut klar, dass Schwarz gewinnt.

47.♔a7

47.a6 ♕e6+−+ ist die Pointe.

47...♕e7+ 48.♔a8 ♔g7 49.♖b6 ♕c5 und Weiß kapitulierte wegen 50.♖a6 ♕xe3 51.♖c6 ♕d3 52.a6 ♕b5 53.♖d6 ♕c5 54.♖d1 ♕b6 55.a7 ♕c7 56.♖b1 ♕c8+ 57.♖b8 ♕c6+ 58.♖b7 ♕d5 59.♔b8 ♕d8#.

Zusammenfassung:

Weiß konnte mit dem Verlauf der Eröffnungsphase durchaus zufrieden sein. Dann aber verpasste er die Gelegenheit, mit 23.♖xd4 das Spiel ausgeglichen zu halten. Sein grober Fehler 23.g3?? führte ihn auf die Verliererstraße. Der Weltmeister verwaltete seinen Vorteil dann bis zum Turmendspiel, das er leicht gewann. So besiegte Magnus Carlsen seinen Gegner vorzeitig mit 7,5–3,5 und verteidigte seinen Titel des besten Schachspielers der Welt!

Im Nachgang lässt sich feststellen, dass Magnus Carlsen gut auf dieses Match vorbereitet war. Nach einem langsamen und leicht wackeligen Start kam er richtig in Fahrt. Sein Sieg war ungefährdet und er bewies einmal mehr, dass er weiterhin weltweit keinen gleichwertigen Rivalen hat. Er zeigte insgesamt ein beeindruckendes schachliches Niveau und ein genaues Gespür, wie weit er das Risiko treiben darf. Sehr beeindruckend war unter anderem sein imposanter Endspielsieg in der 6. Wettkampfpartie.

Jan Nepomnjaschtschi zeigte nicht sein bestes Schach, schien nicht in Bestverfassung und nicht optimal vorbereitet zu sein und konnte die hohen an ihn gerichteten Erwartungen nicht bestätigen. Zunächst kam er zwar recht gut ins Match und ließ sogar mehrere Chancen liegen, kam jedoch nach der ersten Endspielniederlage aus dem Rhythmus, den es ihm nicht wiederzufinden gelang. Ernsthaft in Nöte bringen konnte er den Weltmeister in keiner der 11 Matchpartien. Während er anfangs mitunter zu wenig Risiko einging, wagte er später dann zu viel.

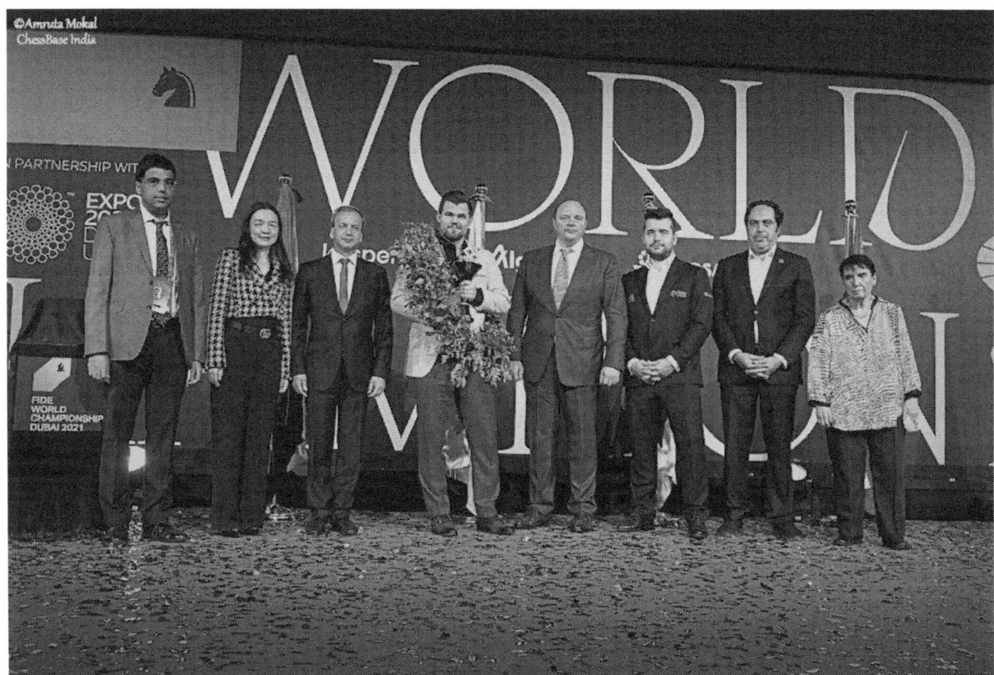

Siegerehrung

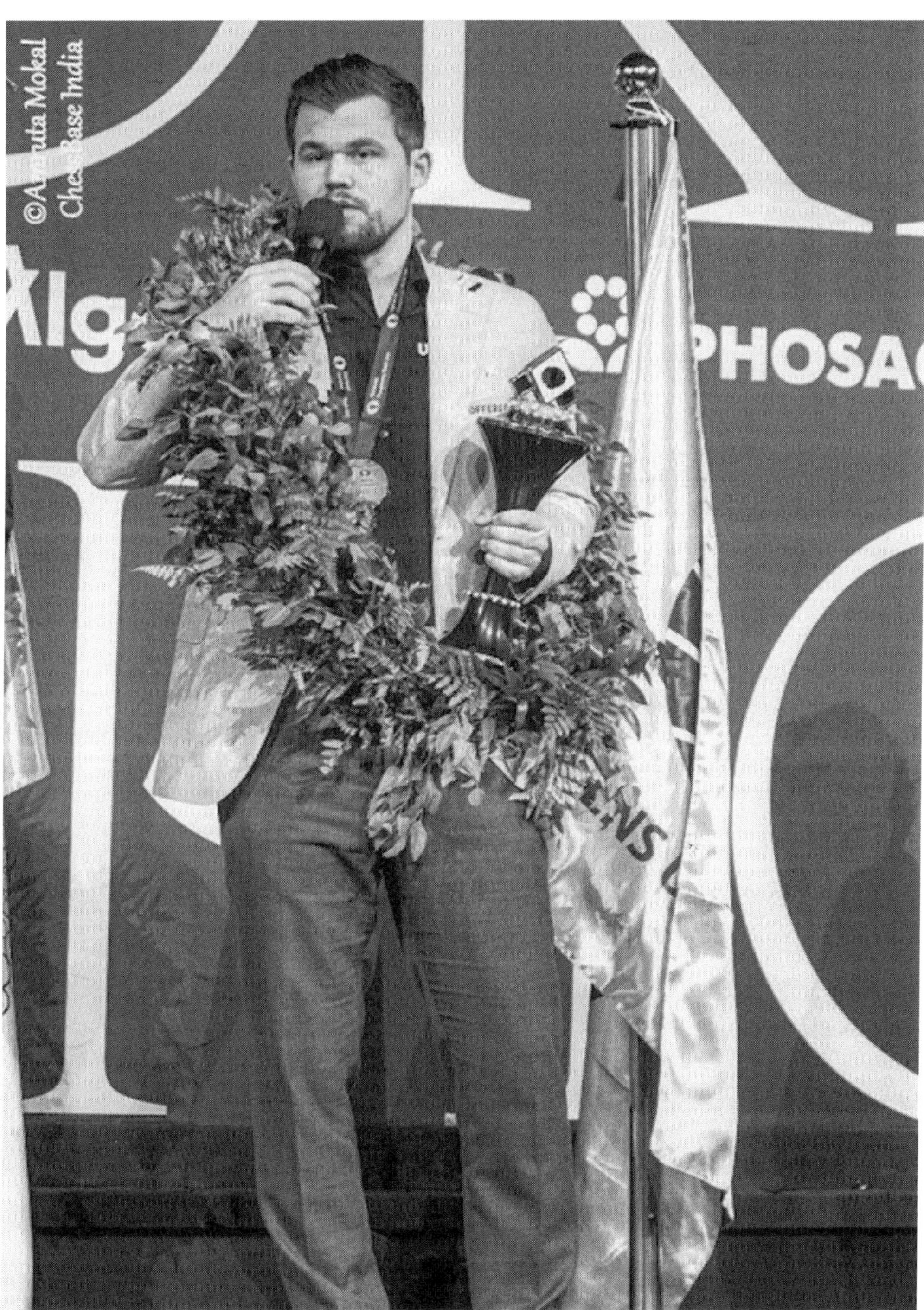

Der “Alte” und “Neue” Weltmeister Magnus Carlsen

FIDE Schach–WM 2021

Jan Nepomnjaschtschi  **gegen** **Magnus Carlsen** 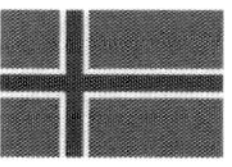

1. Partie	Nepomnjaschtschi	½:½	Carlsen
2. Partie	Carlsen	½:½	Nepomnjaschtschi
3. Partie	Nepomnjaschtschi	½:½	Carlsen
4. Partie	Carlsen	½:½	Nepomnjaschtschi
5. Partie	Nepomnjaschtschi	½:½	Carlsen
6. Partie	Carlsen	1:0	Nepomnjaschtschi
7. Partie	Nepomnjaschtschi	½:½	Carlsen
8. Partie	Carlsen	1:0	Nepomnjaschtschi
9. Partie	Nepomnjaschtschi	0:1	Carlsen
10. Partie	Carlsen	½:½	Nepomnjaschtschi
11. Partie	Nepomnjaschtschi	0:1	Carlsen

Gesamtwertung:

Magnus Carlsen Norwegen	**7 ½ : 3 ½**	Jan Nepomnjaschtschi Russland

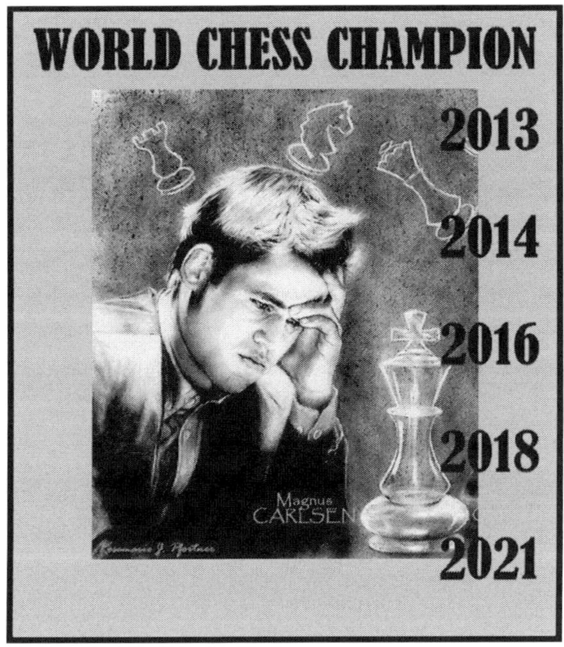

Zeichnung von Rosemarie J. Pfortner

Namenverzeichnis

(mit Partienummern)

Kombinieren Sie wie Carlsen und Nepomnjaschtschi (Kapitel 3)

Endspiele (Kapitel 4)

Der Titelkampf (Kapitel 5)

Wettkampfpartien

Eröffnungsregister

(mit Partienummern)

Partien (Kapitel 1-2)

Offene Spiele

Halboffene Spiele

Geschlossene Spiele

Der Wettkampf (Kapitel 5)

Wettkampfpartien

Offene Spiele

Geschlossene Spiele

Quellenverzeichnis

Bücher:

Konikowski Jerzy/Bekemann Uwe: Italienische Partie – richtig gespielt, Joachim Beyer Verlag 2013

Konikowski Jerzy/Bekemann Uwe: Schachweltmeisterschaft 2016, Joachim Beyer Verlag 2016

Konikowski Jerzy/Bekemann Uwe: Reti-Eröffnung – richtig gespielt, Joachim Beyer Verlag 2016

Konikowski Jerzy/Bekemann Uwe: Offene Spiele, lesen – verstehen – spielen, Joachim Beyer Verlag 2016

Konikowski Jerzy/Bekemann Uwe: Schachweltmeisterschaft 2018, Joachim Beyer Verlag 2018

Karsten Müller/Luis Engel, Spielertypen, Joachim Beyer Verlag 2020

Karsten Müller, Endspielkunst der Weltmeister, Band 1-2, Joachim Beyer Verlag 2021

Konikowski Jerzy: Schnellkurs der Schacheröffnungen – Theorie, Joachim Beyer Verlag 2021

Internet:

Wikipedia (deutsch und englisch)

FIDE World Chess

Chess24: FIDE Chess Championship

Elektronische Medien:

Master Class: Magnus Carlsen ChessBase DVD 2.Auflage, Hamburg 2021

Fernschach-CD 2021 (Bellmann)

Mega Database 2021

ChessBase News

ChessBase 16

Periodika:

Rochade Europa

ChessBase Magazin

Schachmagazin 64

Panorama Szachowa